민주주의 · 자본주의 · 압축근대성

서울대학교 규장각한국학연구원 한국학연구총서 47

민주주의·자본주의·압축근대성

한국의 사회체제적 정상위기

초판 1쇄 발행 2025년 11월 25일

지은이 장경섭

펴낸곳 서울대학교출판문화원
주소 08826 서울 관악구 관악로 1
도서주문 02-889-4424, 02-880-7995
홈페이지 www.snupress.com
페이스북 @snupress1947
인스타그램 @snupress
이메일 snubook@snu.ac.kr
출판등록 제15-3호

ISBN 978-89-521-3952-8 94330
978-89-521-1028-2 (세트)

이 저서는 서울대학교 규장각한국학연구원의 2020년도 21세기 신규장각 자료구축 사업의 지원을 받아 수행된 연구임(KIKS-2020-452-31201: 현대 한국의 사회체제적 정상위기 – 압축근대성 관점에서).

서울대학교 규장각한국학연구원 한국학연구총서 47

민주주의·자본주의·압축근대성

한국의 사회체제적 정상위기

장경섭 지음

서울대학교출판문화원

Democracy, Capitalism, and Compressed Modernity

The Normal Crisis of South Korea

Chang Kyung-Sup

Seoul National University Press

차례

제2부 압축근대적 민주주의의 정상위기

제3장 국가투사주의 정치와 현실 민주주의의 몰사회성

제4장 시민사회와 국민사회

제5장 삽목(揷木)민주화, 압축산업화, 노동(계급)정치

제6장 압축근대성, 가족화된 자유주의, 권위주의 생활세계

제3부 압축근대적 자본주의의 정상위기

제7장 국가자본주의 산업화와 재벌체제: '이중지대추구'의 정치경제

제8장 개발자유주의, 개발시민권, 사회(시민)권

제9장 산업생산 극대화와 사회재생산 붕괴

제10장 복합위험사회: '선성장 후안전'

제4부 전망

제11장 한국 자유주의의 위기 극복: 재근대화, 급진다원화혁명 혹은 해방적 파국?

머리말

필자가 '압축적 근대성(compressed modernity)'(이하 '압축근대성')에 대해 학문적 문제의식을 갖게 되고 이와 관련된 연구 결과를 본격적으로 발표·출판하기 시작한 것이 1990년대 초중반의 일이니 사실상 학계에 몸담은 거의 대부분의 기간에 걸쳐 이 문제를 고민해 온 셈이다. 그 출발은 해외에서 지역연구로 사회학 박사를 취득한 후 국내에서 연구·교육을 시작하면서, 대학과 학계에서 사회(과)학이 제도적으로 실행되는 방식에 대한 본인의 부적응 혹은 이질감에 상당 부분 기초한다. 어찌 보면, 그러한 지적 딜레마에 대한 자기 분석으로서 시작된 것이 압축근대성 연구일 수도 있다. 따라서 압축근대성 관점에서 수행된 필자의 모든 연구와 저술은 지식사회학(sociology of knowledge)의 성격을 띤다. 그리고 필자가 직접 긴밀히 교류하거나 깊은 관심을 갖고 살펴본 여러 국내외 학자들에게서 비슷한 고민의 흔적을 발견할 수 있었다. 그렇게 공유된 고민이 이들과의 여러 공동 연구 및 저술로 이어지기도 했다.

압축근대성 연구를 장기간 진행하면서 어느 단계에서부터 필자는 한국을 포함한 동아시아의 역사·사회적 현실에 대한 체계적 분석이 세계 사회(과)학계에서 새로운 주류적 지식으로 자리매김해야 하고, 또 그렇게 할 수 있다는 생각을 하게 되었다. 이런 입장은 일본의 오치아이 에미코(Ochiai Emiko; 落合恵美子), 싱가포르의 추아벵훳(Chua Beng Huat; 蔡明發), 홍콩의 앨빈 소(Alvin So; 蘇耀昌), 대만의 란 페이치아(Lan Pei-chia; 藍佩嘉) 교수 등 아시아의 선구적 학자들과 공유되었고, 이들과 장기간에 걸쳐 활발한 연구 협력을 할 수 있었다. 같은 맥락에서, 사회(과)학의 본격적 세계주의화(cosmopolitanization)에 깊은 관심을 가진 울리히 벡(Ulrich Beck), 브라이언 터너(Bryan S. Turner), 요란 테르보른(Göran Therborn), 스테비 잭슨(Stevi Jackson), 로렌스 롤로버거(Laurence Roulleau-Berger) 교수 등 유럽의 석학들과 폭넓은 학문적 교류를 할 수 있었다. 물론 국내에서도 수많은 학자들 및 동료들과 유사한 문제의식을 기반으로 학술적 협력을 해왔다.

국내외 학자들과의 이처럼 긴밀한 교류와 협력은 필자가 압축근대성 연구를 장기간에 걸쳐 활발히 수행하고 그 결과를 국내외에서 널리 발표하는 데 결정적 동력이 되었다. 아울러, 여러 단계의 사회(과)학 교육을 거치는 과정에서 누렸던 많은 은사들의 가르침과 배려는 필자가 지금까지 압축근대성 연구를 이어오는 데 중요한 지적·사회적 자양분이 되었다. 그리고 관련 연구 결과를 대학 수업에서 학생들과 공유하는 과정에서 그들로부터 얻은 숱한 자극과 영감은 저술 작업에 있어 큰 자원이 되었다. 관련 연구 내용의 사회적·정책적 함의에 대한 수많은 언론인, 시민운동가, 정책전문가 등의 세밀한 평가와 토론 역시 필자의 연구에 빼놓을 수 없는 중요한 자극이 되었다.

압축근대성에 관한 이러한 국내외 학술 교류와 협력은 여러 연구사업과 공동출판으로 이어졌다. 일본 교토대학(京都大學)의 경우에는 문부성의 학문·교육 세계화 장기지원사업인 인문·사회 분야 Global Center of Excellence(GCOE)의 중심 이론으로 압축근대성을 채택해 국제비교연구를 수행했으며, 여기에 필자는 공동연구·출판과 초빙강좌의 형태로 참여했다. 독일 베를린공과대학교(Technische Universität Berlin)에서 독일학술재단(DFG)의 지원으로 진행되는 "Refiguration of Spaces" 장기연구사업은 압축근대성을 특히 중요한 해외 학설로서 참고·인용해 왔으며, 필자는 여기에 연구 자문과 특별 초청강연 등의 형태로 참여했다. 국내에서는 전북대학교의 Social Science Korea(SSK) 사업인 "개인기록과 압축근대" 연구단이 압축근대성을 중심 이론으로 삼았고, 필자는 이 사업의 국제학술회의 및 연구총서 출판에 참여했다. 영국 학술지 *British Journal of Sociology*의 2010년 '비교근대성' 특집호는 압축근대성에 대한 필자의 논문 2편을 각각 리드 논문과 사례 논문으로 수록했다. 프랑스 학술지 *Temporalités* 2017년 특집호는 "'Compressed Modernity' and Chinese Temporalities"를 전체 주제로 했으며, 여기에 필자는 논문 "China as a Complex Risk Society"를 게재했다. 또한 독일 베를린자유대학교(Freie Universität Berlin)에서 펴내는 학술지 *Korea Europe Review*는 2023년 12월에 필자의 저서 *The Logic of Compressed Modernity*(2022)에 대한 북 심포지엄 특집호를 펴냈는데, 여기에는 미국, 영국, 인도, 우크라이나, 이스라엘 학자의 서평 논문과 이에 대한 필자의 응답 논문 "Compressed Modernity and Its Life World Predicaments: Replies and Elaborations"가 함께 실렸다. 이처럼 다양한 국내외 연구 협력과 교류는 필자에게 압축근대성에 대한 집단지성적 토론과 학습의 계기가 되었으며, 본 서를 집필하는 데 중요한 자원이 되었다.

필자는 본 서에 앞서 그동안 국내외에서 『가족·생애·정치경제: 압축적 근대성의 미시적 기초』(창비, 2009), *South Korea under Compressed Modernity: Familial Political Economy in Transition* (Routledge, 2010), *The Logic of Compressed Modernity* (Polity Press,

2022), *The Risk of Compressed Modernity*(Polity Press, 2025) 등 압축근대성 관련 저서들을 출판했다. 이 책들에 담긴 여러 문제의식과 분석결과는 더욱 심화되어 본 서에 직간접으로 반영되었다. *South Korea under Compressed Modernity*는 중국 칭화대학(清华大学)과 저장대학(浙江大学)의 협력 번역 사업으로 2024년 초 중국어판(《压缩现代性下的韩国：转型中的家族政治经济学》)이 출간되었는데, 초기 산업화 시대의 한국 사회를 분석한 이 책의 내용에 중국의 오늘날 현실이 너무나 긴밀히 투사되어 있다는 매우 흥미로운 이유로 현지 학계, 문화·지성계, 언론매체의 비상한 관심을 받았고, 중국에서 전국 서적인들이 선정하는 한 출판문학상을 받게 되었다. *The Logic of Compressed Modernity*도 같은 프로그램에 의해 중국어판(《压缩现代性的逻辑》)이 올해 7월에 출간되었으며, 아랍어판과 프랑스어판도 출간 예정이다. 특히 아랍어판은 모로코왕국학술원(The Academy of the Kingdom of Morocco) 산하 고등학술번역원(The Higher Academic Authority for Translation)의 특별 사업으로 출간되어 MENA(Middle East & North Africa)로도 불리는 아랍권에 보급될 예정인데, 여기에는 이 지역 사회들이 공통적으로 직면하고 있는 현대화 및 경제발전의 과제 속에서, 한국을 잠재적 역할모델로 삼고자 하는 학술·정책·사회적 관심이 반영되어 있다. 아울러 필자는 압축근대성의 사회권(social citizenship)적 발현에 대한 저서 *Transformative Citizenship in South Korea: Politics of Transformative Contributory Rights*(2022)를 미국 출판사 Palgrave Macmillan을 통해 발표했는데, 그 내용을 보완한 국문서를 준비 중이다. 나아가 필자는 *The Antinomy of Compressed Modernity* 제하의 저서를 집필할 계획인데, 사실 그 문제의식의 핵심인 한국 자유주의의 구조적 딜레마가 이미 본 서에 부분적으로 반영되어 있다.

본 서 집필을 거의 마무리하던 2024년 12월 초의 어느 날 '민주공화국' 대한민국은 그동안 축적해 온 사회·정치적 진화의 성과를 한순간에 모두 잃어버릴 수도 있는 결정적 위기를 맞았다. 이미 '내란수괴'라고 정치·사법적으로 공식화된 전 대통령 윤석열의 친위 쿠데타적 비상계엄 시도가 대다수 한국인들뿐 아니라 전 세계를 충격에 빠뜨렸다. 본 서의 제3장이 2016-2017년의 박근혜 국정농단 및 탄핵사태에 대한 분석을 중요하게 반영하고 있으며, 나아가 책 전체의 주제가 한국 자유주의 체제의 '정상위기(normal crisis)'임을 감안하면, 그 시의성이 '윤석열 내란'을 통해 극적으로 드러난다고 여길 수 있을까. 이 책의 어떤 내용도 윤석열 개인의 극단적인 특성을 분석하거나 예측하지는 않지만, '압축근대성의 위험(risk)'으로서 한국 민주주의의 구조적 불안정성에 대한 필자의 설명이 학문적 과업으로서뿐 아니라 시민적 실천으로서의 의미도 갖게 되기를 간절히 기원한다.

이 책의 내용은 필자의 한국 사회질서, 비교근대성, 비교사회체제 분야에 대한 학문적 문제의식의 장기적 진화 과정을 고스란히 담고 있으며, 따라서 다음과 같은 기출판 논문들이 보완을 거쳐 일부 장들에 반영되었다. 제2장 "압축근대적 자유주의의 규범체계"에는 부분적으로 필자의 논문 「한국사회의 지배질서와 도덕질서: 퇴행적 자본주의하의 시민공동체」(『사회과학과 정책연구』 15권 1호, 1993)의 내용이 수정·보완을 거쳐 반영되었다. 제4장 "시민사회와 국민사회"에는 필자의 논문 「시민(사회), 국민(사회), 사회권: 한국 민주주의의 시민권적 (몰)진화」(『한국사회학』 59집 제1호, 2025)의 내용 일부가 수정·보완을 거쳐 반영되었다. 제5장 "삽목(揷木)민주화, 압축산업화, 노동(계급)정치"에는 필자의 공저 논문 「냉전, 압축적 근대성, 노동정치: 탈구(脫臼)된 정치사회와 민주노동당」(『국제문제연구』 24집, 2002)의 부분적 내용이 수정·보완을 거쳐 반영되었다. 제6장 "압축근대성, 가족화된 자유주의, 권위주의 생활세계"에는 필자의 논문 "The Anti-Communitarian Family? Everyday Conditions of Authoritarian Politics in South Korea"(Chua Beng Huat, ed., *Communitarian Politics in Asia*, Routledge, 2004)의 부분적 내용이 수정·보완을 거쳐 반영되었다. 제9장 "산업생산 극대화와 사회재생산 붕괴"에는 필자의 논문 「개발국가, 복지국가, 위험가족: 한국의 개발자유주의와 사회재생산 위기」(『사회정책연구』 18권 3호, 2011)의 내용이 수정·보완을 거쳐 반영되었다. 제10장 "복합위험사회: '선성장 후안전'"에는 필자의 논문 「압축적 근대성과 복합위험사회」(『비교사회』 2호, 1998)의 부분적 내용이 수정·보완을 거쳐 반영되었다.

본 서를 위한 연구는 서울대학교 규장각한국학연구원의 2020년도 21세기 신규장각 사업 한국학 저술지원(KIKS-2020-452-31201)을 받아 수행되었다. 또한 출판 과정에서 부분적으로 서울대학교 중견학자 징검다리연구 지원사업(200-20240124)의 지원을 받았다. 연구지원에 사의(謝意)를 표하며, 아울러 연구 계획 및 진행 단계에서 요긴한 평가·제안 의견을 주신 여러 동료 학자들께도 감사드린다. 연구·집필 과정에서 여러 학생들의 헌신적 지원을 받았는데, 강다겸, 허설화, 윤병훈, 로버트 이스트호프에게 특별히 고마운 마음이다. 그리고 훌륭한 편집과 제작을 수행한 서울대학교출판문화원에도 큰 감사를 전한다.

2025년 10월
장경섭

제1부

민주주의, 자본주의, 압축근대성

제1장

압축근대성과 사회체제적 정상위기

1. 연구 주제와 목적

해방 이후부터 현재에 이르기까지 한국 사회는 폭발적 산업화 및 경제성장, 각종 사회제도의 급속한 설립과 개변, 이념과 문화의 전방위적 다원화, 범세계적 문물의 도입·활용·소비 등에 걸쳐 세계적 차원에서 미증유인 강도, 범위, 속도의 변화를 겪어 왔으며, 이러한 변화들은 '압축근대성'으로 개념화될 수 있다. 이러한 압축근대성은 한국인들의 삶과 국가의 사회체제적 성격을 강제적으로 규정한 자유주의 국제 질서 속에서 민주주의적 정치·사회 질서와 자본주의적 사회·경제 질서를 기본 틀로 삼아 실현되었고, 이를 위해 민주주의 및 자본주의가 기본 사회체제로서 일거에 정치적 선포의 형식을 통해 확립(도입)되었다.

서구의 장구한 역사 속에서 지속적 문물 교류, 치열한 내부투쟁, 복잡한 시행착오를 거쳐 오늘날의 형태로 완성된 민주주의 정치·사회 질서와 자본주의 사회·경제 질서를 한국 내부로 정치·행정적 과정에 기초해서 압축적으로 '제도적 동형화(institutional isomorphism)'

시킬 수는 있었지만, 그렇다고 그 결과물로서 한국 민주주의와 자본주의가 즉각 제대로 작동하여 의도된 사회적 효용들을 적절히 실현시켜 줄 것으로 기대할 수는 없었다. 즉 제도적 형식을 넘어 실체·실효적 사회체제로서의 민주주의와 자본주의는 여전히 실현되어야 할 역사적 목표였지만, 당장의 현실은 한국인들과 국가 및 사회로 하여금 민주주의와 자본주의를 즉각적 수단으로 활용해 시민들의 일상적 삶을 관리하고 국가 및 사회의 제도적 필요들을 충족시켜 나가도록 요구했다.

이러한 제도적 현실 속에서 경제, 사회, 정치, 문화, 지식 등의 영역에 걸쳐 전방위적으로 발현된 압축근대성에는 위험질서로서의 구조적 속성이 광범위하게 배태되어 있었다. 따라서 원래 의도된 사회적 효용들이 실현되려면 (민주주의와 자본주의를 벗어나거나 왜곡시키는) 갖가지 제도 외적 노력이 일상화될 수밖에 없었고, 궁극적으로는 민주주의와 자본주의 자체를 재확립하려는 현실적이고 체계적인 노력이 지속적으로 이어져야 했다. 이러한 현실에 대한 이해와 실천적 극복을 위해서는 압축근대적 민주주의와 자본주의가 본원적인 위험질서로서 지니는 구조적 속성에 대한 종합적이고 체계적인 사회과학적 분석이 요구되며, 본 서는 그러한 필요에 부응하기 위한 것이다.

요컨대, 본 서는 압축근대성의 관점에서 현대 한국의 중심 사회체제에 대한 체계적 분석과 비판을 시도한다. 구체적으로, 미증유의 폭발적인 사회 근대화와 경제발전의 이면에서 현대 한국의 실체(역사)적 민주주의 정치·사회 질서와 자본주의 사회·경제 질서가 구조화시켜 온 사회체제적 특수성과 불안정성을 종합적으로 포착하고 분석한다. 이를 위해 압축근대성에 관한 필자의 기존 연구를 확장·보완하는 한편, 관련 주제들에 대한 국내외 연구 성과를 종합적으로 검토·반영하며, 장별 세부 주제들을 중심으로 보충적 자료 검토와 분석을 실시한다.

한국의 사회과학은 그동안 서구에 의존해 학문적 기초를 제도화하는 데 주력함으로써 나름대로 탄탄한 지식생산 기반을 갖췄지만, 한국 고유의 역사·사회적 현실에 대한 체계적 천착을 가능케 하는 독자적 패러다임의 확립은 상대적으로 미진한 면이 있다. 본 연구에서 한국 사회체제의 위험질서적 성격과 내용을 압축근대성의 관점에서 이론적·경험적으로 체계화하는 작업은 한편으로 한국 사회에 대한 보다 실체적인 설명을 제시하는 실증과학 본연의 임무를 수행하는 의의가 있다. 또한 이는 비슷한 사회현실적 맥락을 공유하는 인근 동아시아 사회들과 함께 사회과학의 인식론적 각성과 해방을 도모하고, 나아가 최근 세계적으로 학술·교육적 수요가 급증하고 있는 '한국학(Korean studies)'의 학술적 기반을 체계적으로 보강하는 데에도 기여할 것이다.

실천(정책)적 차원에 있어서, 필자의 압축근대성 논의에서 지적하듯이 한국의 정치·행정적 거버넌스는 '서구 준거적 근대화(West-reflexive modernization)'의 틀 속에서 정치·사회·경제적 문제 설정 자체를 인위(가상)적으로 하는 경향이 있으며, 이에 따라 한국인과 한국 사회의 구체적 현실이 갖는 고유한 속성과 질서에 대한 심층적 파악이 만성적으로 결여되어 있다. 의료에 비유하면 특정 환자 자체의 상태와 특징에 대한 구체적 진단이 부족한 상황에서 '정상적' (비)환자를 준거로 단순 비교에 의거한 처방을 하는 셈이다. 본 서를 통해 한국의 민주주의 정치·사회 질서와 자본주의 사회·경제 질서에 대해 압축근대성론을 바탕으로 분석과 비판을 시도함으로써 갖가지 세부 실천(정책) 과제들의 본원적 성격과 설정 방식에 대한 새로운 시각을 제시하고, 나아가 정치·행정적 거버넌스의 패러다임에 대한 근본적 재평가 및 재설정을 촉진하는 효과를 기대한다.

2. 연구 동향, 연구 방향, 연구 방법

필자가 1990년대 중반 이후부터 학술적으로 주창해 온 압축근대성은 "시간과 공간 차원에서 문명적 변화가 극히 응축적인 면들을 가지면서도 시·공간적으로 이질적인 요소들이 공존하며 매우 복합적인 성격의 문명이 구성·재구성되는 상태"로 정의되며, 그 구체적 발현은 국가·사회 차원의 거시적 수준에서 지역사회(도시·농촌), 산업, 세대집단, 기업, 가족, 나아가 개인의 생애와 일상에 이르기까지 다차원적으로 이루어진다(Chang, 2022a). 필자는 현대 한국의 고유한 사회질서와 실체적 변동 양상을 설명하기 위해 압축근대성 개념을 이론화하고 다양한 구체적 사회현상에 비춰 경험적 규명을 시도해 왔다. 압축근대성에 관해 그동안 필자가 수행해 온 주요 연구의 성과는 (1)압축근대성의 개념적 설정과 구성 내용, 역사적 맥락에 대한 설명(요컨대, 공식화), (2)근대성의 생활세계적 실현에 대한 체계적 분석, (3)압축근대성의 핵심적 발현 측면들에 대한 개념적·이론적 정리 및 현실적 분석 등으로 모아지는데(Chang, 1999a, 2022a; 장경섭, 2009), 본 저술에서는 압축근대성의 난관으로서 구조적 위험질서가 내재된 한국 민주주의와 자본주의의 다면적이고 만성적인 위기의 내용과 양태를 체계적으로 정리해 제시하고자 한다.

국제 사회과학계의 주요 경험적 연구 동향과 관련하여 그동안 압축근대성론은 특히 아시아·유럽의 비교근대성(comparative modernities) 연구자들과 비교(대중)문화 연구자들, 동아시아 개인·가족·사회재생산(인구, 복지) 문제를 다루는 연구자들, 동아시아·동유럽 탈사회주의 사회변동 문제를 탐구하는 연구자들에 의해 광범위하게 수용·활용되어 왔다(Chang, 2022a, Ch.1). 이러한 기여는 이미 밝힌 압축근대성의 생활세계적 기초 및 압축근대성의 현실(역사)적 특징에 대한 필자의 여러 연구 결과들에 기초한 것이다. 이번 저술에서 '위험질서', 나아가 '위기상태'로서의 압축근대성에 대한 분석은 국제 사회과학계의 기존 관심을 강화시키는 한편, 비교민주주의, 비교정치경제(비교발전), 비교사회정책 영역에서 한국에 대한 세계 학계의 관심을 보강하는 효과도 있을 것이다.

이러한 영역에서 국내 학계의 기존 연구 경향은 암묵적인 '서구 준거적' 패러다임을 공유해 왔고, 그 결과 한국의 구체적 현실 속에서 사회체제의 고유한 성격이나 질서를 찾기보다는 '이상적(ideal)' 혹은 '정상적(normal)'이라고 간주되는 서구의 상황이나 기준으로부터 한국이 얼마나 '차이(difference)' 또는 '거리(distance)'가 있는지 지적하고, 나아가 근대화론적 입장에서 이를 극복하는 정책 제언에 치중하는 경향이 지배적이었다. 이러한 경향이 실천적 측면에서 일정한 효과를 거두었음을 전적으로 부정할 수는 없으나, 실증과학의 입장에서 한국의 현실과 한국인의 경험이 갖는 지적 가치를 충분히 반영하지 못했다. 이러한 맥락에서 한국의 실체(역사)적 민주주의와 자본주의에 대한 압축근대성론적 분석이 중요한 지적 공백을 메우는 데 기여할 수 있을 것이다. 그리고 이 과정에서 각 장의 주제와 관련된 국내 전문 연구자들의 경험적 연구 결과들을 종합적·체계적으로 정리하고 재해석함으로써 국내외 학계의 연구 관심에 대한 가교 역할을 수행하고자 한다.

아울러, 최근 범세계적으로 활성화된 한국학에서 경제발전, 민주화, 노동운동, 대중문화 등에 걸쳐 현대 한국 사회의 극적인 변화 양상이 활발하게 연구되고 있다. 이러한 주제들은 기존 지역학적 한국 연구자들을 넘어 다양한 인문·사회과학 분야 연구자들의 적극적이고 체계적인 관심을 끌게 되었고, 이에 대한 한국 정부, 대학, 학계 등의 공격적 지원이 맞물려, 한국학의 범위와 저변이 급속히 확대되었다. 그러나 한국 경제발전에 대한 국가의 역할을 강조하는 구미 학자들의 '개발국가(developmental state)'론을 제외하면 한국의 고유한 현실과 체험이 갖는 주류 학문적 중요성을 살릴 수 있는 이론적 문제의식이 부족했고, 미국을 중심으로 아류 일본학적 성격을 갖는 '식민지근대화'론이 그 자리를 채우는 상황까지 벌어졌다.

필자의 압축근대성론은 이러한 현대 한국학의 이론적 공백을 메우는 데 일정한 역할을 했으며, 특히 최근 폭발적으로 증가한 한국 대중문화(한류) 연구자들 다수가 이를 반영했다(예컨대, Martin-Jones, 2007; Paik, 2012; Keblinska, 2017; Lee, 2004; Abelmann, 2003; Jang and Kim, 2013; Regatieri, 2017; Kim, 2018). 그런데 이들 중 다수가 한국 영화와 드라마 등 대중문화 생산물들이 지닌 일종의 (비판적) '간접실증성'에 주목하고 있다. 물론 문예물의 이러한 성격은 동서고금을 막론하고 핵심적 가치로서 (적어도 사후적으로는) 간주되지만, 흔히 보수적 권위주의 사회로 인식되는 한국에서 영화, 드라마, 소설 등이 현실에 대한 심층적이고 비판적인 천착을 통해 사회에서 수행하는 지적 기능은 미학적 가치를 매개로 한 간접실증과학적 실천이자 체험으로서도 강조될 수 있다. 이번 저술에서 다루는 압축근대성론에 의거한 한국 민주주의와 자본주의의 실체(역사)적 성격과 실태에 대한 비판적 분석은 압축근대성에 대한 이러한 한국 대중문화 연구자들의 관심을 증진시키는 데에도 기여할 수 있을 것이다.

필자는 그동안 이 연구의 핵심적 개념인 압축근대성에 대해 이론적 정의를 연역적 방식을 통해 내리기보다는 관련 사회현상들을 경험적으로 연구해 가면서 개념에 포괄되는 역사적 현실의 범위를 획정해 가는 연구 전략을 채택해 왔으며, 이번 저술도 이러한 연구 전략에 의거해 준비되었다. 방법론적으로, 압축근대성은 즈나니에츠키(Florian Znaniecki)가 제시한 '분석적 귀납(analytic induction)'을 통해 한국 사회를 연구하기 위한 개념적 도구라고 볼 수 있다(Robinson, 1951). 필자는 분석적 귀납 전략에 의거해 연구를 수행해 왔으며, 현재도 진행 중이기 때문에 압축근대성의 이론적 내용은 계속 (재)구성되고 있다. 본 연구에서 다뤄질 압축근대적 한국 민주주의와 자본주의의 사회체제적 특수성과 불안정성에 대한 분석 내용은, 이러한 분석 전략을 통해 관련 사안들이 단순한 사회적 파행의 사례가 아니라 체계적 사회현상으로서 이론적 명제들로 정리될 수 있음을 보여줄 것이다.

본 저술을 위한 자료 수집과 관련해서는, 각 장별 주제와 관련하여 그동안 국내에서 이루어진 경험적 연구 결과들을 정리하고, 국내외의 사회학뿐 아니라 사회사, 경제학, 정치학, 국제관계학, 행정학, 사회정책학, 발전학, 인류학, 언론학 등의 분야에서 제기된 이론 및 실증 연구 문헌들을 종합했으며, 한국 사회에서 압축근대성의 특질과 변화를 드러내는 집합통계 자료, 사회조사 자료, 역사 문헌, 정책 문건, 조직·단체 자료, 대중매체 내용 등을 수집해 분석하고, 필요에 따라 국내외 관련 학자, 전문가, 사회 주체들의 판단과 입장을 면밀히 반영했다. 본 연구는 이른바 '결합분석(triangulation)' 전략을 통해 이처럼 다양한 성격의 자료들을 상호 보완적으로 활용했다.

3. 연구 내용 요약

본 저서는 도입부인 제1부와 본론에 해당하는 제2·3부, 그리고 향후 전망에 해당하는 제4부로 구성되어 있다. 제2부는 압축근대성의 정치·사회적 질서 차원의 여러 모순을 다루는 네 장으로 이루어져 있고, 제3부는 압축근대성의 사회·경제적 질서 차원의 여러 모순을 다루는 네 장을 포함한다. 장별 내용을 간략히 정리하면 다음과 같다.

제2장 압축근대적 자유주의의 규범체계

이 장은 자유주의 현대사회의 기능적 분업체제의 사회·문화적 기초로서 뒤르켐(Emile Durkheim)이 제시한 "계약의 비계약적 기초(non-contractual elements of contract)" 개념을 확장해 현대 한국의 국가(관료제), 시장경제, 시민사회의 압축적 형성 과정에서 상응하는 사회·문화적 기초 혹은 '체제윤리'의 결여나 왜곡이 초래하는 구조적 문제점들을 분석·정리한다. 흔히 한국 사회의 '도덕성 위기'로 치부되는 기본적 체제윤리 교란의 문제는 몇몇 시민들의 잘못된 행위규범으로 인해 야기된 것이 아니라 자유주의 질서의 핵심 요소들인 계급지배, 자유계약질서, 관료제의 특수한 역사적 정착 과정 및 그 요소들이 본원적으로 갖고 있는 사회해체 경향 때문에 나타난 것이다. 현대사의 전개 과정은 새로운 사회체제와 그 윤리 기반의 안정적 정착보다는 내외의 요인들이 상승작용을 일으켜 '사회적 엔트로피(social entropy)'가 증가함으로써 나타나는 사회해체 증상에 의해 특징지어져 왔다. 세계적 지성인 인류학자 기어츠(Clifford Geertz)의 문제의식을 적용하면, 한국의 자유주의는 그 경제적 확장과 정치적 경과에도 불구하고 공동체로서의 시민사회에 대해 '퇴행적(involutionary)' 양상을 띠어 왔으며, 이에 대한 자의적 담론으로서 한동안 시민들의 '도덕성 위기'론이 설파되기도 했었다. 한국적 자유주의의 체제윤리 문제는 그 자본주의와 민주주의가 제도적 확립 및 기능적 작동의 과정에서 성원들 간의 사회관계가 도덕적 생활공동체의 성격을 형성할 수 있는지의 여부와 불가분의 관계에 있다.

제3장 국가투사주의 정치와 현실 민주주의의 몰사회성

일제로부터의 해방 직후 실현된 한국의 대의민주주의 체제로서의 출범은 미국의 절대적 영향력하에서 이루어진 '초국적 제도 삽목(trans-national institutional cuttage)'에 기초했다. 그러나 이처럼 획기적인 정치적 (재)출발은 시민사회의 본격적 활성화에 따른 것이 아니라 시민사회에 대한 폭압적 통제·해체가 선행했다는 역사적 역설을 내포하고 있었다. 이는 남한 사회에 친미 우파 (자유주의?) 세력의 확고한 입지를 확보해야 한다는 국제 정치·군사적 필요성을 결정적으로 반영했다. 이러한 역사적 조건하에서 공식 민주주의의 사회적 대표성은 일종의 '국가주의적 자기부과(statist self-imposition)' 체계로 대체 또는 변질되었다. 국가 및 지역 정치의 장에서 공식적이고 실효적인 대표성을 갖기 위해서는 일반 시민뿐 아니라 각 계급·계층, 직업·산업, 지역공동체 등이 자기부과적 보수주의 국가가 설정한 이념·정치적 기준을 충족시키고 있음을 입증해야 했다. 한국인들은 일련의 군부·민간 독재정권에 대항해 민주주의를 수호·회복하려는 치열한 사회·정치적 투쟁을 펼쳐 왔음에도 불구하고, 한편으로 민주주의가 반드시 시민들의 자율적 가치, 이해, 요구를 아래로부터 대표하는 유기적 사회제도가 되지 못할 수도 있음을 깨달아 왔고, 다른 한편으로 권위주의 국가에 의해 위로부터 설정(선전)된 '국가·민족적' 목표들을 실행하는 데 동원되고 통제받으며, 심지어 훈시되는 상황에 익숙해져 왔다. 적어도 형식상 대의정치체제의 정치제도들과 행정기구들의 일상적 작동에 있어 일종의 '국가투사주의 정치(state-projectivist politics)'가 지배했고, 이는 정치적 야심이 만연한 법조계·언론계·학계 엘리트들에 의해 전략적으로 보좌되었다. 의회 권능의 만성적 제약과 퇴락은 야권 정당·정치인들의 항의로 이어졌을 뿐 아니라, 수많은 비판적 시민·지식인들이 이를 보완하거나 심지어 대체하려는 사회운동들을 확산시켰고, 이를 통해 국가의 작용에 대해 사회의 자기대표성을 어렵게 실현시켜 왔다.

제4장 시민사회와 국민사회

'시민 없는 시민운동'이라는 보수 언론의 조롱적 비판은 한국의 사회·정치적 근대성에 내재된 한계 혹은 모순과 어떻게 연결될까. 사실, '시민(citizen)'의 부재는 시민운동뿐 아니라 도시 지역사회의 공동체적 성격 결여에서부터 국가적 민주정치 제도에 대한 배타적 정치계급의 전횡에 이르기까지 일상화되고 보편화된 현상이다. 다만 이들 영역에서 관리·동원되는 한국인들에 대한 호명은 '국민'이 일반적이고, 이는 민주적 지향을 정치적 정체성으로 자기인식하는 정치집단과 그 집권 지도부조차도 마찬가지였다. 그렇다면 이렇게 '국민'으로 호명되는 한국인들이 모인 사회는 '시민사회'인가, 아니면 '국민사회'인가. '시민 없는 시민운동'은 '국민운동'으로 규정되어야 하는가. 아울러 관련 사회운동들을 주도하는 조직들은 '시민단체'가 아니라 '국민단체'로 불려야 하는가. 다른 한편으로 비선정치와 국정농단으로 물의를 일으킨 박근혜를 탄핵으로 이끈 '촛불혁명' 현장에서 확인된 사회적 실체는 시민사회적 구성체가 아니라고 주장할 수 있는가. 역사를 더 거슬러 올라가 일제하에서 조선인들이 '황국신민'이라는 의미에서의 (이등)국민으로 규정·지칭된 상황에서, 한민족 전체가 국권 상실 상태에서 결과적으로 식민국가(총독부)에 대응하는 시민사회적 지위를 갖게 된 것은 아닌가. 또한 군부의 개발독재 체제하에서 노동자, 농민, 여성이 공통적으로 경험한 사회·경제적 착취와 소외에 대한 사회연대적 저항과 투쟁은 정치화된 계급갈등에 대한 시민사회적 대응이 아닌가. 개발지상주의 질서에 배태된 환경 파괴, 빈곤 확산 등에 대응하여 환경, 복지 등의 영역에서 일어난 이른바 '신사회운동'들이 과연 시민사회적 기반 없이 지속될 수 있는가. 문화·예술계의 광범위한 비판지성적 창작 활동과 사회참여에서 시민사회적 중요성을 부정할 수 있는가. 또한 법조, 언론, 교육, 노동 등의 영역에서 국가(권위)주의 권력체제에 대한 보좌·비호 기능을 청산하고 자유주의 사회제도들의 본원적 시민사회 지향성을 확립 혹은 회복하려는 전문가 집단들의 노력은 무엇을 의미하는가.

이처럼 시민사회(성)의 복잡다양한 발현에도 불구하고, 정치사적으로는 1948년 대한민국 출범의 제도적 형식으로 채택된 (자유)민주주의는 역설적으로 배타적 '정치계급(political class)'의 즉각적 출현과 지속적 득세를 초래해 시민사회와의 유기적 관계 형성이 한없이 미뤄졌다. 이들 민주주의 정치귀족 집단과 군부독재 세력 등 일련의 정치적 지배권력은 자신들의 통치 대상을 '국민'으로 호명하는 것을 선호했고, 실제로 국가 위주의 사회·경제적 질서와 변화를 통해 일종의 '국민사회'를 형성해 관리·유지해 왔다. 이처럼 시민적 및 국민적 정체성과 지위를 함께 지녀 온 한국인들은 이에 상응하여 국민사회 및 시민사회의 성원으로서 매우 공세적인 통치를 펼친 국가와 격동의 관계를 맺어 왔다.

제5장 삽목(揷木)민주화, 압축산업화, 노동(계급)정치

한국의 현대사를 특징짓는 압축근대성의 정치적 역설은 정치사회 영역이 산업사회 및 시민사회 영역으로부터 구조적으로 분리되는 탈구(dislocation) 현상에 있다. 이른바 해방공간에서 반자유주의 성격을 의심받은 시민사회가 강압적으로 억압·해체된 상태에서 외생적 제도에 의해 성립한 한국의 민주주의는 막상 그 제도 엘리트의 형성이 태생적으로 제도기생적이고 자기봉사적이며 배타적인 명사집단에 의해 독점됨으로써 전통시대와의 차별성이 희석되었다. 압축근대성의 또 다른 중요한 측면으로서 한국은 유례없이 빠른 속도로 자본주의 산업화를 성취했으며, 이 과정에서 급팽창한 노동자계급과 중간계급을 중심으로 근대적 계급사회가 형성되었고, 고등교육의 급속한 확대를 기초로 하여 지식인·학생 집단을 중심으로 진보적 시민사회가 (재)강화되었다. 이러한 사회적 변화들은 1960년대부터의 군부독재를 종식시켜 1987년 절차적 민주주의의 복원이 이루어졌지만, 그 궁극적 결과는 자기임명적·자기봉사적 정치사회의 부활이었다. 한국에서 노동자계급의 정치세력화 시도는 이러한 조건하에서 전개되었다. 산업사회 영역에서 급속히 형성·팽창된 노동계급은 기업별·산업별·전국적 노조조직을 기초로 사회적 영향력을 빠르게 확대하고 상당한 제도적 안정화까지 이루었으며, 노동자들의 계급적 정체성과 이해관계에 근거하여 노조 주도의 정당에 기초한 공식정치 참여가 시도되었다. 그러나 일련의 대선, 총선, 지방선거를 통한 노동계급의 정당정치적 영향력 확보·강화 시도는 (서유럽의 경험과는 대조적으로) 참담한 실패와 좌절로 귀결되었으며, 국가 차원 민주주의 질서의 정상화나 합리화에 대한 기여도 불분명했다. 그 원인은 여전한 (민족 내) 냉전체제에 수반된 진보정당의 이념적 제약성보다는 지배적 거대 정당들에 의한 지역·세대 대립적 정치갈등구조의 재생산과 이에 맞물린 담합적 분할 선거구도가 더 결정적이었다고 볼 수 있다. 그 결과, 직업·산업·계급적 차원에서 최대 규모의 인구집단이 자신의 가치와 이익을 체계적으로 반영시킬 수 없는 명목상 민주주의 체제에 하버마스(Jürgen Habermas)가 지적한 바 있는 "정당성 위기(legitimation crisis)"가 구조화되어 왔다.

제6장 압축근대성, 가족화된 자유주의, 권위주의 생활세계

한국인들은 미시적 생활세계가 표면적 혹은 언술적으로 몰(비)자유주의적인 태도와 관계로 점철된 듯 보이지만, 실제로는 가족 또는 가족적 성격을 내재화한 다양한 사회 조직·제도들을 통해 자유주의 질서를 매우 공격적으로 수용·활용하여 각종 사적 가치를 실현하려 노력해 왔다. 이와 관련해, 여기에서는 그동안 널리 잘못 인식되어 온 한국에서의 자유주의 혹은 자유질서의 중대한 하나의 차원 내지 특징을 새로운 관점에서 설명하고자 한다. 즉 한국 사회와 경제, 정치, 대중이 보이는 다양한 가족주의적 특징들을 '자유주의의 가족화(familialization of liberalism)'라는 개념틀을 통해 분석·설명할 것이다. 가족은 그 제도적·조직적 성격이 국가와 마찬가지로 자유주의 사회질서(liberal social order) 혹은 자유주의 근대성(liberal modernity)

에 부합하지 않는다고 이론적·해석적으로 규정되어 왔다. 따라서 근대사회의 합리화(rationalization) 혹은 자유화(liberalization)는 가족의 조직적 감퇴와 사회기능적 축소·대체로 이어지며, 그 대신 (핵)가족의 서정적(affective) 성격과 기능이 현대의 사회제도적 분업 속에서 대두·강화된다고 이해되었다. 만일 이러한 추세가 실제로 합리적이거나 실용적이고 갈수록 보편화되는 것이 당연하다면, 이에 반하여 여러 현대사회에서 지속되거나 심지어 심화되어 나타나는 가족중심성은 근본적인 문젯거리로서 건전한 자유주의 근대화를 가로막거나 왜곡할 것이다. 마찬가지 맥락에서, (그 양상이 다양하지만) 공통적으로 가족중심적인 동아시아 국가들의 엄청난 자본주의 경제발전, 이제는 상당히 견고하게 자리 잡은 제도적 민주주의, 그리고 시민사회의 뚜렷한 활력은 세계사회의 경탄에도 불구하고 그러한 집단적 성취들 내부나 이면에 심각한 구조적 혹은 문화적 함정들이 도사리고 있다고 의심되어야 하는가? 이 장은 그러한 의심 대신에 동아시아에서 자유주의가 역사·사회적 착근과 사회, 경제, 여타 주요 사안들의 공적 거버넌스에 있어 가족화되어 왔다는 명제를 제시한다. 가족은 다양한 층위에서 자유주의적 동아시아 근대성, 특히 한국 근대성의 압축적 착근을 위한 문화·제도적 엔진으로 기능해 왔다. 그리고 이 동아시아 지역 생활세계들의 광범위하고 복잡한 권위주의 성격은 이 지역에서 널리 공유·계승되고 재발명·재확산되어 온 유교적 가부장제의 효과로서뿐 아니라, 자유주의의 사회제도적 및 정치경제적 가족화에 밀접히 연결시켜 이해되어야 한다.

제7장 국가자본주의 산업화와 재벌체제: '이중지대추구'의 정치경제

박정희 시대 이후 국가는 시급한 경제발전을 위해 '집합적 자본가'의 역할을 자임하고 나섰으며, 국가의 전략적 지원하에 형성·성장하게 된 수출 대기업(재벌)들은 남한 사회의 계급질서 속에서 매우 특수한 지위를 갖게 되었다. 일종의 국가자본주의 산업체제하에서 재벌 대기업(가)들은 국가 경제발전에 연계된 도구적 지위를 바탕으로 노동자 및 일반 시민과의 관계에서 국가의 통치권력을 직간접으로 활용하는 특권을 누리게 되었으며, 이는 흔히 정경유착이라는 비판을 받기도 했다. 민주화는 한편으로 그러한 재벌 대기업(가)들의 정치적 특권을 제한하는 효과가 있었지만, 다른 한편으로 민간 중심 자유주의 경제체제의 법치화를 통해 재벌들이 국가의 경제적 지휘와 통제로부터 점차 자유로워지는 결과가 나타났다. 특히 그동안 재벌들이 국가의 정책지원을 통해 획득한 '지대(rent)' 성격의 수익을 고스란히 사유화할 수 있는 기회를 맞았으며, 이와 관련해 정치·행정·법률·언론 엘리트들에 대한 광범위한 회유와 유착이 시도되었다. 이러한 정경유착의 재벌 주도화는 정치적 민주화에 수반된 자유주의 사회체제 및 계급관계의 안착을 근원적으로 가로막아 왔다. 결론적으로, 한국에서 자유주의 체제질서의 최대 모순은 '한국적 부르주아지로서의 재벌'이 구조적·만성적으로 자유주의 경제질서, 나아가 자유주의의 사회·정치 질서를 왜곡하고 교란시켜 왔다는 것이다. 그리고 시민사회(시민운동·시민단체)는 그 대척점에서 재벌에 대한 체계적이고 본질적인 비판과 대항 노력을 가장 적극적으로 전개해 왔다. 한국적 부르주아지로서 재벌은 자유주의 시민이 아니라, 자유주의 시민으로부터 극복되어야 할 대상으로서 비판받아 온 것이다.

제8장 개발자유주의, 개발시민권, 사회(시민)권

20세기 중후반 한국을 위시한 동아시아 자본주의 국가들에서는 공격적인 추격산업화와 수출 증대를 위한 정치적 노력을 '개발자유주의(developmental liberalism)'라고 부를 수 있는 사회정책 노선으로 뒷받침했다. 노동과 복지를 위시한 국가의 사회정책은 재정 규모나 제도 성격상 흔히 보수주의 혹은 자유(방임)주의로 간주되었지만,

각국 정부의 개발주의 공세는 경제발전 극대화를 위한 사회정책과 함께 기층민 이해관계의 체계적인 통제와 희생으로 이어졌다. 즉 이 나라들은 사회정책 노선에 있어서 '개발(주의)적으로 자유주의적(developmentally liberal)'이었으며, 이는 미국식의 '자유주의적으로 자유주의적(liberally liberal)'인 경우에 대비된다. 예컨대, 복지 억제가 미국의 경우 민간 사생활에 대한 국가의 불개입과 '작은 정부'라는 가치에 기초한다면, 동아시아의 경우 국가의 경제개발 투자 및 산업지원 극대화를 위한 전략적 선택 혹은 정책적 우선순위를 반영한다. 그러나 본격적인 민주화 과정에서 산업노동자들과 여타 기층 민중이 권위주의적 개발정부 및 유착 산업자본과의 투쟁에서 급속히 대항력을 갖게 되면서, 노동자 권리 억압과 기층민 복지 최소화라는 개발(자유주의)국가의 이중적 반(反)민중성은 더 이상 쉽게 지속되기 어려워졌다. 이러한 동아시아 개발자유주의의 위기는 바로 서구의 사회정책이자 경제정책인 신자유주의가 동아시아 자본주의 국가들에서 정치적으로 환영받는 결정적 계기가 되었는데, 이는 (노태우·김영삼 정부 시기의) 한국에서 특히 두드러졌다. 사회정책에 대한 신자유주의 개혁의 양상, 과정, 그리고 결과는 개발자유주의 및 그것을 실현해 온 정치경제적 세력과 근본적으로 복잡하게 뒤얽혀 있었다. 한국의 경제적 신자유주의화는 심각한 산업·금융적 부작용을 누적시켜 1997-1998년에 이른바 'IMF 경제위기'라는 전례 없는 범산업·범시민적 경제충격을 야기했는데, 일종의 정치적 역설로서 이러한 경제적 위기는 개발독재 군부세력을 직간접으로 승계하는 보수 정파가 국가권력으로부터 퇴출되는 결정적 계기가 되었다. 이후 집권한 (상대적) 민주세력은 세계금융자본을 대리한 국제통화기금(IMF)이 강요한 구제금융의 조건들을 이행하는 과정에서 경제·사회적 신자유주의화를 더욱 강화했으며, 이는 궁극적으로 한국 정부 자체의 경제회복 패러다임으로 고착화되어 갔다. 사회(정책)적 차원에서는 개발자유주의의 신자유주의로의 전환(변질?)은 광범위한 청년 고용위기, 사회보장체제의 기초 와해, 극심한 빈부 양극화 등을 통해 수십년간 지속된 개발통치 체제의 사회·정치적 지속가능성을 근본적으로 와해시키게 되었다.

제9장 산업생산 극대화와 사회재생산 붕괴

한국의 압축적 경제발전은 국가, 기업, 지역공동체뿐만 아니라 가족과 개인에 이르기까지 사회·경제적 자원을 개발주의적으로 동원·활용하는 행태를 배태했다. 대다수 한국인들은 급속한 경제성장에 수반된 전반적 소득 향상에 힘입어 각자의 가족 책임으로서의 사회재생산에 충실했으며, 나아가 국가의 개발(자유)주의에 저항하기보다는 자신들의 가족관계와 가정생활을 개발주의적으로 영위함으로써 보수적 정치경제 질서에 나름의 방식으로 능동적(?)으로 대처해 왔다. 예컨대, 자녀에 대한 교육투자는 단연 세계 최고 수준이며, 자녀나 형제의 경제활동에 대한 금전적 지원이 보편화되어 있고(심지어 금융기관에서조차 연대보증 제도를 통해 이러한 가족 내 책임을 강요해 왔으며), 농업과 같은 사양 부문에서 미련 없이 발을 빼는 대신 형제나 자녀의 교육·훈련에 투자해 새로운 유망산업 진출을 꾀했고, (주택과 같은) 사회재생산재의 희소성에 편승한 투기소득 획득에 나서는 행태가 보편화되다시피 했다. 반면 노후생활 대비와 같은 사회재생산의 장기적 안정화에 대해서는 (국가와 마찬가지로) 시민들 또한 소홀히 해온 결과, 최근 들어 노인인구의 절대빈곤이 보편화되는 참상이 전개되고 있다. '개발주의 국가'와 '개발주의 가족'이 연합해서 도박성이 농후한 사회재생산 체제를 유지해 온 것이다. 그 결과, 사회, 노동, 가족, 개인 등이 정상적이고 안정적으로 유지(사회재생산)되기 위해 요구되는 필수 요소들마저 개발주의적 활용(유용)의 대상으로 취급됨으로써, 장기적으로 사회, 노동, 가족, 개인 등의 존속 자체가 집단적으로 위협받는 상황에 처하게 되었다. 생태적으로 교란된 농어촌, 산재와 과로에 만성적으로 노출된 노동자, 부모의 노후 자금조차 고갈된 가족, 건강관리를 포기한 수험생 등은 한국 사회에서 예외적 범주들이 아니다. 이러한 공격적인 개발주의적 행태는 당장 개별적인 실익의 불확실성을 넘어 장기적으로 사회, 국가, 경제 등의 기본 구성요소들의 침식과 교란이라는 집단적 대가를 치르게 하고 이에 대한 천문학적 대응 비용을 발생시켰다. 한국이 세계 최저 출산율과 세계 최고 자살률을 동시에 기록하는 사회로 전락한 것도 이러한 맥락에서 이해될 수 있다.

제10장 복합위험사회: '선성장 후안전'

21세기 들어서도 끊임없이 이어지는 갖가지 충격적 대형 안전사고는 한국의 경제 기적에 어떤 비극적 이면이 존재하는가를 한국인들 자신과 세계인들에게 생생히 인식시켜 왔다. 경제지표상으로는 이미 오래전에 선진국 진입 문턱을 넘어선 한국 사회는 막상 일상생활에서 시민들의 안전과 생존이 상시적으로 위협받음으로써 '삶의 질'에 못지않게 '죽음의 질'을 걱정해야 할 지경에 이르렀다. 울리히 벡(Ulrich Beck)은 '위험사회(risk society)'론을 통해 서구의 지속적 사회·경제적 발전은 산업자본주의 및 과학기술(세력)의 특수한 확대재생산 논리에 의거해 각종 사회요소들이 구조화된 위험질서에 만성적으로 노출되는 역설적 결과를 가져왔다고 지적했다. 이 장은 울리히 벡의 논의를 보완·확장하여 한국 사회를 선진국형·후진국형·한국 특유형 위험요인이 혼재하는 '복합위험사회(complex risk society)'로 규정하여, (1) 각 위험사회 유형별 안전사고의 실례와 성격을 제시하고, (2) 그동안 국가, 산업·기업, 관련 전문직, 시민공동체가 안전 문제의 발생 및 해결과 관련해 각각 어떠한 위치에 있었는지 분석하고, (3) 이러한 분석을 기초로 한국의 개발자본주의에 내재하는

'선성장 후안전' 체제의 모순을 지적하고, (4) 그 모순의 극복은 한국 자본주의와 민주주의의 동시적 과제임을 제시할 것이다.

제11장 한국 자유주의의 위기 극복: 재근대화, 급진다원화혁명 혹은 해방적 파국?

자유주의 체제의 정상위기 상태는 한국만의 역사적 특수성에 그치는 것이 아니라 자유주의의 본원적 속성에 따른 것임이 서구 각국의 과거·현재적 현실과 이에 대한 근현대 석학들의 비판적 분석을 통해 분명히 드러난다. 예컨대 영국을 자유주의 세계(경제)질서의 추동자로 만든 산업혁명은 극단적 노동자 착취, 농민의 고립화, 식민지 (민중) 수탈에 연계되었으며 이에 대한 민주정치의 개혁적 기여는 20세기 중반 이후에야 구체화되었고, 그조차 20세기 후반부터는 신자유주의 시대와 맞물린 '포스트민주주의(post-democracy)' 경향의 확대로 인해 무의미해지고 있다. 미국의 경우, 민주주의의 태생적 귀족정치(화)가 시대를 넘어 집권 정파와 무관하게 지속·심화되어 왔고, 최근 미국 경제의 금융화, 디지털화, (생산 기반의 탈미국화를 위시한) 세계화가 진전되면서 '시민노동자(citizen worker)' 지위의 희석·소멸에 대한 사회적 반발이 진보·극우 정치인들의 동시적 부각으로 이어졌지만, 경제적 지배세력 혹은 지배적 경제질서에 대한 공동체적 자유주의 개혁은 그 단서조차 제시되지 못한 상태이다. 세계인들이 주목할 정도로 산업자본주의와 절차민주주의를 확립·발전시켜 온 한국의 사회체제적 정상위기는 바로 이러한 냉혹한 세계역사적 현실을 비켜갈 수 없다.

한국 사회와 한국인들이 이런 사회체제적 딜레마에 대처하기 위해 고려·기대할 수 있는 가능성으로서 '재근대화(remodernization)', '급진다원화혁명(radical pluralization revolution)', '해방적 파국(emancipatory catastrophism)' 등을 생각해 볼 수 있다.

재근대화는 그동안 세계사와 한국사에서 드러난 자유주의의 본원적·경험(실례)적 효용, 한계, 부작용 등을 구체적으로 인식하고 이를 인정하는 데서 출발한다. 그러한 한계에 능동적·창의적으로 대처하여 부작용은 최소화하고 효용은 극대화시키는 일종의 '자유주의의 재발명(reinvention of liberalism)'을 민주적·과학적 집단지성에 기초해 도모하는 것이다.

급진다원화혁명은 자유주의 질서의 세계적·한국적 한계와 위험을 인식·비판하는 데서 나아가, 이에 대한 반(反)자유주의적 극복과 전환의 시도를 의미한다. 특히 여러 나라들에서의 사회주의 혁명과 전환이 종국에는 참담한 사회·경제·정치적 부작용들로 인한 사회체제적 지속불능성이 거의 보편적인 탈사회주의 개혁·전환을 가져왔고, 결국 전 세계의 경제·사회적 자유주의화, 나아가 신자유주의화로 이어졌다는 사실에 대해 비판적으로 성찰하는 것이다. 그리고 이를 바탕으로 새로운 문명·체제적 가능성들에 대한 구상, 토론, 협의·합의, 시도, 보완, 실현의 여지를 극대화하기 위한 일종의 개혁·전환적 사회다원성을 강화·확립시키자는 것이다.

해방적 파국은 울리히 벡이 그의 위험사회론을 연계·확장해 사회변혁이론으로서 제시한 "세계의 대전변(metamorphosis of the world)"의 논리적·경험적 기초가 되는 핵심적 사회변동 과정이다. 제2차 세계대전 이후 국제연합(UN)을 중심으로 한 세계공동체적 정치·안보 질서의 등장에서부터 최근 범지구적 기후·생태 위기에 따른 세계사회의 "위험공동체(risk community)"적 변환과 그에 대한 인식 및 대응에 이르기까지 다양한 역사적 실례들에서처럼, 인류 사회가 직면해 온 중차대한 파국적 상황·상태가 위험공동체로서의 실존적 위기 극복을 위한 소통과 협력을 유도함으로써 궁극적으로 인간해방의 새로운 가능성을 모색하고 실현하는 계기가 될 수 있다는 주장이다.

한국 사회와 한국인들, 그리고 국가(집권정파들)는 재근대화, 급진다원화혁명, 해방적 파국을 여러 가지 계기와 상황에 의거해 극히 다양한 입장에서 주장·협의·목도·경험·시도·저항해 왔으며, 이는 사실 한국의 사회체제적 정상위기 상태를 유의미하게 완화·극복하기보다는 더욱 복잡하게 만드는 작용을 해왔다. 그럼에도 불구하고, 이러한 과정 자체가 한국인들이 역사를 주체적으로 대면하고 문명적으로 관리하기 위한 최소한의 조건임은 의심할 여지가 없다.

제2장

압축근대적 자유주의의 규범체계

1. 서론

이 장은 자유주의 현대사회에서 기능적 분업체제의 사회·문화적 기초로서 뒤르켐이 제시한 "계약의 비계약적 기초(non-contractual elements of contract)" 개념(Durkheim, 1972)을 확장해 현대 한국의 국가(관료제), 시장경제, 시민사회의 압축적 형성 과정에서 그에 상응하는 사회·문화적 기초 혹은 '체제윤리'의 결여나 왜곡이 초래한 구조적 문제점들을 분석·정리한다. 흔히 한국 사회의 '도덕성 위기'로 치부되는 기본적 체제윤리 교란의 문제는 몇몇 시민들의 잘못된 행위규범이 아니라 자유주의 질서의 핵심 요소들인 계급지배, 자유계약질서, 관료제의 특수한 역사적 정착 과정 및 그 요소들이 본질적으로 내포하고 있는 사회해체 경향에 기인한다. 현대사의 전개 과정은 새로운 사회체제와 그 윤리 기반의 안정적 정착보다는 내외의 요인들이 상승작용을 일으켜 '사회적 엔트로피(social entropy)'가 증가함으로써 나타나는 사회해체 증상에 의해 특징지어져 왔다. 인류학 지성 기어츠의 문제의식(Geertz, 1963, 1973)을 적용하면, 한국의 자유주의는 그 경제적 확장과 정치적 진전에도 불구하고 공동체로서의 시민사회에 대해서는 '퇴행적(involutionary)' 양상을 띠어 왔으며, 이에 대해 한동안 시민들의 '도덕성 위기'라는 자의적 담론이 사회 전반에 설파되기도 했다. 한국적 자유주의의 체제윤리 문제는 그 자본주의와 민주주의가 제도적으로 확립되고 기능적으로 작동하는 과정에서 성원들 간의 사회관계가 도덕적 생활공동체의 성격을 형성할 수 있는지의 여부와 불가분의 관계에 있다.

한국 사회의 도덕성 문제, 혹은 한국인들의 사회적 도덕성 문제는 그동안 학문적 연구주제로서보다는 정치·언론·문화계 등에서 단편적 사회비평의 형태로 주로 논의되어 왔다. 사실 한국인들의 사회적 도덕성에 관한 어떠한 논의도 그것이 가질 수 있는 이데올로기적 성격이나 함의에 대한 면밀한 분석 없이 이루어질 수 없다. 한국의 복잡한 사회질서와 급격한 사회변동을 시민들의 사회적 도덕성 문제를 중심으로 분석하기 위해서는 도덕성에 대한 명확한 개념 정립이 선행되어야 할 것이다. 그런데 도덕성 위기에 대해 논란이 일고 있는 현대사회는 대부분 도덕성에 대한 사회성원들의 이해가 내부적으로 통합되어 있지 않다. 이는 단순히 일반인들 사이의 지적 결핍에 따른 현상이 아니고 사회과학자들과 철학자들을 포함한 지식인 집단 내부에서조차 도덕적 태도와 행위의 내용에 대한 합의를 도출할 수 없기 때문에 나타나는 문제이다. 도덕성이라는 사회적 개념을 성립시키는 철학적·과학적 기초 요소들에 대한 다양한 주장과 도덕성의 구체적 내용에 관한 엇갈리는 견해들은 단순히 그 사회의 지적 다양성을 나타내는 데서 끝나지 않고 복잡한 지배와 갈등의 사회관계를 은닉·반영·강화하거나 또는 비판·수정하는 작용을 의식적·무의식적으로 하게 되는 경우가 많다.

특히 인식론적 차원에서 보면, 만일 알튀세르(Louis Althusser) 같은 철저한 구조주의자가 주장하는 바처럼 모든 사회적 현상이 금전력과 조직적 강제력, 그리고 이를 뒷받침하는 이데올로기에 의해 결정된다면 도덕성 문제를 논하는 것 자체가 문제의 본질을 숨기고 허위사고를 조장하는 음모라고 비판할 수도 있다. 이때 도덕성은 개인 윤리 차원에서 사회선(社會善)을 실현하는 의미보다는 사회질서 유지라는 차원에서 지배관계를 강화시키는 의미를 갖기 때문이다. 그리고 존재론적 차원에서는, 사회성원들이 다양한 사회적 존재양식과 권력관계를 영위하고 있는 상태에서는 모든 종류의 도덕성 논의가 부분적으로 이데올로기적 성격을 띨 위험성이 있다. 이때 도덕성과 비(반)도덕성은 정치적 상호작용에 의해 결정되는 합의, 타협, 혹은 강제의 사안이지 과학적 판단의 대상이 될 수 없다. 도덕성에 관한 개념 정립은 이러한 문제점들을 염두에 두고 이루어져야 할 것이다.[1]

현대 자본주의적 산업사회에서 사회의 도덕적 통합도가 약화되는 것은 일반적인 현상이라고 많은 사회이론가들이 일찍부터 지적해 왔다. 이 추세는 특히 계약적 관계에 기초한 사회분업 체제의 중요성을 제시한 뒤르켐의 사회이론에서 일찍이 강조되었지만, 베버(Max Weber)는 관료제 중심의 사회합리화 과정에서, 마르크스(Karl Marx)는 자본가계급에 의한 노동자계급의 억압적 착취 과정에서 마찬가지의 문제가 발생하는 것으로 보았다. 현대사회의 도덕질서의 약화나 해체에 관한 이러한 이론적 지적들만큼이나 한국 사회에서의 도덕성 위기의 연원도 오래된 것이다. 비록 본격적인 자본주의 산업화가 자생적으로 시작된 것은 1960년대부터이나, 외세에 의한 열강 자본주의 체제로의 예속은 19세기 후반부터 이루어졌기 때문에, 이때부터 도덕적 통합을 근간으로 한 전통적 사회질서는 점진적으

1 나중의 논의에서 분명해지겠지만 이러한 인식론적·존재론적 문제점들에 대한 지적을 단순히 유물론(推物論)과 도덕적 상대주의라는 표현으로 치부해서 넘길 수만은 없다.

로 해체되어 왔다고 할 수 있다.

이러한 관점에서 보면 최근 들어 한국 사회에 관해 도덕적 차원에서 위기의식을 일깨우는 것은 새삼스러운 일로 간주될 수도 있다. 즉 탈(비)도덕적 질서유형을 전제로 하는 자본주의 산업화의 과정에서 도덕성 문제에 대한 거론 자체가 복고적 혹은 낭만적 행동으로 비판될 수 있다. 그러나 반복적으로 제기되는 도덕성 위기론을 단순히 과거지향적 회한의 표출이라고 무시하기에는 너무나 광범위한 사회적 반향을 불러일으켰고, 이는 그동안 수많은 혼돈과 단절에도 불구하고 짧지 않은 기간에 걸쳐 확립되어 온 자본주의 산업사회의 질서가 그 문화적 기반에서부터 와해되고 있지 않은가 하는 의구심에까지 연결되고 있다. 즉 전통적 도덕질서에 대한 향수를 넘어 현대적 사회통합 체제의 붕괴 가능성에 대한 위기감이 표출되고 있는지도 모른다.

이러한 위기감이 정치적 개방화가 표명되어 온 1980년대 후반부터 확산되었던 것은 역사적 우연이 아니다. 19세기 말 개화파에 의한 자생적 근대화 노력이 실패하고, 대신 일제 식민통치에 의해 자본주의 체제가 이식된 이후부터 1980년대 중반 광범위한 사회적 저항에 의해 군부통치가 연성화되고 경제가 개방화되기 이전까지 한국 사회에서 현대적 사회질서 원리인 시장 기제와 관료제는 극히 권위주의적인 방식으로 (시민)사회에 강요되었다. 즉 새로운 자본주의 사회질서는 사회 내부로부터의 수용 노력이 결여된 상태에서 외세와 일부 국가 및 경제 엘리트들에 의해 일방적으로 적용된 것이며, 이 과정에서 사회집단들의 반발은 상시적 폭력 사용을 수반한 권위주의 체제에 의해 억눌려 왔다(한완상, 1992: 18-22). 서구의 경험과 비교하면, 자유시민계급(bourgeoisie)처럼 '구지배질서(ancien régime)'의 전면적 청산 위에 새로운 사회질서를 세우려는 대중적 혁명계급의 형성이 부재했던 것이다. 따라서 시장 및 관료제 질서는 사회 대중의 차원에서 '문화적 체화'를 거쳤는지 여부와 상관없이 현대 한국 사회의 운용 및 통합의 원리로서 '위로부터' 강제되었는데, 이러한 강제의 부작용이 권위주의 대신에 개방주의를 표방하고 나선 제6공화국 체제하에서 한꺼번에 표출되기 시작했던 것이다.

제6공화국 노태우 정권은 보안사 민간사찰 등 이면에서 자행한 숱한 정치·사회적 억압에도 불구하고 표면적으로는 방임적 자유주의 질서(liberal order)를 상당히 수용하는 노선을 폈다. 이러한 상황에서 시장경제와 관료행정을 둘러싼 사회적 관계들은 권위주의적 압력을 잃어 가는 대신 시민사회 내부의 집단의식 혹은 보편윤리에 의해 뒷받침되어야 했다. 그러나 이전의 권위주의적 국가단원주의 아래에서 시민들은 시장과 관료제 질서에 대한 능동적 수용 및 적응의 경험이 전무했기 때문에 새로운 개방체제 아래에서도 자율적인 체제윤리를 쉽게 확립할 수 없었다. 이때 '체제윤리'란 시장 기제와 관료제를 중심으로 형성된 사회관계가 시민 개개인 및 사회 전체의 복지와 발전을 증진시킨다는 이해를 전제로 시장과 관료조직체에서의 기본적 의무와 책임을 다하는 상태를 말한다. 이를 다르게 표현하면, 시민들 개개인이 산업자본주의 체제의 현존성을 인정한 상태에서 체제에 대한 일종의 도덕성을 견지하는 것이다. 여기에서 우리는 시장과 관료제라는 '탈도덕적 질서'가 새로운 '도덕적 기반'을 필요로 한다는 점을 알 수 있으며, 이는 한국 사회에서 제기된 '도덕성 위기론'은 (구)도덕성의 해체에 관한 것 이상으로 (신)도덕성의 형성에 관한 지적이어야 했음을 의미한다. 따라서 '도덕성의 회복'이라는 문제의식은 결정적으로 잘못 설정된 측면이 있었다.

시장과 관료제에 대한 체제윤리의 약화, 나아가 시장과 관료제의 사회적 유용성에 대한 회의는 사실상 서구 사회에서 더 일찍 문제가 되어 왔다. 시장과 관료제는 각각 부와 권위를 불평등하게 나눌 뿐 아니라 인간적 가치들을 상품화 또는 형식화함으로써 인간들의 사회(공동체)가 존속하는 데 필요한 최소한의 도덕적 요건들을 파괴시키는 것이다. 그러나 기든스(Anthony Giddens)가 지적하듯이(Giddens, 1990), 시장과 관료제가 처음에는 새로 형성된 자본주의 시민계급들 사이에서 봉건질서로부터의 "탈피 기제(disembedding mechanism)" 및 새로운 내부질서의 원리로서 수용되었다는 사실을 간과해서는 안 된다. 물론 역사의 흐름에 따라 시장과 관료제는 곧 자본가계급의 노동자계급에 대한 지배 기제가 됐지만, 적어도 초기 시민사회 내부에서는 동등한 부와 권력을 가진 시민들 사이의 공동선을 비권위주의적으로 실현할 수 있는 수단으로 여겨졌다.

한국 사회에서는 이러한 서구 사회의 경험과는 극히 대조적인 상황이 전개되었다. 즉 시장 기제와 관료제가 본격적으로 도입되는 것과 병행해, 새로운 (시민적) 사회계급의 형성이 없었으며 대신 전통체제의 엘리트 집단과 외세 의존적 신엘리트 집단이 연합해 이미 일제강점기에 이식된 시장 및 관료제 질서를 확대 수용해 나감으로써 현재의 사회체제가 구축되었다. 다시 말해 한국에서의 시장 기제와 관료제는 근대적 시민계급이 사회적 주도권을 장악하는 과정에서 '아래로부터' 비롯된 것이 아니고, 수구적 지배계급의 연속적인 지배장치로서 '위로부터' 일방적으로 수용됐다는 역사적 배경이 있다. 이에 따라 자본주의 질서는 일거에 이식되었지만 지배계급의 이념적 헤게모니 확립은 어려웠고 따라서 노동자 및 농민의 이념적 포섭도 여의치 않았다. 다만 한국전쟁의 경험이라는 맥락 속에서 사상통제와 공포정치가 반공주의를 통해 강화되는 결과가 나타났을 뿐이다.

이처럼 시장과 관료제는 자유주의(liberalism)가 아닌 권위주의(authoritarianism)와 결합되어 새로운 사회질서로 나타났으며, 이 과정에서 일반 대중들은 자율적으로 체제윤리를 확립할 동기도 기회도 갖지 못했다. 동시에 새로운 사회질서 모색을 위한 그들 자신의 대항적 계급 이데올로기도 정립할 수 없었다. 이에 따라 시장 기제와 관료제는 수구적 엘리트들의 정치적·경제적 이해관계를 반영해 왜곡적으로 적용되는 경우가 빈번했으며 사회구조의 변혁보다는 기존의 부와 권위의 불평등을 확대시키는 작용을 주로 하게 되었다. 즉 한국의 자본주의는 표면적인 경제규모의 팽창에도 불구하고 시민사회의 공동체적 질서에 대해서는 퇴행적 양상을 보여 왔다.

한국 사회에서 일반 대중들이 시장과 관료제에 대해 갖는 체제윤리 내지 도덕성은 이러한 역사적 배경을 고려하지 않고서는 제대로 이해될 수 없다. 즉 현존 사회체제에 대해 시민 개개인이 갖는 도덕성을 이해하기 위해서는 그 체제의 역사적 성립 과정에서 결정되는 '정당성(legitimacy)'의 문제를 짚고 넘어가야 한다(한완상, 1992: 14-33). 특히 전통사회의 도덕적 통합체제를 대신해 도입됐으며 그 작용상 인간들 사이의 불평등을 심화시키고 인간적 가치를 유린하는 반(反)공동체적 본질을 갖고 있는 시장 기제와 관료제에 대한 시민들의 도덕성을 이해하기 위해서는 더욱 그러할 것이다. 아울러 극우 권위주의 체제하에서 피지배계급들이 신질서 모색을 위한 대항 이데올로기의 정립과 확산에 실패하고 내부적 유대관계의 범사회적 확립에도 실패한 가운데, 이들 사이의 공동 생존 및 투쟁을 위한 계급적 도덕성의 형성도 불가능했다는 사실이 고려되어야 한다.

이같이 정당성 위기의 문제가 심각할 때 흔히 대두되는 것이 (개인 차원의) '도덕성 위기론'이다. 즉 현존 사회체제의 합리성 혹은 공익성에 대한 집단적 신뢰감이 결여된 상태에서는 개인 차원의 합리적 행위가 지배질서에 배치되거나 역기능적일 가능성이 높은데, 이때 사회적 혼란과 갈등에 대한 책임을 시민 개개인의 행위윤리에 전가시키려는 노력으로서 도덕성 위기론이 대두될 수 있으며, 이에 의거한 국민(시민) '의식개혁' 캠페인이 거의 주기적으로 반복되었다. 이렇게 볼 때 도덕성 위기론에 대한 접근이 주로 (피지배층) 개인들의 전통적 윤리의 상실이나 혼돈을 부각시키는 것이라면 문제의 본질을 왜곡시키는 이데올로기적 색채를 띠고 있다고 비판할 수 있다. 체제에 대한 '반도덕적 행위'가 오히려 체제의 '비도덕성'에 대한 저항이라는 도덕성 성격을 내포할 수도 있음이 간과되어서는 안 될 것이다. 그러나 피지배층의 반응은 집단적 저항이나 변혁 모색뿐 아니라 행위규범의 퇴락과 배타적 연고주의의 확산이라는 탈사회적 양상을 띨 수도 있다. 따라서 이러한 복합적인 가능성들을 고려하기 위해 본 장은 한국 사회의 도덕성 문제를 사회구조적 관점에서 이론적으로 해석하고자 한다.

2. 도덕성, 행위주체, 사회구조

도덕성의 개념 정립은 도덕성 위기의 사회적 의미를 규정하는 데 중요한 역할을 한다. 사회성원들의 도덕성 퇴락이나 와해가 문제가 되는 것은 그 현상 자체가 윤리적으로 바람직하지 못할 뿐 아니라 사회 저변의 공동체적 질서와 정의의 붕괴라는 더욱 심각한 문제점을 반영할 수 있기 때문이기도 하다. 또 다른 가능성은, 역으로 사회성원들의 도덕성 약화가 사회구조의 왜곡이나 붕괴를 가져올 수 있다는 위기의식이 팽배해 도덕성에 관한 논란이 이는 것이다. 이러한 두 가지 관점은 곧 도덕성이라는 이념적 혹은 정신적 요소가 사회의 구조·질서라는 실재적 내지 물질적 요소와 어떤 이론적 관계를 갖는가 하는 문제에 결부된다. 물질적 차원의 지배(권력)관계에 독립적·배타적 중요성을 부여하는 유물론적 입장에서는 전자의 관점을 택할 것이고, 사회변동에 대한 이념적 요소들의 자율적 기능성을 받아들이는 관념론적 입장에서는 후자의 관점을 택할 것이다. 그런데 대부분의 현대 사회이론가들이 도덕성 문제를 다루는 것은 도덕성 개념 자체에 대한 관심 때문이라기보다는 현대 사회변동에 대해 이념(정신)적 요소들이 가질 수 있는 인과적 관계를 파악하기 위해서이다. 따라서 도덕적 문제를 관념론적으로 정의할 것인지, 아니면 유물론적으로 정의할 것인지는 도덕성 자체에 내재하는 형이상학적 요인들의 규명을 통해서가 아니라 현대 (자본주의적) 사회변동의 본질에 대한 분석적 판단을 통해서 결정되어야 한다.

이러한 접근법은 고전적 사회이론가들인 마르크스, 뒤르켐, 베버 등의 논의가 현대사회의 도덕성 연구에 대해 갖는 함의를 파악하기 위해서 필수적이다. 마르크스, 뒤르켐, 베버 등의 사회이론을 제대로 해석하기 위해서는 그들을 유물론자, 관념론자 혹은 절충론자라고 미리 규정해서는 안 되고 그들이 설정하는 현대 (자본주의) 사회질서의 핵심적 특질이 무엇이고 그러한 특질을 생성시키는 데 이념적·물질적 요소들이 언제 어떠한 역할 및 상호관계를 갖는지를 구체적으로 살펴봐야 한다. 도덕성 개념을 가장 자주 사용하고 도덕, 가치 등의 문제를 중심으로 한 도덕사회학(moral sociology)을 사회학의 한 전통으로서 확립시킨 (후기) 뒤르켐의 경우도 결코 관념론적인 입장에서 도덕체계 변화의 사회적 중요성을 논했다고 볼 수 없다. 그리고 계급적 대립관계를 통해 자본주의 체제를 분석했던 마르크스의 경우도 계급이익의 인식과 계급질서의 정당화 기제로서 이데올로기와 도덕적 가치가 갖는 중요성을 단순히 유물론적인 입장에서 부차적으로만 다루었다고 볼 수 없다. 더욱이 베버는 자본주의적 사회변동을 가능케 했던 이념체계와 사회조직적 요소들은 당시 시민계급(bourgeoisie)과의 "선택적 친화(elective affinity)" 효과가 없었다면 그 역사적 중요성을 결코 발현할 수 없었다고 봄으로써 유물론이나 관념론, 나아가 양자의 단순한 절충론이라는 평가를 근본적으로 불식시킨다(Weber, 1930).

이처럼 자본주의적 사회변동의 구체적 해석 내용을 둘러싸고 마르크스, 뒤르켐, 베버는 사회변동에 대한 이념적·물질적 요소들의 분석적 중요성에 관해 상당히 근접한 입장을 취했다.[2] 즉 이데올로기와 도덕적 가치 등 이념적 요소들은 사회성원들이 처한 물질적 환경과 사회관계를 긴밀히 반영하지만, 동시에 물질적 요인들은 사회성원들의 구체적인 사회적 행위(social action)를 통해서만 역사적 중요성을 나타낼 수 있고, 이 사회적 행위의 양식을 결정하는 것은 사회 전체, 집단, 혹은 개인이 갖고 있는 이념 내지 의미체계(systems of meaning)이다. 그런데 이러한 의미체계는 과학적인 분석틀과는 달리 반드시 사회 전체, 집단, 개인이 처한 물질적 환경과 사회관계를 객관적으로 분석하게 만들어 주거나 최선의 대처 방법을 일깨워 주는 기능을 수행하는 것은 아니다. 더욱이 같은 사회 내에서도 다양한 집단·개인적 상황에 처할 수 있는 성원들이 모두 동일한 의미체계를 공유한다고 기대할 수 없다.

이때 다양한 집단들과 개인들이 갖는 의미체계들은 그 내용뿐 아니라 과학성의 정도도 서로 다를 수 있다. 만일 과학적 분석이 개별 이익의 극대화라는 합목적적 행위를 가능케 한다면, 그 사회의 다양한 집단들과 개인들은 자신들의 고유의 의미체계가 갖는 과학성에 의해 상대적으로 유리하거나 또는 불리한 상황에 처할 수 있을 것이다. 이러한 가능성이 함의하는 바는 한편으로는 다양한 의미체계들이 그 자체의 구조적인 힘(structural force)을 발휘할 수 있다는 점이고, 다른 한편으로는 특정 집단이나 개인이 (잠재적 혹은 실재적으로 대립관계에 있는) 다른 집단들이나 개인들의 의미체계에 영향을 미치기 위해 노력할 것이라는 점이다. 문제를 더욱 복잡하게 만드는 것은, 자본주의 사회에서 사회성원들의 존재양식이 시장을 통한 경제적 교환(착취)관계 외에도 다양한 정치·사회·문화적 요소들을 반영해 복합적으로 결정될 수 있다는 사실이다.[3] 따라서 개인이나 집단

---

2 이러한 평가의 대표적인 것으로 기든스의 논의(Giddens, 1971: 205-223) 참조.

이 동일한 시점에서 다수의 구조적 위치를 반영한 다수의 의미체계를 가짐으로써 내부적으로 행위원리가 통합되지 못하고 종종 내적으로도 상호 모순적인 사회적 행위들을 할 수 있다.[4] 이러한 중층적 의미체계의 사회적 결과들은 의미체계를 둘러싼 권력작용을 더욱 복잡하게 만들어 사회적 행위에 임하는 사회성원들이 성공적인 행위전략을 수립할 가능성을 낮추게 된다. 그럼에도 불구하고 인간들은 나름대로의 의미체계를 통해 물질적 상황에 대처하는 사회적 행위를 함으로써만 역사의 현실적 주체가 되는 것이다.

이러한 시각에서 볼 때 도덕성에 관한 가장 적합한 개념 정립을 시도한 학자들 중 하나가 푸코(Michel Foucault)라고 할 수 있다. 그에 따르면,

> 어떤 행위가 도덕적이려면 그것은 규칙, 법 또는 가치에 부합되는 행위(들)로만 환원되어서는 안 된다. 물론 모든 도덕적 행위는 그것이 일어나고 있는 현실과의 관계 및 자아와의 관계를 갖고 있다. 후자는 단순히 '자아인식(self-awareness)'이 아니고 '윤리적 주체(ethical subject)'로서의 자아형성(self-formation)인데, 이것은 개인이 그의 도덕적 실천의 대상을 형성하는 자신의 부분을 설정하고 그가 따를 잡언(雜言)에 관련한 그의 입장을 규정하고, 그의 도덕적 목표로서 작용할 특정 존재양식(mode of being)을 결정하는 과정이 된다(Foucault, 1990a: 28).

이러한 과정에서 개개인은 스스로에 대해 행동하고 스스로를 관찰

3 물론 이러한 다원론적 분석은 마르크스보다는 베버의 입장을 나타내는 것이다.

4 이 문제는 한국처럼 복합적 사회격변을 겪는 상황에서 특히 심각하다. 예컨대 Chang(2022a, Ch. 4) 참조.

하고 시험하고 개선시키고 변화시키게 된다. 따라서 도덕성은 개인들의 행동과 태도에 대해 사회가 일방적으로 규정한 상태가 아니라, 개인들이 자신과 사회와의 특정한 관계를 상정한 상태에서 자신에 대해 주체적으로 행위하는 상태를 말한다. 만일 특정한 방향의 행동과 태도가 윤리적 주체로서의 자아형성과 상관없이 사회적 압력에 의해서만 성립됐다면 이는 도덕성보다는 소외와 굴종의 발현으로 보아야 할 것이다. 물론 사회, 집단, 개인들의 다양성에도 불구하고 자유·평등·형평 등 보편적인 이상들이 대두되고 이러한 보편적인 이상들의 실현에 직결되는 가치들과 행위규준들이 있게 마련이지만, 이에 대한 단순 복종이 도덕성 형성의 충분조건이 될 수는 없다.[5]

---

5 물론 도덕성 혹은 도덕적 행위에 관한 이러한 푸코의 입장이 사회학자들이나 철학자들의 전체적 입장을 대변한다고는 볼 수 없다. 푸코 자신도 도덕성에 대해 크게 두 가지 접근방식이 있다고 지적하고, 이는 도덕성의 두 가지 보편요소에 대한 상이한 강조에 의거한 것이라고 보았다(Foucault, 1990a: 29-30). 이 두 가지 보편요소는 "행동의 규준(codes of behavior)"과 "주체화의 양태(forms of subjectivation)"이며 각각 "규준지향적 도덕(code-oriented moralities)"과 "윤리지향적 도덕(ethics-oriented moralities)"을 생성시킨다. 역사의 흐름에 따라 이 두 가지의 도덕은 서로 병존, 경쟁, 갈등 혹은 타협하는 관계를 가져왔다. 마찬가지로 행동의 준칙과 주체화의 양태는 전적으로 상호 분리될 수는 없지만 어느 정도 독립적으로 발달할 수는 있다.

규준지향적 도덕은 행동규칙의 체계성·풍부성·신축성·포괄성 등을 강조하는데, 관심의 초점은 규칙을 적용시키고 규칙이 학습되고 준수되도록 하며 규칙의 위반을 제재하는 "권위의 실행성(instances of authority)"에 두어진다(Foucault, 1990a: 29). 이때 윤리적 주체는 위반 시 처벌을 수반하는 법률(규율)에 자신의 행위를 맞춰 나가게 되며, 대신 규율에 대한 의무감을 인식하는 주체화(subjectivation)는 큰 중요성을 갖지 못한다. 여기서 도덕성 혹은 도덕적 경험의 강한 사법화(juridification) 내지 규준화(codification)가 일어나는데, 역사적 예로서 종교개혁 직전의 서구 기독교와 개항 이전의 중국과 한국의 유교를 들 수 있겠다.

윤리지향적 도덕은 자아와의 관계의 양태를 중시하는데, 관심의 초점은 그러한 관계를 형성시키는 방법 및 기술, 그리고 자신을 인지 대상으로 만들고 자신의 존재양식을 변화시키게도 만드는 실천행위에 맞춰진다(Foucault, 1990a: 30). 이때 개인들이 자기 자아와 맺는 관계와 스스로를 윤리적 주체로 만들기 위한 행위·사고·감정의 내적 요소들이 잘 파악되어야 한다. 반면에 행위규칙의 체계 자체는 잘 발달되어 있지 않은 경우도 많고 또 그 규칙의 엄밀한 준수 역시 그다지 중요하

이러한 입장을 수용할 때 도덕성을 둘러싼 사회분석은 사회적으로 주어진 도덕적 행위규칙의 내용을 단순 검토하기보다는 도덕적 자아의 형성 과정을 정밀하게 분석하는 작업이 되어야 한다. 이때 도덕적 자아에 대한 관심은 '도덕성 위기'와 같은 사회 문제들을 개인 차원의 변수를 통해 설명하려는 이른바 '개인주의적 환원(individual reductionism)'과는 구분되어야 한다. 이와 관련해 울프(Alan Wolfe)의 논의가 많은 시사점을 제공한다. 그는 도덕성 혹은 도덕적 의무에 관한 사회학적 접근은 개인들과 사회가 상호작용을 통해 도덕적 질서를 형성하는 방식을 분석하는 것이어야 한다고 주장한다(Wolfe, 1989). 이때 도덕적 질서는 살아 있는 유기체로서의 시민사회(civil society)를 궁극적으로 가능케 하는 조건인데, 이는 사회성원들의 상호작용의 틀인 도덕적 규칙들이 사회성원들의 자율적 참여와 협의 속에 만들어지기 때문이다. 따라서 도덕적 자아(혹은 윤리적 주체)는 고립된 개인들의 명상을 통해 형성되는 것이 아니고 활발히 상호작용하는 성원들이 '간(間)주체적 의미체계(systems of intersubjective meaning)'를 성립·발전시키는 과정을 통해 형성되는 것이다. 또한 도덕적 자아는 개인들이 외연적으로 주어진 고정된 행위규칙을 준수함으로써가 아니라, 성원들이 자율적으로 과거 행위의 사회적 결과를 점검하고 장래 행위의 방향을 정하는 사회적 과정에 참여함으로써 형성된다.

이러한 입장을 정리해 울프는 "도덕성의 사회적 형성(social construction of morality)"이라는 개념을 제시한다. 도덕성 혹은 도덕적

지 않을 수도 있다. 윤리지향적 도덕의 예로는 그리스·로마 시대의 도덕과 동양의 선(禪)불교 그리고 현대 시민사회에서 시장체제와 관료행정의 몰인간성과 경직성에 대한 저항으로서 시도되는 다양한 공동체 운동들이 포함될 수 있겠다. 푸코는 비록 규준지향적 도덕도 나름의 중요성을 가지고 있지만 사회사의 핵심적 분석 대상으로서는 윤리지향적 도덕이 더욱 중요하다고 밝히고, 이러한 입장에서 도덕성에 대한 개념 정립을 시도했다.

자아는 고립된 개인들이 타율적으로 결정된 행위규칙을 준수해서가 아니라, 성원들 상호 간의 자유롭고 활발한 의사소통을 통해 자신들의 행위가 공동체적 질서를 성립·강화시킬 수 있는 방법을 모색하는 "사회적 과정(social process)"을 거쳐서야 형성된다는 뜻이다(Wolfe, 1989: 218).[6] 여기에서 울프의 논의는 "의사소통 행위(communicative action)"에 기반을 둔 하버마스적 민주주의론(Habermasian democracy)에 접목된다. 도덕성이 사회적으로 형성되는 것이라면 "도덕적으로 바른 사회는 그 성원들이 자신의 행위를 지도할 규칙들을 만드는 데 참여할 수 있는 능력을 최대화시키는 제도를 갖추어야 하는 것이다"(Wolfe, 1989: 225). 이를 하버마스적 관점에서 보면, 시민들의 "담화능력(discursive capacity)"이 제고되어 "담화적 의지형성(discursive will-formation)"이 가능할 때에만 "보편적 도덕성(universalistic morality)"에 기반을 둔 시민사회가 성립하는 것이다(Habermas, 1975: 86-88).

여기에서 도덕적 자아의 형성은 민주적 시민사회의 성립과 불가분의 관계에 있음을 알 수 있다. 뒤집어서 말하면, 민주주의가 와해되고 정당성보다는 강제성에 의해 사회질서가 유지되는 상태에서는 도덕적 자아의 형성도 기대할 수 없고, 이로부터 도덕성 위기가 싹트는 것이다. 그리고 강제적 질서를 뒷받침했던 권위주의 체제가 약화되면 사회 저변에 확산된 비도덕적 자아들의 반공동체적 행위양식이 표면화되는 현상은 필연적이라 할 수 있다. 결론적으로 말해, 사회성원들이 사회체제(질서)에 대한 정당성을 찾을 수 없을 때 사회체제는 사회성원들로부터 도덕성을 기대할 수 없는 것이다.

---

6 이러한 관점에서 보면, 한 사회의 도덕성 문제의 근원을 종합적으로 분석하기 위해서는 개인의 사회화(socialization)와 사회의 정치화(politicization)라는 두 가지 역사적 과정이 어떻게 접목되는지를 살펴보아야 할 것이다. 본고는 주로 후자를 중심으로 논의를 전개한다.

3. 근대화(자유주의화), 사회질서, 도덕성: 사회계급·계약질서·관료제

지금까지 도덕적 자아의 사회적 형성에 관한 이론적 고찰을 해보았는데, 이를 (후발)자본주의 사회라는 구체적인 역사적 맥락에서 사회변동에 연결시켜 보기로 한다. 자본주의 사회의 구조 변화를 분석하기 위한 기초 작업으로서 마르크스, 베버, 뒤르켐이 각각 설정한 행위자의 의식세계와 사회구조 사이의 관계는 통념과는 달리 상당한 공통점이 있음을 위에서 밝혔다. 그러나 이러한 공통점에도 불구하고 마르크스, 베버, 뒤르켐이 각각 제시한 현대 자본주의 사회질서의 핵심적 특질들은 본질적으로 상이하다. 이들이 제시한 다양한 특질들은 이들의 사회분석 자체의 옳고 그름을 따지기 위해서보다는, 자본주의의 성격을 복합적으로 이해하기 위한 상호 보완적인 분석 도구로서 받아들여져야 한다. 즉 자본주의 사회질서는 경제적 착취와 같은 어느 한 차원으로만 설명될 수 없다는 것이 그동안 사회학자들의 연구를 통해 내려진 많지 않은 합의 가운데 하나이다. 따라서 사회성원들이 도덕적 행위규칙을 집단적으로 도출해 내고 이에 따라 상호작용을 함으로써 사회관계를 형성하고 사회질서를 유지한다는 명제는 자본주의의 성격에 관한 다양한 관점에 따라 얼마든지 다양하게 해석될 수 있다.

1) 계급적 도덕성의 모색

인류의 역사를 계급투쟁의 역사라고 해석하는 마르크스는 사회 전체를 포괄하는 보편적 윤리에 기반을 둔 진정한 도덕 공동체가 오직 자본주의 붕괴 이후의 공산주의 시대에만 성립될 수 있다고 주장했다(Marx and Engels, 1978). 마르크스에 따르면, 인간들 사이의 사회관계는 기본적으로 물질적 생산을 둘러싸고 나타나는 대립적 이해관계를 반영하므로 현존 생산체제의 정당성이 모든 사회집단(계급)들에 의해 동일하게 인정될 수 없다. 따라서 현존 생산체제의 유지를 위한 사회질서는 모든 사회성원들이 자유롭고 자발적으로 참여한 가운데 결정된 도덕적 행위규범에 바탕을 두고 있다고 보기가 어려울 것이다. 사회성원들이 현존 생산체제에 대해 어떠한 가치판단을 내리고 있으며 어떠한 사회질서의 수립을 원하고 있는지는 각각이 처한 물질적·정신적 환경, 즉 계급 위치를 감안해야 알 수 있다는 결론이 내려진다. 마찬가지 이유로 도덕적 행위규범도 사회 전체를 대상으로 합의될 수 없고, 단지 비슷한 계급적 이해관계를 갖는 일부 성원들끼리 집단적 생존과 투쟁을 위한 내부 지향적 행위규범을 생성시킬 수 있을 것이다.

마르크스의 해석은 루카치(György Lukács)와 만하임(Karl Mannheim)의 지식사회학적 논의를 통해 더욱 정교화된다. 특히 만하임은 '관점화(perspectivization)'라는 개념을 도입해 대부분의 지식과 사고는 행위자들의 사회적 위치와 가치지향, 그리고 그들이 처한 사회적 맥락과 분리된 절대적 진리성을 갖지 못한다고 주장한다(Mannheim, 1968). 이러한 의미에서 모든 지식과 사고는 (특정한 사회적 상황에 대해) 연관적(relational)이라고 보며, 동일한 논리를 도덕성에 대해서도 적용할 수 있을 것이다. 즉 계급사회에서 모든 도덕성은 성원들의 계급적 위치에서 파생되는 이해관계, 태도, 지식과 연관된 계급성을 띠므로 일종의 '계급적 도덕성'이라고 간주할 수 있겠다. 이를 울프가 말하는 '도덕성의 사회적 형성(social construction of morality)'이라는 차원에서 해석하면, 도덕성 형성의 사회적 과정이 계급 간의 갈등과 계급 내의 연대에 의해 특징지어지며 결과적으로 형성된 다양한 계급별 도덕성은 상호 동질성과 통합성이 높지 못할 것이라고 추론할 수 있다.[7] 이러한 상황에서 도덕성 위기 혹은 사회의 도덕적 분열은 일상적인 것이며 이의 진정한 극복은 대립적 계급구조의 타파를 요구한다. 마르크스의 입장에서 볼 때, 사회 전체적으로 정당화될 수 있는 도덕성은 피착취집단인 노동자계급만이 갖고 있으며 도덕적 사회란 노동자의 계급적 도덕성이 일반화될 수 있는 사회, 즉 노동자에 의한 계급혁명이 성공한 사회를 말한다.[8] '노동자 독재(proletarian dictatorship)'가 실현된 사회에서는 모든 사회성원(노동자)들이 동일한 자격과 공통적인 관심을 갖고 자유롭게 참여한 가운데 집단정의의 실현을 위한 행위규범들이 만들어지고 또 도덕적 자아가 실현된다고 마르크스는 주장할 것이다.

마르크스의 입장은 그의 사후 역사 전개에 따라 크게 두 가지 방향에서 재검토되어야 했다. 우선 (명목적) 노동자 독재는 자본주의가 그다지 발전하지 못한 러시아 등에서 수립되었는데, 레닌(Vladimir Lenin)의 '민주적 중앙집중제(democratic centralism)' 노선에 따라 노동자를 대신한 지식인 전위집단의 주도하에 혁명 후 사회(정치)질서가 형성되어 나갔다. 이 장에서 자세히 논할 수는 없으나, 실제의 공산당 독재는 스탈린 시대를 거치면서 '당-국가(party-state)' 관료집단에 의한 권위주의적 통치로 변질됐으며 이러한 상황에서 마르크스가 기대했던 노동자들의 도덕 공동체가 형성될 소지는 결정적으로 훼

---

7 물론 계급위치와 계급관계만으로 각 계급집단의 도덕성이 자동적으로 형성된다고 보기는 어렵다. 이 같은 차원에서 그람시는 인간이 각자가 처한 역사적 조건들에 대한 진정한 이해를 터득할 때, 즉 지적 자각(intellectual awareness)이 있을 때 사회변혁을 위한 계급적 이데올로기(혹은 도덕성)를 형성할 수 있다고 보았다(Gramsci, 1971).

8 경제적 입장에서 볼 때, 도덕적인 계급사회가 전혀 존재할 수 없다고 단정하기는 어렵다. 예를 들어 스콧(James C. Scott)은 과거 농민사회들에 일종의 "도덕경제(moral economy)"가 존재했다고 주장한다(Scott, 1976). 그에 따르면 자급자족 수준의 농민경제는 자연재해 등에 의해 자주 생계위기(subsistence crises)를 겪게 되는데, 이에 대처하기 위해 농민들끼리 그리고 농민들과 지주들 간에도 구휼을 위한 상호 도덕적 의무관계가 형성·유지되었다는 것이다.

손되었다. 둘째, 자본주의가 본격적으로 발달한 서구사회에서 막상 공산혁명이 불가능해지자 마르크스의 후학들은 새로운 방향의 혁명이나 신질서를 모색하기 시작했다. 그람시는 자본주의 체제의 내구성을 이해하기 위해 정치적 지배의 이데올로기적 형태들을 면밀히 파악해야 하며 이를 바탕으로 혁명적 지식인 집단이 다양한 피지배계급들을 정치적으로 연대시킬 수 있는 이념투쟁을 선도해야 한다고 주장했다(Gramsci, 1971). 이 과정에서 노동자, 농민, 병사 등 연대계급들이 보편적 가치에 근거한 도덕적 자각을 하고 새로운 사회질서 수립을 목표로 이념적으로 통합될 때, 이른바 저항계급의 헤게모니가 형성된다는 것이다.

이러한 그람시의 분석과 달리 20세기의 정치사는 피지배계급들 간의 연대가 아니라 자본가계급과 노동자계급 간의 연대(혹은 타협)에 의해 사회민주주의 체제가 형성·유지될 수 있음을 보여 주었다. 흔히 복지국가 체제의 도래로 불리는 이 과정에서 계급갈등의 축이 '생산의 정치(politics of production)'에서 '소비의 정치(politics of consumption)'로 전환하게 되었으며 (자본주의적) 생산체제의 근본적 변혁 없이도 계급 간의 공존·공영이 모색될 수 있다는 타협적 정치이념이 확산되었다(Stephens, 1979). 사회민주주의 체제의 사회질서는 성원들의 행위규범이 주로 '인간다운 삶에 대한 권리의 상호존중'이라는 보편적 도덕성, 그리고 이에 기반한 공동체적 연대의 규범이나 전통에 근거해 형성되어야 했다. 그러나 사회민주주의 체제의 성립과 존속이 반드시 성원 개개인의 도덕적 자각을 전제로 했는지, 또 사회 차원의 도덕 공동체의 형성을 촉진시켰는지는 불분명하다. 다만 재분배와 사회서비스를 담당하는 국가기구가 방대해져 시민사회가 상대적으로 자율성을 상실하고 있다는 점은 지속적으로 지적되어 왔다(Wolfe, 1989).

2) 계약적 사회관계의 비계약적(도덕적) 기초

현대 자본주의 성립을 진화론적 입장에서 파악하는 뒤르켐은 자본주의 사회질서의 축인 사회적 분업과 기능적 상호의존성이 그 자체로서 새로운 사회적 도덕성을 내포한다고 주장한다. 뒤르켐의 사회변동론에 따르면, 전통과 공동체적 규범에 기초해 동질적 성원들 사이에 형성되는 "기계적 연대(mechanic solidarity)"가 기능적 의존과 교환관계를 통해 (직업적으로) 분화된 성원들 사이에 형성되는 "유기적 연대(organic solidarity)"로 바뀌어 나간다(Durkheim, 1933). 이를 표면적으로만 해석하면 (자본주의적) 사회분업 체제는 도덕 공동체의 와해를 필연적으로 가져온다고 보기 쉽다. 물론 뒤르켐은 '무규범 상태(anomie)'에 대한 논의를 통해 자본주의하에서 급격한 사회변동이 사회성원들의 규범적 위기를 빈번히 유발한다고 지적했다.

그러나 뒤르켐에 따르면 기능(직업)적으로 분화된 사회성원들은 자유의사에 의한 계약관계의 수립을 통해서 상호 관계를 맺는데, 이때 계약 내용의 충실한 이행은 단순히 목전의 경제적 보상(처벌)에 의해서만이 아니라 자유분업 체제의 효율성과 공정성에 대한 집단적 신뢰 및 계약관계에 대한 일반화된 성실성이 수반되어야만 안정적으로 보장될 수 있다. 뒤르켐은 사회성원들이 체제에 대해 가지는 이러한 긍정적 태도들을 "계약의 비계약적 기초(non-contractual elements of contract)"라고 개념화하고 그의 사회관이 단순히 시장에 모인 이기적 인간들의 합이 아님을 분명히 했다. 사회성원들 사이의 자유로운 분업과 교환관계의 유지가 자유·평등·효율이라는 집단적 가치의 실현을 가져온다는 믿음에 기초해 모든 사회관계가 충실히 유지될 때 일종의 "공민적 도덕성(civic morality)"이 집단적으로 발현되는 것이며 사회체제의 정당성과 안정성이 확보될 수 있다(Durkheim, 1979).[9]

뒤르켐의 이러한 자유주의적(liberal) 시각은 당시 자본주의의 발전이 '시민계급(bourgeoisie)' 주도의 새로운 정치질서와 밀접한 관계를 맺고 전개되었다는 사실을 감안해야 제대로 이해될 수 있다. 자유 경제 활동을 중심으로 정치적·사회적 정체성을 형성해 가던 시민계급에게는 자유로운 분업과 교환관계를 중심으로 한 새로운 사회질서가 생산·복지의 증대라는 경제적 효율성을 가질 뿐 아니라 봉건체제의 갖가지 장애요소들을 근본적으로 극복할 수 있는 정치적(사회적) 전략성을 갖고 있었다. 기든스의 논의(Giddens, 1990)를 빌리면, 시장질서가 사회·경제 생활 저변에서 봉건적 잔재를 청산시킴으로써 시민계급의 정치적 혁명을 완성시키는 "탈피 기제(disembedding mechanism)"로 작용했다고 볼 수 있다.[10] 따라서 시민계급 내부에서는 자유분업·교환의 기초인 계약관계에 대한 성실성이 시민사회의 존속을 가늠한다는 도덕적 자각이 확산되었고 이를 뒤르켐이 공민적 도덕성으로 보았다는 것이다. 이렇게 볼 때 뒤르켐이 기계적 연대의 유기적 연대로의 전환에 대한 전제로 제시한 사회성원들의 동질

---

9 뒤르켐의 논의는 도덕성이라는 사회학적 개념에 대한 강조에도 불구하고 자유시장경제를 옹호하는 경제학자들의 입장에 상당히 부합된다. 스미스(Adam Smith)는 (공민적 도덕성 대신에) 그가 "보이지 않는 손(invisible hand)"으로 표현한 시장의 자율규제 작용에 의해 경제적 분업과 교환이 경제생산과 사회복지를 증진시킨다고 보았다. 거의 한 세기 이후에 프리드먼(Milton Friedman)은 자유시장질서는 경제적 효율뿐 아니라 정치적 자유의 촉진을 위해서도 필수적인 것이라고 강변한다(Friedman, 1962: 7-21). 그에 따르면, 무수한 사람들의 경제활동을 제대로 조정하려면 강제력을 동원한 중앙통제나 자발적인 시장교환 가운데 한 가지 방법을 사용해야 하는데, 시장교환이야말로 시민들의 자유가 인위적인 정치 수단에 의해 제약됨이 없이 개인과 사회의 경제적 필요를 충족시킬 수 있는 최선책이라는 것이다. 사회학 내부에서는 교환이론가들이 어느 정도 경제이론에 접목되는 생각을 해왔다. 그러나 그들은 "일반화된 교환관계(generalized exchange relations)"라는 개념을 도입해 뒤르켐이 강조했던 시장질서의 도덕적 기반을 어느 정도 짚어가고 있다.

10 나중에 설명하겠지만 베버는 관료제(bureaucracy)도 마찬가지 역사적 기능을 하는 것으로 보았다.

성 약화는 상당히 문제점이 있는 판단이라고 볼 수 있다. 물론 시민계급 주도의 자유시장경제에 다양한 직업분화가 생긴 것은 사실이지만 자유주의의 헤게모니를 공민적 도덕성을 갖고 받아들였던 사회성원들끼리는 역사적 경험에 있어서의 근본적인 동질성을 갖고 있었다고 보아야 할 것이다.

이러한 점을 고려할 때, 자본주의 시대의 공민적 도덕성이 동질적 성원들 사이의 운명공동체에 대한 윤리적 참여라는 전통적 도덕원리에서 완전히 탈피한 전혀 새로운 종류의 도덕성이라고는 보기 어렵다. 계약의 비계약적 요소에는 임의적으로 변경하거나 탈피할 수 없는 시민(계급)적 공속·유대 관계가 있으며 이에 대한 자각이 바로 사회적 도덕성을 생성하는 것이다. 좀 더 최근의 사회학 개념을 빌리면, 사회성원들 사이의 '일반화된 상호신뢰성(generalized reciprocity)'은 공간과 시간의 사회적 구성성이 성원 개개인들에게 확연하게 인식될 때 유지될 수 있는 것이다.[11] 따라서 대부분의 계약들은 계약 내용으로 명문화할 수 없는 많은 공동체적 상호의무들을 전제로 하는데, 이러한 의무의 이행은 공간과 시간을 공유하는 사회성원들이 서로에게 기대하는 도덕적 자아의 형성 요건이다.[12]

---

11 울프는 삶의 공간성과 시간성에 대한 인식(혹은 사회의식과 역사의식)이 도덕적 성숙에 핵심적 중요성을 갖는다고 본다(Wolfe, 1989: 216-217). 삶의 공간성이란 미드(G. H. Mead)나 루만(Niklas Luhmann) 등의 논의에서 제시되듯이 개인들이 현재 살고 있는 지역과 접촉하는 인물들로 구성된 (사회적) 공간에의 귀속성이 자아 형성의 기초가 되며 이로부터의 이탈은 일종의 자아부정 혹은 자아상실의 의미를 갖게 됨을 말한다. 삶의 시간성은 그러한 공간에의 귀속성이 영속성을 띠고 있으므로 개인들의 자아정체성이 항구적인 것이며 개인들 사이의 상호작용도 장기적 의무 이행을 전제로 해야 이루어질 수 있음을 뜻한다. 개인들이 이러한 삶(자아)의 공간적·시간적 기반을 제대로 인식하게 되면 스스로의 행위규범을 도덕적 의무에 잘 부합시켜 나갈 것이라고 울프는 주장한다.

12 현대 자본주의의 본격적 발전 이전에도 많은 시장교환 관계들이 존재했는데, 이 경우에도 참가자들의 일반화된 상호신뢰성이 도덕적 의무로서 많이 강조되었다(Popkin, 1988).

이렇게 볼 때, 자본주의 자유시장경제는 전통적 유대는 아닐지 몰라도 나름의 공동체적 유대를 전제로 하고 있다고 볼 수 있다. 그런데 문제는 시장교환을 기반으로 하는 사회질서 속에서 그러한 공동체적 유대관계가 계속적으로 '사회재생산(social reproduction)'될 수 있는가 하는 점이다. 그간의 자본주의 역사는 계약에 의한 경제관계를 보다 예측 가능한 방향으로 맺기 위해 계약의 공간적·시간적 효력을 보다 구체적이고 확정적으로 만들려는 노력이 있어 왔음을 보여 준다. 울프도 지적하듯이(Wolfe, 1989: 212-236), 이러한 움직임은 계약의 비계약적 요소, 즉 공동체적 차원에서 포괄적이고 임의적으로 정한 공간적·시간적 의무에 정면으로 배치되는 것이다. 공동체적 의무의 불이행이 계약 내용의 한정성을 빌미로 정당화될 때 도덕적 유대관계의 약화는 필연적인 것이다. 계약적 사회관계의 확산은 계약의 성실한 이행의 전제조건 자체를 약화시키는 모순을 안고 있었다.[13]

여기에 덧붙여 루카치가 지적하는 자본주의 사회의 "보편적 상품구조(universal commodity structure)"가 사회성원들 사이의 (도덕적 상호의무감을 포함한) 모든 심리적 연대를 근저에서부터 와해시켜 나가기 시작했다. 예를 들어, 노동자들은 그들 자아의 일부분인 노동력을 자본가에게 상품으로 판매함으로써 노사관계라는 사회적 관계를 형성하는데, 이로써 그들은 주관적 자아를 상실하고 "유령적 객관성(phantom objectivity)"만을 얻게 된다(Lukács, 1971: 83). 루카치는 상품화가 단순히 경제 부문에서만 발생하는 것이 아니고 국가와 관료제 조직을 포함한 삶의 모든 영역에서 발생한다고 강조한다.[14] 그리고, 성원들 사이의 사회적 관계가 상품화되고 성원들의 주관적 자

13 이후에 다뤄질 베버의 관료제화 및 사회합리화 논의가 이 문제에 대한 보충적 설명을 제시할 것이다.

14 혹실드(Arlie R. Hochschild)의 인간 감정의 상품화에 대한 연구(Hochschild, 1983)는 루카치의 지적이 어느 정도 타당한지를 잘 보여 준다.

아가 실종된 상황에서는 공동체적 상호의무에 대한 도덕적 자각을 전혀 기대할 수 없다는 결론이 내려진다(Lukács, 1971). 폴라니(Karl Polanyi)는 좀 더 구체적인 역사적 시각에서 자본주의 상품경제의 확산이 인간공동체의 와해와 도덕성의 상실을 초래했음을 보여 준다. 폴라니는 특히 사회의 두 가지 구성요건인 인간(노동)과 토지가 자본주의하에서 인위적으로 상품화되는 것을 "상품허구(commodity fiction)"에 빗대고, 이로 인해 자본주의를 도입한 모든 사회의 공동체적 기반이 근저에서 파괴된다고 주장했다(Polanyi, 1944).[15]

노동과 토지는 다름 아닌 모든 사회가 구성되는 인간들 자신이고 모든 사회가 존재하는 자연환경인 것이다. 이들(노동과 토지)을 시장 기제에 포함시키는 것은 사회의 본질 자체를 시장법칙에 종속시킴을 뜻한다. 폴라니는 특히 인간의 노동력을 상품화하게 되면 인간으로서 갖는 모든 육체적·심리적·도덕적 존재성도 함께 상실된다고 보았다. 따라서 자본주의가 체제 유지를 위해 인간사회의 존속을 전제로 하는 이상, 노동과 토지는 본원적 상품성을 가질 수 없는 "허구적 상품(fictitious commodities)"일 수밖에 없다고 주장한다(Polanyi, 1944: 72).

울프, 루카치, 폴라니 등의 논의는, 설사 자본주의가 봉건적 예속에서 벗어난 자유시민들을 중심으로 나름의 체제 정당성과 도덕질서를 갖고 출발했더라도, 그 발전 논리의 반사회성 때문에 많은 사회 문제를 유발하고 체제의 공동체적 기반 자체까지 와해시키는 모순을 갖고 있다는 것이다. 그런데 문제를 더욱 복잡하게 만드는 점은, 오늘날 자본주의를 수용한 대부분의 사회들에서 자본주의 주창집단으로서의 자유시민계급이 자율적으로 형성되거나 헤게모니를

15 하레번(Hareven, 1982), 톰슨(Thompson, 1963) 등이 설명하는 것처럼, 이러한 공동체적 기반의 파괴에 대해 노동자들은 가족, 친족, 지역민사회 등의 내부연대를 통해 나름대로 저항하거나 상품화 추세를 변화시키려고 노력하기도 했다.

잡아 본 적이 없다는 사실이다. 시민혁명을 경험한 서유럽과 북미의 몇몇 국가를 제외하면 자본주의는 인접 국가로부터 확산되거나 식민지 지배의 일환으로 강요된 것이다(Chang, 2022a, Ch. 2, Ch. 4). 따라서 시장중심적 사회질서가 어느 정도 자유와 평등을 누리던 시민들 사이에서 자율적으로 형성된 경우와 다양한 불평등 집단들이 갈등적으로 공존하는 상황에서 억지로 강요된 경우는 그 도덕적 기초가 판이하게 다를 수밖에 없다.

후자의 경우에 시장질서는 기든스가 거론하는 봉건체제로부터의 탈피 기제로 기능하기보다는 과거의 불평등과 예속을 더욱 강화시키고 복잡화시키는 작용을 하는 사례가 허다했다.[16] 이는 봉건적 지배구조를 청산하는 사회혁명을 제대로 거치지 못하고 자본주의 시대로 진입한 사회들에도 문제가 됐지만, 식민지 수탈을 주목적으로 자본주의에 타율적으로 편입된 아시아·아프리카·라틴아메리카 사회들에서 특히 심각했다. 이들 사회에서 계약에 의한 경제적 교환관계는 구조적 불평등과 부자유가 전제된 것이 상례여서, 계약 이행에 대한 성실성이 성원 개개인의 도덕적 자각을 통해 공동체적 규범으로서 자리 잡는다는 것은 기대할 수 없었다. 만일 계약의 비계약적 요소가 있었다면 그것은 궁핍과 공포를 볼모로 한 경제적·물리적 강제였을 가능성이 높다. 물론 도덕적 기반의 부재에도 불구하고 자본주의는 팽창할 수 있었고 다양한 현대적 사회세력들이 성장했지만 자본주의 성립의 경험적 특수성은 복잡하고 장구한 부작용들을 일으켜 왔다.[17]

---

16 뮈르달(Gunnar Myrdal)은 이를 자본주의의 "후방침식(backwash)" 효과라고 불렀다(Myrdal, 1957).

17 계약적 사회관계의 효율성과 공평성에 관한 시민들의 집단적 인식이 결여된 상황에서 자유시장경제가 도입되었을 때, 일반적으로 경제 주체들이나 국가 차원에서 과도한 감시(screening) 및 관찰(monitoring) 비용이 발생하게 된다. 예를 들어 식

3) 관료제의 도덕성과 도덕성의 관료제화

베버는 자본주의 사회질서 변화의 핵심이 계급지배나 사회 분업화보다는 인간행위 및 조직운영의 원리들이 합목적적으로 바뀌어 가는 이른바 '사회합리화(social rationalization)'에 있다고 보았다. 우선 베버는 서유럽 자본주의 발전의 설명으로서 이른바 '청교도 윤리(Protestant ethic)'의 중요성을 강조하는데, 이 새로운 종교윤리가 자본주의적 경제 활동에 적합한 근면하고 신중하고 합리적인 사회행위자(social actor)들을 만들어 냈다는 것이다(Weber, 1930). 개신교는 금욕·근면·부유함을 교리적으로 찬양했고 경제적 성공이 신의 가호를 증명하는 것이라고 고무시킴으로써, 당시 태동하던 시민계급(bourgeoisie)이 그들의 물질적 가치를 종교적 윤리에 부합시킬 수 있도록 했으며 나아가 합리적 행위규범이 사회도덕적 차원에서 보편화될 수 있는 길을 열었다.[18] 뒤르켐이 자본주의의 도덕적 기반을

민자본주의 농업이 토착농업을 일방적으로 밀어내고 들어섰을 때 토착농민들은 새로운 계약적 농업 노동의 정당성과 유용성을 전혀 인정할 수 없다. 이러한 상황에서 농업 노동자들은 치밀한 감시체제하에서 (불리한) 계약조건을 이행하도록 강요받는다. 따라서 식민자본주의 농업체제는 언제나 식민경찰과 군대의 지원을 받아 노동자들에 대한 억압적 감시와 폭력 행사를 해야 했다.

그런데 식민통치가 끝나고 보수적 엘리트들이 정권을 장악한 사회들에서는 대개 식민지 행정기구뿐 아니라 경찰과 군대 조직까지 동원되어야 가까스로 사회 및 경제체제가 유지될 수 있었다. 이는 식민통치가 끝났지만 기존에 이식된 자본주의 체제의 유지에 대해 전체 민중의 새로운 도덕적 합의를 구하는 과정을 거친 예가 거의 없기 때문이다. 그 결과, 집권 엘리트 등이 그들의 경찰, 군대 조직 등을 지나치게 비대화시켜 정치적 폭압과 경제적 파탄을 초래하기도 하고, 아니면 국가의 경제 활동 관찰·조정 능력의 부재로 인해 경제가 지나치게 비공식화(informalization)하는 문제가 흔히 발생했다. 후자의 경우에 흥미로운 현상은 비공식부문의 경제 활동이 빈민들 사이에서의 공동 생존의식을 바탕으로 한 나름의 도덕질서를 형성하기도 하고, 국가를 대체하는 대규모 사적 폭력 조직체가 등장해 억압적 경제관계를 유지하기 위한 감시·폭력 기능을 수행한다는 점이다.

18 이 같은 점에서, 자본주의의 발전을 마르크스와 뒤르켐이 각각 계급착취와 사회분업이라는 물질구조(material structure)적 차원에서 설명했다면, 베버는 행위가치(behavioral value)를 중심으로 설명했다고 지적되기도 한다. 그러나 이러한 지

성원 간의 계약관계에 대한 일반화된 성실성에서 찾았다면 베버는 성원 개개인의 영리 활동에 대한 윤리적 합리주의에서 찾았다고 볼 수 있다.

베버는 자본주의가 태동한 이후 그 조직적 운용과 조정에 대해서는 현대 관료제(bureaucracy)의 중요성을 강조한다(Weber, 1968: 956-1005). 관료제는 공식화·표준화된 행정절차의 적용, 업무의 기능적 분화, 권위의 명확한 배분에 의한 위계질서의 확립, 권위·의무 관계의 탈인격화 등을 특성으로 하며, 대규모적이고 복잡한 (자본주의) 경제를 효율적이고 질서 있게 관리할 수 있는 가장 합리적인 조직원리라는 것이다. 여기에서 베버의 자본주의에 대한 입장은, 직업분화된 개인들의 기능적 상호의존성을 지적하는 뒤르켐, 자유시장경제의 '보이지 않는 손'에 의한 자율 규제·조정력을 지적하는 애덤 스미스(Adam Smith) 등 이른바 자유주의자(liberal)들의 입장과는 구별된다. 즉 인간 행위는 어느 정도 타율적인 조정규칙을 일반화시켜 주관적인 요소들을 제도적으로 배제시키지 않으면 조화롭고 효율적으로 조직화될 수 없다는 것이 베버의 판단이었을 것이다.[19]

베버의 판단대로 관료제는 자본주의가 발달한 모든 사회에서 우선 국가의 행정기구를 필두로 다양한 경제조직으로 확산되어 나갔다(물론, 베버의 시각을 따르면 관료제는 사회주의 경제에도 마찬가지로 필수적이다). 그리고 (제도경제학파의 관심처럼) 자본주의 경제 활동이 각 나라

적이 전자를 유물론자(materialist)로 후자를 관념론자(idealist)로 대비시킬 근거는 되지 못한다. 만일 청교도 윤리 자체의 등장에 대한 역사적 설명을 시도한다면 당시 서유럽의 물질구조적 환경을 배제시키고는 타당한 결론이 내려질 수 없을 것이다.

19 시장과 관료제가 거시적 조정 기제로서는 서로 대조적인 특성들을 가지고 있으나 내부적으로 강조하는 행위원칙은 합리성, 객관성 등 공통점이 많다는 사실이 간과되면 안 될 것이다. 즉 시장과 관료제는 인간들의 사회적 행위를 합리화한다는 공통된 속성을 가지고 있다.

단위로 예측성과 효율성을 갖고 이루어지기 위해 국가의 행정작용이 사회의 모든 영역으로 확산됨에 따라, 사회 전체가 관료제적으로 조직화되고 관리되는 상황까지 전개되었다. 그러나 한 가지 분명하게 지적되어야 할 점은 자본주의의 도입이 관료제의 확립을 자동적으로 가져오지는 않는다는 사실이다. 루쉬마이어(Dietrich Rueschemeyer)와 에반스(Peter Evans)의 지적대로 수많은 나라들에서 자본주의적 경제발전을 위해 관료제를 제대로 정착시키려고 노력했으나 만성적으로 실패를 거듭했다(Rueschemeyer and Evans, 1985).[20] 베버 자신도 관료제의 여러 가지 행위원칙들이 정착되는 것은 많은 시간이 소요되는 사회변동의 과정으로서 이해돼야 한다고 밝히고 있다. 여기에서, 뒤르켐이 계약적 사회관계의 비계약적 기초가 필요하다고 설명하는 것처럼, '관료제의 비관료제적 기초(non-bureaucratic element of bureaucracy)'가 역사적 필요조건이었다는 점을 알 수 있다. 이미 관료제화가 상당히 진척된 서구 사회를 관찰한 베버 자신은 이 점에 관해 자세한 논의를 하지 않지만, 많은 다른 사회들에서는 관료제가 실제로 자본주의를 효율적이고 안정적으로 관리하는지의 여부에 앞서, 우선 관료제가 어떻게 정상적으로 사회에 근착될 수 있는지의 문제가 더욱 심각했다.[21]

기든스의 개념을 다시 빌리면, 자본주의 경제를 중심으로 형성되던 서구 시민사회에서 관료제는 (자유계약 체제와 마찬가지로) 봉건적 예속관계들을 빨리 청산시키고 합리적이고 효율적인 새 사회질서를 수립할 수 있게 하는 탈피 기제로서의 역사적 기능을 수행했다

---

20 루쉬마이어와 에반스는 특히 의욕적이고 절도 있고 잘 훈련된 공무원들 사이에 경제발전에 대한 집단적 소명의식이 형성되어야 할 필요성을 지적하고 있으나 (Rueschemeyer and Evans, 1985), 필자는 관료제가 사회의 보편적인 질서원리로서 정착되기 위한 도덕적 변화에 초점을 맞추고 있다.

21 관료제의 비관료제적 기초가 필요하다는 사실은 관료제가 사회관계를 형식화·합리화시킨다는 추세 혹은 문제와는 구분되는 사안이다.

고 볼 수 있다. 그리고 비교적 자유롭고 적극적으로 신질서 형성에 참여했던 시민 개개인들은 이러한 관료제의 역사적 기능이 그들의 공동운명에 대해 갖는 의미를 자각하고 관료제가 요구하는 행위규범들을 도덕적으로 수용했을 것이다. 따라서 시민사회의 형성이라는 정치적 변혁 없이 자본주의가 도입된 사회들에서는 자유계약체제와 마찬가지로 관료제도 자유·평등·효율이라는 원래의 이념적 목표를 잘 실행시킬 수 있는 방향으로 정착되기 어려웠던 것이 상례였다. 예를 들어, 아프리카와 라틴아메리카의 많은 사회들에서 관료제는 일부 다국적기업들 내부에서나 실행되는 낯선 관행이고, 심지어 국가의 행정기구들조차도 집중된 권위의 남용이라는 파행을 보여 주면서도 기층 대중사회에 대한 효율적 행정작용으로서의 관료제를 거의 실행하지 못하는 경우가 허다했다. 그리고 많은 아시아 사회들에서 내려오는 이른바 '가산제(家産制) 행정(patrimonial administration)'의 전통은 현대(국가)관료제의 기본원리에 대한 사회성원들의 바른 이해를 지체시키고 관료제적 질서가 사적 권력관계에 의해 쉽게 왜곡되도록 만드는 작용을 했다.[22] 후자의 상황은 전통적 지배체제가 제대로 청산되지 못한 상황에서 집권한 근대화 엘리트들이 수구적 이해세력들과 타협해, 새로운 사회질서 수립이라는 차원에서보다는 목전의 정치적 지배와 경제적 통제라는 차원에서 관료제를 도입한 데서 나타났다. 이러한 상황에서 국가관리들의 행정행위는 위와 아래에서 동시에 행사되는 정치적·경제적 압력과 유혹 때문에 변질되

22 베버에 따르면, 가산제적 사무는 무엇보다도 '사적' 및 '공적' 영역의 관료제적 구분이 결여되어 있다(Weber, 1968: 1028-1031). 정치적 행정 역시 군주의 순전히 개인적 일이고, 정치적 권력은 (공역이나 돈으로 얻어낼 수 있는) 그의 개인적 재산의 일부로 취급되기 때문이다. 가산제적 관료의 직무에 대한 충실성은 탈사인화된 임무에 대한 탈사인화된 약속이 아니라, 군주에 대한 순전히 사인적 관계와 원래 무제한적인 충성 의무에 기반한 것이다. 이러한 유형의 군주-관리의 관계는 관리-평민의 관계에도 비슷하게 적용되어 관리들은 개인적인 이해관계를 충족시키는 방향으로 그들의 행정적 권위를 행사하게 된다.

기 쉬웠다.[23]

역사적으로 관료제적 질서가 무난히 정착된 사회들에서도 관료제의 도덕적 기반은 갈수록 위협받고 있다. 관료행정은 인간들의 사회적 행위에서 주관성을 배제하도록 지속적으로 압력을 가하는데, 이 과정에서 행위에 대한 평가가 행위의 (주관적) 내용보다는 (형식적) 절차에 의해 주로 이루어진다. 그 결과, 관료제화가 진척될수록 사회성원들은 자신들의 사회적 행위를 실제 목표 내용의 달성이라는 '실질적 합리성(substantive rationality)' 기준에 의해 조정하는 것이 아니라 형식적 절차요건의 충족이라는 '형식적 합리성(formal rationality)' 기준에 의해 조정하게 된다(Weber, 1968: 85-86).[24] 동시에 관료제는 급격히 늘어나는 다양한 사회제도들의 조직원리로서, 그리고 갈수록 강화되는 시민생활에 대한 국가행정적 통제 기제로서 그 영향력을 빠르게 확산시켜 나간다. 이 과정에서 시민들은 애초에 가졌던 관료제의 역사적 유용성과 효율성에 대한 집단적 인식에 근거한 도덕적 자각을 상실하게 된다. 자유시장 체제가 그러하듯이, 관료제의 확산도 관료제를 가능케 하는 사회적 기초, 즉 관료제의 비관료제적 기초를 와해시키는 구조적 모순을 안고 있었다.

관료제의 내부 모순은 시민 개개인 차원에서 도덕적 자아의 상실 그리고 사회 전체적 차원에서 공민적 참여동기 유발의 실패로 나타났다. 시민들의 도덕적 자아의 상실 문제는 이른바 프랑크푸르트학파의 주된 연구주제였는데, 프롬(Erich Fromm)은 이를 "자유로

23 그런데 이러한 관료행정의 왜곡에도 불구하고 당사자들은 사적으로 맺은 교환 유대관계를 도덕적 차원에서 인식하거나 정당화시키는 경우가 많다. 그러한 사적 관계는 친족, 동향, 동문 등 (운명)공동체적 유대를 전제로 하는 경우가 많은데, 사적 관계의 (배타적) 도덕성이 정직한 관료행정의 (공공적) 도덕성에 공공연히 앞세워지기도 한다.

24 여기에서 망각되는 중요한 목표 중의 하나가 이른바 인간관계론(human relations approach)이 강조하는 조직성원들의 자아실현에 대한 인격적 욕구이다.

부터의 도피(escape from freedom)"라고 묘사했고, 아도르노(Theodor Adorno)는 "권위주의적 인성(authoritarian personality)"의 발달, 마르쿠제(Herbert Marcuse)는 "일차원적 인간(one-dimensional man)"의 보편화라고 묘사했다. 그런데 이러한 문제에 대해 이들이 제시한 해결 방법은 관료제의 개혁이 아니라, 사회주의 혁명에 의한 인간성 해방이었다. 즉 이들은 베버의 문제의식을 마르크스의 실천의지와 결합시키려 했다. 여기에다 뒤르켐의 사회통합 처방이 결합되어 제시된 것이 하버마스(Jürgen Habermas)의 "생활세계(life-world)"에서의 "의사소통 윤리(communicative ethics)"의 확산을 통한 도덕적 시민사회의 모색이다(Habermas, 1975).

하버마스는 생활세계라는 시민들의 자유롭고 활발한 정치적 상호작용의 공간이 기술관료적 행정(technocratic administration)의 일방적 확산에 의해 구조적으로 위축되고 있음을 지적한다. 하버마스가 공민적 도덕성 형성의 근거로 제시하는 의사소통 윤리는 단순히 규범의 일반성(generality)에 의해 얻어지는 것이 아니라, "규범적으로 정리된 관심사들의 일반화 가능성(generalizability)에 관한 담화적 합의(discursively attained consensus)"를 필요로 한다(Habermas, 1975: 23). 하버마스는 베버의 지적을 부연해서 관료제적 자본주의의 전개가 시민들의 자유로운 의사소통을 통한 의지 형성 행위를 위축시키고 그 대신 기계적으로 주어진 목표들을 지향하는 행위를 확산시킨다고 주장한다. 이러한 상황에서는 개인적 합리성이 공민적 도덕성을 대체하게 되는 것이다. 하버마스는 문제의 주요 원인으로서 문화와 정치의 상업화, 서비스산업에 의한 사회관계의 대체 등 자본주의의 직접적 영향도 거론하지만, 이전에는 비공식적(사적)으로 조정되던 시민들의 정치·사회적 상호작용이 행정적으로 통제되고 법제도화되는 경향을 강조했다(Habermas, 1975: 79-80). 시민생활 전체의 관료제화는 시민 개개인이 다양한 사회활동을 하는 데 필요한 적절한 의미들을 상실하게 만들고, 나아가 시민들이 국가생활에 적극적으로 참여하도록 만드는 “일반화된 동기”의 형성을 가로막는 모순을 내포하고 있다. 하버마스는 전자의 문제를 “동기성 위기(motivation crisis)”, 후자의 문제를 “정당성 위기(legitimation crisis)”라고 명명하고 두 문제는 동전의 양면과 같은 관계를 가졌다고 설명한다(Habermas, 1975: 45-50). 즉 자본주의 사회의 관료제화는 시민들의 도덕적 자아를 상실시키고 사회체제의 정당성을 와해시키는 작용을 한다는 것이다.

4. 압축근대적 한국 사회의 지배질서와 도덕질서

지금까지 자유주의(자본주의)의 성립·발전에 관련된 도덕적 사회질서의 역사적 의미를 크게 세 부류로 나누어 살펴보았다. 마르크스, 베버, 뒤르켐은 행위자의 의식세계와 사회구조 사이의 관계에 대해서 어느 정도 공통점이 있는 논의를 제시하지만, 그들이 파악하는 자본주의 사회질서의 핵심적 특질들은 근본적으로 다르다. 그러나 이들의 시각을 계승·발전시킨 후학들은 마르크스, 베버, 뒤르켐의 문제 영역들(계급적 도덕성, 계약관계의 도덕적 기초, 관료제 질서의 도덕적 기초)이 역사적으로 서로 분리되어 나타나는 것이 아니고 시대적·지역적 특성들을 반영하여 복잡한 양상을 띠며 혼합적으로 나타난다는 데에 대체로 동의한다. 따라서 압축근대적 한국 사회와 같은 구체적 역사적 맥락에서의 도덕질서의 변화를 연구할 때, 이들의 사회이론은 상호 배타적이 아닌 상호 보완적인 분석 도구로 이용되어야 한다. 후학들의 연구에서 또 하나 분명해지는 점은 자본주의 계급관계, 자유분업 및 교환 체제, 관료제적 국가행정과 사회조직이 각각의 사회에서 형성되는 역사적 과정상의 특수성 때문에 그러한 기제들의 구체적 모습이 사회마다 극히 다양하게 나타난다는 점이다. 이러한 다양성은 한국과 같은 비서구 사회에서 특히 두드러져, 마르크스, 베버, 뒤르켐이 당초 관찰·설명했던 서구적 자본주의 질서는 비서구 지역에서 사실상 원형대로 찾아 볼 수가 없다. 따라서 서구 경험을 기초로 한 이론들만을 논리적으로 조합해서는 한국 등에서의 자본주의 질서와 관련된 도덕성 문제를 제대로 진단할 수 없다는 것이 명확하다.

자유주의 사회질서의 기제인 계급관계, 자유분업 및 교환 체제, 관료제적 국가행정과 사회조직은 각 사회에서 역사적 형성 과정의 특수성을 반영해 아주 다양한 양태를 띠고 서로 복잡하게 뒤얽혀 있다. 따라서 한국의 압축근대적 자유주의 질서와 그 사회윤리적 토양 역시 이러한 점을 충분히 감안해 분석되어야 한다. 즉 사회사(社會史)적인 입장에서 한국의 압축근대적 자유주의라는 역사적 현실에 대한 면밀한 검토가 이론적 해석 작업과 병행되어야 한다. 역사적 현실은 무엇보다도 외세에 의한 구질서의 해체·변용, 분단과 내전에 의한 시민사회의 형해화, 전후 국가권위주의하의 반공통치와 행정독재, 개발자본주의 산업화와 그에 따른 사회변동, 민주화와 신자유주의화의 병행과 같은 일련의 과정에서 국가와 시민사회에 대한 주권성 및 주도권 장악을 둘러싸고 벌어졌던 수구적 엘리트 집단과 민중세력 사이의 역학관계를 가리키는 것이다.

1) 국가권위주의적 자본주의와 계급적 도덕성

한국에서의 자본주의 도입은 왕조시대의 전면적 청산 위에 새로운 사회질서를 세우려는 토착 혁명계급의 등장을 전제로 했던 것이 아니다.[25] 오히려 자생적 사회변혁의 가능성은 일제 식민지배와 미군정

25 이와 관련, 동학혁명의 역사적 성격 및 전개에 대한 다양한 분석과 주장이 있었지

을 거치면서 소멸되어 버렸고 외세 의존적 정치세력과 수구적 사회집단들이 연합해 외부로부터 강제 이식된 자본주의 사회·경제 체제를 자신들의 지배욕에 부합되는 방향으로 변용해 나갔으며 그 과정에서 남북의 분단이 고착화되었다고 볼 수 있다(신용하, 1987; Cumings, 1981). 그리고 한국전쟁이라는 내전을 겪고 1950년대의 경찰정치 및 1960년대 이후 군부의 개발독재를 거치면서 극우적 자본주의는 '국가권위주의(state authoritarianism)'적 성격을 강화해 나갔다.[26] 애초에 사회세력으로서 그리고 경제집단으로서 기반이 취약했던 자본가계급은 구체제의 기득권층이라는 입장까지 섞여 있어 자신들을 중심으로 한 새로운 자유주의적 경제체제와 사회질서를 수립할 동기나 자원을 전혀 갖지 못했다. 대신 이들은 우파 정치인, 관료, 군부가 결탁해 장악한 권위주의 정권에 의존해 노동자와 농민을 수탈하는 전략을 택해야 했다(Chang, 2010, Ch. 8). 결과적으로 한국 사회에서는 서구에서와 같은 시민계급 중심의 자유주의적 자본주의가 아니라 관료·군부 중심의 국가권위주의적 자본주의가 확립되어 나갔다.

피지배계급인 농민과 노동자는 연합적으로 국가조직과 경제체제를 장악한 '복합적 지배세력'을 상대로 실질적 계급관계를 형성하게 됐다. 이러한 상황에서 농민과 노동자의 적극적 계급 행동은 경제적 지배세력에 대한 대항의 의미를 넘어 곧 반국가적 행위로 규정되기 일쑤였다. 따라서 자본가 계급뿐 아니라 농민·노동자 계급도 자신들을 중심으로 한 (대항적) 계급 이데올로기의 형성에 실패했고 오

만, 현대 사회(과)학에 개념화된 사회혁명으로서 널리 간주되지는 못했다.

26 한상진(1989), 임혁백(Im, 1987)의 "관료적 권위주의", 임현진(2020)의 "국가단원주의" 등의 개념도 마찬가지의 상황을 설명하기 위한 것이라고 볼 수 있다. 시민사회에 대한 국가 엘리트들의 거의 무제한적이고 일방적이었던 관리·통제 행위를 주시하는 필자의 입장에서는 국가권위주의 개념이 이러한 역학관계의 성격을 잘 나타내 주는 것 같다.

히려 반공·개발이라는 초계급적 권위주의 이데올로기에 의해 지배당해 왔다(한완상, 1992: 19-22). 그 결과 농민과 노동자는 최근까지도 자신들의 계급적 상황을 기반으로 한 계급 내부적 연대감을 범사회적으로 구체화·조직화하지 못했고 따라서 자신들의 사회행위에 관한 계급적 도덕성을 확고히 형성할 수도 없었다.[27] 그런데 정당정치 부문에서도 이러한 상황을 개선하는 데 기여하지 못했다. 즉 피지배계급들을 정치적 기반으로 하고 명확한 대항적 정치이념을 대중화시킬 수 있는 계급정당이 뿌리내리지 못한 것이다(Chang, 2022b, Ch. 3). 혁신 사회당 계열의 정치세력은 1950-1960년대를 거치면서 강제적으로 무력화되었고, 1970년대 들어서 유명무실화되었으며, 1980년대 초반에는 어용화되었다. 1980년대 중반부터 등장한 민중당 계열의 새 정치세력은 정부의 탄압과 보수 정당들의 공작으로 인해 개방화된 정치 상황에서도 여전히 정치적 입지를 찾지 못하고 해체되었다. 이후 민주노총(전국민주노동조합총연맹)이라는 전국화된 노동조합 조직을 기초로 출범한 민주노동당 역시 (지역대립 정치에 기댄) 보수 양당의 담합적 배제 대상으로서의 처지와 한계를 넘어서지 못했다.

따라서 내부적인 연대관계에 의한 계급적 도덕성을 형성하지 못하고 있는 노동자·농민 집단은 지식인 기반 정당의 외부적 지원도 제대로 얻을 수 없는 상황에서, 극히 최근까지도 자신들을 중심으로 한 사회질서를 수립하거나 자신들을 위한 국가정책을 유도할 수 있는 효과적인 계급적 사회운동 혹은 정치참여의 통로를 찾지 못하고 있다. 보수(무이념) 정당들은 이러한 상황을 악용해 노동자·농민의 실의와 좌절을 지역주의적인 문제로 왜곡시켜 사회의 분할통치

27 국가 엘리트들은 어떠한 사회집단들 사이에서도 국가에 의해 관리·통제되지 않는 횡적 연대가 형성되는 것을 적극적으로 막아 왔다. 특히 국가보안법 등 이른바 '반민주악법'은 시민적 자유의 억압을 합법화시켜 왔다.

를 꾀해 왔을 뿐이다. 따라서 심각한 계급 간 대립구조에도 불구하고 피지배계급들은 자신들의 사회적 위치와 상황을 체계적으로 분석하고 이를 바탕으로 사회질서의 변혁을 위한 상호의무감을 배양할 수 있는 기회와 능력을 상실해 왔다.[28] 지배계급이 사회체제에 대한 치밀한 이념적 설득력을 행사하고 있지도 못한 상황에서 피지배계급들도 새로운 질서에 관한 뚜렷한 도덕적 정체성을 형성하지 못한 것이 한국 사회의 현실이고, 이에 따라 갖가지 허위적 정치이념과 허구적 도덕성이 집단적인 가치혼돈을 조장하고 있다.

2) 고객주의적 관료제와 시민적 도덕성

한국(한민족) 사회에서의 관료제 행정의 역사는 세계적으로 볼 때도 오래된 것이며 근대 관료제 행정의 역사도 짧지 않다. 19세기 말 여러 차례의 근대 관료제 도입을 위한 노력이 있었지만, 그전에도 조선왕조는 『경국대전(經國大典)』에 근거한 나름대로의 정교성을 갖춘 관료행정 체제를 수백 년 동안 운용해 왔다. 물론 이러한 구체제는 베버가 논의한 가산제(家産制) 행정의 성격을 띠고 있었지만, 이 전통이 한말의 근대 관료제 도입 노력과 일제에 의한 식민통치 행정 그리고 이승만, 박정희 등에 의한 중앙집권적 행정통치를 거치면서도 문명적으로 완전히 희석되었다고 볼 수는 없다. 자본주의 경제체제와 마찬가지로 (근대)관료제의 도입도 구지배질서의 전면적 청산 위에 새로운 사회질서를 세우려는 토착 혁명세력의 등장을 전제로 했던 것이 아니다(신용하, 1987). 한말 몇몇 점진적 개혁론자들과 구체제 수

---

28 물론 1987년 전후의 상황은 많은 사람들에게 새로운 변혁의 전기로 받아들여졌으나 1960년대 초와 1980년 초의 상황처럼 장기적인 사회변혁을 위한 동력을 제공하는 데에는 실패했다.

호자들 사이의 타협에 의한 내부적 개혁 노력이 불완전하게 끝난 이후에 일제에 의해 강압적으로 이식된 권위주의적 관료행정 체제는 해방 이후 취약한 재정적 기반과 정치적 조직력을 갖고 정권을 잡은 엘리트들에 의해 상당 부분 답습 혹은 재활용되었다. 곧이어 이승만과 박정희에 의한 장기독재가 실시되자 국가관료제는 사적 권력관계에 의해 전횡되는 가산제적 성격을 다시 강화하게 되었다.

기층 민중으로서는 이러한 과정을 거쳐 확립된 관료제가 자신들의 지속되는 수동적 위치를 타파해 줄 역사적 탈피 기제로 작용할 것이라고 기대할 수 없었다. 관료제는 자유·평등·효율이라는 시민사회 공동의 기대를 만족시켜 주는 장치로서보다는, 분산된 개인들에 대한 국가의 권위주의적 통치 기제로서 주로 작용했다. 따라서 시민들의 관료제 행정에 대한 적응은 새로운 사회질서의 주체로서 갖는 도덕적 자각에 기초하기보다는 비민주적 권위관계에 대한 소극적 수용의 성격이 강했다. 더욱이 관료행정의 수행 기준이 되는 법안들이 집권 다수당의 이른바 '날치기 통과'에 의해 확정되는 일이 만성적으로 일어나 시민들로부터 행정작용에 대한 자발적 동의나 협조를 얻는 것이 구조적으로 어려웠다.

이러한 상황에서 국가와 시민의 관계를 규정하는 관료제의 보편적 원칙들은 기껏해야 수동적으로 지켜지고, 많은 경우 관료들과 시민들의 개인적 이해관계에 의해 위반되거나 변질되어 왔다. 특히 독재적인 권력 상층부에 의해 관료행정의 목표가 만성적으로 왜곡되는 상황에서 각종 '연고적 이해관계'의 존중이 대체적인 행위규범으로서 확산되기까지 했다.[29] 이러한 연고적 이해관계는 권력자와

29 이때 관료행정은 일반 행정부에만 해당하는 것이 아니고 법원, 검찰 등 모든 국가기구를 포함한다. 익히 알려진 이른바 '전관(前官)예우'의 관행에 의해 판결이 달라지고 정치적 목적으로 검찰 수사가 조작되는 등의 현상은 시사적이다.

행정관료 사이뿐 아니라 행정관료와 일반 시민 사이에도 성립한다. 혈연·지연·학연을 통해 매관매직을 하고 각종 이권을 나누고 탈법 사안을 묵인하는 것은 오래전부터 일상적인 현상이 되어 버렸다. 각종 행정규정의 제정·해석·적용은 관료들의 전문적 행정 행위로서보다는 이해 당사자들의 매수 사항으로서 먼저 인식되기도 한다. 베버와 하버마스가 개탄한 관료제의 지나친 형식화(formalization) 문제가 나타나기 이전에 관료제의 보편적 행위원칙이 정착되지도 못한 것이다. 물론 이러한 문제가 국가관료제에만 국한된 것은 아니다. 마찬가지로 관료제의 원리에 기초해 움직이고 있는 기업 등 사회조직체들에서도 연고·정실·온정주의는 보편화된 관행들이다.

이러한 (비정상적?) 관행들은 '고객주의적(clientelistic) 지배체제'를 강화시키는 작용을 한다. 권력자와 관료 사이에 탈법적인 교환관계가 반복될 때 한편으로는 개인적·사회적 문제 해결을 둘러싼 의존관계가, 다른 한편으로는 정치적 지배를 위한 통제관계가 주축을 이루는 배타적 유대가 성립한다. 이를 피지배층 입장에서 보면 계급적 문제 해결이 불가능한 상황에서 찾을 수 있는 현상 타개책이 되겠지만, 지배층 입장에서 보면 어느 정도의 부정부패를 허용함으로써 집단적 현실 문제를 해결하고 지배질서에 대한 동의를 유도하고 사회통제를 위한 사찰(푸코의 용어로는 'surveillance')의 필요성을 줄일 수 있는 것이다.[30] 국가권위주의적인 경찰통치와 개발독재로 시민사회에 대한 행정적 관리와 간섭이 극히 심한 상태에서 이처럼 왜곡된 관료제 질서는 사실상 사회 전체를 포괄해 왔다고 보아도 무방하다. 물론 이러한 유형의 지배체제를 거부하고 개인적 혹은 집단적 저

30 이러한 지배체제는 물론 한국에만 국한된 것은 아니다. 부라보이(Burawoy, 1979)는 미국의 공장에서 지배체제에 대한 "동의의 제조(manufacturing consent)"가 어떻게 이루어지는지, 왈더(Walder, 1986)는 중국의 국영기업에서 당·경영자·노동자 사이의 고객주의적 통제체제가 어떻게 이루어지는지에 대해 분석하고 있다.

항을 모색하게 되면 즉각적으로 유무형의 폭력이 동원되는 상황에서, 온정적이기까지 한 고객주의 체제에 안주하는 것이 지나친 도덕성 상실로 여겨지지는 않을 것이다. 그리고 지배 엘리트들의 입장에서는, 급속한 사회변동과 경제발전이 이처럼 편법적으로 왜곡된 관료제 질서를 언제든지 합리화시켜 줄 수 있다고 여길 것이다(한완상, 1992: 22-23).

3) 시장질서의 폭력성과 허위적 상품화

한국에서의 자본주의 도입이 자유시민 계급의 형성과 무관하게 이루어졌다는 것은 앞에서 지적했다. 따라서 한국인들이 자본주의적 경제관계를 처음으로 맺게 되었을 때 계약적 사회관계가 사회질서의 변화에 대해 갖는 정치적 함의를 능동적으로 이해하고 이를 구질서로부터의 탈피 기제로 활용하고자 하는 사회도덕적 의지가 뚜렷이 나타나지 못했다. 사실 한국에서의 본격적인 자본주의적 경제관계는 한국 농민들이 일본 식민정부와 강제적으로 맺게 된 농산물 수탈의 관계가 처음이라고 보아도 될 것이다(신용하, 1987). 이러한 '비자유 계약관계'는 해방 후의 자본주의 역사에도 계속되었다. 우선 인구의 대부분을 점하던 농민계급은 (비록 그들을 위한 조치였지만) 전국적인 토지개혁에 의해 평준화된 자작소농으로서의 지위를 일괄적으로 부여받았다. 이후 그들은 농민 혹은 이촌 노동자로서 다양한 도시경제집단들과 경제적 교환관계를 맺어 왔다(Chang, 2010, Ch. 6).

그런데 애초에 경제적·조직적 기반이 취약했던 도시자본가들은 고용, 자본 형성, 생산 진출, 상품 판매 등의 과정에서 국가에 의존할 수밖에 없었다. 이러한 상황에서 자본가(기업)와 비자본가 사이의 경제적 교환관계는 국가에 의해 매개되거나 통제되는 경우가 많았다. 이 과정에서 경제발전을 이유로 혹은 정치적 목적 때문에 국가는 도시자본가들에게 유리한 결정을 내리는 것이 일반적이었다.[31] 그리고 다수의 도시자본가들이 독점적 재벌로 성장함에 따라 이들은 노동자 및 농민과의 경제적 관계를 일방적으로 조정(조작)할 수 있는 능력을 갖추게 되었다. 그 결과 노동자와 농민은 도시자본가들과 불평등한 상태에서 불공정 거래관계를 맺어야 했고, 이에 대한 조직적 항의는 원천적으로 봉쇄되거나 폭력적으로 억압되는 일이 잦았다. 이에 반해 자본가들 간의 경제·사회적 담합(collusion) 행위는 극히 최근까지도 방치되어 왔었다.[32] 즉 지배적 경제집단에게는 '시장자유(market freedom)'가, 피지배적 경제집단에게는 '시장폭력(market violence)'이 차별적으로 적용된 것이다. 이에 따라 '자유시장질서에 의한 공동번영'이라는 자유주의적 구호는 현실과의 괴리도 컸지만, 노동자와 농민에게 계약적 사회관계에 대한 도덕적 태도를 함양시키기 위해서도 원천적으로 부적합했다.

시장경제 질서의 불공정화는 경제집단들 사이의 직접적 관계에서만 나타난 것이 아니고 일부 경제집단들의 여러 가지 비윤리적 경제행위가 조장·방치되는 측면에서도 나타난다. 이 문제는 특히 국가 주도하에서 급속한 경제성장 전략이 추진된 것과 관련 있다. 박정희 정권부터 시작된 급속한 경제성장은 결과적으로 수출에 참여하는 기업집단들의 급속한 규모 팽창에 의한 것이라고 볼 수 있다. 그런데 이들 기업집단의 성장은 수출 이윤의 축적에도 기인하지만 내수시장 독점, 담합, 이권획득(rent-seeking), 환경과 교육 등 공공재 사용에 대한 무임승차(free-riding), 부동산 및 금융 투기(speculation), 심지

31 필자는 별도의 연구(Chang, 2019)에서 이를 '개발자유주의(developmental liberalism)'로서 개념화하고 관련된 역사·사회적 현실을 분석했다.

32 올슨(Olson, 1971)에 의하면, 집합 행위의 논리상 자본가들의 협력·담합 행위는 일반인들의 집합 행위에 비해 상대적으로 이루기도 쉽고 또 원천적인 봉쇄도 불가능하다.

어는 밀수까지 포함한 '반자본주의적 행위'들에 결정적으로 기인했다(Chang, 2010, Ch.7). 한국 사회에 거의 보편화된 반재벌 감정과 경제적 비리 의혹이 이처럼 자본주의적 입장에서 보더라도 비윤리적인 행위들에 근거한 것임은 별도의 설명이 필요하지 않다. 그러나 경제제도와 거래행위를 관리하는 국가 엘리트들은 표면적으로는 국가(민족)경제 발전을 내세우면서 이면적으로는 불법적 정경유착 관계의 비호를 위해 이러한 비윤리적이고 반공동체적인 경제행위들을 조장하거나 방치해 온 것이다.

시장경제에 의한 사회공동체의 약화는 폴라니가 지적한 사회의 기본적 구성요소들에 대한 "허위 상품화(fictitious commodification)"가 무차별적으로 진행됨으로써도 나타난다(김진균, 1991). 흔히들 이야기하는 "돈만 있으면 한국이 세상에서 제일 살기 좋은 나라"라는 말은 한국 사회에서 어느 정도 허위적 상품화가 진행되었는지를 가히 짐작하게 한다. 노동자 보호를 위한 각종 제도적 장치들이 턱없이 부족한 상태에서 노동력에 대한 자유거래만 강조되는 사실은 새삼스럽지도 않다. 그리고 주택과 토지에 대한 무차별적 투기가 서민들을 격앙시켜 한때 사회체제 자체의 정당성이 위협되기도 했으며, 21세기 정치·정책적 개혁 세력임을 자임해 온 민주당계 정부들의 좌절까지 야기했다.

폴라니가 지적하듯, 인간과 토지는 사회의 기본적 구성요소이고 주택은 가정을 정의하는 물리적 공간이어서, 이들에 대한 공정한 거래가 이루어지더라도 공동체적 질서는 약화되기 마련이다. 하물며 폭력과 투기적 행위가 동원되어 이러한 요소들이 변칙적으로 매매될 때 문제의 심각성은 엄청날 뿐이다. 허위적 상품화는 토지, 주택, 노동에 국한되지 않는다. 인간의 성(性)과 감정이 향락산업에 의해 상품화되고, 정치적 권리가 금권선거에 의해 상품화되고, 관료적 권위와 언론의 진실이 촌지(매수)에 의해 상품화되고, 교직과 국회의 원직이 기여금을 빙자해 상품화되고, 학교교육이 부패한 사학재단들에 의해 (저급) 상품화되어 있는 것이 현실이다. 어떻게 보면 도덕적 의무를 전제로 하는 모든 시민공동체적 요소들을 상품화하려는 시도가 난무하고 있다.[33] 만약 모든 도덕적 의무가 상품으로 대체될 수 있다고 생각한다면, 이는 단순히 인간관계를 타락시킬 뿐 아니라 도덕적 행위의 의무를 비합리적인 것으로 평가 절하할 것이다. 결과적으로, 도덕적 행위규범이 상실될 뿐 아니라 도덕성의 개념 자체가 실종될 것이다.

4) 공리주의적 제도 이중성과 정상부패: 국가, 시장, 계급의 복잡질서

그런데 한국 현대사에서 제도 근대화로서의 (국가)관료제의 확립은 물질적 차원의 현실 문제 해결과 만성적으로 모순적인 관계를 가져왔다. 서구 역사에서 관료제화는 장기적인 사회·경제적 합리화의 현실적 효용을 전제로 했지만, 전후 한국 사회와 같은 현실에서 기본적인 경제적 생산과 필수 사회서비스 조달 등을 즉각적으로 해결하기 위해 국가는 민간의 물적 자원과 욕구를 최대한 동원해야 했기 때문에, 이들과 국가(관료제) 사이에는 공식 정책이나 법규에서 벗어나는 다양한 방식의 일종의 공리주의적 상호작용이 전개되었다. 특히 국가가 급속한 자본주의 산업화를 위해 각종 공공자원의 경제적 투입과 활용을 극대화하려는 입장을 장기적으로 고수했기 때문에, 사회문제와 시민생활에 대한 정책적 대응에 있어 갖가지 방식으로 민간자원의 적극적 동원이 이루어졌다.[34] 예컨대, 교육, 의료, 복지 등 필수 사회서비스의 공급체계는 법제도적 비영리성 이면에 다양한 비

33 물론 이는 한국에만 국한된 현상이 아니고 대부분의 자본주의 사회에서 나타나고 있는 문제이다(Williams, 1989; Wolfe, 1989).

34 이에 관한 자세한 설명은 필자의 별도 연구(Chang, 2019, Ch. 2) 참조.

공식적·간접적 이익(이윤) 실현의 여지를 열어 두어야 했으며, 관련된 국가행정은 적정 수준의 사회서비스 조달과 공급이라는 현실적(혹은 대리적) 필요성을 염두에 두고 관련 민간주체들에 대한 감독, 지도, 규제, 지원 등을 유연하게 실행해야 했다.[35] 이는 필수 사회서비스의 공급이 선언적 및 실행적 차원의 '제도적 이중성(institutional dualities)'과 이를 뒷받침하는 법적·행정적 차원의 일종의 '정상부패(normal corruption)'를 구조화시켜 왔음을 의미한다.[36] 경제 영역에서도 '법적 유령구조'인 이른바 재벌체제를 둘러싸고 마찬가지의 제도적 이중성과 정상부패의 질서가 만들어져 확산되고 재생산되어 왔다고 볼 수 있다.

현대사회에서의 필수 사회서비스 공급, 나아가 자본주의 산업화와 경제성장까지도 국가가 사적 이익 보장을 전제로 민간의 자원과 노력을 행정적·정치적으로 동원·관리·보호함으로써 실현시키는 독특한 체제질서하에서, 유관 정부기관들의 유연한 행정 활동뿐 아니라, 법원 등 사법 기구나 검찰까지 '정책적 고려'를 반영한 유연한 사법 활동을 해왔다고 볼 수도 있다. 문제는 이러한 법적·행정적 유연성에 대해 국가·사회적 차원의 정당성을 객관적으로 확보할 수 있는 기준을 세우는 것이 원칙적으로 불가능하며, 결국 사안별로 특정 집단과 인물에 의한 자의적 유착과 비리의 부작용이 관련된 제도적 이중성의 기본적 공리성조차 허무는 수준으로 심각해지는 것이 다반사였다는 것이다. 그리고 급속한 경제발전의 결과로 국가에 의한

35 이러한 맥락에서 보면, 한국이 1990년대 후반 충격적 국가 경제위기를 거치고 본격적으로 경제·사회적 신자유주의화가 전개되면서 대두된 각종 필수 사회서비스의 영리화 논의는 이미 실질적 영리 실현이 거의 보편적이었던 부문들에서는 특별한 기대이익의 변화를 시사하지 못했다. 오히려 영리성의 공식화에 따른 국가정책적 피보호 지위의 상실이나 약화를 가져올 수도 있었다. 다만 제주도에 외국인 대상의 영리병원 설립 추진 등 일부 사업가들의 새로운 사업 기획들이 있었다.

36 이에 관한 자세한 설명과 분석은 필자의 별도 연구(Chang, 2025, Ch. 2) 참조.

직접적인 필수 사회서비스 공급이 얼마든지 가능하기 때문에, 이를 둘러싼 정상부패의 물질(재정)적 공리성은 제도적 이중성의 법적·행정적·정치적 교란비용을 갈수록 크게 밑돌 수밖에 없다. 정경유착은 흔히 재벌과 권위주의 정치·행정 세력 사이에 지적되어 왔지만, 필수 사회서비스의 공급체계 자체가 민간의 암묵적 이익 혹은 실질적 이윤을 전제로 했음을 감안할 때 이 역시 정경유착으로 분류될 수 있다. 사학 등의 극히 공격적인 정치·행정 엘리트 매수 시도는 이러한 맥락에서 거의 당연한 것이다.

5. 재근대화? 자유주의 체제윤리의 (재)확립

지금까지 한국 사회에 대한 간략한 논의를 통해 자본주의 체제의 도입에 수반되었어야 할 계약적 사회관계와 관료제 질서에 대한 시민사회 내의 도덕적 기반이 애초에 마련될 수 없었고 다만 그러한 기제들의 사회해체적 작용이 급속한 경제팽창의 이면에서 진행되어 왔음을 밝혔다. 그리고 정상적인 관료제 및 자유계약제 질서를 상시적으로 왜곡하는 지배집단의 편법주의는 사회 전반에 "침하작용"(한완상, 1992: 23-24)을 일으켜 사회질서에 대한 노동자·농민·도시빈민의 무규범상태를 초래했다. 나아가 이들 피지배계급은 새로운 사회질서의 모색을 위한 집단적 연대감이나 계급적 도덕성을 확립할 수 없는 상황에서, 이미 이념적 헤게모니와 권력 정당성이 근본적으로 약화된 지배계급에 대해 막연한 반감을 산발적으로 그리고 비조직적으로 표출할 수 있었을 뿐이다. 이러한 추세들이 합해져 한편으로는 사회성원들의 개인적 행위규범을 극도로 퇴락시키고, 다른 한편으로는 다양한 연고관계에 기초한 배타적 소집단주의를 조장하고 있다. 전자의 문제는 '자기학대적 기회주의(self-abusive opportunism)'의 팽배에 관한 것이고, 후자의 문제는 반사회적 공동체의 증가에 관한 것이다. 자기학대적 기회주의란 개인들의 사회적 행위가 사회성원으로서의 적극적 참여의식이나 개혁 의지는 결여한 채 배타적이고 즉각적인 이익의 증진만을 목표로 할 때 오히려 자신들의 복지가 악화되고 굴종상태가 강화되는 현상을 가리킨다.[37] 반사회적 공동체란 배타적

---

37 이때 자기학대적이라는 의미는 물리(물질)적 차원만 가리키는 것이 아니고 정신(도덕)적 차원도 포함한다. 한국 사회에서 자기학대적 기회주의의 증후군은 시민생활의 거의 모든 영역에서 나타난다. 우선 공공질서 부재의 예를 들면, 심각도가 상당 기간 세계 최고 수준에 머물러 온 교통사고와 환경파괴는 타인을 희생시키고 자신은 건재하려는 행위가 결국 사회 전체의 공멸을 야기할 수도 있다는 느낌을 줄 정도이다. 장애인복지관 등 소외집단 구호시설에 대해서는 지역사회의 자발적 지원 대신에 설치 반대와 철거 압력이 오히려 당연한 반응이 되어 버렸다. 생산 및 기업 윤리의 실종도 심각해 치명적 위해상품의 생산·유통, 심각한 부실공사 등이 끝없이 드러나고 있다. 천문학적 액수의 음성소득을 사용한 현시적 소비(예를 들어, 해외 원정도박, 호화판 의식주 등)는 계급문화를 넘어 망국병으로까지 우려되고 있다. 쾌락에의 탐닉도 심각해 성(性)과 스포츠로 대부분의 내용을 채운 대중매체들은 성장을 거듭하고 있다. 현실도피적 혹은 소극적 종류의 탈(반)사회적 행위들로는 여전히 세계 최고 수준인 알코올 남용과 자살 등을 들 수 있다. 물론 이 모든 문제들이 보수적 국가 엘리트들의 사회 문제에 대한 무관심·무책임성·무계획성에 직접적으로 연관되어 있지만, 자정 능력을 잃은 시민사회의 여러 구성원들도 극히 퇴행적 방식의 적응을 하고 있는 것이다.

그리고 자기학대적 기회주의는 자신한테만 표출되는 것이 아니라 가족, 특히 자녀에게도 상습적으로 표출된다(공미혜, 1992). 한동안 맹목적인 남아선호 사상으로 태어나기 전의 (여자)태아의 성이 감별되어 무수한 낙태가 이루어졌던 결과, 일부 연령층의 성비 왜곡이 세계적으로도 전례없이 심각했었다. 또한 안락과 나태에 익숙하게 만드는 육아, 적자생존적 태도만을 강조하는 훈육, 인격적 사랑을 물질적 조건으로 대체하는 정략혼 권유 등을 거치며 성인이 되는 경우가 확대되었다. 즉 현대인들의 자기학대적 기회주의가 자신의 자녀들을 자기학대적 기회주의자로 만드는 과정을 통해 표출되는 비극적 상황이 전개되고 있다.

래시(Christopher Lasch)는 미국 사회에 대해 비슷한 관찰을 하고 있다(Lasch, 1977). 그는 (긍정적인 의미에서) 자유분방하고 애정적인 아동 양육을 몰인간적 산업사회에서 인간들의 서정적 욕구를 만족시키기 위해 필요하다고 보는 기능주의 시각을 전면 부정하지는 않지만, 동시에 사회에서 합리적이고 객관적인 행위규범을 견지해야 할 미래의 성인들에게 가정에서 정반대 성격의 온정적 보호를 함으로써 오히려 혼란을 초래할 이론적 가능성이 있다고 주장한다. 그는 실제 후기 산업사회의 사회와 가정에서 익히는 행위규범은 그다지 모순적이지 않다고 보는데, 이는 가정에서의 아동양육이 향락적 자본주의가 요구하는 소비지향적이고 무비판적이며 기회주의적인 인간형을 충분히 만들어 내고 있기 때문이라고 주장한다. 이러한 주장은 한국 사회에서도 갈수록 타당성이 커지고 있는 것 같다.

연고관계에 기초해 의사(擬似)공동체적인 집단행위를 함으로써 타인들의 이해나 사회 전체의 연대성을 저해하는 결과를 초래할 때 나타나는 것이다.[38]

표면적 자유를 강조하는 자본주의 체제에서 지배자들의 권력은 반드시 직접적 강제력을 동원해 행사되지 않고, 피지배자들 스스로의 행위가 저절로 지배관계를 확대 재생산시키도록 이념적·제도적 장치들을 조작해 나가는 방식으로 사용된다.[39] 그리고 푸코의 논

---

38 이와 관련해, 이동원(1991)은 "지나치게 자기 집단주의적이고 이기적이며 배타적인 양식으로 존재"하는 의사공동체의 문제가, 김경동(1992)은 "연고중심의 집합주의적 파벌의식"이 심각하다고 지적한다. 반사회적 공동체의 증가도 크게 보아 자기 학대적 기회주의와 마찬가지의 사회적 맥락에서 생겨난 현상이다. 즉 계급이익의 집단적 추구나 기본적 사회체제의 변혁 등과 같은 장기적이고 총체적인 차원에서의 합리적 행위가 여의치 않은 상황에서, 비지배층이 사용하는 일종의 자구책으로서 이 문제를 이해할 수 있다. 그런데 많은 경우 이러한 반사회적 공동체는 비지배층에게는 단기적 문제 해결 수단이 되지만 지배층에게는 장기적 지배 강화 수단이 된다. 혈연·지연·학연 등을 기초로 한 의사공동체적 집단에 비지배층 성원들이 참여하는 핵심적 동기 중의 하나가 그 집단에 속한 지배층 성원을 통해 개별적인 문제의 해결을 모색하는 것이다. 이들 관계의 성격을 결정짓는 배타적 도덕성의 이면에서는 지배층과 비지배층 사이의 고객주의적 의존관계가 형성되는 것이다. 앞에서도 지적했듯이 이러한 의존관계를 통한 문제 해결은 대부분의 경우 정당한 시장교환 및 관료제 질서를 왜곡시키게 된다. 그리고 같은 사회계급 성원들 사이의 횡적 유대가 약화되는 것은 물론이다. 즉 의사공동체적 관계에 대한 의존은 자본주의 체제에 대한 도덕성 및 계급지향적 도덕성을 모두 위협할 가능성을 지닌다.

김선업(1993)의 연구나 한완상·권태환·홍두승(1987)의 조사에서 드러나듯이, 한국인들의 삶에서 이러한 연고중심의 집합적 관계가 갖는 중요성은 실로 막대한 것으로 인식되고 있으며 또 사회적 관계의 대부분이 그러한 성격의 것이다. 사실 이 문제는 1980년대 이후 총체적 차원으로 비화돼, 정치·행정 엘리트들을 중심으로 대구·경북을 뜻하는 TK집단의 헤게모니가 공고화되었으며, 급기야는 전국의 모든 지방이 정치적 과정에서 배타적 지역정체성을 구하기에 이르렀다. 그래서 한국의 선거는 그 정치적 성공이 지역표 분할 전략을 어느 정도 잘 구사하느냐에 달린 것처럼 되어 버렸다. 또한 다수의 국가조직이나 기업에서 학연이나 지연이 없이는 취업은 물론 정상적인 승진도 어렵다고 한다. 사실 정부 부처나 기업에 따라 아예 각 지방 출신들의 비율이 현격히 차이가 난다. 물론 동족·동향·동창이 모여 오히려 타인들을 위해 희생·공헌하고 사회 전체의 공동체적 연대를 강화시키는 활동을 하는 경우도 많다. 그러나 대부분의 경우 지연·혈연·학연 집단에 대한 귀속감은 내부지향적 행위규범을 유도함으로써 진정한 의미의 시민적 공동체 형성을 더디게 하는 작용을 한다.

39 예를 들어, 자유노동시장에서 (조직화되지 않은) 노동자들의 임금을 둘러싼 경쟁

의(Foucault, 1990a)가 암시하듯이 지배권력은 시민생활에 대한 철저한 사찰(surveillance 혹은 policing)을 통해 물질에 대한 개인적 자유의 향유가 정치에 대한 사회적 자유를 제한하도록 유도한다. 물론 이러한 지배권력의 전략은 반드시 의도한 결과를 가져오는 것은 아니며, 또 지배계급 내부의 알력으로 이러한 전략 자체가 내부 모순성과 파행성을 띠기도 한다. 국가권위주의하의 한국 사회에서도 마찬가지의 지배전략이 사용됐지만 이에 덧붙여 직접적 강제력의 사용이 극히 빈번했다. 한국의 시민들은 재화교환의 자유 및 법규준수의 의무가 강조된 가운데, 개인적인 이익의 개별적 추구라는 단기적이고 국부적인 합리성을 행위규범으로서 채택하도록 유도되고 강요되어 왔다. 그리고 계급이익의 집단적 추구, 나아가 기본적 사회체제의 변혁 등과 같은 장기적이고 총체적인 차원에서의 합리적 행위는 곧바로 불법화되고 공적·사적 폭력 수단에 의해 제지당하는 결과를 가져왔다. 이러한 구조적 환경에서 시민들은 권력적 강제에 의한 질서를 무의식적으로 수용해야 했고 결과적으로 많은 사회적 관계들을 굴종적으로 맺는 데 익숙해져야 했다.[40]

이러한 논의를 통해 어느 정도 분명해진 사실은 한국 사회의 도덕성 위기의 문제는 몇몇 시민들의 잘못된 행위규범에 의해 초래

행위가 자신들의 경제적 이익과 사회적 유대를 희생시키고 대신 자본가의 입지를 강화시키는 것이다.

40 여기에 보완적으로 사용되는 것이 쾌락을 통한 사회통제 방법인데, 이는 절대빈곤을 극복한 시민들이 정치적 능동성(political efficacy) 등의 사회적 욕구보다는 개인적 쾌락을 추구하도록 유도하는 것이다. 이 현상은 특히 1980년대 이래 전두환 및 노태우 정권하에서 두드러졌으며, 이는 개인적 쾌락 추구의 자유가 사회적 진실 추구의 자유를 저절로 제한시키도록 하는 고도의 사회공학(social engineering)이다. 쾌락을 통한 사회지배에 대한 심도 있는 논의로는 Foucault(1990b) 참조. 한국인들은 외적으로는 권력적 강제에 의한 굴종(submissiveness), 내적으로는 방조된 쾌락에 의한 피조작(manipulation)이 일반화된 상황에서 개별적인 차원에서의 효용과 쾌락의 극대화라는 탈(반)사회적 행위규범을 일반화시켜 왔으며, 물론 이는 세계 각지에서 관찰되는 현상이기도 하다.

된 것이 아니라 자본주의 질서의 핵심요소들인 계급지배·자유계약관계·관료제의 특수한 역사적 정착 과정 및 그 요소들이 본원적으로 갖고 있는 사회해체력 때문에 나타난 현상이라는 점이다. 추병완(1993)의 논의를 적용하면, 현대사의 전개 과정은 새로운 사회질서의 도덕적 정착보다는 내외의 요인들이 상승작용을 일으켜 '사회적 엔트로피(social entropy)'가 증가함으로써 나타나는 사회해체 증상에 의해 특징지어져 왔다. 기어츠의 표현(Geertz, 1963)을 빌리면, 한국의 자본주의는 표면적인 경제규모의 팽창에도 불구하고 시민사회의 공동체적 질서에 대해서는 '퇴행적(involutionary)' 양상을 띠어 왔으며 사회 전반의 도덕성 위기는 이를 반영하고 있을 뿐이다. 체제규범으로서의 도덕성 문제는 한국의 경제체제와 정치질서의 장기적 변혁 과정에서 성원들 간의 사회관계가 진정한 공동체적 기초를 확립시켜 나갈 수 있느냐에 달린 것이다. 즉 도덕적 시민사회의 모색이라는 거시적·역사적 관점에서만 성원들의 도덕적 자아의 규정, 발견 혹은 형성이 가능하다. 만하임의 입장(Mannheim, 1968)을 빌리면, 도덕성 문제는 변화를 정당화시키고 추진하기 위해 "합리적인 타당성을 갖는 사상체계(a rationally justifiable system of ideas)"를 제시하는 이른바 "유토피아적 사고(utopian thinking)"의 대상이라 할 수 있다. 스펜서(Herbert Spencer)나 마르크스 등이 노력했던 것처럼 장기적인 역사 발전의 합리적 계획(a rational scheme of long historical development)을 수립하지 못한 상태에서는 도덕성 문제에 관해 분석을 넘어선 처방을 제시할 수 없을 것 같다.

그럼에도 불구하고 한국인들의 삶에서 분명히 도덕적 기초의 와해로 지적 혼돈과 물리적 고통이 가중되고 있다면 사회적인 대처가 이루어져야 할 것이다. 마르크스가 지적했듯이 도덕(이념)적 자각 없이는 인간이 역사의 주체가 될 수 없고, 뒤르켐이 지적했듯이 공민적 도덕성 없이는 진정한 사회가 성립할 수 없기 때문이다. 도덕성에 관한 실천 문제는 사회와 개인의 '상실한 도덕성의 회복'이라는 차원을 넘어, 새로운 사회질서의 모색을 위한 '도덕적 재탄생'으로서 개념화되어야 하며, 그러한 재탄생의 핵심적 조건이 도덕적 자정(自淨) 능력의 지적 기초를 확립하는 일이다. 만하임(Mannheim, 1968)의 생각대로라면, 왜곡된 사회구조와 지배질서의 원인들을 파악하기 위해 이성(reason)의 힘을 동원하는 순간 사회구조와 지배질서로부터 어느 정도 자유로워질 수 있을 것이다. 이를 위해서는 우선 개방적이고 민주적인 분위기 속에서 모든 시민들이 사회체제의 내용과 사회관계의 성격에 대해 활발한 비판과 적극적 대안 제시를 할 수 있어야 한다. 하버마스의 논의를 빌리면, "의사소통 윤리"가 충만한 "공민적 영역(public domain)"이 활성화되어야 한다. 좀 더 일반화된 문제의식으로 표현하면, 몇 가지 절차상의 문제로 형식화되거나 위선적 엘리트들의 전유물로 무력화되지 않은 실질적이고 참여적인 민주주의가 확립되어야 할 것이다.

그렇게 해서 활성화된 시민적 담화(civil discourse)의 내용은 시민들의 체제규범으로서의 도덕성 자체에 대한 논의도 포함할 수 있을 것이다. 그런데 그동안 한국 사회에서 시민적 도덕성 논의는 그 과정이 반드시 민주 시민사회의 도덕적 질서를 고양시키는 방향으로 전개되지는 못했고 그 내용이 반드시 도덕적 사회관계에 대한 합의의 도출 가능성을 제고시키는 성격을 띠지도 못했다. 많은 경우 도덕성 논의는 본질적으로 적대관계에 있는 집단들이나 개인들이 문제의 본질을 숨기고 책임전가를 하기 위해 일방적으로 제기해 온 것이다. 특히 지배적 기득권층에 의해 시민적 도덕성 문제가 제기될 때, 사회질서의 도덕적 기반이 현존 사회체제의 정당성과 근본적으로 연관되어 있다는 사실이 늘 은닉 또는 간과되고 있다. 물론 일반 시민들의 행위규범이 갈수록 공동체적 질서에 배치되는 성격을 띠어 가지만, 그러한 탈(반)사회적 행위규범이 상당 부분 지배전략으로서 암묵적으로 권장되거나 방조되어 왔다는 사실이 명확하게 지적되어야 한다. 특히 정실·연고·고객주의에 의한 관료제와 시장질서의 왜곡은 지배전략으로서 조장된 반사회적 행위규범으로서, 그 자체가 (내부지향적인) 도덕적 연대를 가장하고 있어 도덕성에 대한 개념적 혼란을 부채질하고 있다.[41] 그러한 반사회적 행위는 지배집단과 피지배집단이 함께 연루되는 것이어서 배타적 도덕성이 난무하는 가운데 모든 사회계급들이 집단적으로 도덕성을 잃게 되는 것이다. 그리고 이러한 지배 기제에 편입되기를 거부하고 사회체제 전체의 비도덕성을 비판하고 나서는 개인들이나 집단들은 정치적 차원에서 반국가적으로 규정되거나 사회(소집단)적 차원에서 비도덕적으로 낙인 찍히는 것이 다반사이다.

지금의 한국 사회에서 짧은 기간에 특정 사회계급이 구성원들 개개인의 도덕적 자각을 기초로 한 계급적 도덕성을 범사회적으로 확산시켜 나갈 수 있는 가능성은 거의 없다. 이는 여러 허위의식 등에 의해 각 집단 내부의 도덕적 혼란이 심각하고 도덕적 연대를 뒷받침해 줄 자체 조직력이나 정당정치의 지원이 없기 때문이다. 그렇다고 단순히 자유계약 체제와 관료제 질서의 정상화만으로 도덕적 시민사회가 형성될 수 있다고 볼 수는 없다.[42] 앞에서도 지적했듯이 문제의 해결을 위해서는 새로운 사회질서의 모색 과정에 모든 시민들이 자율적으로 참여해, 사회체제의 내용과 사회관계의 성격에 대

---

41 김경동(1992: 506)은 연고중심 집합주의의 원형이 가족주의(familism)라고 본다.

42 물론 시장과 관료제 질서를 정상화시키는 것도 지난한 일이다. 이는 단순히 제도의 정비나 처벌의 강화만으로 이룰 수는 없고 앞서 언급한 시장과 관료제의 도덕적 기반을 형성시켜야 한다. 피지배층의 입장에서는 이 과정이 자신들의 사회·경제적 예속 상황을 개선시켜 줄 수 있다는 가능성, 다시 말해 정상화된 시장과 관료제가 억압적 구질서로부터의 '탈피 기제(disembedding machanism)'로 작용할 수 있다는 가능성을 확인하고 싶을 것이다. 근자에 한국 청년층 사이에서 사회·경제적 평등 자체보다는 사회·경제적 경쟁질서에 있어서의 공정성 보장에 대한 요구가 오히려 강하게 나타나는 현상도 이러한 맥락에서 주목할 만하다.

해 활발한 비판과 적극적 대안 제시를 할 수 있어야 한다. 이것이 가능하려면 개인들의 자아정체성이 명확한 사회적 기반을 가져야 한다. 자아정체성의 사회적 기반은 크게 사회의식과 역사의식으로 구성되는데, 개인들이 자신의 존재의미를 사회라는 공간적 기준과 역사라는 시간적 기준을 통해서 설정하는 것이다.[43] 이렇게 되면 그들의 개별적 행위에서 추구하는 가치는 더불어 사회를 구성하는 타인들과의 공존공영이라는 공동체적 가치에 부합하게 될 것이다.[44] 이는 칸트(Immanuel Kant)가 말한 것처럼, "네 의지의 준칙이 동시에 보편적 입법이 되도록 행동"하는 상태가 된다. 자유주의 사회에서 뒤르켐이 말하는 "공민적 도덕성"은 이렇게 형성될 수 있을 것이다.[45]

그렇다고 자아정체성의 사회적 기반이 단순히 개개인들의 의식 전환을 통해서만 확립될 수 있는 것은 아니다. 현존 사회체제는 자아정체성의 사회적 기반을 와해시키는 다양한 힘을 끊임없이 행사하기 때문이다. 계급지배, 시장제도, 관료제가 본원적으로 갖는 도덕질서 해체력, 그리고 이러한 기제들의 성립 과정에서 반(反)민중성으로 인해 초래된 사회구조의 왜곡은 동시에 극복되어야 할 엄청난 난

---

43 앞에서 지적한 대로 울프는 삶의 공간적 기준을 사회로 하고, 시간적 기준을 역사로 할 때 도덕적 성숙이 가능해진다고 주장한다(Wolfe, 1989).

44 허쉬만은 조직의 부침에 대한 성원들의 반응은 "이탈(exit)", "항의(voice)", "충성(loyalty)"으로 나타날 수 있다고 주장하며(Hirschman, 1970), 하버마스는 사회의 동기부여 체제의 위기에 대한 반응은 "후퇴(withdrawal)"와 "저항(protest)"으로 나타날 수 있다고 주장한다(Habermas, 1975). 자아정체성의 사회적 기반이 미미한 상황에서는 시민들이 사회적 위기에 대해 주로 이탈 혹은 후퇴의 반응을 보이기 때문에, 그 위기의 극복 및 신질서의 모색을 위해 시민들의 역량을 결집시키기가 어려울 것이다.

45 이러한 방향의 도덕질서 모색은 리오타르(Lyotard, 1984) 등이 추구하는 해체와 이탈의 포스트모더니즘적인 신질서(?) 모색과는 대조되는 것이다. 물론 자유주의가 아닌 국가권위주의 아래에서 애초부터 총체적으로 조직·통제되어 온 한국의 자본주의 질서에 대해서는, 국지적이라도 즉각적인 저항을 독려하는 포스트모더니즘적 사회변혁론이 나름대로의 지적 매력을 가질 소지가 크다.

제들이다. 좀 더 구체적으로 말해, 시민들의 계급적 기반을 중심으로 한 여러 형태의 정치활동들이 전면적으로 허용·지원되어야 하고, 시민들의 사회활동을 관료적으로 통제하는 데서 나타나는 시민사회의 어용화는 중단되어야 하며, 노동(인격), 토지, 주택, 주권(투표) 등 사회공동체의 기본적 구성요소들을 무차별적으로 상품화하고 유린하는 모든 반사회적 행위가 엄격히 관리되어야 할 것이다. 이러한 사항들을 개별 시민의 권리 차원에서 요약하면 공민(자유)권·정치권·사회권을 포함하는 시민적 권리(citizenship rights)가 진정한 의미에서 통합적으로 보장되는 것을 말한다.[46]

6. 자유주의 체제규범과 신자유주의화

형식적 자유주의 체제로서 불완전하고 모순적인 출범과 일련의 변칙적 권위주의 권력질서의 진행에도 불구하고, 대한민국은 투쟁적 시민사회가 복원한 민주주의, 공격적 기업자본을 중심으로 구축된 산업경제, 확고부동의 관료조직에 기초한 국가체계로 구성된 선진국으로서 20세기를 마무리하는 듯했다. 그러나 1997년에 어떤 국내외의 심각한 예고나 경고도 없이 일거에 국가적 금융위기 및 이에 맞물린 산업체제적 충격을 겪으면서 한국의 발전과 근대화는 전혀 새

---

46 마셜(T. H. Marshall)은 영국의 경우 오늘날의 민주주의적 시민권(citizenship)이 18세기에 "공민권(civil rights)", 19세기에 "정치권(political rights)", 20세기에 "사회권(social rights)"이 차례로 보장됨으로써 확립된 것이라고 설명한다(Marshall, 1964). 공민권은 법률 앞에서 모든 시민들이 동등한 대우를 받는 것으로, 특히 언론, 사상, 계약 등에 있어서의 완전한 자유와 권리를 포함한다. 정치권은 모든 시민들이 선거권과 피선거권을 갖고 정치적 참여와 권리 행사를 할 수 있는 것을 가리킨다. 사회권은 모든 시민들이 물질적 생활보장, 건강, 교육 등에 있어서 사회적 서비스를 누리고 국가적 지원을 받을 권리를 말한다.

로운 과정으로 진입하게 되었다. 한국의 'IMF 경제위기'는 금융개방 등에 있어 흔히 경솔하고 성급한 신자유주의 질서의 수용에 따른 것으로 평가되었지만, 그 위기의 대처와 극복은 신자유주의를 한국의 경제·사회 질서로서 전면화하는 역설로 귀결되었다. 박정희 시대 이래 이른바 '개발국가(developmental state)' 체제를 구축하며 서구의 신식민주의적 자본주의 지배에 성공적으로 대응(대항?)하는 주체로 여겨지기도 했던 한국은 일순간 그 어떤 나라와의 비교도 넘어설 정도의 급진적 신자유주의화를 거치기 시작했다. 이는 국가적 금융위기 당시 '국제통화기금의 구제금융 조건들(IMF conditionalities for bail-out)'을 충실히 이행했기 때문에 나타난 변화의 측면도 있지만, 더욱 근본적으로는 그 이전까지 구축된 경제·사회·정치(행정) 질서의 어떤 개별적·복합적 성격이 세계 혹은 서구 신자유주의 질서에 대한 수용, 적응, 활용을 유도했는지 살펴보아야 한다(Chang, Kim and Lee, 2025).

세계질서 속에서 신자유주의는 '확장된 자본의 확장된 자유'로 규정할 수 있다(Chang, Fine and Weiss, 2012). 확장된 자본이란 한편으로 미국, 유럽, 일본을 중심으로 장기간의 산업자본주의 성장에 따라 (과잉)축적된 자본이 더 이상 충분한 산업적 투자 소지나 의지를 갖지 못한 상황에서 금융 투자 등으로 다변화하고, 다른 한편으로 세계 주류 자본이 제2차 세계대전 이후 국민국가를 기본 단위로 제도화되고 운영되어 온 자본주의 질서를 넘어서서 초국적인 조직체계와 이익 실현을 보편화시켜 온 것을 말한다. 확장된 자유란 자본의 영리 추구 영역 및 방식에 대한 사회·정치적 제한을 국내·국제적으로 최소화시키는 것을 말한다. 이러한 신자유주의에 대한 학계, 문화계, 언론계 일부의 비판적 평가에도 불구하고, 한국 사회체제의 대다수 주류집단은 신자유주의를 암묵적으로 내재화하고 나아가 발전과 근대화의 새로운 패러다임(version-up paradigm)으로 실행하고 있다(지주형, 2009, 2011).

예컨대, 이른바 민주 진영의 집권 정부들은 (김대중 정부의 '민주적 시장경제'를 위시해서) 신자유주의를 통해 개발독재와 정경유착의 적폐를 청산하겠다는 의지를 표명하고 나름의 실천을 해왔으며, 다른 한편으로 그들 자신의 경제 치적을 위해 공격적인 대외 개방, 특히 전방위적 양자·다자간 자유무역협정 체결을 추진했다. 보수 정파들의 경우 개발통치의 연장 혹은 재생 가능성이 갈수록 낮아지자 이른바 '규제철폐'라는 구호 아래서 경제·사회 질서에 대한 시장적 자유의 극대화를 통치노선으로 내세웠다. 여러 '개혁적' 경제학자들은 ('소액주주운동', '기업경영 투명성 제고' 등을 통해서) 재벌체제로 왜곡된 경제질서를 바로잡아야 한다고 주장하고, 시민운동 차원의 적극적인 실천 노력을 펼쳤다. 경제 관료를 중심으로 한 행정부의 엘리트 세력은 민주화 이후 전국화된 노조조직과 시민운동을 중심으로 강력하게 요구·관철되어 온 노동, 복지, 교육, 환경 등 사회정책(사회권) 사안들의 개발주의적 왜곡과 변질에 대한 개혁 압력을 자유시장 논리로 비켜 갈 수 있는 가능성을 서구발 신자유주의에서 찾으려 시도해 왔다. 주요 재벌들은 한편으로 민주 진영 정부들과 행정부 관료집단의 이러한 신자유주의적 모색을 자신에게 유리한 방향으로 유도하고, 다른 한편으로 대내외적으로 경제와 사회의 신자유주의 세계화를 가속화시켜 자신들의 외형 성장과 매출 확대에 필요한 최적의 기반을 확립하려고 노력해 왔다(Hirschman, 1970).

세계적 이슈가 될 정도로 충격적이었던 한국 경제의 위기와 후속적인 사회·경제 질서의 왜곡과 분리될 수 없는 한국의 신자유주의화는 다른 한편으로 각 사회·경제·정치·행정 주체들이 20세기 중반 이후 장기적인 근대화 및 발전 체제의 불완전성과 특수성을 각자의 입장에서 봉합·보완·개혁하려는 노력으로 재발명(reinvention) 혹은 목표재설정(repurposing)되어 온 것이다. 이로써 21세기 한국은 경제·사회 질서를 넘어 문명체제 차원에서 신자유주의화의 길을 걷고 있다. 다만 이러한 변화가 진행될수록 다양한 사회·경제·정치·행정 주체들 사이의 갈등적 이해관계가 심화·증폭됨으로써 한국은 사회·문명적 공동체로서의 본질이 계속 희석되고, 그 희생집단들 사이에서 (허쉬만이 지적한 것과 같은) 개별적 '이탈(exit)'의 흐름이 갈수록 확산될 수 있다.[47] 오늘날 세계 최저 수준을 기록하고 있는 한국의 출생률 또한 이러한 맥락에서 해석될 수 있(을 것이)다.

47 이러한 복합적 목표를 위해 특수관계에 있는 언론사들을 활용하거나 소속 경제연구소들을 동원해 왔다. 알튀세르의 표현을 빌리면, 이들은 일종의 이데올로기적 재벌기구(ideological chaebol apparatus)라고 볼 수 있다. 노무현 정부의 출범과 관련한 삼성경제연구소의 정책자문 역할이 유명한 사례이다.

제2부

압축근대적 민주주의의 정상위기

제3장

국가투사주의 정치와 현실 민주주의의 몰사회성

1. 서론

박근혜 정부 시기의 한국 정치 상황은 제도적 근대성으로서의 민주주의가 '양지에서 일하고 음지를 지향하는' 국가주의적 정치권력 집단에 의해 총체적으로 훼손된 사례였다. 대한민국은 '서구 준거적 사회제도(West-reflexive social institution)'로서 자유주의적 민주공화국 체제를 채택했으나 그 사회적 착근 과정이 제대로 진행되기도 전에 구체제적 권력집단에 의해 국가주의적 지배 도구로 변질되기 시작했다(Chang, 1999a). 이승만, 박정희, 전두환 시대의 극단적인 행정권력 비대화는 의회의 민주적 대의 기능을 사실상 무력화시켰다. 정당정치는 아래로부터의 대의(representation) 과정이기보다는 지배공학적 편의를 위해 지역대립 구도 등을 위로부터 '투사(projection)'하는 과정이었다. 또한 민주화 이후 반복된 신개발주의적 국정 운영의 실패는 국가주의적 정치(지배)체제의 정당성을 위협했고, 이에 대한 대응으로 정치적 시민권에 대한 교란과 억압이 자행되었다(Chang, 2019). 그리고 국정교과서 사태는 (일제를 포함하여) 20세기 이후 존재했던 모든 국가주의 권력이 인적 연속성에도 불구하고 이념(철학)적 기초와 연계성이 결핍된 데 따른 문화적 불안정성을 제거하려 했던 정치공학적 시도와 이에 대한 사회(시민)적 저항과 비판을 반영한 것이었다(이신철, 2006).

권력지향적 언론은 이러한 고질적 정치질서의 왜곡을 보조하는 역할을 자임하거나 강요당했다(박승관·장경섭, 2001). 또한 법치에 있어서 국가권력의 자의적 지배로부터 시민을 보호하고 사적 경제활동의 공정성을 보장하는 제도적 기능을 무력화시키기 위해 '법률기술관료(검사)'가 정치적으로 동원되었다(Chang, 2025). 그리고 사회 분석(진단)보다는 처방 기능에 치중하는 학문(학자)들은 권위주의적 국가권력을 매개로 몰사회적 정책 실천을 조장해 왔다. 국가주의(혹은 반자유주의)적 권력체제를 위한 이러한 보조적 역할에 대한 보상으로 언론인, 검사, 학자 등의 집단적 의회 진출이 이루어졌고, 이 과정은 시민사회 제도로서 언론, 사법, 대학의 부실한 역사·사회적 착근성과 결합해 이 제도들이 국가지향(부역)적 '해바라기형' 인물들에 의해 농단되는 상황이 전개되었다.

민주당 등 이른바 민주세력 정파는 국가주의적 보수 정치권력의 대항세력으로 성장해 온 측면이 있지만, 사회적 대의성보다는 제도(과점)적 배타성에 의거한 존속전략에 치중했다(Chang, 1999a, 2022b). 최근의 정치사를 되돌아보면, 이러한 행태는 1987년 민주화가 한국 민주주의의 사회적 착근의 근본적 계기가 되지 못하는 상황을 야기했고, 1998년부터 두 차례에 걸쳐 민주당 세력이 집권하는 동안 시민(서민) 생활의 심각한 경제·사회적 위기에 대한 체계적 대응에 실패함으로써 결과적으로 이명박 및 박근혜 정부의 등장을 가능하게 하는 토대를 제공했다. 심지어 박근혜의 대통령직 탄핵에 따라 어부지리로 등장한 문재인 정부 역시 마찬가지의 한계를 반복해, 보수 후보로 급조된 윤석열의 대통령 당선이라는 결과를 초래했다.

2016-2017년의 전국적 촛불시위는 한국의 현실적 정치질서에서 좌우대립이 아니라 국가주의(statism)와 시민주의(civilism?)의 대립이 핵심임을 드러냈는데, 사실 이러한 구도는 이명박 정부 때의 촛불시위에서도 동일하게 드러난 바 있다. 주목할 점은 이 시민주의가 점차 민족주의보다는 자유주의(개인주의)적 기초 위에 놓이고 있다는 사실이다(Chang, 2022a, Ch. 4). 박근혜 이후의 한국 정치는 이러한 모순이 단순히 대통령 선거를 통해서 해소될 수 없다는 점을 보여 주었고, 사회의 시민주의적 욕구(요구)를 어떻게 '재재도화(re-institutionalization)' 할 수 있는지 여부가 관건이다. 촛불 정신을 계승하겠다는 문재인 정부의 명시적 입장은 상황적 당위성이 절대적이었지만, (민주당을 위시한) 정당들의 근본적 재탄생을 포함한 한국 민주주의의 '재창조' 과제는 국가나 정치권의 제도·정책적 조치만으로는 달성될 수 없고, 시민사회의 지속적인 참여, 감시, 투쟁 등을 기초로 한 자유주의적 사회 토대의 확립이 관건인 것이다.

이 시민(사회)적 과업의 중요성은 직전의 대선 정국에서 더욱 분명해졌다. '촛불혁명'에 뒤이은 문재인 집권기에 보수 정파들은 거의 휴·폐업 상태에 빠졌지만, 민주당 세력의 '자기민원적 검찰개혁' 과정에서 파생된 '윤석열 현상'이 한국 정치를 반(反)·친(親)민주당 구도로 재편시켜 2022년 대통령 선거전의 동력이 되었다. 이것이 아직 국가(투사)주의 정치의 고객 혹은 포로로 남아 있는 지역대립적 유권자들의 정서와 결합해 대한민국 역사상 정치적 성격이 가장 모호한 대선 정국을 초래했다. '아래에 대한 대표성'이 원천적으로 부재했고 이제 '위로부터의 투사성'조차도 거의 실종된 한국 정치의 상황에서, 박정희에 이어 전두환까지의 '개발 치적'이 두 유력 대선후보로부터 경쟁적으로 인정받기도 했다.

2. 신흥 민주주의의 범세계적 불안정성과 한국

1948년에 대한민국은 제도적 구조와 법적 기초에 있어서 거의 완전한 민주주의로 출범했다. 일제강점으로부터의 해방이 식민자본주의적 착취와 군사적 억압에 대한 한국인(조선인)들 자신의 성공적 투쟁의 결과라고 할 수 없는 것처럼, 해방된 한국에서 민주주의 정치체제의 출범 역시 한국인들의 정치적 재탄생을 위한 혁명적 투쟁의 결과로 간주하기 어렵다.[1] 주로 미국의 정치체제를 본뜬 자유주의 민주제(liberal democracy)가 일종의 '제도적 삽목(揷木; 꺾꽂이)'의 차원에서 '선포'되었다(Chang, 2022a, Ch. 4; Chang, 2025, Ch. 1). 이후 한국의 정치사는 황급히 이식된 민주주의 통치체제의 사회·정치적 취약성과 법적·제도적 불안정성으로 점철되었다(최장집, 2002). 제도적 삽목에 의거한 한국의 민주주의는 저절로 건실한 나무와 같은 상태로 발전해 나가지 못했고, 한국인들의 민주주의적 정치 권리 역시 개략적으로 선포된 헌법 조항에만 의존한 채 확고히 강화되어 나가지는 못했다.

자유주의 민주제가 삽목적 제도화에 적합한지 여부에 대해서는 널리 확립된 사회과학 이론이나 충분히 확인된 역사적 실례는 존재하지 않는다. 그럼에도 불구하고 제2차 세계대전 이후의 세계는 그 정치제도적 지형상 대부분 민주(제도)화되었는데, 이는 주로 탈식민 국가들이 식민지배국들의 정치체제를 제도적으로 수입하면서 나타난 현상이다(Badie, 2000[1992]; Helgesen, 2003). 많은 나라들에서 토착 사회·민중·정치·지식 계층이 정치적 독립을 위한 열망을 자력으

---

1 물론 일제로부터의 해방과 민주적 독립을 위한 임시정부의 구상과 투쟁이 가졌던 역사적 공헌성 및 이에 대한 민중(시민)적 지지의 중요성을 무시할 수 없지만, 그 현실적 투쟁 자원과 국제적 영향력의 한계로 해방 후 역사는 임시정부를 중심으로 진행되지 못했다.

로 실현할 수 없었음에도, 두 차례에 걸친 세계대전과 국제질서 재편 과정에서 (형식상) 민주주의 체제의 확산이 이루어졌다(Apter, 1965). 다시 말해 이러한 정치질서의 역사적 진전은 탈식민 통치체제의 자율적 확립을 위한 혁명적 혹은 혁신적 프로그램에 기초한 것이 아니었다. 오히려 해방에 결정적 기여를 했다고 인정받거나 스스로 주장하는 집단이나 인물이 정치권력을 무한대로 차지하려는 야욕에 의거해, 애초에 출범시킨 정치체제를 변형 혹은 왜곡시키려는 시도가 곳곳에서 빈번해졌다. 이들의 이른바 '정치제도적 토착화(political institutional indigenization)' 시도는 민중의 정치적·시민적 권리에 대한 일인지배적, 인종주의적 혹은 금권정치적 침해나 억압으로 귀결되는 것이 다반사였다(Colgan and Weeks, 2015).

한국에서는 초대 대통령 이승만이 영구 집권을 노린 정치적 시도를 이어 갔으나 1960년 3월의 부정선거에 대한 저항으로 촉발된 학생 주도의 4월 민주화 혁명에 의해 12년의 독재적 권좌에서 쫓겨났다. 그 직후 윤보선이 민주적으로 선출된 대통령이 되었으나 불과 1년 만에 박정희가 주도한 군사 쿠데타로 물러나고, 한국 사회는 박정희가 자신의 영구 독재를 위해 획책한 민주적 정치절차의 왜곡과 중단을 (박정희가 암살당한 해인) 1979년까지 감내해야 했다. 뒤이어 전두환 중심의 신군부가 또다시 군사 쿠데타를 감행하여 (재)민주화에 대한 사회·정치적 요구를 잔혹하게 억누르고 불법적 절차를 통해 국가권력을 찬탈했다. 그러나 7년제 대통령 전두환의 임기 마지막 해인 1987년에 있었던 권력 연장의 시도는 학생, 지식인, 산업노동자, 일반 시민을 아우르는 범사회적 저항에 부딪혀 궁극적으로 정상적 민주주의 정치절차의 회복을 위한 개헌이 이루어졌다. 그럼에도 불구하고 이후의 두 차례 (5년 단임제) 대통령 선거에서 신군부 권력을 암묵적으로 승계한 지배적 보수당의 후보였던 노태우와 김영삼이 (민주적 절차를 거쳐) 집권하는 결과가 나타났다.

1997년에 그동안 거의 영구적 야당으로 보였던 정파를 대표한 후보였던 김대중이 대통령으로 당선된 것은 김영삼 정부의 경제정책상 치명적 실수에 의해 전례 없는 국가적 금융위기가 발생한 배경에서였다(Chang, 1999a). 그러나 김대중과 (대체로 같은 정치적 계열의) 그의 후임자 노무현은 국제통화기금(IMF)의 구제금융 조건으로 강요된 급진적인 경제·사회적 신자유주의화에 수반된 극심한 대중적 고통으로 인해 대다수 사회계층으로부터 광범위한 비판과 저항에 직면해야 했다(Chang, 2019). 그러한 대중적 불만은 이후 두 명의 (신)개발주의 정치인, 즉 이명박과 박근혜를 대통령으로 당선시키는 결과를 가져왔다. 불행히도 박정희 시대의 상징적 후계자로 여겨졌던 두 인물은 집단적 곤궁에 처한 시민들을 사회·경제적으로 구출하거나 만족시키지 못했고, 대신 그들 자신의 정치적 비위와 부패 스캔들이 '촛불시위'라는 범사회적 항거를 촉발시켜 세계적인 관심을 끌게 되었다(권영숙, 2018). 2016-2017년 7개월간 이어진 촛불시위는 결국 박근혜의 탄핵으로 이어졌고, 2017년 5월에 노무현의 정치적 동지였던 문재인이 이끄는 '촛불혁명 정부'를 탄생시켰다.

이상에서 설명한 극히 복잡하고 빈번한 폭력을 수반하기도 한 정치적 전환들을 거치면서 한국인들 사이에서는 민주주의의 사회적 가치에 대해 비관적이고, 심지어 냉소적이기까지 한 태도가 널리 확산되었다. 시민들은 민주적 원칙들에 대한 파괴 행위가 비판·처벌되어야 함을 깨닫게 되었지만, 그러한 깨달음만으로는 국가의 최상위 정치제도로서의 민주주의에 대한 분명하고 확고한 사회적 기틀을 확립하는 데 이르지는 못했다. (앞서 2장에서 자세히 설명했듯이) 뒤르켐적 시각에서 보면, 한국의 국가적 핵심 정치제도로서의 민주주의는 비제도적 혹은 사회·문화적 기초의 만성적 취약성을 겪어 왔다.

이러한 역사적 현실은 결코 놀라운 일이 아니었다. 일제 식민지배로부터의 해방 직후, (자유)민주주의는 미군정 당국 및 그와 유착된 한국인 우익 정치세력의 주도로 한국에 정치적·이념적으로 일순간에 이식되었다. 역설적인 사실은, 이 과정이 사회주의 세력과의 실제적 혹은 잠재적 연대('부역')를 무차별적으로 의심받은 민간인들과 그 공동체들에 대한 전국적 폭압과 살육을 전제로 했다는 것이다. 한반도 남쪽 신생 공화국의 제도적 민주주의화는 본원적으로 비민주적 과정이었으며, 심지어 민간인들에 대한 잔인한 공격으로 수십만 명이 목숨을 빼앗기는 비극이 벌어졌다. 한국의 맥락에서 '자유민주주의'의 역사적·사회적 필요성을 정의하고 주로 미국식 체제를 준거로 하여 그 제도적 구조를 설계한 주체는 자율적 시민사회가 아니라 자기부과적(self-imposing) 국가였다.

한국의 공식 민주주의 제도는 특정한 사회·정치적 및 경제적 수구세력이 정치적 직위와 활동을 독점하는 것으로 출발했다는 점에서 그 시작부터가 엘리트주의적이었으며, 나아가 '귀족적(aristocratic)'이었다(Chang, 1999a). 한국 민주주의의 그러한 몰사회적 출발은 한편으로 핵심적 야당세력(한국민주당)이 정치적 보수성과 사회·경제적 기득권을 공유하는 인물들을 중심으로 형성되었다는 역사적 현실과 긴밀히 연결되어 있었다. 이후 한국 정치사에서 '~민주당'이라는 명칭을 가진 정당들은 대다수가 이 세력을 승계하거나 반영한 것이었다. 이런 각도에서 보면, 군부의 정치적 집권은 민주주의의 사회적 기반의 파괴보다는 공식적 민주제 절차의 중단과 왜곡으로서의 문제성이 더 분명하게 드러난다. 일종의 의도치 않은 결과(unintended consequence)로서, 이승만의 민간독재와 박정희의 군사독재는 공통적으로 한국 시민들, 특히 청년 학생들에게 정당성 없는 자기봉사적 정치세력에 대해 저항·투쟁해야 할 사회적 필요성을 일깨워 주었다. 이는 민주주의의 사회적 기초를 사후적으로 확립·강화시키는 역사적 효과가 약간이라도 있었다고 평가할 수 있다. 폭정에 대한 비판과 저항을 감행하다 기본 인권마저 훼손하는 국가의 악성 폭력에 시달린 수많은 사회운동가, 지식인, 학생을 포함해 갈수록 많은 시민들이 국가가 사주하는 폭력과 부패로부터 스스로를 보호하는 것이 자신들의 핵심적 이해관계라는 것을 깨닫게 되었다.

그러한 깨달음은 1987년 정점에 이르게 되는데, 한국은 드디어 이해에 (1948년의 '위로부터의' 제도적 민주주의화에 대비되는) '아래로부터의' 사회·정치적 민주주의화를 실현하게 되었다. 쿠데타로 집권한 전두환이 대통령 임기 종료를 앞두고 파행적 권력 연장을 시도하자, 1961년 이후 일련의 군사독재에 의해 중단·왜곡되었던 민주주의 정치 절차의 즉각적 회복을 요구하는 범사회적 투쟁이 전개되었다(윤상철, 1997). 특히 1980년 이후 이른바 신군부 통치하에서 기본적인 자유(공민)권과 정치권, 심지어 핵심 인권에 대한 극심한 폭력적 침해가 이어지자 시민들의 사회·정치적 좌절감은 극에 달했고, 그러한 좌절감은 대다수 사회계층 및 지역이 참여한 반군부독재 투쟁의 극적인 폭발성으로 표출되었다. 이른바 '6월 항쟁'은 전두환으로 하여금 군사독재 재연장 시도를 포기하고 실질적인 민주적 헌법 개정에 동의하도록 만들었다.

불행히도 1987년의 민주제 회복은 한국인들의 광범위하고 만성적인 정치적 좌절감을 종식시키지 못했다. 1987년 이후 민주적으로 선출된 대다수 대통령과 그들의 정부는 (특히 임기 후반부로 갈수록) 매우 강렬한 대중적 거부와 비난 속에 퇴장해 왔다. 이런 추세는 반드시 정책적 실패나 행정상의 실정 때문만은 아니었다. 이전 정부의 일부 핵심 인사들은 자신들 때보다 훨씬 열등한 성과를 거둔 정부들과 아무 구분이나 차별 없이 함께 저평가되고 비난받는 것에 대해 강한 불만을 표출하기도 했다. 기층 시민들과 전문 지식인들은 공히 한국의 "민주화 이후의 민주주의"(최장집, 2002)가 진정한 민주적 방식으로 작동하고 유의미한 사회적 서비스를 제공하는 데 있어 근본적 결함이 있는 것으로 느껴 왔다. 일련의 사회과학자들과 정치·지식인들은 1987년 민주화 항쟁 이후의 사회·정치적 과정과 결과를 '1987년 체제'로 부르며, 이를 통해 민주주의 정치제도의 공식적 작동 이면에 노정된 갖가지 사회·정치적 한계와 왜곡을 지적해 왔다(권영숙, 2018; 김철규, 2007; 손호철, 2009).

그런데 '1987년 체제'의 결함은 '1948년 체제'로 부를 수 있는 역사적 현실 혹은 구조에 대한 긴밀한 (재)분석 없이는 제대로 파악되기 어렵다. 1948년 출범한 민주공화국 대한민국하에서 한국인들은 당시 세계 기준으로도 거의 급진적이라 할 수 있는 민주적 형식의 정치제도와 권리를 갖게 되었지만, 막상 효과적인 민주적 대의와 선출(선거)에 요구되는 사회·정치적 통로 및 조직에 대한 유의미한 (아래로부터의) 접근성이 근본적으로 결여되어 있었다(Mobrand, 2019). 일반 시민들의 이러한 정치적 딜레마는 1987년 민주화 항쟁이나 이후의 정치개혁을 통해서도 결코 제대로 극복되지 못했다. 21세기의 한국인들은 심지어 박정희 독재의 두 계승자, 즉 박정희 시대의 스타 기업가 이명박과 박정희의 장녀 박근혜를 민주적 절차를 통해 대통령으로 선출하고 종국에는 이들에 의해 기만당하기에 이르렀다. 이들은 자신의 가히 충격적이고 탈법적인 이해관계를 위해 최고 국가권력을 남용했으며, 2016-2017년에 전개된 또 한 번의 범사회적 시민항쟁 이후 법적 처벌을 받아 장기 수감되기까지 했다.

한국인들의 거듭된 민중적 정치항쟁은 세계인의 이목을 집중시킬 정도로 열정적이고 강도 높게 진행되었음에도 불구하고 그들이 어렵게 쟁취(복원)한 '대의민주주의'가 자신들을 유의미하고 체계적으로 대표하도록 만드는 데 성공했다고 보기는 어렵다. 한국인들은 민주주의적 대의성의 체계적 결여나 실패에 대해 일상적으로 적응해 왔다. 그들 중 다수, 특히 '박정희 향수'에 젖은 세대 등은 민주주의와 독재의 근본적인 규범적 차이를 외면한 채, 개별 국가지도자의 (논란거리일 수밖에 없는) 진정한 헌신과 지혜를 핵심적인 정치적 미덕으로 강조하기도 한다.

3. 한국 민주주의의 현실적 양태: 사회대표적 민주정치와 국가투사적 민주(?)정치

탈식민지 한국에서 자유주의적 대의민주제를 제도화하는 정치 근대화 과업이 기층 사회에서 사회주의의 실제적·잠재적 영향력을 뿌리 뽑고 이에 대한 일반 민중의 사회·정치적 동조를 통제하기 위해 점령 미군과 정치·행정적 국내 협력자들 사이의 연합세력이 전개한 잔혹한 정치·군사적 탄압에 의해 선행되었다는 것은 엄청난 역사적 역설이었다. 대의민주제의 출범이 (다수의 일제 식민지배 협력자들을 포함한) 친미(親美) 자유주의 사회·정치 세력의 지역 내 확고한 지배력 구축을 위한 전략적인 정치·군사적 필요성에 따라 사회의 폭력적 재구조화에 기초하게 되었던 것이다(Cumings, 1981). 이후의 한국 정치사에서 공식적 민주주의의 사회적 대표성은 실제로는 국가의 '자기대표성'으로 대체되는 상황이 전개되었다. 전국·지역적 정치공간에서 공식적 대표성을 갖는 자격을 얻기 위해서 모든 시민, 계층, 공동체는 보수적 우익국가에 의해 설정된 다양한 이념적·정치적 기준을 충실히 만족시킴을 입증해야 했다.[2]

일련의 민간·군사 독재세력에 맞선 격렬한 사회·정치적 (재)민주화 투쟁에도 불구하고 한국인들은 한편으로 민주주의가 반드시 기층 시민들의 자율적 가치, 이해, 요구를 아래로부터의 방식으로 대표하는 진정한 제도가 아님을 깨닫게 되었고, 다른 한편으로 위로부

2 개인적 차원에서는 이른바 신원조회를 통해 모든 공적 지위의 획득에 대한 정치·이념적 자격요건을 필수화시켜 자동적 체제 순응을 유도했다.

터 강제된 갖가지 국가(주의)적 목표를 추구하는 과정에서 권위(주의)적 국가에 의해 동원·지시되고, 나아가 훈련받는 것에 익숙해져 갔다(Mobrand, 2019). 겉으로 볼 때 민주적인 대의정치의 정치제도 및 행정기구는 그것이 일상적으로 작동하는 과정에서는 일종의 '국가투사적 정치(state-projective politics)'가 지배했다. 나아가 1960년대 초에서 1980년대 중반까지 군부의 국가권력 독점하에서 정치의 국가투사성은 일상적 수준에서까지 완전히 정당화되었다. 대의민주제의 핵심 정치제도로서의 의회는 선거 때를 제외하면 보통 한가롭고 조용했지만(혹은 그렇게 강요되었지만), 권위주의 반공 군사정권은 스스로를 이념적으로 투사하고 국가 중심적 정치·정책 의제를 강요하고 정당화시키기 위해 사회의 각 영역으로 깊숙이 침투해 들어갔다.[3]

구체적으로, 박정희 중심의 군부세력이 국가권력을 장기 독점하면서 내세운 (국가자본주의적) 경제발전과 (반공주의적) 국가안보라는 상호 연계된 두 가지 핵심적 국가 의제는 시민들의 대중적 이해와 욕구를 일상적·만성적으로 억누르면서 총체적이고 권위적인 국정 방식을 충분히 정당화시키는 것으로 여겨졌다. 이러한 일종의 "초(超)의제(meta-agenda)"들에는 국제 정치·군사적 맥락에서 일종의 "실존적 우선성(existential priority)"이 부여되었다(Chang, 2022b, Ch. 1, Ch. 4). 국가 간의 무장(武裝)적 방어와 갈등을 관리하고 책임지는 군부에게는 부국강병(富國强兵) 이념이 한국의 (민족적) 국가주의 차원에서 시민사회를 넘어서는 신성한 원리로 간주되었다.

국가발전과 안보에 대한 한국 군부정권의 그러한 입장은 다른 탈식민국가들이나 자유주의 서방에 의해 직접적으로 비난받거나 부정되지 않았다. 사실, 미국은 일부 사회과학을 이런 방향으로

3 다음 절에서 자세히 설명하겠지만, 이 과정은 광범위한 정치적 야심을 가진 법조, 언론, 심지어 학계 협력자들에 의해 전략적으로 보조·지원되었다.

확립하고 발전시키려고 노력했는데, 예컨대 개발경제학(development economics), 국제정치학(international politics) 등이 이러한 맥락에서 꾸준히 성장했다.[4] 그러한 배경을 가진 서구의 학술지식 부문에서 제시된 숱한 이론, 개념, 방법, 정책들은 한국 등에서 국가투사적 정치를 실행함에 있어 매우 적극적이고 편리하게 수용되었다.[5](이러한 국가주의 사회과학이 최근의 신자유주의 내지 세계화 시대에 갑자기 인기가 시들거나 천대받게 된 것은 결코 놀랄 일이 아니다.)

1990년대 초반 이후 정치에서 군부가 공식 퇴장했음에도 불구하고 이러한 상황은 근본적으로 바뀌지 않았는데, 이는 특히 김영삼의 자칭 '문민정부'가 수년간의 무모한 국가주의 경제팽창 드라이브를 통해 한국을 갑작스러운 국가적 금융위기로 몰아넣은 사건을 통해 극적으로 드러났다(Chang, 2019, Ch.4). 또한 집권한 모든 민주(당) 정권은 국가안보 차원에서 보수 정치세력에 결코 뒤지지 않는다는 점을 증명·선전하려 노력해 왔다. 경제발전과 군사안보는 반박하기 어려운 국가(주의)적 과제였지만, 실제 수행에 있어서는 그다지 사회적으로 통합적이지 못했다. 사실, 반사회적인 권위주의 군사국가는 특정 계급, 세대, 지역 등이 갈수록 배타성이 커지는 국가 개발·안보 정치의 핵심 기반이 되어 국가에 대한 일종의 '정치적 고객(political client)' 의식을 내면화함으로써 국가주의 통치를 영구히 지지할 수 있도록 사회를 정치적으로 재조직화해 나갔다. 이러한 장기간의 군부통치는 21세기 들어서까지도 복잡한 사회·정치적 후유증을 남겼

4 다른 한편으로 미국 대학들에서 동아시아 출신 유학생들과 연수생들의 적극적 수용이 이루어졌고, 국무부 지원하에 하와이주 호놀룰루 소재 이스트웨스트센터(East-West Center)는 이른바 자유세계의 정책 어젠다들에 대한 협의를 진행했다.

5 서울대학교의 경우, 경제학과 외에 무역학과, 정치학과 외에 외교학과를 설치하여 이러한 목표들을 더욱 적극적으로 추진하고자 노력했으며, 이들 분야를 포함해 사회과학 분야 서울대학교 교수들의 고위 정치·행정직 진출이 빈번했다.

는데, 특히 시민사회는 지역갈등과 이념대립에 의해 경직되고 심각하게 분열되며 변질되었다.

전국적·지방적 수준에서 의회 및 정부(대통령·자치단체장) 선거의 결과는 흔히 유권자들의 출신 지역과 (이념적 차이를 결정적으로 반영하는) 세대에 의해 결정되어 왔다. 어떤 의미에서는 두 지배적 주류 정당(넓은 의미로 군부독재를 계승해 온 세력과 이에 반대·저항해 온 세력)은 모두 그러한 정치 현실의 수혜자라고 볼 수 있는데, 이는 그들이 공식 정치 영역에서 공유해 온 지배력이 국가에 의해 사회·정치적으로 분할된 사회와 인구에 의해 지탱되어 왔기 때문이다(Chang, 2022b, Ch. 3; 본 서 제5장 참조). 이 두 정당은 비록 명칭과 지도자가 지속적으로 바뀌어 왔지만, 각각의 지배적인 지역과 세대에서 승자독식을 지속할 수 있는 정치(선거)체제를 유지하기 위해 실질적으로 협력해 왔다고 볼 수 있다.[6] 요컨대 '분할통치(divide-and-rule)' 정치질서는 군부의 국가주의 독재의 정치적 계승 세력과 그에 대한 대항 세력 사이에서 담합적으로 유지되어 왔다. 국가에 의해 매개된 한국인들의 지역 및 세대 간 이질감과 적대감은 민주주의가 진정으로 사회에 대한 대표성을 확립하기 전까지는 극복되기 어려울 것이다. 문제는 민주주의의 그러한 사회적 대표성 확립에 가장 큰 장애로 작용하는 주체가 공식적 민주제 절차를 통해 정치 권력을 분할 점유하고 있는 주류 정당들이라는 일종의 진퇴양난적 현실이다.

---

6 경제에서 재벌 조직의 총수(가족)가 이른바 계열사들에 대해 법적 소유지분을 훨씬 넘어서는 경영상 지배력을 행사하는 정도를 '기업지배승수'라고 부르는데, 정치에서는 양대 주류 정당이 (지역 분할·대립적 선거경쟁 등에 기초해) 합리적 차원의 사회적 대표성을 훨씬 넘어서는 정치(선거)적 지배력을 행사하기 때문에 이를 일종의 '정치지배승수'로 상정할 수 있다. 특히 이는 지역대립적 한국인들의 '정치적 시민권(political citizenship)'이 근본적으로 왜곡·제약되어 있음을 의미한다.

4. 국가투사주의 정치와 사회제도 기능의 일상화된 혼용

국가투사(주의)적 정치는 일련의 사회제도들에 대해 기능적 왜곡·전환·대체를 요구했고 또 귀결시켰다. 무엇보다도 대통령의 지상권력에 대한 거의 배타적인 종속과 복종 상태에 있는 정부가 실제로는 입법 과정까지 독점함으로써 의회와 정당들은 유의미한 정치적 효능이 결여된 채 운영되어 왔다.[7] 공식적 법률입안자들의 공적 서비스가 정부 부처들이 준비해서 넘긴 법률들을 자동으로 통과시키는 데 머무는 상황에서, 국가 의제의 설정과 결정은 (위로부터의) 기술관료적 방식으로 이루어졌으며, 이는 일반 시민들 및 사회공동체들과의 정치적 대화와 협력을 대신하게 되었다. 이런 양태의 국정은 의회 구성을 위한 총선거가 야당(들)의 승리로 끝나 이른바 여소야대 상황이 되면 실행이 어려워진다. 이러한 상황에서는 청와대 주도로 야당 정치인(국회의원 당선자)들 또는 야당(들) 자체를 포섭하거나 위협해 의원 개인이 소속 정당을 바꾸도록 하거나 아예 (흔히 '정개개편'으로 명명되는) 정당 간 통합을 밀어붙여 의회에서 다수 세력의 지위를 (재)확립함으로써 기술관료적 하향식 통치를 지속해 나갔다.[8]

의회 권능의 만성적인 무력화와 대리행사는 야당과 야권 정치인들의 반발뿐 아니라 수많은 의식 있는 시민들과 지식인들의 비판과 저항을 초래했다. 후자의 경우, 국가 활동에 사회의 자기대표성을

---

7 제5장에서 설명하겠지만, 주류 (양대) 정당들이 담합적 정치경쟁(선거) 구도에 기초해 과거 민주노동당의 유의미한 정치적 세력화를 번번이 좌절시키는 등 정당정치와 의회를 배타적으로 장악하고 다양한 사회적 가치와 요구의 대안(정당)적 표출을 가로막아 왔다는 사실을 감안하면, 대통령 권력을 중심으로 한 이러한 실질적 행정독재의 지속은 매우 역설적이다.

8 노태우 집권기에, 노태우·김영삼·김종필의 전략적 결탁으로 이루어진 이른바 '3당 합당'으로 민주자유당이 출범했던 것이 대표적 사례이다.

강화시키는 (대체적이지는 않더라도) 보완적인 정치적 도구로서 다양한 사회운동과 시민단체(NGOs)를 조직·운용해 왔다. 참여연대나 경실련 같은 일종의 '종합적 시민단체들(comprehensive NGOs)'의 높은 사회·정치적 인지도와 영향력은 이러한 정치적 맥락과 문화에서 이해할 수 있다(신율, 2001). 이 같은 시민단체들은 '다부문적 구조'와 '다기능적 활동성'에 기초해 의회와 공식 정당들이 국가의 공적 서비스에 시민, 계급, 사회공동체 등을 유의미하게 대변하지 못하는 현실을 결정적으로 보완해 왔다.[9] 관련한 현상으로, 각종 언론은 이 시민단체들이 마치 강한 영향력의 '준(準)정당'인 것처럼 다루어 왔는데, 이러한 경향은 특히 뉴스 보도에 일반 시민들의 정치적 의견, 감정, 이해 등이 중요하게 관찰·반영되어야 할 때 두드러진다(한미정, 2009). 일반 공중의 대다수는 종합적 시민단체들에 대한 개인적 지지 여부를 떠나 뉴스 매체에 관행적으로 자신들이 이런 식으로 대표되는 것을 명시적으로 반대하지 않는다.[10]

다른 한편, 여러 신문과 방송은 거의 모든 종류와 영역의 뉴스를 강한 정치적·이념적 입장에 입각해 보도함으로써 스스로를 '효과성에 있어서의 정당(in-effect political party)'으로 자임해 왔다(박승관·장경섭, 2001). 이들 언론은 심지어 뉴스 보도의 많은 부분을 국가와 여타 공적 기구들에 대해 특정한 정책과 활동을 제안·요구하는 데 할애해 왔다. 이들 매체는 스스로의 공적 입장과 이념 노선

---

9 그렇지만, 이러한 시민단체들의 활동이 과도한 학자(교수)·지식인 중심성으로 인해 '시민 없는 시민운동'으로 비판받기도 한다. 실제 이 단체(운동)들의 의제 설정 등에 있어 진보성 여부를 떠나 광범위한 '서구준거성(West-reflexive nature)'이 드러나는데, 이는 한편으로 민중(사회)적 대표성의 부족을 현실적으로 드러내는 동시에 기능적으로 보완한다고 볼 수 있다.

10 사회와 국가의 주요 기관들에 대한 신뢰도 조사에서, 대체로 주요 시민단체들이 여타 기관들에 비해 뚜렷이 높은 시민적 신뢰도를 나타낸다. 이러한 여론과 추세는 일부 정치세력들이 의사(擬似) 시민단체들을 조직하거나 스스로 시민단체 형식의 활동을 통해 정치적 목적을 추구하는 경향으로 이어져 왔다.

에 대한 공식적 표명으로서 정치적 제안성이 강한 특집물들을 빈번히 내보낸다. 이런 식으로 한국 저널리즘은 매체로서의 '정의된 기능(definitional function)'을 근본적으로 변형시켜 왔다. 관련하여, 신문과 방송이 종합적 시민단체들의 관점, 주장, 비판 등을 너그러울 정도로 빈번하고 자세히 보도해 온 것은 그들 자신의 정치적 동기를 반영하는 측면도 있다. 다른 한편으로, 김대중과 노무현의 대통령직 당선이라는 민주적(?) 정치세력의 집권을 전후해 일부 보수 신문들이 여러 직간접적 수단을 동원해 약화된 보수 정치세력을 기능적으로 지원·대체하는 행태를 공공연하게 보여 왔다.[11]

시민단체(운동)와 언론이 이처럼 독특한 정치적 효과나 개입을 지속하면서, 선거를 앞두고 주요 정당들에서 대중에 잘 알려진 시민운동가들과 유착 언론인들을 적극 영입해 온 것은 전혀 놀랍지 않다. 이렇게 영입된 인물들 중 다수가 공식 정치에서 두드러진 활약상을 보이기도 했지만, 국가투사(주의)적 정치를 바로잡는 데 결정적 공헌을 한 경우는 찾기 힘들다.[12] 오히려, 많은 시민운동가들과 언론인들의 거의 관행화된 (정치 영역으로의) 경력 이동이 시민운동과 언론에 미칠 수 있는 부작용에 대해 학계는 물론이고 동료 시민활동가들과 언론인들은 깊은 우려를 표하고 있다(김동노, 2013).

기회주의적 정치 경력은 (비록 훨씬 개별화된 노력을 통하는 것이지만) 여타의 다양한 전문직, 학자, 사법·물리적 통제기구 공직자 등에 의해서도 추구되었다. 사회과학을 중심으로 한 학자들의 정치적·행

---

11 노무현은 임기 후반부에 들어 거의 일상적으로 이러한 보수 신문들과의 (논쟁이라기보다는) 언쟁을 이어감으로써 결과적으로 이들의 실제적 '정치제도화'를 촉진시켰다.

12 특히 문재인 정부 시기에 사회적 명망, 나아가 국제적 인지도를 갖춘 여러 시민운동가들이 정부 핵심 요직에 등용되거나 주요 지방자치단체장으로 활동했는데, 여러 정책·민생적 기여에도 불구하고 국가투사주의 정치문화(질서)에 대한 개혁 효과는 매우 제한적이었다.

정적 효용은, 한국이 가능한 최단 시일에 '선진국' 반열에 오르기 위한 산업화와 근대화라는 대명제하에서 전개된 국가투사(주의)적 정치의 서구 지향(모방)성에서 체계적으로 도출된다(Chang, 2022a). 국가투사주의 정치는 흔히 국가가 사회(시민)에 대해 전방위적인 서구 모방적 국가발전 경로를 설득·강요하는 것으로 실행되어 왔다. 이와 관련해, 서구에서 훈련된 학자들은 교육기관에서뿐 아니라 특별히 영입된 정치·행정 직능에서 일종의 '초국적 지식 매체(transnational medium of knowledge)'로서 인식되고 활용되었다.[13] 이런 맥락에서 보면, 숱한 학자들의 권위 있는 정치·행정직 진출이나 이에 대한 희구는 (심지어 스스로의 창의적이고 혁신적인 정책의제가 결여된 경우라도) 반드시 비난거리로 볼 수 없었다.[14] 그러나 너무 많은 학자들이 대학과 정치권 사이에서 실제 '투잡족'이 되어 연구와 교육에서의 본원적 의무를 소홀히 하게 되자, 비판적 언론과 학생들에 의해 '폴리페서(polifessor)'라는 비아냥거림의 대상이 되기도 했다. 나아가 개인의 정치적 위상이나 이용 가치를 강화하기 위한 잦은 방송매체 노출은 이들에 대해 '텔레페서(telefessor)'라는 비난어를 만들어 냈다.

한편, 검사를 비롯해 각종 수사·감찰 기능을 담당한 관리들의 정치권 진입 역시 오랜 역사를 지닌다. 박정희의 장기독재 후반부에 접어들며 (지식인, 노동자, 야당 정치인 등의 저항이 급속히 확산되고 강화되자) 국가의 물리적 통제(억압)기구 요인들의 충성심과 잔혹성에 대한 의존도가 갈수록 높아졌다. 이러한 상황은 검사, 경찰, 정보기관원, 군인, 심지어 대통령 경호요원으로서 이른바 '공안(公安)'을 책임진 여러 기민한 인물들에게 정치 경력의 기회를 급속히 증가시켰다. 사

---

13 이런 맥락에서 서구 대학 유학생 출신 학자들의 대학과 사회에서의 득세에 관해 김종영(2015) 참조.

14 다만 이들이 경쟁 정당·정파의 정치적 공격 대상이 되는 것은 여느 정치인들과 마찬가지였다.

실, 그들의 정치 경력은 정당이나 다른 행정부서로의 이동을 반드시 필요로 하지 않았는데, 이는 이미 그들에게 독재 국가권력의 핵심적 부분이 부여되어 있었기 때문이다(핵심적 정부·군 정보기구의 관리들에게는 심지어 사법권까지 주어진 상태였다). 이런 측면에서, 언론은 이들을 '권력기관'으로 통칭하기도 했다.[15] 나아가 법원 및 법관의 자율성과 권위에 대한 청와대의 빈번한 침해 및 압박과 맞물려 이들 집단의 사법적·정치적 권력은 절대화되었다. 박정희의 딸 박근혜의 집권기에도 매우 유사한 방식의 통치가 이루어졌는데, 대통령으로서 그의 권한은 실질적으로 소수의 전현직 '공안검사'들에 의해 전횡적으로 행사되었다.[16] 박근혜는 심지어 전직 검사들이 당시 집권 보수 정당이던 자유한국당의 요직들을 독차지하도록 만들었다.[17] 적어도 형식적 차원에서는 이러한 각종 수사·감찰 기능을 수행하는 관리들에게 요구되는 사회적·정치적 중립성은 (본래 사회를 대표해야 하는) 민주제 정치인으로서의 자격과 이론적 모순을 갖지만, 실질적으로는 그들에게 부여된 권력의 핵심 원천인 청와대 권력에 대해서만 책임지고 복종하면 되는 현실에서는 매우 편리한 측면이 있었다.[18] 그들의 국가

---

15 여기에는 심지어 국가 세무기구까지 포함되었으며 실제 국세청장직은 그 자체가 정치적 출세였고, 또 이후에 의회·정당 정치에 진출하는 발판이 되기도 했다.

16 청와대 비서실장 김기춘, 민정수석 우병우, 법부무장관·국무총리 황교안이 모두 공안검사 출신 인물들이었다.

17 대표적 인물이 황교안이었는데, 박근혜 정부의 법무부장관과 국무총리를 거쳐 자유한국당의 대표가 된 것은 공안검사로서의 활약과 충성이 핵심적 기반이었다. 1980년대 후반부터 시작된 군부의 정치적 퇴장 이후, 이른바 주요 보수 정당(들)의 인적 충원에 있어 보수 언론인들과 공안검사들이 큰 비중을 차지했는데, 이는 서구 민주주의 사회들에서는 찾아보기가 거의 불가능한 현상이다. 이런 현상은 단순히 정치질서의 변질로서 탄식거리로 삼기보다는 그 구조적 맥락과 원인을 체계적으로 파악하려는 노력이 필요하다.

18 수사·감독·사찰 기능을 맡은 이른바 '권력기관'들이 각 행정부처별로 전담 인원을 두거나 직접 파견하는 관행에 대해서 '관선기자'라는 (비속적) 용어가 사용되기도 했다. 기자들의 입장에서 보면 이렇게 파견되거나 사찰 업무 중인 경찰, 검사, 정보원들이 자신들과 비슷한 양태의 활동을 하는 것으로 비치고, 결국 청와대

투사주의 정치에 대한 최소 자격요건은 (자본주의적) 국가발전과 (반공주의) 국가안보라는 우익 국가의 지상 과제들을 충실하게 인식·지향하면 되는 것이었는데, 이는 역설적으로 '법의 지배(the rule of law)' 혹은 '법 앞에서의 만인의 평등'이라는 법치의 제도·철학적 기본원칙에 대한 만성적 훼손과 묵살을 수반했다.

국가투사주의 정치하에서 의회(정당)는 물론, 행정, 사법, 심지어 언론, 학계에 이르기까지 정치적 오염과 기능적 왜곡이 확산되고 관행화되는 우려스러운 상황에서, 관련 전문직들(professions)의 여러 일반 구성원들이 스스로를 조직화해서 진정으로 시민사회와 일반 시민들에 대한 대변과 봉사 기능을 충실하게 수행할 수 있는 대안적 혹은 '민주적' 전문직 조직(협회)들을 확립·운용해 왔다. 예컨대, 민변(민주사회를 위한 변호사모임), 민교협(민주평등사회를 위한 전국 교수연구자협의회), 전교조(전국교직원노동조합), 민언련(민주언론시민연합) 등이 있는데, 이러한 조직들은 대체로 민주주의의 정치적 정상화를 지향하며 이를 위한 시민사회 및 각 전문직의 자유주의적 기초를 강화시키는 데 주력해 왔다(Chang, 2025, Ch.1).[19]

가 언론사 최고 본부가 되는 셈이다. 『한국일보』 2001년 1월 25일 자에 실린 "관선기자(官選記者)들" 제하의 칼럼에서는 이른바 '관선기자'로 불린 정보기관 소속 정보요원들의 활동 양상을 확인할 수 있다. 즉 당시 검찰청에는 언론사 출입기자 외에, 안기부(국정원), 경찰, 보안사(기무사) 등에서 파견된 정보요원들이 상시적으로 출입하며 각 정보기관의 공보 담당자로 행세했으나, 실제로는 언론사의 기사 내용과 간부 동향을 감시하거나, 불리한 기사에 대해 사전 로비를 벌이는 등 언론 통제 내지 간섭에 가까운 활동을 했다. 이들은 기사를 빼달라는 요청을 하거나, 타 정부 부처를 비판하는 기사에 사전 개입하려 했으며, 언론사 경영진의 내부 사정까지 파악하는 데 관심을 가졌다. 칼럼에서는 이러한 정보기관 요원들의 활동이 국가정보원법이나 경찰관직무집행법 등 관련 법률에 규정된 정보 수집·분석 업무와는 명백히 괴리가 있다고 비판한다.

19 민주노총, 전교조 등은 국가조합주의 정치의 사회 동원·통제 도구인 한국노총, 교총에 대한 대안으로 형성되었다고 볼 수 있다. 국가투사주의 정치는 일상적 차원에서 국가조합주의적 사회 동원·통제를 필요로 했는데, 이는 아울러 제도 민주주의의 사회적 대표성을 사전에 허무는 효과를 가졌다.

5. 박정희 향수: 국가주의 개발시민의 정치적 자기투사

장구하고 반복적인 국가투사(주의)적 정치는 지배 엘리트들로 하여금 그러한 '몰자유주의적 질서(illiberal rule)'에 대한 공중의 해석과 평가를 조작하고 왜곡시키도록 이끌었다. 결정적 사례로서, 박근혜 정부는 각급 공교육 과정의 역사 교과서 내용에 대한 직접적 통제를 시도했는데, 이는 박정희 독재 시대에 실행되었던 것과 본질적으로는 같은 것이었다(이신철, 2006). 이러한 시도는 당시 정권에 우호적이었던 일련의 학자들에 의해 마련된 역사 교과서 초안들이 박근혜와 박정희의 통치를 미화하는 수준을 넘어, 심지어 일제 식민통치까지 포함해 현대사의 모든 권위적 국가주의 정권들을 정당화하는 등 심각한 왜곡과 비틀림 속에서 추진되었다. 공교육 교과서 내용, 특히 역사에 대한 국가의 통제는 국가투사주의 정치를 극명히 드러냈다. 하지만 박근혜 정부 시기는 박정희 집권기와 달리 월등히 높은 수준의 교육을 받은 시민들이 다수를 차지하고 있었고, 이들은 자녀가 왜곡되거나 편향된 역사를 학습하게 될 가능성을 결코 받아들이지 않았다. 그 결과, 국정교과서 사태는 오히려 박근혜 정부의 사회·정치적 기반을 결정적으로 약화시키는 계기가 되었다.

지식에 대한 시민들의 접근성, 나아가 지식 자체에 대한 국가적 통제 시도는 역사 교과서 문제에 국한되지 않았다. 1960년대 초반에서 1980년대 중반까지 (더러는 1990년대 초반까지) 뉴스는 물론 도서, 영화, 가요 등에 가해진 공식·비공식 검열과 압력은 극히 광범위하고 빈번했다(박소현, 2023). 특히 '자유민주주의'와 자본주의의 배타적 정당성과 효용을 부정하거나, (마르크시즘과 좌파 민족주의를 중심으로 한) '적'(북한)의 사상과 체제를 옹호한다고 의심받은 사회과학 및 인문학 분야의 도서들에 대해서는 집필은 물론 읽는 행위 자체가 금지되었고, 국가보안법을 동원한 처벌이 빈번하게 이루어졌다. 더욱이 대다수가 기본적으로 학술 활동의 결과인 해당 도서들에 대한 이러한 일방적인 정치·이념적 규정(낙인)은 내용상 매우 피상적이거나 허구적인 경우가 허다했다. 심지어 21세기 들어서까지도, 군부정치 시대에 대한 조직화된 이념적 동조하에 있는 공공 영역(군대, 경찰, 형무소 등)들은 그 구성원들이나 수용자들에 대해 자의적으로 분류된 금서(禁書) 목록을 강제하는 내부적 규정이나 정책들을 유지하고 있다(『한겨레』, 2019.11.11).

부정할 수 없는 사실은, 이상에서 설명한 것과 같은 심각한 사회·정치적 부작용들에도 불구하고 대다수 한국인들은 (다른 많은 나라들에서 실패한) 국가적 '경제 기적'과 장기간의 물리(군사)적 안전(안보)에 의거해 20세기 후반 현대사의 주요한 수혜자가 될 수 있었다는 것이다. 이러한 인식은 1990년대 말에 갑자기 닥친 국가의 총체적 금융위기에 수반되어 확산된 이른바 '박정희 향수'를 통해 결정적으로 표출되었다. 그러나 경제위기로 단행된 한국 경제의 급진적인 '신자유주의 구조개혁(neoliberal restructuring)', 특히 공격적이고 무제한적인 생산 기반의 해외 이전 및 국내 노동시장의 총체적 구조조정과 유연화는 한국을 단숨에 일종의 '탈개발시대(post-developmental era)'로 이행시켰다.[20]

범사회적 박정희 향수의 수혜자로서 (이명박에 이어) 대통령직에 오른 박근혜는 부친이 활용했던 국가적 통제 기능직들, 예컨대 이른바 공안검사, 경찰, (법제상 유효했으나 기능상 변칙적인) 정보기관, 나아가 군부에 의존하며 자신의 권력을 유지하려 했다.[21] 심지어 집권 여

---

20 이러한 추세에 대해 김대중 정부의 경제위기 관리 정책의 기조를 일정 부분 계승한 노무현은 "권력은 시장으로 넘어간 것 같다"라는 발언을 남겼다(『한겨레』, 2005.5.16).

21 이에 대한 시민적 거부·저항감 속에 박근혜의 대통령직으로부터의 탄핵 직후, 공안검사 출신 권력실세 김기춘, 우병우 등에 대한 사법적 처벌이 이루어졌다.

당 내에서도 이러한 국가의 물리적 통제기구 출신의 정치적 야심가들과 기회주의자들이 득세했다. 그 결과, 주류 '보수 정당'은 어떤 분명하고 일관된 사회·경제적 보수 이념에 의해 운용되기보다는 국가 권력을 독점하고자 하는 배타적인 정치적 주구(走狗)들의 강박적 욕구에 휘둘리는 상태에 빠졌다. 이런 식으로 대한민국은 새로운 단계의 '공안통치' 국가로 변질되어 갔고, '검찰권력'과의 갈등과 투쟁이 거의 정치적 정체성처럼 되어 버린 (노무현 정부 이후) 민주당 주류세력의 검찰개혁 의지는 더욱 확고해졌다.

국가투사(주의)적 독재정치의 궁극적 유산으로서 일종의 '빈 깡통 보수주의'로 인해 주권자로서의 일반 시민들과 통상적(혹은 자기 인식적) 보수 정치인들은 동시에 정치적 미궁에 빠지게 되었다. 특히 대통령 박근혜의 일상적 국정 '부재(absenteeism)'는 국가투사주의 정치체제에서 정치의 만성적 실종 상태로 이어졌으나, 얼마 가지 않아 세월호 참사, 최순실 사태 등이 벌어지면서 그의 의문투성이 개인 행태가 국가적 스캔들로 비화해 국내는 물론 국제사회에서도 광범위한 주목과 비판을 불러일으켰다. 역설적으로, 박정희 향수는 이러한 보수 정당정치의 내용적 공백을 국가주의 '개발시민(developmental citizen)'들의 '정치적 자기투사(political self-projection)' 욕구와 시도로 어느 정도 메운 것인데, 이명박 및 박근혜의 실정과 부패는 그것조차도 정치적 유효성을 근본적으로 훼손시켰다.

그럼에도 불구하고 2022년 대통령 선거전에서 박정희 향수의 정치적 유효기간 단축에 대해 (개발)시민들보다는 주류(?) 정치인들이 더 큰 아쉬움을 나타냈다. 민주당 세력의 '자기민원적 검찰개혁'에 수반된 '윤석열 현상'이 2022년 대통령 선거전의 동력이 되었고, 이것이 지역대립적 유권자들의 정서나 감정에 결합해 역사상 정치적 성격이 가장 모호한 대선 정국을 거치며 전직 검사를 넘어 '극단적 검찰주의자'인 인물의 집권으로 귀결되었다. 국가투사주의 정치체제에서 정당·정파적 차원의 정치적 투사 내용(substance of political projection)이 너무나 부실하고 불분명한 상태에서, 즉 이제는 '위로부터의 투사성'도 '아래에 대한 대표성'도 실종된 상태에서 집권자나 정치적 경쟁자들의 개별적 특수성이나 문제점들에 대한 논란과 공격이 정치를 대신하고 있다. 바로 이런 맥락에서 박정희에 이어 전두환까지 '개발 치적'이 두 주류 정파로부터 경쟁적으로 인정받기에 이르렀다.

보론: 기술관료 지배와 민주주의

1) 한국판 노멘클라투라

구소련과 동유럽 국가들에서 사회주의 체제가 집단적으로 몰락한 결정적 원인으로 사회주의적 지배계급이라고 할 수 있는 노멘클라투라(nomenklatura) 문제가 지적된다. 당(공산당)과 국가의 간부층 및 이에 유착된 전문가 집단으로 구성된 이 집단은 무계급사회를 지향하는 사회주의 체제 내부에서 정치권력과 경제자원을 독점함으로써 실질적인 지배계급으로 군림했다. 복잡한 정치·행정적 절차를 거쳐 지배력을 공고히 한 이들은 극도의 폐쇄성과 결속성을 바탕으로 인민들로부터 사회주의 체제의 주권을 몰수해 자기중심적인 체제를 만들어 나갔다. 정치적 경쟁세력도 이념적 대안도 존재하지 않으며 극도의 지령식 관료주의 체제에 의해 기계처럼 움직여 나가는 이 사회에서 체제의 문제점들에 대한 과학적 비판도, 지도층의 부정부패에 대한 도덕적 비판도 허용되지 않았다. 정책 실패와 부정부패를 체계적으로 제어하고 조정할 수 있는 장치가 없는 상황에서 사회주의 체제는 갖가지 문제점이 누적되어 결국 체제 붕괴의 파국을 맞고 말았다.

사회주의권은 아니지만 군부 권위주의 정권하에서 관료 중심의 경제발전을 추진했던 여러 나라들에서도 비슷한 현상이 나타났다. 사회주의 이념 대신에 개발이데올로기가 독점적 이념으로서 제시되고 정치적 경쟁세력과 사회적 비판세력이 용인될 수 없는 독재정치체제가 자리 잡은 가운데 일종의 '개발노멘클라투라' 세력이 대두되었다. 이러한 현상의 특히 두드러진 예가 박정희 시대의 한국이다. 박정희라는 대중적이면서도 권위적인 독재권력자의 정치적 우산 아래에서 한국의 관료조직은 이른바 국가주도적 경제발전을 추진해 나갔으며, 이 과정에서 기업과 시민은 관료들의 거의 절대적인 권위에 순응하며 지냈다. 극도의 반공주의로 이념적 다양성이 용인되지 않는 상황 때문에 이념정당 간의 경쟁이 전제되어야 할 의회정치는 실종되었고 집권여당조차도 행정권력의 들러리 역할에 만족해야 했다. 한국에서 현대적 국가관료제는 원래 일제강점기 총독부 식민관료제에 조직적 기원을 두었으며, 미군정기와 한국전쟁, 이승만 시대를 거치면서 혼돈과 부침에도 불구하고 민간에 대한 우월적이고 고압적인 행태를 유지해 나갔고, 이후 박정희라는 카리스마적 개발지도자를 만나면서 개발관료체제의 형태로 안정화되었다.

박정희 시대가 끝나고 전두환 시대에 일시적으로 군사권위주의가 연장된 후 1980년대 후반부터 본격적 민주화 시대가 도래하자 관료조직의 입지에는 중요한 변화들이 생겨났다. 정상적 민주 절차를 거쳐 선출된 대통령들은 정치적 경쟁세력의 공격과 사회적 비판집단의 압력에 민감할 수밖에 없었으며, 따라서 휘하의 관료조직을 무조건적으로 보호할 수 없었다. 그러나 민주화에도 불구하고 정상적인 의회정치는 복원되지 못했으며 정당의 기능은 선거를 치르기 위한 정치적 도구의 범위를 넘어서지 못했다. 그 결과 국정은 다시 관료조직에 전적으로 의존해 운영되는 구조로 회귀했으며, 관료들은 약화된 정치적 보호막을 보완하기 위해 직접적으로 여러 사회·경제집단을 관리해 나갔다. 관료들은 특히 국가의 재정 수단을 무기로 권위주의 정치권력의 공백을 메워 나갔는데, 이 과정에서 국가예산의 엄청난 낭비와 오용이 초래되었고, 이러한 추세는 정치세력의 이해관계와 맞물려 더욱 심화되었다.

20세기 전체를 아우르는 관료 독주의 역사는 우여곡절 끝에 민주화 시대로까지 이어졌다. 특히 수십여 년간 지속된 개발관료주의는 정·관계뿐 아니라 각종 관변조직, 공기업, 금융계, 재계에 이르기까지 광범위한 관료 인맥을 형성시켜 놓았으며, 이들의 폐쇄성과 결속성은 한국을 움직이는 가장 중요한 힘이 되었다. 현직 관료집단과 이들을 에워싸고 있는 관료 인맥은 그 자체로 거대한 지배적 이익계급을 형성하고 있으며, 이러한 구조는 정부 기능의 왜곡뿐 아니라 경제 및 사회 질서의 교란을 초래해 국가발전에 결정적 장애가 되어 왔다. 따라서 관료개혁은 국가행정을 투명하고 효율적으로 만들기 위해서도 필요하지만 경제와 사회의 건전하고 안정된 발전 기반을 다지기 위해서도 필수적이다.

2) 관료전제체제의 비용

관료조직에 전적으로 의존하는 국정체제와 관료들의 지배계급적 이해관계는 다음과 같은 중차대한 문제들을 야기한다. 먼저, 관료 위주의 국정이 치러야 할 사후적 정치비용이 엄청나게 불어나고 있다. 관료조직이 과거 군사정권기에 비해 정치권, 시민사회, 이해집단의 압력에 취약해진 것이 사실이다. 민간 출신의 대통령은 관료조직에 대한 정치·사회적 비판과 저항을 강압적으로 억누르기 어렵게 되었다. 그럼에도 불구하고 국정 사안의 설정, 입안, 집행 과정에 있어 관료조직의 독주는 여전하며 행정수반으로서의 지위에 연연하는 대통령은 의회와 정당의 중심적 역할을 충분히 인정하지 않고 있다. 그래서 각종 개혁과제들은 개방적 정치가 생략된 밀실 행정의 방식으로 추진되기 일쑤였다. 일방적 선언과 강제에 기반한 개혁은 개혁 대상뿐 아니라 잠재적 개혁 수혜집단의 반발까지 초래한다. 개혁에 대한 정치·사회적 비판과 저항을 개혁주체가 되지 못하는 정당과 의회가 다스릴 수 없는 상황에서, 이를 관료들이 임기응변으로 수습하려다 보니 개혁의 본질을 송두리째 파괴하는 결과가 나타난다. 이 문제는 특히 반복된 의료개혁에서 심각하게 대두되었으며, 교육개혁 과정에서도 비슷한 문제가 반복적으로 나타났다.

관료적 통제구조 강화로 인한 전문적 성찰 체계의 와해 문제도 심각하다. 한국 사회 전반의 고학력화 추세는 관료조직에도 예외가 아니어서 정책관료들의 석박사 학위 취득은 일반적인 현상이 되었다. 학위 취득뿐 아니라 국내외 연수 등을 통해 관료들의 전문성이 지속적으로 향상되어 왔다. 그러나 최근 경제·사회적 변화의 폭과 속도는 관료들의 노력만으로는 도저히 감당하기 어려운 복잡한 국정 사안들을 제기하고 있다. 1997년의 외환위기는 새로운 세계경제 환경과 금융개방체제에 대해 한국 관료들의 전문적 대응능력에 어떠한 한계가 있는지를 극명하게 보여 주었다. 이러한 맥락에서 각종 국정 사안들에 대해 외부 전문가 집단의 연구와 자문 기능을 강화하고 나아가 전문성을 요하는 일부 공직에 민간 전문가의 개방임용을 추진하는 등 개혁조치가 병행되어 왔다. 그러나 이를 통해 임용된 순수 민간 전문가는 희소하고 주로 민간부문 경력을 가진 전직 관료들이 관계로 되돌아오는 통로가 만들어졌다.[22] 정부의 각종 위원회를 구성하는 데 있어서도 대상 전문가의 친정부적 혹은 친관료적 태도

---

22 심지어는 수년 전 정부 경제개혁책의 미진함을 비판하는 용기를 보였던 핵심 국책연구원의 원장직에 전례 없이 관료 출신 전직 장관이 밀고 들어감으로써 관료집단이 전문가로부터 바라는 것은 국정에 대한 비판과 견제가 아니라 사전·사후적 합리화임을 분명히 했다.

를 따지며, 심지어 시국선언 참여와 같이 비판적 지식인으로 활동한 인물들을 블랙리스트에 올려 배제시키는 경우까지 있었다.

성찰의 억압과 정치의 실종은 관료조직의 편견, 무지, 무능에 의한 국정실패와 더불어 관료집단의 부패와 조직이기주의에 의한 국정왜곡을 야기할 수밖에 없다. 관료조직의 무능과 무지에 의한 국정실패의 무수한 사례들은 새삼 적시할 필요조차 없지만 각종 생태·환경 재앙 문제가 대표적이다. 무능과 무지는 그 자체가 문제이지만 저돌적 실적주의와 결합할 때 특히 심각한 결과들을 가져온다. 선진국들에서 수년 또는 수십 년간의 정치적·사회적·학문적 토론과 단계적 실험을 거치는 사안들을 사무관, 서기관의 책상 위에서 즉흥적 발상과 모방에 기초해 입안하여 한건주의로 밀어붙이는 현실이 여전하다. 그런데 과거에는 주로 선진국들의 선례를 모방하는 데 그쳤으나 최근에는 선진국들에서도 검증되지 않았거나 부작용 때문에 포기한 사안들을 밀어붙이는 경우가 늘어나고 있다. 그 내용과 효과가 관료집단의 지적 판단 범위를 훨씬 넘어설 뿐 아니라 갖가지 정치·사회적 부작용이 우려되어 대다수 선진국들이 유보한 전자주민증, 유전자정보은행, 인공지능(AI) 교과서 같은 제도들을 일단 밀어붙이고 보자는 행태는 앞으로 더욱 심해질지 모른다.

관료조직의 편견으로 인한 정책실패는 환경, 복지, 문화, 교육 등 사회정책 분야에서 집중적으로 나타난다. 수십여 년의 개발지상주의 국정에 젖은 대다수 관료들은 사회정책 일반에 대한 무지와 무관심이 심각하며 사회정책을 책임진 관료들조차도 이를 경제발전에 예속시켜 다루기가 일쑤이다. 이에 따라 사회정책은 핵심 기조조차 서 있지 못한 상태에서 조령모개(朝令暮改) 식으로 바뀌어 시민들의 혼란과 불안을 가중시키고 있다. 교육제도, 사회보장제도 등에서 이런 문제가 특히 심각하다.

관료집단의 부패에 따른 국정왜곡은 정·관계와의 유착관계를 바탕으로 비정상적 이익을 추구해 온 사업자들이 주도하는 여러 사회·경제 부문에서 특히 심각하다. 이는 재벌과의 정경유착으로 산업정책이 끊임없이 왜곡된 현실을 통해 극명하게 드러나며, 이와 유사하게 비리사학과 교육 관료, 의약계와 보건 관료, 군수업체와 국방 관료 간의 유착 관계는 각각 교육·의료·군수 정책의 왜곡 등으로 나타난다. 최근 수년간은 지방자치제를 틈탄 지역 개발업자와 지자체 관료의 유착 때문에 지역 개발·환경 정책이 심각한 파행을 겪어 왔다. 이러한 문제들에 일선 민원 공무원들에게 만연한 뇌물수수 관행까지 더해져서 한국은 여전히 심각한 수준의 정부 부패를 드러내고 있다.[23]

관료집단의 부패에 의한 국정왜곡이 주로 민간사업자의 비정상적 사익추구에 따른 경제·사회 질서 교란을 정부가 비호하는 내용임에 비해, 관료집단의 조직이기주의에 의한 국정왜곡은 각종 공조직들이 비정상적 사익추구를 위해 경제·사회 질서를 직접적으로 왜곡시키는 것이 특징이다. 공조직의 사익추구 행태는 조직예산의 무조건적 유지를 위한 각종 낭비적 재정지출과 같은 일상적 문제에서부터 조직의 규모와 권력을 확대하기 위한 자의적 정책사업들에 이르기까지 다양하다. 특히 최근에는 거의 진척이 없는 공공부문 구조조정에 대한 국민적 압력이 거세지자 조직 유지를 위해 갖가지 억지 사업들을 벌이고 있다. 특히 건설, 농업 등 경제·사회 환경 변화로 조직위축 위기에 몰린 관료집단들에 의해 목적과 효과가 불분명한 환경파괴적 개발, 매립, 건축, 시설 사업들이 국토 전역에 걸쳐 남발되고 있다.

---

23 여러 국제기구들이나 평가기관들이 조사·발표하는 각종 부패지수, (불)투명성지수 등에서 한국은 여전히 러시아, 중국 등 (구)사회주의 국가들과 아시아, 아프리카, 중남미의 정치교란국들에 이어 상위에 올라 있다.

3) 거꾸로 간 신자유주의

관료 독주와 부패의 부작용은 구사회주의 국가들이나 한국 등 개발독재 국가들에만 국한된 것은 아니어서 세계 각국에서 이 문제에 대한 대응책을 모색해 왔다. 특히 1980년대 이래로 집권우파에 의한 이른바 신자유주의 개혁을 추진한 구미(歐美)와 대양주 나라들은 정부 관료조직의 축소와 재편을 핵심적인 개혁 사안으로 삼고 가히 충격적인 변화들을 실행했다. '작고 효율적인 정부'를 만들기 위한 이러한 노력은 정치적 논란과 저항에도 불구하고 대세로 자리 잡게 되었으며 심지어 권력을 재탈환한 좌파정권들에 의해서도 그 기조가 계승되었다. 신자유주의는 한국에서도 1980년대 후반 이후 국정의 핵심 기조가 되었으며, 적어도 표면적으로는 작고 효율적인 정부를 지향하게 되었다.

한국에서 신자유주의는 지성적 현상으로서는 연륜이 극히 짧다. 사실 자유주의 이념에 대한 깊이 있는 학술적·정치적 토론이 이루어지지 못한 상황에서 신자유주의는 그저 구미에서 들려오는 생경한 이념일 뿐이었다. 그러나 노동시장 유연화, '소비적' 복지 억제, 경쟁적 교육체제 확립, 공기업 민영화와 해외매각, 기업의 소유·경영상 투명성 제고, 금융·자본 시장의 대외개방 등을 내용으로 하는 신자유주의 개혁은 관료집단의 주도로 1980년대 후반부터 꾸준히 추진되어 왔다. 관료집단은 이러한 신자유주의 개혁을 국제 경쟁력 강화의 핵심 조건으로 내세워 개발이데올로기의 퇴색에 따른 자신들의 지위 약화를 극복하려 했다. 신자유주의 개혁의 주체로 재탄생하는 데 성공한 관료집단은 사기업, 공기업, 금융기관, 노동자, 심지어 교육자에 대해 일종의 개혁권위주의를 행사하려 들었다.

정치세력의 선도가 아니라 관료집단의 주도로 추진된 한국의 신자유주의 개혁은 구미 국가들과는 매우 근본적인 차이점 하나를 갖고 있다. 즉 정부 관료조직에 대한 개혁의지는 실종된 채 사기업, 공기업, 금융기관, 노동자, 교육자의 변화 필요성을 내세운 관료들의 권위주의적 통제와 간섭이 오히려 강화된 것이다. 이러한 통제와 간섭을 조직적으로 뒷받침하기 위해 부문에 따라 관료조직이 확대되는 결과마저 나타났다. 물론 '작고 효율적인 정부'라는 선전 구호마저 내팽개칠 수 없기에 전체 공무원 수의 감축에 나섰는데, 이마저도 청소부, 경비원, 운전기사 등의 수를 줄여 놓고 목표 달성을 내세우는 눈가림식이었던 경우가 허다했다.

관료가 주도한 한국식 신자유주의는 구미 신자유주의의 골간인 정부 관료조직 개혁은 생략한 채 추진되었으며, 결과적으로 새로운 국가발전 방식이라기보다는 관료집단의 권력 재생산을 위한 수단으로 변질되었다. 이에 따라, 정부 관료조직의 의미 있는 변화는 찾기 어렵고 나아가 금융·산업·교육 현장에 관치체제가 부분적으로 강화되는 문제마저 나타났다. 시장경쟁 원리를 내세우며 자행되는 관료적 통제와 간섭 아래 금융·산업·교육 주체들은 오히려 자율성을 상실하고, 통제와 간섭의 대가로 각종 행정지원과 보조금을 챙기는 데에나 주력하게 되었다. 이른바 '도덕적 해이(moral hazard)'는 개발시대의 산물 이상으로 관료주의적 신자유주의의 산물로 볼 수 있다. 관료집단은 신자유주의 내부 개혁의 당위성으로 국제 경쟁력 확보를 내세웠지만 막상 이에 맞물린 세계적 개방경제체제에 대한 이해 및 관리 능력을 확보하는 데에는 실패했다. 즉 관료집단에게 자체 조직의 국제 경쟁력 강화는 뒷전이었다.

이러한 관료주의적 신자유주의의 원천적 모순이 그대로 드러난 것이 1997년 말 외환위기 사태이다. 어설픈 관치금융, 무모한 기업 확장 욕구, 생경한 개방금융체제가 맞물려 벌어진 전대미문의 경제위기는 외국의 개혁모형이 특정 집단의 이해관계에 의해 왜곡되어 적용될 때 어떠한 재앙이 닥칠 수 있는지 여실히 보여 주었다. 그런데 경제위기를 극복해 나가는 과정에서 위기의 원인이 된 행태들이 반복되어 갔다. 반드시 신자유주의적 정책이라고는 볼 수 없지만 이른바 '빅딜' 과정에 대우와 같은 재벌이 핵심 주체로 참여했고, 그 결과 산업구조 재편이라는 명분 아래 수십조 원 규모의 금융사기가 발생함으로써, 관치적 산업개혁이 얼마나 왜곡될 수 있는지를 보여주었다. 나아가 부실 기업과 은행에 대한 구조조정 정책이 어느새 일백수십조 원의 공적자금을 동원한 구호 제공 정책으로 변질되었던 것도 관료주의적으로 왜곡된 신자유주의가 결국 관치경제만 강화시킴을 적나라하게 보여 주었다. 금융, 공공부문, 기업, 노동의 이른바 '4대 개혁'이 노동에만 편중하여 진행되었던 것은 결코 우연이 아니었다. 관료 인맥과 공공재정지원을 바탕으로 정부, 은행, 공기업, 민간기업을 아우르며 형성된 관치경제체제를 관료들 스스로가 혁파하는 것은 원천적으로 불가능해 보이기도 한다.

보론: 압축근대성과 언론권력

1) 한국 언론의 권력화

대다수 시민들은 어떤 정파나 정부도 자유로울 수 없는 갖가지 실정과 비민주성에 대해 나름대로 비판의식을 갖고 있지만, 주류 보수 언론사들의 정치적 지배세력화에 대해서 적극 동조하지는 않는다. 대다수 시민의 의견은 민주적 정치질서를 굳건히 하기 위해 국가권력의 질적 변화도 필요하지만 아울러 언론 같은 국가권력의 사회적 감시·견제 장치의 도덕성 재확립과 전문기능 향상이 필수적이라는 것이다. 시민들은 언론에 의한 정치·행정 권력의 비판이 어느 사회에서보다도 절실하지만 동시에 언론 자체를 막대한 비정상적 권력을 행사하는 개혁 대상으로 보고 있다. 민주주의의 심화를 위해 언론을 위시한 감시·견제 장치의 활성화가 요긴하지만, 언론이 현실정치에 깊숙이 개입하여 그 자체로 중요한 정치적 이해관계를 형성함으로써 언론보도가 공정하게 이루어지지 못하고 있다는 평가이다. 또한 자본주의 기업으로서의 언론사가 족벌적 소유·경영의 대상이 되어 사주의 경제적 이익을 부당하게 확대재생산시키는 방향으로 언론의 정치·사회적 영향력이 악용되고 있다는 비판적 인식이 확산되어 있다.

그렇다면 한국의 언론은 도대체 어떠한 연유로 정권과의 일전을 불사할 정도의 막강한 권력을 행사하게 되었는가. 심지어 일부 재벌들이 막대한 자본을 들여 채산성이 없는 언론사를 설립 혹은 인수하거나 최소한 언론재단이라도 만들어 언론인들에게 막대한 지원공세를 펴 온 것은 어떠한 동기에서 비롯된 것인가. 왜 대다수 사람들이 일상적 정치·행정·경제 활동 과정에서 그토록 기자와 언론사의 눈치를 보고 있는가. 언론권력의 통제와 언론 기능의 정상화가 한국의 정치·사회적 지속발전을 위한 가장 핵심적 조건의 하나라고 수많은 식자들이 끊임없이 문제제기를 하는 것은 어떤 이유에서일까.

2) 압축근대성과 언론의 기능적 과부하

한국의 언론이 광범위한 사회적 영향력을 넘어서 막강한 정치적 권력을 행사하는 현상에는 대한민국 출범 이후 전반적 사회변동 및 체제질서의 한국적 특수성들이 결정적 배경으로 작용한다. (필자가 '압축근대성'으로 개념·이론화하고 구체적인 경험적 분석을 수행해 온) 사회변동의 주요 특징으로는 (1) 경제·사회·문화·정치 변화의 급속성 및 다양성과, (2) 대외 종속·모방적 근대화 등이 있으며, 체제질서의 주요 특징으로는 (3) 시민사회에 대한 국가의 권력독점과 입법부 및 사법부에 대한 행정부의 권력독점, (4) 냉전질서에 따른 이념적 다원성의 억압과 상황논리의 지배, (5) 이중적 법질서를 전제한 탈법적인 정치·경제적 지배구조 등이 있다.[24] 이러한 사회변동과 체제질서의 특징들은 한편으로 한국 언론으로 하여금 다른 어떤 사회에서보다도 폭넓고 중요한 역할을 수행할 것을 요구하지만, 다른 한편으로 언론사와 언론인이 비정상적 이익과 권력을 추구할 수 있는 매우 다양한 여지를 만들어 낸다.

(1) 경제·사회·문화·정치 변화의 급속성 및 다양성은 한국이 그만큼 뉴스거리가 많은 곳임을 의미한다. 텔레비전 방송은 매일 방송 시작 후 거의 두 시간 간격으로 정규 뉴스 프로그램을 내보내며, 이제 신문까지 인터넷을 활용해 시시각각 새로운 뉴스들을 전하고 있다. 아무리 충격적이고 중차대한 사건이라도 계속 이어지는 다른 거대 사건들로 인해 얼마 가지 못해 신문·방송의 관심과 대중의 기억 속에서 사라지고 만다. 한국인들은 정치·경제·사회의 극히 우려스러운 근본 질서가 도대체 바뀌기나 하겠는가 하는 좌절감 속에서도 하루하루 폭발적으로 쏟아지는 사건·사고와 유행을 이해하고 따라잡기 위해 뉴스매체에 대한 절대적인 의존하에 놓여 있다. (입시공부 이외에는) 세계적으로도 낮은 독서율을 기록하는 한국인들이지만 신문과 방송의 뉴스 보도에 대해서는 어느 나라 사람들보다도 긴밀히 노출되어 있다.

(2) 일제강점기 이후 오늘날까지 선택의 여지 없이 지속되어 온 대외 종속·모방적 근대화는 외국으로부터 정보 전달자로서의 언론의 기능을 매우 중요하게 만들었다. 경제·사회·문화·정치의 발전을

24 이에 대한 종합적 정리는 필자의 *The Logic of Compressed Modernity*의 "Ch.4 Internal Multiple Modernities: South Korea as Multiplex Theater Society"에 제시되어 있다.

위한 대부분의 지적 자원들을 국내에서 지식의 형태로 자율적으로 산출하기보다는 외국으로부터 정보의 형태로 종속적으로 도입하는 상황에서 신문, 잡지, 방송 등 대중매체가 학계에 뒤지지 않는 근대화 도구로 기능해 왔다. 물론 수많은 학자들조차 독자적인 과학적 발견이나 이론 제시보다는 구미, 일본 등에서 산출된 지식들을 정보의 형태로 가공하여 전달하는 기능을 맡아 왔다. 대중매체에 의한 외국의 지식, 정책, 제도, 질서, 문화 전달은 성찰적 여행과 독서가 제한된 한국인들에게 세계, 특히 서구에 대한 창구 기능을 했다.

(3) 시민사회에 대한 국가의 권력독점과 입법부 및 사법부에 대한 행정부의 권력독점은 이른바 제4부로서의 언론이 갖는 감시·견제·고발 기능에 결정적인 정치적 중요성을 부여한다. 해방 후 좌파 성향의 시민사회가 미군정 비호하의 우익정파에 의해 폭압적으로 해체된 이후 이승만, 박정희, 전두환으로 이어지는 독재권력은 시민사회의 정치적 조직화나 국가권력 비판을 용납하지 않았다. 또한 권위주의적 대통령이 전횡하는 행정권력에 대해 입법부와 사법부는 감시와 견제 기능을 제대로 하지 못하고 오히려 정당조직 어용화, 법관 인사권 남용, 정치적 회유, 물리적 억압 등을 통해 행정권력에 복속되었다. 행정부를 축으로 한 권위주의 국가권력에 대해 시민사회는 물론이고 입법부와 사법부도 제대로 저항하거나 비판하기가 무척 어려운 상황에서, 언론의 정치적 감시·견제·고발 기능은 민주적 정치질서를 확립하고 유지하는 데 결정적 중요성을 가졌다. 아울러 시민사회의 활발한 문제제기를 반영하거나 원활한 입법·사법 활동에 기반을 두고 충족되어야 할 국가 기능들이 정상적으로 이루어지지 못함으로써 언론이 여러 측면에서 국가 기능을 대신하거나 보완하는 상황까지 나타났다. 국가권력에 대한 감시·견제·고발 및 국가 기능의 대체·보완이라는 다양한 역할을 맡음으로써 언론은 미치지 않는 곳이 없는 광범위한 영향력을 행사하는 위치에 서게 되었다. 이

로써 언론은 왜곡된 현실적 국가체제에서 제2·3·4부의 권능을 종합적으로 행사하는 일종의 '종합2부'적 지위와 기능을 갖게 되었다.

(4) 냉전체제하에서 확립된 극도의 반공주의는 한국 사회에서 다양한 정치·사회적 이념의 수용을 불가능하게 만들었고 국정 활동이나 정치집단에 대한 평가를 체계적인 이념·정책적 원칙이 아니라 일시적 상황변수들에 의거하여 내리게 만들었으며, 상황 보도가 중심 임무인 언론이 이 과정에서 최대 수혜자가 되었다. 반공주의자 이승만 독재에 이어 박정희 군사독재를 거치면서 한국 사회에서는 우파 보수주의만이 용인될 수 있는 유일한 정치이념이 되었다. 이에 따라 정치에 여야는 있지만 이념이나 정책상의 차별성과 경쟁은 미미한 기형적 정치구도가 만들어졌다. 이는 앞에서 지적한 입법부에 대한 행정부의 우위 현상과 맞물려 국정은 관료들에 의한 각종 현실상황의 관리 문제로 축소되었다. 물론 박정희 시대에는 경제개발주의가 하나의 지배적 정치이념으로 자리 잡아 이에 의거한 국정 운영이 이루어졌다고 볼 수도 있다. 이러한 배경에서 선거에서 개별 정치인의 당락과 정당 차원의 승리가 국정 운영을 위한 이념·정책상의 차별성 부각이 아니라 선거를 전후한 갖가지 상황적 요인의 작용에 의해 결정되는 문제가 나타났다. 이러한 상황적 요인의 설정, 해석, 평가에 있어 언론은 거의 배타적인 영향력을 행사하기 때문에, 모든 정치집단과 정치인은 언론에 대한 전방위적인 구애에 나서지 않을 수 없다.

(5) 한국에서 정경 엘리트, 즉 정치인과 기업가가 사회적으로 존경받지 못하는 가장 중요한 이유는 정치권력과 부가 창출되는 과정이 투명하지 못하고 온갖 비리와 탈법으로 점철되어 있으며, 이에 대해 사법적인 응징이 제대로 이루어지지 않기 때문이다. 이른바 정경유착적 지배질서에 대해 정상적 사법작용이 이루어지지 못하는 현실에서 언론은 사회정의를 지탱하는 최후의 보루로서 강력한 고발

기능을 수행할 것을 스스로 내세우거나 시민들로부터 요구받고 있다. 지배계급 수준의 정경유착뿐 아니라 일선 민원공무원, 기업 임직원, 일반 시민에 이르기까지 보편화되다시피 한 부정부패는 한편으로 국가의 각종 감시·사정 기구들의 역할(권력)을, 다른 한편으로 언론의 역할(권력)을 결정적으로 강화시켰다. "털어서 먼지 나지 않을" 인물이 드문 현실에서 경찰, 검찰, 국세청, 공정거래위원회 등의 수사나 조사 대상이 되거나 언론의 탐문 대상이 되는 것은 모든 사람이 가장 피하고 싶은 일이다. 그런데 주요 정치·행정 엘리트들이 경제 엘리트와 유착관계를 형성해 갖가지 특혜와 뇌물을 교환하는 현실에서, 정치적으로 한솥밥을 먹거나 명령 계통상 하위에 있는 사정 기구 관리들이 탈법과 비리를 자유롭게 파헤치고 처벌할 수가 없다. 이에 따라 언론이 정경 엘리트의 탈법과 비리에 대한 최종적 심판자로서, 나아가 국가의 각종 사정·사법 기구의 왜곡된 활동에 대한 감시자로서의 역할을 스스로 떠맡고 나서거나 시민들로부터 요구받고 있다.

이처럼 사회적 변동과 질서의 특수성이 언론 기능의 확장과 영향력의 확대를 가져오지만, 역으로 언론이 사회적 변동과 구조의 특수성을 강화시키거나 과장하는 경향이 있다. 첫째, 사회변동의 급속성과 다양성은 객관적 사실이기도 하지만 많은 경우 언론에 의해 설정된 허구이기도 하며, 언론은 이를 통해 시민의 의식을 언론보도에 종속시키려 든다. 둘째, 사회변동의 종속성과 모방성은 독자적 가치 설정 기반 없이 주로 외신을 통해 접하는 '선진국적 기준'을 유포하는 언론에 의해 심화될 수밖에 없으며, 이 과정에서 언론보도는 사회적 '교본'의 권위를 내세운다. 셋째, 한편으로 시민사회에 대한, 다른 한편으로 입법부 및 사법부에 대한 행정권력의 전횡 구조 속에서 언론은 행정권력을 감시하고 비판하는 대안적 기능을 하지만, 동시에 시민사회, 입법부, 사법부의 문제를 과장하거나 역할을 교란시킴으로써 자신의 입지를 강화하려 든다. 넷째, 언론은 체계적 정치이념 및 정책노선이 결여된 정당의 저급성과 비효율성을 꾸준히 비판하면서도 막상 그 구조적 환경인 냉전 반공주의의 극복에 대해서는 소극적이며, 특히 일부 보수 언론의 경우 오히려 남한 내 냉전세력의 대변 기구를 자임하고 있다. 다섯째, 언론은 이중적 법질서하의 탈법적 지배구조에 대해 상황에 따라 강력한 고발 기능을 수행하지만 그 근본질서가 해체되지 않고 유지되는 것에 대해 방관적이며, 심지어 언론사와 언론사주 스스로가 탈세, 담합 등 탈법행위를 저지르고 나서 이에 대한 국가의 조사와 제재를 '정치적 탄압'이라고 호도한다. 이처럼 언론이 사회적 변동과 질서의 특수성을 강화시키거나 과장하는 것은 그 영향력과 권력 확대 차원에서 어쩌면 당연한 행태일지 모른다.

3) 언론 기능의 부실화와 왜곡

이상에서 살펴본 것처럼 한국적 사회변동과 체제질서의 특징들은 언론으로 하여금 어느 사회에서보다 다양하고 중요한 역할을 수행하도록 요구하고 있으며 동시에 어느 사회에서보다도 막강한 영향력 혹은 권력을 행사하도록 만들고 있다. 한국의 사회변동과 체제질서가 갖는 현실적 특수성들로 인해 언론의 역할과 권력이 유례없이 확대되는 것은 언론인이나 언론사의 잘못도 아니며, 또 그 현상 자체가 반드시 잘못된 것이라고 할 수도 없다. 그러나 국내 언론사와 언론인들이 처한 구체적 현실을 들여다보면 언론이 이처럼 중대하고 복합적인 기능을 제대로 수행하는 것이 근본적으로 불가능함을 쉽게 알 수 있다.

대다수 언론인의 일생은 하루하루 피를 말리는 격무의 연속으로 채워져 있고 지속적 인적 재투자에 의한 전문 언론인으로서의 자기 확립과는 멀어져 있다. 또한 현장 취재·보도 기자의 업무 수명이 극히 짧고 중견 언론인들은 '사내정치(office politics)'나 신경 쓰게 되는 내근을 강요받는다. 장기적 관점에서의 지위 불안정은 기자들로 하여금 이직에 대비한 직장 확보 차원에서 취재원과의 유착관계를 갖도록 만들기도 하며, 특히 기자들의 잦은 정계 진출이 문제가 되고 있다. 언론사 전체로는 대부분의 경우 재정적 기반이 극히 취약한 데다 사업 채산성마저 매우 낮은 경우가 많아 획기적인 발전적 재투자를 하기가 거의 불가능하다. 신문시장을 과점하고 있는 보수 언론사들은 족벌 소유·경영 체제하에서 언론 기능이 사주의 이익에 예속되어 왜곡되는 경우가 비일비재하고 심지어 경영상의 탈법과 비리가 일상화되어 있기까지 하다.

언론인, 언론사, 언론사주의 이러한 문제점들은 결국 보도 기능의 부실화와 언론 역할의 왜곡으로 나타난다. 특히 각 언론사가 경쟁적으로 자기 역할과 영향력을 최대한 확장하려 들기 때문에 이 과정에서 보도의 만성적인 부정확성, 피상성, 주관성, 편파성, 허위성이 야기된다. 앞서 열거한 사회변동 및 체제질서의 특수성과 결부된 측면들을 살펴보자. 첫째, 사회 변화의 다양성과 급속성은 대다수 영세 언론이 수많은 뉴스거리의 본질과 의미를 제대로 파악하는 것을 불가능하게 만드는 한편, 특정 사안의 보도 여부 및 강도에 대한 재량권이 커서 관련 이해집단들의 집요한 로비를 받거나 이들에 대해 비정상적 영향력을 행사하기도 한다. 둘째, 해외로부터의 정보 전달자 역할을 수행함에 있어 기자 등 대중매체 종사자들이 전문식견의 부족이나 노출된 지역 범위의 한계성으로 인해 그 효율성이 매우 낮으며, 스스로 혹은 유착집단의 관점과 취향에 맞는 나라들의 사정과 경험을 자의적으로 이상화시켜 한국인들에 대한 모범으로 설정함으로써 편향된 영향력을 행사하기도 한다. 셋째, 국가 및 행정권력의 독주에 대한 감시·견제·고발 기능을 언론이 나름대로 수행해 왔지만 정보력과 전문성의 결핍으로 역할에 한계가 있으며, 아울러 언론사와 언론인들이 국가권력의 회유나 협박에 굴복하거나 아예 '권언유착(權言癒着)'에 나서 언론의 기능을 왜곡시키는 대가로 비도덕적인 반대급부를 챙기려 들었다. 넷째, 상황논리가 지배하는 정치구조는 정치권이 정치적 원칙이나 시민의 권익보다 언론의 태도에 더 많은 관심을 갖도록 만드는데, 그동안 수많은 언론인들과 여러 언론사들이 이에 편승해 정계 진출의 기회를 잡거나 다양한 형태의 반대급부를 누려 왔다. 다섯째, 언론과 언론사가 스스로 정치·경제적 이해관계를 추구하는 경향이 만연한 가운데, 사회의 보편화된 부정부패 질서 속에서 언론이 갖는 심판자 및 감시자로서의 역할을 적당히 타협하거나 왜곡시키는 경우가 다반사이다. 이러한 여러 문제점들로 인해 한국의 언론은 그 자체가 심각한 구조적 사회 문제로 전락했다.

언론으로 하여금 비상한 역할과 권력을 갖도록 만드는 사회변동과 체제질서의 한국적 특수성들은 상당 부분이 앞으로의 근본적인 정치·경제·사회 개혁을 통해 극복되어야 하지만, 동시에 언론매체 및 언론인의 업무역량과 도덕성을 획기적으로 높이고 주요 언론사들의 소유·경영 구조를 정상화시키기 위한 개혁 작업도 필수적이다. 유례없이 복합적이고 중대한 기능과 영향력으로 인해, 언론의 무능과 부패는 한국 사회 전체의 기능적 및 도덕적 위기로 연결되기 쉽다. 언론사의 소유분산, 전문경영, 조직확충이 필요하고 언론인의 전문성·도덕성·독립성 제고가 필요하다는 결론은 새삼스러운 것이 못 되지만 그 필연성과 시급성이 갈수록 커지고 있다.

제4장

시민사회와 국민사회

1. 서론: 시민사회인가, 국민사회인가

'시민 없는 시민운동'이라는 보수 진영 언론의 조롱적 비판은 한국의 사회·정치적 근대성에 내재된 한계 혹은 모순과 어떤 관련이 있는가. 사실, '시민'의 부재는 시민운동뿐 아니라 도시 지역사회의 공동체적 성격 결여에서부터 국가적 민주정치 제도에 대한 배타적 정치계급의 전횡에 이르기까지 일상화되고 보편화된 현상이다. 다만 이들 영역에서 관리·동원되는 한국인들에 대한 호명은 '국민'이 일반적이고, 이는 '민주적 지향'을 정치적 정체성으로 자기인식하는 정치집단과 (대통령을 위시한) 그 집권 지도부조차도 마찬가지이다. 그렇다면 이렇게 호명되는 한국인들이 모인 사회는 시민사회인가, 아니면 국민사회인가. '시민 없는 시민운동'들은 '국민운동'으로 규정되어야 하는가. 아울러 관련 사회운동을 주도하는 조직들은 시민단체가 아니라 국민단체로 불려야 하는가.

다른 한편으로 비선정치와 국정부패로 물의를 일으킨 박근혜를 탄핵에 이르게 한 '촛불혁명' 현장에서 확인된 사회적 실체는 시민사회적 구성체가 아니라고 주장할 수 있는가. 역사를 거슬러 올라가 일제하에서 조선인들이 '황국신민'이라는 의미에서의 (이등)국민으로 규정·지칭된 상황에서, 한민족 전체가 국권 상실 상태에서 결과적으로 식민국가(총독부)에 대응한 시민사회적 지위를 갖게 된 것은 아닌가. 또한 군부의 개발독재 체제하에서 노동자, 농민, 여성의 사회·경제적 착취와 소외에 대한 사회연대적 저항과 투쟁은 정치화된 계급갈등에 대한 시민사회적 대응이 아닌가. 개발지상주의 질서에 배태된 환경 파괴, 빈곤 확산 등에 대응한 환경, 복지 등의 영역에서 이른바 '신사회운동'들이 과연 시민사회적 기반 없이 지속될 수 있는가. 문화·예술계의 광범위한 비판지성적 창작 활동과 사회참여에서 시민사회적 중요성을 부정할 수 있는가. 또한 법조, 언론, 교육, 노동 등의 영역에서 국가(권위)주의 권력체제에 대한 보좌·비호 기능을 청산하고 자유주의 사회제도들의 본원적 시민사회 지향성을 확립 혹은 회복하려는 전문가 집단들의 노력은 무엇을 의미하는가.

프랑스의 정치철학자 토크빌(Alexis de Tocqueville)은 미국 여행에서 근대 민주주의의 자유 시민사회적 토대와 실천에 관한 이상적 사례를 발견했다고 생각했다(Tocqueville, 1965). 프랑스 혁명의 경우 근대적 자유 이념을 역사적 사건으로 체현했지만 시민(부르주아지)사회와 구체제(ancient régime) 사이의 역학관계를 일거에 바꾸어 놓지는 못했다. 토크빌이 보기에 그와 달리 (유럽 출신) 이민자 공동체로서의 미국은 자유시민사회의 일종의 실험실적 형성과 발전을 가능케 했다고 여겨졌던 듯하다. 그러나 장기적으로 미국 민주주의는 물질·문화적 개인주의의 절대화, 연방제 국가체제의 특수성, 인종차별적 사회질서, 독점자본가들의 산업·금융 지배, 정치 엘리트의 배타적 귀족계급화 등이 뒤얽혀 시민사회적 토양과 동력이 근본적으로 훼손되어 왔다. 반면, 프랑스를 포함한 다수의 서유럽 국가들은 시민사회, 시장경제, 복지국가의 유기적 조합을 바탕으로 사회적 연대(social solidarity)의 원리에 의거해 민주주의와 자본주의의 관계를 (사회민주주의적으로) 조율해 나갔다(Baldwin, 1990).

프랑스와 마찬가지로 장기간의 구체제적 지배를 거친 조선인들은 일본이라는 외세에 의한 봉건적 정치·사회·경제 질서의 해체가 식민자본주의를 위한 인종(민족)억압적 통치체제로 전환되는 것을 경험해야 했다(신용하, 2001). 이 시기를 비롯해, 해방 이후의 정치적 격변 과정에서도 권위주의 국가 지배 체제는 지속적으로 반복되었으며, 이에 대한 저항과 투쟁이 한국인들을 일종의 대자(對自)적 시민사회 주체로 거듭나게 했다(Chang, 2022a, Ch. 4).[1] 그러나 1948년 대한민국 출범의 제도적 형식으로 채택된 (자유)민주주의는 역설적으로 배타적 '정치계급(political class)'의 즉각적 출현과 지속적 득세를 초래해 시민사회와의 유기적 관계 형성이 한없이 미뤄졌다. 이들 민주주의 정치귀족 집단과 군부독재 세력 등 일련의 정치적 지배권력은 그들의 통치 대상을 '국민'으로 호명하기를 선호했고(박명규, 2009), 실제 국가 위주의 경제·사회적 질서와 변화를 통해 일종의 '국민사회'를 형성해 관리·유지해 왔다. 이처럼 시민적 및 국민적 정체성과 지위를 함께 지녀 온 한국인들은 이에 상응하여 국민사회 및 시민사회의 성원으로서 매우 공세적인 통치를 펼친 국가와 격동의 관계를 맺어 왔다.

---

1 여기서 대자성과 즉자성은 헤겔과 마르크스를 그대로 따르기보다는 (대립)관계성과 (자체)실존성을 대조하는 의미로 사용한다.

2. 한국 시민사회의 즉자성(卽自性)과 대자성(對自性)

어찌 보면, 한국 현대사에서 엄밀한 문명적 개념의 (자유주의) '시민'은 시민사회보다도 더 규명·확인하기 어려운 역설이 있다.[2] 한국인들뿐 아니라 전 세계가 2008년, 나아가 2016-2017년의 이른바 '촛불시위(항쟁)'에서 서울 광화문 광장을 비롯해 전국 대도시의 도심 광장에 수 주에서 수개월간 자발적·즉각적 시민공동체가 국가권력의 퇴행에 저항했던 현실에서 ('촛불국민'이 아닌) '촛불시민'들의 시민사회가 존재·작동함을 너무나 극명히, 아예 물리적 차원에서 확인했다(권영숙, 2018). 더욱이 '촛불혁명'에서 20년을 거슬러 올라가면 1987년의 반(反)신군부 민주화 투쟁에서 시민사회가 군부의 국가(주의) 독재를 타도한 집단 주체였음이 드러났었다. 이는 그로부터 10여 년 전인 1970년대 후반에는 전국 대도시와 주요 산업현장에서 박정희 장기 군사독재 및 이에 맞물린 경제·사회적 파행에 대한 시민(사회)적 저항으로 선행되었고, 박정희 후계 세력을 자임한 신군부의 광주 폭압에서 호남 시민들의 (프랑스 혁명을 연상시키는) "절대공동체"(최정운, 1999)적 투쟁으로 승화되었던 바 있다. 대한민국에서 이러한 시민사회적 자유주의 투쟁은 군부 이전에 대한민국 건국 주도 정치세력의 독재적 변질에 대한 범시민적 항쟁이 극적인 독재권력 타도로 이어진 1960년의 '4월혁명'에서 시발점이 찾아진다.

이러한 일련의 정치적 격변 과정에서 우리는 한국의 시민사회를 대자적(對自的; for itself) 차원에서 확인할 수 있다. 다른 한편으로 시민사회의 이러한 대자성이 국가권력 혹은 국가주의 독재세력의 결정적 파행과 억압을 전제로 활성화되고 극적인 역동성과 역능

2 한국의 역사·사회적 맥락에서의 시민 개념에 대한 자세한 논의로 박명규의 『국민·인민·시민: 개념사로 본 한국의 정치주체』(소화, 2009)와 송호근의 『시민의 탄생: 조선의 근대와 공론장의 지각 변동』(민음사, 2013) 등 참조.

성을 기초로 결정적인 정치적 변화를 가져오지만, 그 정치적 변화가 시민사회 자체의 즉자성(卽自性) 확립, 특히 서구 역사적 맥락에서 수 세기를 소요했던 자유주의 사회질서와 이념(철학)의 확립이라는 역사적 프로젝트를 기능적으로 대신하거나 과정적으로 압축·촉진하는 결과와 효과로 이어진 것이 아니며, 이는 사실 그 어떤 (비서구) 나라에서도 현실로 관찰되었거나 논리(과학)적으로 기대되었던 것이 아니다.

시민사회를 둘러싼 이러한 정치사적 한계 혹은 특징은 1948년 대한민국 출범 이전의 미군정하 '해방공간', 나아가 일제강점기의 인종억압(racial suppression)적 식민자본주의 체제로 거슬러 올라간다. 사실 한국인(조선인)들의 사회·정치적 근대성과 관련해 내재적 차원의 문명 진화적 가능성으로서 동학혁명의 잠재력을 역사적 차원에서 반사실적(counterfactual)으로 추론해 볼 수도 있다. 하지만, 현실에서는 일본의 제국주의적 (근대) 식민독재 통치하에 조선민족 전체가 일종의 (저항적) 시민사회의 위치에 놓이게 되었고, 정치·사회적 차원의 억압, 경제적 수탈, 문화·인종적 차원의 차별을 동시에 겪으며 민족(주의)적 시민사회는 그 대자성을 통해 강고한 역사적 실체성을 갖게 되었다(신용하, 2001).

일제로부터의 해방은 그러한 민족적 시민사회의 대자성이 자율적 근대화를 통한 즉자적 시민(인민)사회 확립의 기초가 될 것으로 기대되었다. 일본을 패퇴시킨 미군이 한반도에 진입한 이후 1946년에는 장기간의 일제 식민자본주의 억압과 수탈에 대응한 민족사회 차원의 자기 재확립 노력의 기초로서 인민위원회 기층 조직과 사회주의 체제 지향이라는 전국적 추세 혹은 조건이 분명해졌다(Cumings, 1981). 사실, 이러한 추세는 한반도에 자유주의 시민사회와 이에 상응한 민주주의 및 시장경제의 건설이 아니라, (상당수의 여타 탈식민 사회(민족)들처럼) 민족·민중적 사회주의 체제의 도래를 전망케 했으며,

이러한 가능성은 미국과 소련에 의한 한반도 분할 점령(관리)에 맞물려 38도선 이북에서는 실제 역사적 현실이 되었다. 세계 사회주의 주도국의 북한 관리는 한반도의 역사적 조건에 배태된 민족(주의)적 사회주의의 정치·이념적 호소력에 맞물려 강력한 사회적 저항을 거치지 않고 사회주의 인민공화국 체제 수립으로 귀결되었다.[3]

남한에서는 정확히 같은 이유로 인해 자유주의 민주공화국 체제의 확립이 엄청난 사회·정치적 갈등과 충돌을 거쳐서 이루어져야 했다. 가장 결정적으로 (서구 역사적 맥락에서는) 자유주의 사회·정치·경제 질서의 핵심 기반인 시민(민중)사회에 대해 미군정과 우익 협력 세력이 잔혹한 폭력에 의거한 통제·해체 시도를 했으며 이는 한국전쟁을 거치며 남한 정부의 공공연한 통치노선이 되었다. 1946년 미군정청의 여론조사에서 드러났듯이, 해방 후 국가체제에 대해 남한인의 압도적 다수가 사회주의를 당연시했으며 이는 전국적 차원에서 기층 사회조직화의 이념·정치적 맥락이 되었다.[4] 이러한 사회적 상황은 제2차 세계대전 이후 범세계적인 자유주의 국민국가 체제(liberal nation-state system)의 확립을 대외정책의 핵심으로 삼은 미국의 입장에서는 결코 바람직할 수가 없었으며, 그 대처 과정에서 남한 내 극우세력의 자가발전적 협력이 미군정으로서는 거부하기 힘든 것이었고 심지어 이들 중 상당수가 부일(附日) 전력을 가진 점도 문제 삼기 어려웠다.

일본의 항복 후 일본과 남한에서 전개된 미군정의 사회·정치적(개혁) 노선은 양국의 시민사회에 대해서 완전히 상반된 것이었다.

---

3 이는 장기적으로 스탈린식 국가사회주의 경제체제와 김일성 중심의 일인 통치구조가 결합된 전체주의 질서의 확립과 이의 세습적 재생산으로 귀결되었다.

4 미군정청의 1946년 7월 "미래 한국 통치구조"에 대한 여론조사에서 "남조선인민"들은 선호하는 사회체제로서 사회주의 70%(6,037명), 자본주의 13%(653명), 공산주의 10%(574명) 순으로 응답했다(『코리아 히스토리 타임스』, 2022.8.26).

즉 일본에서는 군국주의 체제의 잔재를 구조적으로 제거하고 미국식 자유주의 질서를 확립하기 위해 시민사회의 활성화를 매우 적극적으로 도모한 반면, 남한에서는 시민사회에 만연한 사회주의의 사회·정치적 영향력을 뿌리 뽑기 위해 다각도의 노력을 기울였으며 이에 대한 시민(민중)적 저항이 감지되거나 발생하면 군경을 동원한 무차별적인 억압, 폭력, 살해를 자행했다.[5] 이런 식으로 한국 현대 정치사의 최대 모순인 시민사회 제거를 기초로 한 자유주의 민주공화국 체제의 수립이 이루어졌다. 다만 미군정은 미시사회적 차원의 안정화 기제로서 농지개혁과 기초 공교육 보급을 적극 추진했으며, 이는 한국전쟁을 거치며 강압적 탈정치화를 수용하게 된 시민(농민)들의 가족중심적 생활원리의 보편화와 이에 수반된 정치·사회 질서의 표면적 안정화로 이어졌다(장경섭, 2018).

3. 삽목(揷木) 민주주의: 제도주의 근대성의 역설

어떤 탈식민사회에서도 예외적 선례가 없지만, 자유시민사회 혹은 이를 가져온 자유주의 사회혁명이 전제되지 않은 자유민주주의 체제의 정치적·법적 출범은 일종의 제도주의적 자유주의 근대화(institutionalist liberal modernization)로 규정할 수 있다. 이때 근대화의 제도주의적 접근 혹은 성격은 근대적 제도의 비제도적 기초, 즉 해당 제도 발생지에 상응하는 역사적 맥락과 사회적 조건이 결여된 상태에서 그 정치적·법적 유효성과 강제성을 주로 국가 차원에서 위로부

---

5 이러한 정치·사회적 환경에서 제주 4·3사건, 여수·순천 10·19사건 등 국가폭력적 대규모 양민학살 사건들이 발생했으며, 해당 지역공동체의 충격과 비탄은 장기적으로 중앙의 극우 국가(주의)권력에 대한 확고한 시민사회적 대자성을 확립하는 기초가 되었다.

터 선언하는 방식으로 갖가지 국가·사회 제도들을 공식화하고, 이에 의거해 정치·사회·경제적 근대화나 발전을 추진하는 것이다. 이는 제도가 역사·사회적 요건들에 선행하고 심지어 그 요건들을 역으로 만들어 내야 하는 탈식민사회 자유주의 근대화의 일반적 역설이며, (3장에서 설명했듯이) 일종의 '꺾꽂이(揷木; cuttage) 근대화'로 비유할 수 있다.

대한민국의 정체로 선언된 민주주의는 꺾꽂이된 가지에 불과한 상태에서 나무로 생장해야 했다. 그런데 그 토양적 조건의 핵심인 시민사회는 미군정기와 한국전쟁을 거치며 근본적으로 해체된 상태에서 공식적 제도 엘리트, 즉 정치인, 관료, 법조인, 언론인 등의 자기추동적 역할과 권위가 민주정치의 사회적 기반과 과정을 총체적으로 대체하는 상태가 영속화되었고, 대다수가 농민인 시민들은 가부장적 가족 단위로 개별화된 영농활동과 자녀교육에 몰입하며 몰시민적 민주주의에 익숙해져 갔다. 여기에 집권 세력의 반공(反共)통치가 미국의 전략적 이해관계와 맞물려 한국의 자유주의는 자유시민(사회)의 의지와 필요가 아니라 반공(반북)국가의 일원적 지배행위로 재설정되었다.[6] 그럼에도 불구하고 당시 한국 기준으로는 초선진적인 공식 국가제도로서의 민주주의에 배태된 자유주의 시민권의 원리는 다양한 사회·정치적 상황에서 제도 엘리트 내부 혹은 특정 지역공동체와 (대학과 같은) 제도적 사회공간 등에서 민주주의에 대한 사회적 주권의 회복을 요구하는 투쟁으로 이어졌다. 이에 대해 집권세력은 선거 등 민주주의의 제도적 절차에 대한 조작과 왜곡으로 대응했고, 집권 제도 엘리트의 이러한 제도 파괴 행위가 역설적으

6 보수 정파, 언론 등에서 '자유민주주의', '자유시장경제' 등 자유주의 체제의 기본 제도들에 굳이 '자유'를 중복 형용하는 행태는 바로 자유의 주체가 (자유)시민이 아니라 국가라는 주장과 다름없다.

로 시민사회의 대자적 형성과 강화를 촉진했는데, 그 역사적 정점이 1960년 '4월혁명'이었다(정근식·이호룡, 2010).

4월혁명에 업혀 갑자기 집권한 민주당계 정부는 불행히도 그 사회·정치적 기반이 근원적으로 취약했고, 또 다른 반공 정치세력을 자임하며 군사정변으로 집권한 박정희 군부에 의해 아예 물리적으로 제거되었다. 군부 집권은 민주주의 정치의 제도적 효력 자체를 실질적으로 정지시켰으며, 그 대신 급속한 산업화와 경제성장을 통한 개발독재 체제를 확립·강화시켜 나갔다. 이러한 (몰)정치체제는 집권 군부 및 휘하 행정·사법·교육 조직들의 통치연합과 고속 경제발전에 수반된 광범위한 소득 향상이 맞물려 상당 기간 지속되었으나 그렇다고 영구적일 수는 없었다. 4월혁명이라는 선례적 정치 경험, 국가 주도 개발자본주의의 사회·정치적 억압성과 경제적 불평등성, 급격한 도시화와 고등교육 보편화에 수반된 중산층적 시민의식의 확산이 맞물려 박정희 독재 권력은 기저에서 침식되어 갔으며 결국 1979년 집권세력 내부의 반발이 박정희 피살로 귀결되었다. 그러나 1980년 이른바 '서울의 봄'은 박정희 후계 세력을 자임한 전두환 신군부에 의해 강제 진압되었고 나아가 그해 5월의 '광주항쟁'은 군부에 의한 무수한 인명 살상으로 끝이 났다(최정운, 1999).

그러나 이 기간 동안 시민사회는 진보 지식인들의 주도적이고 창의적인 노력을 통해 노동현장과의 긴밀한 연계가 구축되었고 노동계급의 조직화와 민주화 시민운동은 반(反)군부독재 투쟁의 차원에서 공속성(共屬性)을 확인했다. 이러한 맥락에서 1987년의 '6월항쟁'은 민주주의 정치 절차의 회복과 거의 동시에 이른바 '노동자대투쟁'으로 연결되었다(장경섭 외, 2002). 노동계급 투쟁의 확산에 따른 산업현장의 민주화와 노동자 권익 증진에도 불구하고 막상 제도정치의 민주화는 민주당계 양김(김대중·김영삼)의 분열이 가져온 (전두환의 쿠데타 동지였던) 노태우의 대통령 당선으로 군부세력 권력 연장의 절차적 정당화로 귀결되었다.[7] 나아가 3공(김종필), 5공(노태우), 민주당 분파(김영삼) 세력 사이에 이루어진 1990년의 이른바 '3당 합당' 및 이를 통한 민주자유당 후보로서의 김영삼의 대통령 당선은 국가권위주의 정치세력이 민간 보수세력의 주축으로 자리 잡도록 이끌면서 주류 보수정당 권력의 자유시민사회에 대한 문호가 영구적으로 폐쇄되는 사태가 벌어졌다. 그 대신 영남인들에게 국가주의 정치권력의 본산이라는 허위의식을 배양해 지역주의 신민화(臣民化)가 구조화되었다. 이들과 경쟁하는 민주당 세력의 경우도 1948년 대한민국 출범 시의 제도 엘리트적 혹은 정치계급적 배타성을 근본적으로 탈각하지 못하고 영남 군부세력의 장기간 탄압에 따른 호남인들의 반(反)보수정당 정서에 기회주의적으로 의존해 단속(斷續)적 집권을 해왔다.[8] 결론적으로 한국 민주주의의 제도주의적 기원 혹은 출발은 그 제도에 대한 침해나 부정이 시민사회적 저항을 불러일으키는 효과를 가짐과 동시에 그 저항의 결실이 제도권 정치계급에 의해 반복적으로 착복되는 부작용을 야기했다.

---

7 (본 서 5장에서 설명하듯이) 이러한 정치적 반전(좌절?) 속에서 노동자들은 제도 민주주의의 복원 후에도 여전히 직접적인 현장·거리 투쟁을 통해 계급이익을 보호·증진해야 했다.

8 자칭 주류 민주세력의 이러한 기회주의적 정치행태와 사회적 대표성 한계에 대한 대중적 실망은 몇몇 유력·저명 기업인들의 정치(대선) 참여와 이들에 대한 열렬한 시민 반응으로 이어졌다. 예컨대, 현대가의 정주영과 정몽준, 그리고 '사회개혁적 기업인'으로서 문국현과 안철수의 정치적 시도는 체계적인 정치조직적 기반이 미비하거나 결여된 상태에서 이루어졌음에도 상당한 반향을 일으켰다. 궁극적으로 이들은 (대선에서의 낙선, 양보, 포기라는) 정치적 실패 후에 민주당 세력과 대립적인 입장을 견지했다.

4. 다층적 국민사회로서의 한국

시민사회적 기반이 해체된 상태에서 출범한 제도주의적 근대성으로서의 한국 민주주의는 역설적으로 배타적 정치계급으로서 제도 엘리트들의 정치 절차 왜곡, 파괴, 중단이 시민사회의 대자적 (재)활성화를 촉진하는 현상을 거듭했지만, 그 정치 절차의 회복은 시민사회의 즉자성을 확립·강화하기보다는 다시 정치계급적 제도 엘리트의 귀환으로 이어졌다. 이 과정에서 대다수 시민은 국민으로 돌아갔고 국정의 지배적 패러다임인 국가 주도 개발주의와 의사(擬似)개발주의는 그러한 국민적 지위와 의식을 확대재생산시켰다. 나아가 정상화된 정치질서, 즉 대선부터 총선, 지방선거에 이르기까지 모든 절차에 걸쳐 이러한 개발주의에 기댐으로써 시민의 정치적 선택 과정 자체가 일상적 개발주의 통치(행정)의 연장선으로 전락하게 만들었다(김철규, 2007).

그러나 한국인의 이러한 '국민됨'은 장구하고 복합적인 맥락과 조건들을 갖고 있기도 하다. 무엇보다도 수십 년간 일본의 식민지배는 그 수탈자본주의적 성격에 인종주의적 차별과 억압이 더해져 조선 민중으로 하여금 국권의 회복을 범민족적 목표와 의무로 인식하게 만들었다(신용하, 2001). 이러한 세계사적 맥락에서 조선인에게 국가(체제)는 민족(공동체) 및 민중(사회)과 동일한 효력을 가진 것으로 인식되었으며, 1948년 대한민국의 출범에서 (남한) 조선인의 사회·정치적 지위를 '국민'으로 설정하는 것에 사회적·지식인적 저항도 뚜렷하지 않았다. 나아가 민족 자체 국가의 안정과 발전을 개인의 안전과 행복을 위한 필수적 조건으로 여길 수밖에 없는 역사적 맥락에 기초한 애국·애족주의 통치가 이루어졌다.

이러한 애국·애족주의는 외세에 의해 주도된 한민족의 남북한으로의 체제분단과 북한의 '민족통일 전쟁' 시도로 남한의 국가적 생존이 민족과 민중 차원의 모든 가치에 우선하게 되는 변화를 거치게 되었다. 이승만 시대 후반기부터 남한에서의 국가와 민중(시민·국민)의 정치적·법적 관계는 헌법보다는 국가보안법에 의해 그 요체가 실질적으로 좌우되기에 이르렀으며, 일련의 군사적 동원(징집병·예비군·민방위)과 사상적 통제(반공주의)가 국민적 지위를 규정하고 자유시민적 지위를 근저에서 제약했다(김봉국, 2017; 변동명, 2007; 서희경, 2004). 물론 이승만 정권의 무능과 부정부패는 1960년 4월 전국에 걸친 자유시민적 항쟁을 촉발했으나, 바로 그 다음 해에 쿠데타로 집권한 군부정권에 의해 정치적 억압은 더욱 심화되었다.

박정희 정권의 장기 독재는 한편으로 한국을 거대한 국민적 병영사회로 사회·정치적 차원에서 재조직화해 나갔으며, 다른 한편으로 부국강병을 현실화하기 위한 국가 주도의 자본주의 산업화를 공격적으로 추진해 나갔다. 사실 한국인(조선인)들에게 자본주의는 애초에 개인(주의)적 경제활동으로서 체험되기 시작했던 것이 아니라 일본이라는 이민족 식민자본주의 세력에 의한 집단적 차원의 억압과 착취로서 경험되었다. 따라서 일본으로부터의 해방과 한민족 (분단) 근대국가의 수립은 민족적 지상 과제로서 자본주의의 발전과 이를 위한 각 부문 엘리트와 시민(국민)의 헌신을 정치적으로 당위화시켰다.[9] (북한의 경우는 반(反)자본주의적 전환, 즉 사회주의 혁명을 마찬가지 역사·정치적 논리로 정당화했다.) 이러한 국가 주도의 정치적 과업으로서의 산업화와 경제발전은 먼저 1960-1970년대에 북한에서 매우 성공적으로 전개되었으며, 이는 남한에서 1961년 박정희를 내세운 군사정변 및 군부통치의 확립, 나아가 1972년 '10월 유신'이라는 일종의 친위쿠데타를 통해 박정희 정권의 독재가 전체주의화되는 배경이

9 박정희가 1968년 직접 공표한 "국민교육헌장"은 이러한 국민적 헌신에 대한 정치적 선전 노력이었다.

되었다는 해석이 있다(Kim, 2004). 이러한 정치적 사태에 맞물려 군사 정권이 '민족중흥' 이데올로기하에서 일종의 국가자본주의 산업화를 밀어붙인 것은 어쩌면 당연히 예정된 수순이었다고 볼 수도 있다.

박정희 정권하에서 한국은 실제로 ('라인강의 기적'에 자주 비유되었던) '한강의 기적'으로 일컬어지는 획기적인 산업화와 경제발전을 달성했다. 이 과정에서 한국인들은 산업자본주의의 형성과 성장에 국민으로서의 참여와 희생을 요구받고 그 결실에 대해 국민으로서의 (보편적이지만 제한적인) 보상을 받았거나 기대했다. 한국인들은 심지어 한국 경제발전에 대한 일종의 국민 부르주아지 (허위)의식을 보편적으로 내면화시켰고, 이는 외환위기를 거친 후 21세기 들어 장노년층의 박정희 향수로 재발현되기도 했다(Chang, 2022b, Ch. 4).

한국인들의 국가 주도 개발자본주의에 대한 국민적 참여, 희생, 수혜의 경험은 산업체제 고도화 및 세계화로 국가의 (시장)경제에 대한 효과적인 산업정책적 개입의 여지가 별로 남지 않은 시기에 접어들어서도 여전히 국가에 의해 매개된 경제(활동)적 혜택을 정치적으로 요구·기대하는 일종의 정치문화를 영속화시켰다.[10] 특히 정파 구분 없이 국가 재정에 기초한 지역별 토건적 개발이익 가능성을 둘러싸고 지역 유권자들을 실질적으로 매수해 왔다.[11] 이는 각 지역 주민들에게 국민적 권익을 거론하며 상호 경쟁적으로 지역별 정치적 지지를 끌어내려는 시도였으나, 역설적으로 이러한 지역개발 사업들의 경제적 소모성과 환경·사회적 파괴성이 지역 및 전국 차원의 비판적

10 이는 자본주의 시장경제의 구조적 불안정성과 불평등성에 대응한 사회정책적 보호, 즉 복지국가적 사회보장체제와는 다른 것이다.

11 이런 측면에서는 오히려 민주당이 더 적극적이고 성공적이었던 것으로 보인다. 특히 2002년 노무현의 대선 승리를 가능케 한 '지역균형발전' 노선은 일종의 '토건사민주의(土建社民主義)'를 내세워 충청도를 비롯한 전국 각지를 기회주의적으로 포섭했었다. 이러한 경향은 문재인 정부 들어서 (숱한 이전의 보류·폐기 결정을 뒤엎은) '김해신공항' 사업의 전격적 착수 결정으로도 드러났다.

시민운동을 자극하기도 했다. 다른 한편으로 이러한 지역개발 사업들에서는 지역사회 내부의 계층·계급 간 형평성 결여도 빈번하지만, 궁극적으로 사업 진행 주체로서의 각급 국가기관 및 그 종사 인구가 자기 이익을 확대재생산함으로써 끊임없이 사회적 분노를 불러일으키고 있다.[12]

5. 압축근대성과 한국 시민사회의 복합적 대자성: 국가-시민사회 헤게모니 투쟁사

한국인들은 정부, 의회와 정당, 언론, 심지어 사회과학에 의해 '국민'으로 호명되어 오면서 국제·국내 정치질서에서부터 일상 생업에 이르기까지 국민적 지위와 의식에 안주해 오기도 했지만, 동시에 그들의 국가경제적 성취에 비견되는 활발하고 효과적인 계급적 노동운동, 지식인적 민주화 투쟁, 사회성찰적 대중문화 생산·소비, 생활시민적 사회운동 등으로 국가권위주의 질서에 대응·대항해 왔다. 한국의 근대 시민사회는 서유럽의 경우처럼 봉건적 구체제에 대한 저항·투쟁 노력을 통해 확립·강화되기보다는 근현대사의 각 단계에서 지

12 가장 대표적인 사례로 '새만금 개발사업'을 꼽을 수 있다. 1991년부터 시작된 이 사업은 "부안군과 군산시를 잇는 33.9km에 달하는 세계 최장의 방조제를 축조함으로써, 내부토지 29,100ha와 담수호 11,800ha 등 총 40,900ha(409km^2)의 땅을 새롭게 조성하는 단군 이래 최대의 간척사업"이며 "이는 서울의 2/3, 파리의 4배에 해당하며, 우리나라 국민 한 사람에게 약 9.9m^{2}씩 나누어 줄 수 있는 크기"이다(새만금개발청, 2024; https://www.saemangeum.go.kr/sda/content.do?key=2009074386157). 지역개발적 중요성에 있어 새만금 개발사업이 전라북도에 갖는 비중은 행정수도 세종시가 충청남도에 갖는 비중에 비견된다. 그러나 국가기관으로서 전라북도와 새만금개발청의 관료적 이익의 확대재생산을 제외하면 그동안 방조제 축조 후에도 인위적으로 덧붙여진 갖가지 세부 사업들 가운데 사회·경제적 합리성을 투명하게 인정받은 것은 전무하다.

배·통치·수탈의 주체로 작용한 다양한 국가권력이나 그 반(反)민중(시민)적 작용에 대한 비판·저항·극복의 노력을 통해 형성되고 공고화되어 왔으며 매우 뚜렷한 다양성, 복합성, 유동성, 사건성, 지식성, 투쟁성 등을 특징으로 한다(김호기·박태균, 2019). 그러나 이러한 특징들은 시민사회의 범사회적 통합성과 이에 기초한 민주주의 정치의 사회적 주권의 안정적 확보를 가능케 하지는 못했으며, 국가권력의 심각한 부패와 파행에 대항한 수차례의 범사회(민중)적 항쟁조차도 그러한 역사적 과제를 실현시키지 못했다.

현대사에서 한국 시민사회의 형성과 발전에는 다음과 같은 주요한 계기와 현안들이 있다. 첫째, 일제 식민자본주의 통치는 조선총독부 체제하에서 국권을 상실한 조선민족 전체가 일종의 대항적 시민사회로 전환된 것이며, 이는 3·1 만세운동을 비롯해 끊임없는 민족해방 노력으로 이어졌다(신용하, 2001). 그런데 해방 후 상당수 친일인물을 포함한 우파 기득권 세력의 주도로 종미적 자유주의 정권이 출범하면서 이러한 민족적 시민사회의 역사·정치적 주권성이 근저에서 훼손되었으며, 이는 북한의 남침 구실이 되기도 했다.[13] 미국식 자유주의 근대화 자체를 변질시킨 이승만 독재를 4월혁명이 타도했으나 곧바로 군부 쿠데타로 인해 반공 개발독재 체제로 전환되었고 미국 중심의 세계자본주의 체제에의 공격적인 통합을 전제한 국가주도의 산업화가 추진되었다. 이는 박정희의 피살 직후 쿠데타로 집권한 신군부 시대에도 이어졌다. 민족주의적 부국강병을 통치(독재) 근거로 내세운 박정희·전두환 군부정권에 대해 미국은 매우 복잡한 반응과 입장을 보였으나, 결국 세계 냉전체제의 전위세력으로서의 전략적 도구성으로 인해 몰자유주의적 장기 독재는 용인되었고, 이

13 이러한 '수정주의' 논의는 특히 커밍스(Cumings, 1981)에 의해 적극적으로 개진되었다.

는 민족주의적 시민사회의 비판과 항의를 유발했다. 이른바 'NL' 세력으로 지칭되기도 했던 이 세력의 일부는 반미·반독재 투쟁과 분단체제 극복을 위해 북한과의 연대를 모색하면서, 이른바 '주사파'라는 낙인이 찍히기도 했다. NL의 역사·정치·문명적 헤게모니는 적어도 지식인 세계에서는 여전히 공고한 것으로 보인다.[14]

박정희 정권의 국가자본주의 개발독재는 실제 한국의 근본적이고 구조적인 사회·경제적 재구조화로 이어지면서, 한국인들의 일상적(혹은 표면적으로는 민간의 사적인) 경제 활동과 사회관계가 국가의 직접적이고 빈번히 억압적이기까지 한 관리와 통제의 대상이 되었다. 위에서 지적한 대로, 이는 상당수 한국인들이 국민적 차원의 정체성과 효능감을 느끼는 계기도 되었지만, 개발자본주의 체제의 장기적인 정치(물리)적 억압성과 경제·사회적 불평등성에 대한 기층의 사회계급적 의식과 투쟁이 일종의 민중적 시민사회의 핵심 기반이 되었다. 이러한 과정은 신군부 시기에 이른바 '학출(學出)'로 불리는 (주로 대학생인) 진보 지식인들의 산업현장 진출(또는 잠입)을 통해 전략적으로 촉진되었고, 동시에 산업노동자들의 조직화(노조 결성)가 본격화되었다(Koo, 2001). 사회계급적 문제들의 시민사회적 의제화와 반(反)국가독재 투쟁은 농민 문제, 빈민 문제, 여성 문제까지 아우르는 포괄적 추세로 이어졌다.

국가 주도의 공격적인 개발자본주의 산업화는 갖가지 사회·문화·생태적 문제들을 유발했는데, 이 가운데 특히 생태(환경) 문제와 빈곤 문제가 구미(歐美)에서 이른바 '신사회운동(new social movements)'

---

14 이른바 '뉴라이트' 집단이 단속(斷續)적이나마 꾸준히 모습을 내미는 현상은 NL의 지속적 헤게모니에 대한 반작용으로서의 측면도 있을 것이다. 그러나 한강 작가의 2024년 노벨문학상 수상으로 알 수 있듯이 탈식민지 해방사회로서의 한국에서 '자유(주의)'의 확립과 공고화는 민족과 시민(사회)의 협업 과제이며 이를 서구 지성계에서도 광범위하게 지지하고 있다.

으로 지칭되어 온 시민사회적 활동과 투쟁의 핵심 영역이 되었다(정태석, 2006). 이러한 문제들의 발생 배경과 대처 과정에 있어 권위주의적 개발국가의 (무)책임성은 관련 시민운동, 시민단체, 시민활동가들로 하여금 적극적인 정부 비판과 정치 참여에 나서도록 만들었다. 이에 대해 개발독재 세력을 승계한 특정 보수 정부들은 관련 시민사회 조직들과 활동가들에 대한 공공연한 사찰과 통제(기소)로 대응했는데, 특히 이른바 '4대강 개발'(운하사업)에 집착한 이명박 정부의 환경단체 탄압이 극에 달했다. 이러한 과정을 거치면서 시민사회는 평상시의 사회운동과 자율 실천을 넘어 특정 성격(정파)의 정부 출범을 위한 정치적 개입·참여의 필요성을 절감했고, 이는 특히 환경·생태 영역에서 문재인 정부의 적극적인 환경정책, 클린에너지 정책 등으로 연결되었다(이철재·구도완, 2022). 최근에는 이른바 신자유주의적 '위험의 외주화' 추세와 개발시대적 부실공정의 영속화가 맞물려 갖가지 산업재해가 폭증하면서 산업안전이 시민사회의 핵심 의제로 부각되었고, 이에 대응해 중대재해처벌법이 입안·공포되어 그 현실적 적용 과정에서 시민사회, 정부, 기업의 치열한 공박이 이미 시작되었다.

이러한 사안이나 사건들보다 앞서 한국적 신사회운동의 본격화를 알린 것은 복지운동이었다. 사회복지 자체는, 예컨대 박정희 개발독재 시대에도 장기적 '복지국가' 건설에 대한 정치적 언급과 이에 맞물린 '선성장 후분배' 정책 논리의 대상이었고, (재)민주화 이후 노태우 정부의 본격적 복지국가 노선 천명이 있었다. 또 다양한 학계·민간 복지전문가들이 정부와 민간사회(복지서비스 공급자)를 아우르거나 가교 역할을 하면서 국가 활동으로서 사회복지는 꾸준히 실행되어 왔다. 그러나 20세기 중반의 (복지 최소화) 공급주의 개발경제 논리가 신자유주의 반(反)복지 경제 논리로 이어지면서, 민주화 이후 김영삼의 이른바 문민정부하에서 아류 박정희식 개발체제로 인해 경제성장 및 국민소득 향상 수준과 동떨어진 사회보장체계가 방치되었다. 이에 대해 지금의 참여연대를 시민사회의 주축으로 확립시킨 국민생활최저선 확보운동이 매우 전략적이고 효과적으로 추진되었다. 국가의 선언적(구두선적) 복지 표명에 대해 시민사회는 헌법소원이라는 국가적 사법절차를 이용해 국민기초생활보장법이라는 획기적 사회보장적 빈곤대책을 이끌어냈다(안병영, 2000; 이영환·이정운, 1996). 이러한 성과에도 불구하고, 1997-1998년 전대미문의 국가 금융위기를 거치며 광범위한 실업·빈곤의 발생으로 새로운 복지수요가 폭발했으나 정규직 고용을 기반으로 한 기존의 (대륙유럽식 혹은 '보수적 복지국가' 유형의) 사회보장체계는 오히려 무력화되는 역설적 상황이 전개되었다. 이에 대한 민주정부들의 부실 대처는 이명박의 신개발주의 노선, 박근혜의 한국적 복지국가 노선을 통한 보수세력 집권을 가능하게 한 하나의 요인이 되었다.

조선총독부 통치 시기부터 이승만의 반공자유주의 정권, 박정희·전두환의 개발자본주의 정권, 민주화 이후의 다양한 부류의 신자유주의 정권들은 공통적으로 그 권력 확립의 정당성과 통치 방식의 타당성 제시를 위해 다양한 유형의 '국가자유주의(statist liberalism)' 이데올로기를 시민(혹은 국민)에게 제시하고 주입하려 노력해 왔다. 국가자유주의는 한편으로 사회(시민)에 대한 국가의 자의적 지배하에서 변질된 (특히 '국가보안법'으로 규정된) 억압적 자유주의로, 다른 한편으로 개발자본주의 등 국가가 중심 주체가 된 경제·사회적 자유주의를 모두 지칭할 수 있는데, 군부의 국가자본주의적 개발독재에서 이 두 측면은 긴밀히 결합되었다. 이 질서하에서 역사·사회·윤리 교과서에서부터 관변 뉴스매체 보도에 이르기까지 다양한 기제들이 왜곡·동원되었고, 동시에 각급 교육기관의 서구 자유주의 체제를 정당화하는 제도 매뉴얼로서의 사회과학은 그 결과적인 국가 보조성(관변성?)으로 인해 민족, 민중, 시민의 현실과 의지를 적절히 분석·

대변할 수 없었다.

이러한 지적 공백 혹은 편향을 가장 주도적으로 비판·보완해 온 것은 순수 문화·예술에서 대중문화에 이르기까지 매우 다양하고 활발하게 활동한 문화적 주체들이었다. 이런 맥락에서 수많은 문화·예술인들 및 소속 단체들의 활동은 한편으로 미학·철학적 구성과 표현을 통한 근현대 한국의 역사·사회·민중적 현실에 대한 성찰, 분석, 고발 기능을 주도했다고 볼 수 있으며, 이런 기능에 수반된 지식인 사회운동적 성격으로 인해 일제 식민권력에서, 군부 독재권력, (민주화 이후의) 국가권위주의 권력에 이르기까지 국가적 사찰, 탄압, 격리 조치 및 불이익의 대상이 되기도 했다(Chang, 2025, Ch. 5). 그런데 바로 이러한 문화·예술적 활동들이 한국의 역사·사회·문명적 성격과 현실에 바탕을 둔 창의적 작품성을 통해 발전시킨 일종의 초국적 가치와 효용이 지난 세기 말부터 거의 극적으로 세계 문화계에서 인정받고 범세계적으로 수용되면서 이른바 '한류(the Korean wave)' 현상이 대두되었다. 이에 대한 국가의 개발주의적 혹은 산업정책적 개입 시도(김명수, 2015)가 문화·예술인들의 거부감을 자극하는 역설이 전개되기도 했다. 또한 보수 정부의 문화정책은 그 일환으로서 '균형화 전략'을 채택해 일종의 문화계 소수자인 보수 문화 인사들에 대한 우대 지원을 시도했다(원도연, 2014).[15]

국가자유주의에 대한 또 다른 지식 엘리트 집단의 시민사회적 비판과 저항·극복 노력은 다방면의 자유주의 사회제도 영역에서 전개되어 온 개혁운동들이다. 예컨대 민변, 민언련, 전교조, 민주노총,

15 공교롭게도 노벨문학상 수상자 한강 작가, 아카데미 작품상 수상자 봉준호 감독 등 21세기 한국을 세계적으로 대표하는 핵심 문화인들이 박근혜 정부의 문화계 블랙리스트에 올라 각종 공적 지원으로부터 배제된 바 있다. 물론 이러한 보수 정부의 행태는 박근혜 집권기에만 국한된 것이 아니었으며, 심지어 관련 사안으로 처벌·징계된 인물들이 윤석열 정부의 요직에 재등용되기도 했다.

전공노(전국공무원노동조합), 인의협(인도주의실천의사협의회) 등은 해방 후 미국 주도의 국민국가 중심 세계질서의 일환으로 남한에서 국가를 중심으로 위로부터 전개된 제도주의적 자유주의 근대화 및 이에 수반된 과두적 제도 엘리트 세력의 영속적 득세, 나아가 집권 정치세력들의 독재적 변질을 뒷받침한 자유주의 사회제도들의 왜곡, 변질, 파행이라는 중첩적 '제도위기'에 맞서 개혁운동을 주도해 온 주체들이며 이들의 장기적 핵심 목표는 각 해당 영역 제도들의 시민사회적 기초와 효용을 제대로 확립하려는 것이라고 볼 수 있다(Chang, 2025, Chs. 1-2). 위에서 지적한 대로, 미국 주도의 자유주의 세계질서에 끼워 맞추기 위해 단행된 꺾꽂이식 자유주의 제도 확립의 역사·문명·사회적 기반 결여가 초래해 온 만성적·구조적인 체제 불안정과 역기능을 극복하기 위해 시민사회의 입장과 이익을 대변하려는 (그래서 역설적으로 각 제도 영역에서는 소수집단인) '자유주의 제도 엘리트'들이 각 제도 영역의 국가자유주의적 과두 지배세력을 상대로 치열한 사회운동적 투쟁을 벌이고 있는 것이다.

민주화 이후, 더 정확히는 민주적 신자유주의 시대에 나타난 국가권력의 실정과 파행에 대한 시민사회적 저항의 광장적 표출 방식으로 이른바 '촛불시위(촛불시민항쟁)'가 있다(2008년 촛불시위와 2016-2017년 촛불시위가 모두 여기에 해당된다). 촛불시위의 사회·정치적 성격에 대해서는 다양한 주장과 해석이 있지만(권영숙, 2018; 조대엽·정상호·윤태범, 2022), 몇 가지 분명한 점들이 있다. 첫째, 참여 시민들의 구성에 있어 기존의 노동자들과 시민활동가들뿐 아니라 (예컨대 '유모차 부대'로 대표되는) 다양한 성격의 생활시민들, 자신들의 사회·경제적 고립과 배제에 대한 저항에 나선 청년들, (공)교육체계의 모순에 저항하려는 청년들, 문화·사회적 차별과 탄압에 항의하는 성소수자들에 이르기까지 21세기 들어 개발체제의 신자유주의적 변질 및 한국 사회의 후기근대적(late modern) 복잡성에 수반된 극도로 다종다양한 경제·사회·문화적 소외·희생 집단들이 전국의 대도시에서 자발적으로 모여 시민사회 전체가 도심광장이라는 무대에 (촛불 조명을 매개로) 물리적으로 출현하는 역사적 스펙터클이 거듭 연출되었다. 둘째, 이렇게 모인 시민들 사이에서 정책·이념적 노선을 막론하고 기존의 주류 정치세력, 특히 주류 양당은 환영의 대상이 아니라 거부와 회피의 대상이었다. 심지어 핵심 노조들과 시민단체들조차도 명시적으로 전면에서 시위를 주도하지 못했으며, 다만 시위 행사의 행정·물리적 준비라는 서비스를 제공하는 사회인프라적 기능을 수행했다.[16] 셋째, 촛불시위는 2008년 광우병 소고기 수입, 2016년 박근혜 비선정치라는 기폭제가 있었고 또 당시 집권자의 사과 및 후퇴를 계기로 막을 내렸지만, 실제 표출된 다종다양한 사회적 비판과 요구들은 광장을 벗어나서도 온라인 공간 등을 통해 (영역별로) 지속적인 시민사회적 토론, 소통, 교류의 흐름으로 이어졌으며, 결과적으로 시민사회적 광장이 온라인과 오프라인의 유기적인 상승 효과를 얻게 되었다. 촛불시위를 통해 확인된 사실은, 극도의 사회적 복잡성과 물리적 유동성을 특징으로 하는 일종의 민초자유주의 공동체(subaltern liberal community)가 21세기 한국 시민사회의 한복판에서 발현되어 왔다는 것이다(Chang, 2022a, Ch. 4).

16 이런 촛불시위 현장 분위기를 감안하면, 문재인 정부가 스스로를 '촛불혁명 정부'라고 자칭한 것은 허구적 혹은 기만적이었다(조대엽·정상호·윤태범, 2022). 다만 문재인 정부 출범 후 사후적 여론은 이에 대해 대체로 수용적이었지만, 세대 간 및 지역 간의 뚜렷한 차이가 있었다(『내일신문』, 2021.10.8).

6. 신자유주의 시대 혹은 체제: 국민사회의 종언 혹은 허구, 시민(사회)의 유동성, 세계시민 없는 세계화

국민사회 혹은 시민사회 성원으로서의 한국인들은 갑작스러운 국가 금융위기에 수반된 전례 없는 경제·사회적 혼란 속에서 20세기를 마무리해야 했다. 그들의 21세기는 일제 식민지배, 한국전쟁, 독재정치의 질곡을 성공적으로 극복하고 나아가 괄목할 만한 경제·사회적 성취를 이루었던 지난 세기의 기억을 뒤로한 채, 국민으로서나 시민으로서나 지금까지의 국가 주도 경제·사회 체제의 효과적 작동을 더 이상 기대할 수 없는 불안한 일상으로 점철되고 있다. 이른바 'IMF 경제위기'는 일단 국가경제를 먼저 살려야 한다는 차원에서 (박정희 시대를 연상시키는) 국민(주의)적 동원과 희생으로 이어졌지만, 그 결과로서 구조화된 대량실업 사태, 자영업 인구 폭증, 비정규직 위주의 노동시장 재편, 산업 생산기반의 해외 이전, 가계부채에 의존한 생계 해결은 한국인들로 하여금 개발주의적 국민사회의 해체(증발?)에 직면토록 만들었다.

이러한 상황은 역설적으로 중장년 세대뿐 아니라 청년 세대에 이르기까지 박정희 시대와 같은 개발국가 중심의 경제·사회적 부활을 희구하도록 만들었고, 이른바 '박정희 향수' 속에 3공 기업가 이명박과 박정희의 딸 박근혜가 국민사회의 심리적 재활성화에 기초하여 집권에 연이어 성공했다. 그러나 이들은 자신의 진정한 의지나 역량과 무관하게 금융위기 이후 신자유주의적으로 근본 재구조화되고 세계화된 경제·사회 체제에 대한 국민통합적 혹은 시민참여적 개혁을 수행할 수 없었고, 결국 이른바 '촛불시위(항쟁)'라는 범시민사회적 비판과 저항에 의해 그 통치의 정치적 권위와 기반이 결정적으로 붕괴했다.

'촛불혁명 정부'를 자처하며 집권한 문재인 정부는 애초에 시민사회의 분명한 통합적 지지기반을 가진 것은 아니었지만, 박근혜 국정 파탄의 신속한 뒤처리, 북핵위기의 역발상적 대처로서 남북정상회담 및 북미정상회담의 성과, 코로나-19 팬데믹에 대한 효과적 방역책 및 거시경제적 관리 등을 통해 비교적 안정된 사회·정치적 지지기반을 유지하며 국정을 수행했다. 그럼에도 불구하고 국민사회의 형해화와 시민사회의 유동화에 따른 사회적 혼돈과 신자유주의적으로 왜곡·변질된 개발자본주의 체제의 사회적 부작용에 대한 근본적 대처에는 실패함으로써, 역대 대통령 중 임기 말 최고 지지율 속에서 아무 내용 없는 '정권교체'를 대선 구호로 삼고 검사를 앞세운 집단에게 정권을 내어주는 정치적 수수께끼 속에 퇴장했다(한지원, 2022).

일제로부터 해방된 한국의 자유주의 국가체제 및 사회·경제 질서 확립(도입) 자체가 애초에 제2차 세계대전 이후 미국의 자유주의 세계질서 구축에 맞물린 문명·정치·경제적 세계화의 일환이었다고 볼 수 있다. 하지만, 세계 냉전질서 해체 이후의 이른바 신자유주의 세계화는 초국화된 산업·금융 자본주의 세력의 이해관계에 (서구나 비서구를 막론하고) 국민국가(nation-state)의 권능과 지위가 구조적으로 예속되도록 만들었으며, 이는 1997년 아시아 금융위기에 결부된 한국의 총체적 경제위기를 통해 가장 뚜렷하게 드러났었다(물론 미국조차도 2008년에 자기파괴적 금융위기를 겪었고 그 여파가 북대서양을 건너 여러 유럽 국가들에까지 미쳤다). 한국의 정부, 재계, 사회는 이러한 세계질서의 재편에 저항적으로 대응하려 들지 않았고 또 그렇게 대응할 수도 없었다. 오히려 한국의 위기대응책은 신자유주의 세계화의 전면적 가속화였으며, 이에 수반된 내국인 고용위기 등의 심각한 사회 문제들에도 불구하고 외교, 산업, 금융, 고용, 통신, 문화, 심지어 혼인에 이르기까지 전방위적인 세계화 추세가 대세로 자리 잡게 되었다. 그러나 이러한 추세는 세계화에 대한 한국인, 한국 사회, 한국

정부의 도구주의적 이해와 접근에 내포된 물질·문화적 자기중심성 혹은 자기봉사성의 반증이라는 역설이 있다. 한국인들의 세계시민화가 결여된 도구주의적 세계화는 분명한 세계 시민사회의 부재와 맞물려 한국 및 세계질서의 유동성(fluidity)을 지속적으로 심화시킬 것이다.

보론: 좀비를 탄핵하다

2024년 12월 3일 22시 23분, 한국인들은 방송을 통해 (일부 인사들이 처음에는 '딥페이크'로 의심했을 정도로) 충격적인 대통령 윤석열의 비상계엄 포고를 접했다. 더욱이, 의회 정치활동 금지 등 반헌법적 조항을 포함해 (자유)민주주의 질서 자체를 통째로 부정하는 계엄포고문의 내용은 현실로 받아들이기에는 너무 황당한 것이었다. 계엄군의 국회 공수 과정에서 항공 통제상 지체, 국회 배치 병사들의 의도적 소극성, 경찰의 일시적 국회 차단 해제, 그리고 가장 결정적으로 수많은 비판적 시민들의 국회 앞 결집과 군·경찰에 대한 저항에 힘입어 국회는 여당인 국민의힘의 조직적 비협조에도 불구하고 계엄해제 요구 결의안을 (계엄 선포 2시간 반 만인) 12월 4일 1시경에 신속히 통과시킴으로써 적어도 법적으로는 대통령에 의한 일종의 '친위쿠데타'를 즉시 종식시켰다. 그로부터 열흘 후인 12월 14일 오후 4시에 민주당 중심으로 야당들이 전날 함께 발의했던 대통령(윤석열) 탄핵소추안이 국회 표결에 부쳐져, 재석의원 3분의 2를 넘긴 204명의 찬성으로 통과되어 대통령 직무가 자동 정지되고 헌법재판소에서 탄핵심판 심의가 개시되었다.

대다수 시민들이 '2024년의 현실'로서 쉽게 받아들이지 못했지만, 사실 이 일련의 사태는 그로부터 8년 전인 2016년 후반의 한국

정치 상황과 매우 흡사했다. 대통령 박근혜의 직무태만과 국정농단, 이에 대한 범시민적 비판과 항의, 정치적 궁지에 몰린 권부(權府)의 친위쿠데타(비상계엄) 계획, 궁극적으로 상당수 여당 국회의원들까지 동참한 대통령(박근혜) 탄핵안 가결 및 헌법재판소의 탄핵 확정으로 이어지는 과정은 윤석열의 정치적 말로와 크게 다르지 않다. 당시 여당이었던 국민의힘이 이른바 '탄핵 트라우마'를 거론하며 윤석열 탄핵을 조직적으로 거부했지만, 이는 역설적으로 박근혜 집권기와 윤석열 집권기의 유사한 정치적 비정상성과 파국성을 드러내는 것이다.

그 유사성이란 자체적인 정치·정책적 어젠다가 불분명한 (행정부) 집권세력이 과거 군부의 권위주의 개발독재 질서의 파생물로서 국가 사법(폭력)기구의 정치적 종속, 일부 지역(영남)·세대(장노년)의 (수구적이라기보다는) 허구적 보수성 등에 기대거나 영합해 국정을 '권위주의적 무책임성'으로 일관하고, 이에 수반된 잇따른 사회·경제적 위기들이 시민들로 하여금 국가권력의 압박 및 교체를 위한 직접민주주의적 광장정치에 나서게 한 것이다. 이는 21세기 한국의 민주주의가 오래전 지나간 역사로 여겨졌던 극우 군부독재의 정치문화적 유제로 간주될 수 있는 일종의 좀비(zombie)적 인물, 정파, 지지층에 의해 형해화(形骸化)되어 왔음을 의미한다. 한국인들은 2014년 4월 세월호 침몰 사고가 났을 때, 2024년 12월 난데없는 비상계엄이 선포됐을 때, (딥페이크는 아니지만) 역사적 좀비에 의해 통치되고, 아니 학대받고 있었다.

이런 관점에서 보면, 박근혜 정부 및 윤석열 정부의 퇴진은 '좀비에 대한 탄핵'을 통해 이루어진 것인데, 이것이 또 다른 좀비의 출현을 근원적으로 방지하는 조치가 되지 못한다는 딜레마가 있다. 사실, 박근혜 탄핵을 통한 '정상적' 민주주의 정치의 회복은 이후 문재인 정부의 표면적 안정성에도 불구하고 윤석열 정부의 등장과 파행으로 이어졌다. 2016-2017년 '촛불항쟁'과 1987년 민주화 항쟁의 주역인 시민들의 관점에서 보면, 2024년 12월의 비상계엄 내란 사태에 대한 시민적 비판과 저항은 (산꼭대기에서 반대쪽으로 다시 떨어지게 될 바위를 밀고 올라가는) 일종의 시시포스(Sisyphus)적 형벌로 보일 수도 있다. 그래서 수많은 촛불 기성세대가 맹추위 속에서 국회 앞을 포함해 전국에서 응원봉을 든 젊은 세대에게 미안함을 표시했고, 음료와 김밥의 선결제 릴레이가 이어졌다.

이러한 '좀비정치' 시대의 극복은 일차적으로 정책·이념적 차원에서 (21세기적) 정상성을 가진 보수 정치세력과 정당이 확고히 자리잡아야 일말의 기대라도 할 수 있다. 이러한 변화가 없으면, 좀비 정파가 그들의 지지층마저 좀비화시켜 상식적이고 생산적인 국정 대신에 허구적 사회 분열과 반목을 확대재생산시키는 정치적 혼란과 위기가 막연히 지속될 것이다. 탄핵 표결을 앞두고 국회에서 '1인 시위'를 벌이던 국민의힘 김상욱 의원의 간절한 호소는 "더 이상 좀비로 남지 말자"라는 절박한 외침으로 들렸다.[17]

그러나 동시에 자칭 '민주(당)' 정치세력도 이러한 좀비정치의 재생산에 대한 책임으로부터 자유롭지 못하며, 스스로 (주류 양당의 적대적 담합 정치를 통해) 그러한 좀비성을 공유하고 있지는 않은지 자문해 봐야 한다. 특히 문재인 정부는 노무현 정부에 이어 집권기 동안 신자유주의적 불평등, 빈곤, 소외에 시달리는 서민들을 과학적이고 혁신적인 정책노선에 기초해 정치적 지지기반(political constituencies)으로 다지는 데 실패했으며, 심지어 청년세대의 신뢰조차 얻지 못했다. 궁극적으로 이는 문재인 정부에 대한 반란적 공격에

---

17 이에 반해, 이미 스스로가 정치적으로 충분히 실패했던, 같은 당 일부 고참 정치인들의 갑작스러운 윤석열 비호는 좀비정치에 대한 기회주의적 의존 내지 기대로밖에 볼 수 없다.

기초해 보수세력의 환심을 얻어 좀비정치의 새로운 스타로 급조된 윤석열의 대통령 당선을 가능케 했다. 사실 최근 민주당의 주요 지지 기반인 호남도 보수 정파의 좀비정치에 따른 반사이익으로서의 성격이 상당히 강하며, 이에 대한 호남사회의 불편한 심기가 일부 총선에서 분명히 드러난 바 있다. 보수, 진보, 중도를 막론하고 시민과 사회를 과학적으로 대표(representation)하지 못하는 정파는 결국 기회주의적 좀비정치에 미련을 가질 수밖에 없다.

제5장

삽목(揷木)민주화, 압축산업화, 노동(계급)정치

1. 서론

20세기 서구 민주주의에서 가장 중요한 역사적 사건은 조직화된 노동계급의 주류 정치세력화일 것이다. 대다수 서구 사회들에서 근대적 산업화와 대규모 노동계급의 등장에 따라 노동자집단에 계급적 기반을 둔 정치 이념과 조직의 발전이 정치 발전사의 핵심적 측면으로서 인식되었다. 특히 조직화된 노동계급과 제도권 민주정치의 관계는 전국적인 노조 총연맹 조직과 노동자계급 정당 사이의 관계로 구체화되어 왔다. 노동자정당과 노조는 노동운동이라는 "한 어머니의 아이들(the children of one mother)"로서, 공식적이든 비공식적이든 긴밀한 연계를 갖고 정치사회에 참여해 왔다(Taylor, 1989).

이러한 서구(서유럽)의 경험이 한국과 같은 비서구 지역에 그대로 적용되기 어렵다는 점은 새삼 지적할 필요가 없다. 그러나 한국의 경험은 서구에 비해 매우 독특하다. 우선, 한국의 노동운동은 사회적으로는 영향력이 적지 않다. 이승만 정권기에서 군부독재 시대에 이르기까지, 대한노총에 이어 한국노총으로 대표되는 전국 노조 조직이 노동자들의 자주·민주적인 조직이 아니라 정치적 어용 조직으로서 국가의 노동인구에 대한 통제·관리 기제로 기능해 온 것이 사실이다. 그러나 한국이 본격적 민주화 과정에 접어든 1987년 이후 노동운동이 급속히 대중화된 이래, 노동조직의 헤게모니는 어용 노조기구가 아니라 '민주노조운동'으로 넘어갔다. 적어도 그 이후에 한국의 노동운동은 여타 비서구 사회들과는 달리 국가로부터의 자율성과 밑으로부터의 동원 능력을 보여 주었을 뿐 아니라 사회 전체의 민주화 과정에서도 중요한 역할을 수행했다. 더욱이 이러한 사회·정치적 활동성과 동원 능력은 노조 조직의 발전으로 이어져, 1995년에는 전국적 노조 총연맹인 전국민주노동조합총연맹, 즉 민주노총이 설립되기에 이르렀다. 민주노총은 전체 노동인구에 대한 조직률에 비해 매우 높은 내부적 동원 능력과 사회적 영향력을 자랑하며, 특히 1996-1997년에 노동법 '날치기 개정'을 둘러싼 총파업 투쟁을 성공적으로 이끌어 냄으로써 세계적 주목을 받는 강력한 노동운동 세력으로 자리잡게 되었다(Moody, 1997; Koo, 2001).

이처럼 한국의 노동운동이 막강한 사회적 위력을 과시한 데 반해, 노동자정당의 '정치사회(political society)' 혹은 제도권 정치에서의 위상은 미약하기 짝이 없다. 그동안 노동계급을 기반으로 한 정치사회 진입 시도가 없었던 것은 아니다. 노동운동가들이 주축이 된 민중당의 1992년 총선 참여, 민주노총 위원장의 1997년 대통령선거 출마, 민주노총 주도로 결성된 민주노동당의 2000년 총선 및 2002년 대통령선거 참여 등이 대표적인 예라고 할 수 있다. 이러한 정치적 시도들은 매우 실망스러운 결과만 내놓았다. 21세기에 접어들어서도 한국의 노동자정당은 국회 등 공식 정치의 장에서 뚜렷한 입지를 확보하지 못했고, 각종 선거에서 득표율은 항상 기대보다 훨씬 저조했으며, 그 정체성조차 정의당으로의 개칭으로 흐려졌다(이런 맥락으로 인해, 2024년 총선에서 정의당의 의석 획득 실패는 역설적으로 노동자 계급정치에 제한적인 구조적 충격만을 미쳤다). 한마디로 말해, 정치사회 영역에서 노동계급 조직의 위상과 영향력은 거의 무시할 수 있는 수준에 머물러 왔다.

이처럼 한국의 노동자들이 노조 활동에 매우 적극적이고 상당한 성과를 거둔 반면, 정치세력화에는 지지부진한 이유는 무엇인가. 가장 흔한 설명은 노동계급의 정치의식 미성숙을 탓하는 것이다. 그러나 이는, '산업화에 따른 노동계급의 성장 → 노동운동의 강화 → 노동계급 정치의식의 발전 → 노동자 정치세력화'라는 단선적 이론 모형을 답습한 것이다. 즉, 노동운동 강화의 초기에는 즉자적(卽自的)인 경제적 이익을 위한 노조 활동에 주력하지만, 차츰 노동운동과 계급의식이 '성숙'해짐에 따라 주요한 정치적 세력으로 성장해 간다는 시각이다(Valenzuela, 1991). 이 시각에서 노동자 정치세력화의 핵심적 관건은 노동운동의 발전 정도이며, 따라서 노동운동의 충분한 성숙을 가로막는 몇몇 요인들을 제거하면 노동자의 정치세력화가 얼마든지 가능해진다는 것이다.

이러한 요인들에 대해서는 다양한 분석이 이루어졌다. 외부적 요인으로는 국가의 억압, 냉전 이데올로기의 영향 등이 주로 거론되었고, 내부적인 문제로는 분산화된 노조체제로 인한 계급적 정치의식 제고의 어려움, 노동운동 세력 내부의 분열 등이 지적되었다. 이들이 각각 중요한 작용을 한 것은 사실이지만, 이는 상대적으로 미시적인 문제들일 뿐 아니라 지나치게 단선적인 노동운동 발전관에 근거하고 있다. 이 시각에서 보면 문제의 관건이 노동운동의 '발전 정도'인데, 이처럼 노동운동 자체에만 주목하는 일면적 시각으로는 한국의 노동계급이 막대한 사회적 영향력에도 불구하고 정치사회 진입에 번번이 실패했던 근본 원인을 밝히기 어렵다. 1995년 이후 민주노총이 제도적으로 인정받고 조직적으로 안정화한 것에 비교해 본다면, 산업사회 및 시민사회 영역에 비해 정치사회 영역에서 노동자계급의 영향력은 쉽게 이해하기 어려울 정도로 미약한 것이다. 이러한 맥락에서 본 장은 노동의 정치세력화에 노정된 난관을 노동운동 자체의 발전 정도나 국내외 조건에 돌리는 것이 아니라, 한국 사회 전체에서 시민사회 및 산업사회로부터의 정치사회의 '탈구(dislocation)'라는 거시적 측면에서 고찰하고자 한다.

흔히 전체 사회를 정치사회, 시민사회, 산업사회라는 세 영역으로 나눌 때, 정치사회는 국가의 정치적 의사결정이 이루어지는 영역을 의미하고, 산업사회는 산업구조, 즉 경제적 토대의 영역을 의미하며, 시민사회는 시민들의 자율적 사회관계와 사회운동의 영역을 의미한다. 정치사회 영역의 행위주체는 집합적으로는 정당과 국가기구, 개인 수준에서는 정치인과 관료들이 될 것이고, 산업사회 영역의 주체는 생산에 가담하는 조직과 개인이 될 것이며, 시민사회 영역의 주체는 정치·사회적 자율성을 가진 시민들과 각종 자발적 조직체들이 될 것이다. 마르크스주의적 사회구성론의 원리에서 보면, 경제적 토대 혹은 산업사회 영역이 시민사회 영역의 기반이 되고, 또 정치사회 영역은 시민사회 영역에 기반하게 된다. 그러나 한국 사회에서 사회 영역들은 이러한 일반적 원리와는 다르게 매우 불규칙하게 접합(분리)되어 있다.

구체적으로 말해, 한국에서 정치사회는 시민사회를 해체함으로써 성립된 이후 지속적으로 시민사회의 성장을 억압했고, 시민사회와 산업사회가 병렬적으로 성장해 왔지만 상당한 상호 배타성이 지속되고 있으며, 산업사회는 정치사회로부터 꾸준히 배제되어 온 것이다. 이 장은 이러한 사회 영역들 사이의 부조화 내지 부정합성을 '탈구'로 개념화하고 이를 바탕으로 노동운동의 사회적 성공과 정치적 좌절을 설명하고자 한다. 정치사회가 시민사회로부터 근본적으로 유리되어 있고 시민사회는 산업사회(계급)의 성장을 이념·조직적으로 충분히 수용하지 못하는 상황 때문에, 한국의 조직 노동세력은 산업현장과 사회에서 국가와 자본을 상대로 막강한 투쟁력을 과시하면서도 막상 제도화된 정치세력으로서 확고히 뿌리내리지 못하고 있다는 것이다.

이러한 사회 영역들 사이의 탈구는 한편으로 현대 한국 사회의 핵심적 특질인 '압축근대성'의 중요한 측면이며, 다른 한편으로 이른바 냉전체제에 복잡하게 얽혀 있는 현상이다. 해방공간을 곧바로 뒤틀어 놓은 냉전질서는 남한에서 사회주의 성향의 시민사회를 무자비하게 해체시킨 후 미국식 민주주의 체제를 일순간에 이식시켰으며, 이를 사회적 혹은 계급적 기반이 결여된 대미 종속적 엘리트 집단의 정당들로 운영해 나갔다. 한편으로 근대적 시민사회 태동의 움직임이 좌절되고 다른 한편으로 제도상 선진민주주의가 자리 잡는 모순 속에서 '제도기생(institutional parasitism)'적이고 '자기봉사적인(self-serving)' 정치사회가 탄생했다. 이후 박정희 시대부터의 압축적 고속 산업화는 대규모 노동계급의 급속한 형성과 고학력 중산층 집단의 급격한 팽창을 가져왔고, 노동자들에게는 노조를 통한 사회적 조직화 및 투쟁의 욕구를, 일반 시민들에게는 정상적 민주정치 질서 회복의 욕구를 심화시켰다. 결과적으로 산업사회와 시민사회의 동반 발전이 이루어진 것인데, 문제는 이것이 정치사회의 질적 변화와 전혀 조응되지 못했다는 데 있었다. '무늬(형식)'만 민주주의인 정치사회는 막강한 사회적 투쟁세력인 조직노동을 철저히 배제해 왔으며, 이에 대해 노조 자체나 노조 기반 정당이 그다지 효율적으로 대처하지 못했다.

2. 사회 영역들의 분리: 압축적 산업화와 냉전체제

1) 시민사회 없는 정치사회

민주주의적 정당과 정치는 원칙적으로 시민사회 영역에서 다양한 이념 및 이해관계를 통해 구성된 세력들을 대표해야 한다. 즉, 정치사회는 시민사회를 반영하고 대표해야 한다. 그러나 한국에서 정치사회와 시민사회의 관계는 이러한 전제에 반하여 굴러왔다고 할 수 있다. 한국의 정치사회는 그 태생부터 시민사회에 기반을 두지 않았을뿐더러, 사실상 시민사회를 제거하는 과정을 통해 탄생하고 유지되어 온 것이다. 이러한 역설은 무엇보다도 냉전체제의 결과이다. 한반도 남북 양측의 국가 건설과 체제 유지가 세계적으로 미소 냉전의 전진기지 역할을 통해서 이루어졌다는 것은 주지의 사실이다. 여기에서 중요한 것은, 냉전체제의 대리인으로서 강성의 우익과 좌익이 남과 북에서 각각 국가권력을 장악하는 과정에서 사회에 존재하던 반대 이념과 세력을 무자비하게 제거하게 되었고, 그 결과 초기 형성 과정에 있던 시민사회적 요소들이 급작스럽게 소멸하게 되었다는 점이다. 이러한 문제는 특히 남한에서 많은 혼란을 야기했는데, 일제의 자본주의적 식민지 착취에 대응한 민족적 저항전선이 다른 대다수 식민지 사회들에서처럼 자연스럽게 사회주의적 성향을 띠어 왔기 때문이다.

한국의 현대사에서 정치사회 영역이 시민사회를 제거함으로써 구성된 중요한 계기들로는 구체적으로 다음의 세 가지를 들 수 있다. 그 첫째는 해방 후 조선건국준비위원회의 해체와 미군정의 실시, 그리고 미군정을 후견으로 한 정부 수립의 과정이다. 1945년 일본의 군국주의적 식민지배로부터 해방되면서 한국인들은 역사상 처음으로 근대적이고 민주적인 '시민(citizen)'이 될 수 있는 기회를 맞이했다. 근대적 시민사회를 형성할 능력이 부족하지 않았다는 점은, 해방 직후 조선건국준비위원회와 인민위원회라는 자치기구와 조선노동조합전국평의회, 전국농민조합총연맹 등 노동자·농민 조직이 급속하게 한반도 전역에서 조직되었다는 사실에서 드러난다. 실제로 미국과 소련의 군대가 남과 북에 각각 진입·주둔하지 않았다면, 이러한 시민사회적 기반을 바탕으로 정부 수립이 이루어졌을 가능성이 크다(박명림, 1996). 그러나 남한에 진주한 미군이 군정을 실시하며 다분히 사회주의적 성향을 띤 시민사회적 조직들을 강압적으로 해체시키면서 그러한 가능성은 사라졌다(물론 북한 지역에 주둔한 소련군의 역할도 이와 마찬가지였다). 1948년 대한민국 정부 수립으로 탄생한 이승만 정권은 한국인들 이상으로 미군정에 의한 정치적 선택의 결과였다(Cumings, 1981).[1] 한국 최초의 민주적 공화주의 정부는 수립 과정부터 사회적 모순을 내포하게 되었다. 그것은 미군정의 연장선상에서 그 후견하에 세워진바, 한편으로 (미국을 모방해 만든) 헌법과 공식적 정치제도상으로는 당시 세계적 기준으로도 최선진적인 민주공화정치를 지향했으나, 다른 한편으로는 근대적 시민사회의 기틀을 원천적으로 해체하는 과정을 전제로 한 것이다.

한국의 시민사회가 제거된 두 번째 계기는 한국전쟁이다. 한국전쟁은 두 가지 측면에서 시민사회를 형해화시켰다고 볼 수 있다. 우선, 전쟁은 말 그대로 시민사회의 근간이 되는 풀뿌리 공동체를 붕괴시켰다. 전쟁으로 인한 대량 사상과 인구 이동에 따라 사회의 토대를 이루고 있던 지역공동체는 근본적으로 교란·해체되었다. 그뿐 아니

---

1 전쟁으로 인한 전사자와 민간인 사상자의 추산은 연구자에 따라 다르지만 대략 남한에서 200만 명가량이 되는 것으로 추산되고 있다(김동춘, 2000). 피난민으로서 지역을 떠난 사람들의 숫자는 전쟁 전 기간에 걸쳐 1,000만 명이 넘을 것으로 생각된다(서중석, 2000). 그 외 전쟁에 의한 실업과 생계 기반의 파괴로 전후에 거주하던 지역을 떠나 이동한 사람도 막대한 숫자가 될 것이다(김동춘, 2000).

라 남북 양군의 점령에 따른 부역자 색출과 처벌의 과정에서 평상시 대면관계에 있던 이웃과 친지조차 서로 의심하고 경계해야 하는 상황이 되면서 공동체성은 심각하게 훼손되었다(김동춘, 2000). 다음으로, 전쟁으로 인해 반공 이데올로기가 정치적으로 강화되고 일상적으로 내면화되었다는 점이다. 한국전쟁 이전에도 이승만 정부는 반공주의를 내세웠지만, 전쟁은 단순히 지배 이데올로기로서의 반공이 아니라 공산주의 북한을 '적군'으로 체험하게 만들었고, 그 경험은 전쟁이 휴전이라는 형태로 (미)봉합됨에 따라 일상적 반공 신념으로 전화되었다(이수인, 1994). 이렇게 전쟁의 경험을 통해 내면화된 반공주의는 시민사회의 이념·정치적 스펙트럼을 극도로 제한해 '시민사회적 기반 없는 정치사회'의 존속에 중요한 역할을 했다. 시민사회 영역은 다양한 정체성, 사상, 이해관계로 구성되어야 함에도 불구하고, 반공이라는 절대 이데올로기의 한계 내에서 지식인이든 민중이든 이념적 자율성을 가질 수 없었다. 정치적 반대 세력이나 시민 일반에 대한 매카시즘적 통제가 잠재화된 상황에서 반공은 자기검열의 정치적 의무가 되었다. 이러한 문제는 군부정권의 등장에 의해 결정적으로 강화되었다.

1961년의 박정희에 의한 군사정변은 시민사회를 제거하고 정치사회가 성립한 세 번째 계기가 되었다. 1960년의 4·19혁명은 도시 지식인 중심의 시민사회 형성 조짐을 드러냈다. 1950년대 동안 산업화는 지지부진했으나 상대적으로 도시화는 급속했으며, 이렇게 성장한 도시들에서는 민주주의 교육을 바탕으로 지식인적 시민사회의 기반이 형성되었던 것이다(박명림, 1998). 따라서 이승만 정권을 붕괴시킨 4·19혁명은 이러한 시민사회 영역에 기반을 둔 정치사회 형성이 시작될 수도 있었던 기회였다. 그러나 이 가능성은 1961년의 군부 쿠데타로 사라졌다. 비슷한 상황이 1980년에도 반복되었는데, 박정희의 암살 직후 일시 분출되었던 시민사회적 이해관계와 요구들은 신군부의 쿠데타에 의해서 폭압적으로 통제되었다. 쿠데타로 집권한 군사정부가 시민사회적 기반을 갖지 못하고 오히려 시민사회를 억압하려 드는 것은 당연한 현상이지만, 한국의 상황에서는 냉전체제의 영향으로 인해 이러한 현상이 특히 두드러졌다. 시민사회 영역에서의 정체성과 이해관계는 모두 반공이라는 국시(國是)에 종속되어야 했기 때문에, 반공주의는 군부정권이 정치적 정당성의 결핍을 숨기고 권력을 유지하며 이에 반대하는 시민사회 세력을 탄압하는 데 가장 유용한 이데올로기적 도구로 기능했다.[2]

이처럼 대미종속과 냉전체제의 영향으로 인해 한국의 정치사회는 그 시초부터 시민사회를 제거함으로써 구성되었다는 역사적 역설 위에 서게 되었다. 시초가 역설적이었을 뿐 아니라 이러한 조건들에 의해 정치사회가 시민사회로부터의 자율성을 장기간 유지하는(혹은 시민사회가 정치사회로부터 장기간 배제되는) 결과가 나타났다. 우선, 분단, 전쟁, 군사정권의 역사는 국가기구와 관료 세력의 과잉팽창을 가져왔다. 해방 직후 계급갈등이 격렬했던 시민사회를 제거하려는 미군정과 이승만 정부의 전략에 따라 국가기구가 비대화되었

2 일례로, 최근 의문사진상규명위원회가 진상을 규명·발표한 '인혁당 사건'을 들 수 있다. 1974년 박정희 정권은 유신반대 시위의 배후에 대학생 조직인 민청학련(전국민주청년학생총연맹)과 북한의 지령을 받는 인민혁명당 재건위가 존재한다고 발표하면서 254명을 구속하고 180여 명을 기소했다. 당시 기소된 사건 관계자의 대부분은 대학생과 교수, 종교인 등 시민사회적 지식인이었으며, 이 중 8명이 1975년 대법원에서 사형 선고를 받고 그다음 날 바로 사형이 집행되었다. 이 사건은 냉전 이데올로기를 빌미로 시민사회 내 반대 세력을 탄압한 만행의 전형을 보여 주고 있다. 인혁당이 북한의 지령을 받는 조직이라는 점이 가장 결정적인 구실이었으나, 민주화 이후 의문사진상규명위원회의 발표에 따르면 이는 정부의 조작이었던 것으로 드러났다(『프레시안』, 2002. 9. 13). 말하자면, 이는 정당성을 결여한 유신체제가 냉전 이데올로기를 이용하여 반대 세력을 무자비하게 탄압한 사건이었던 것이다. 인혁당 사건 외에도 1967년의 동백림 사건 등 1960년대부터 1980년대까지 군부 정권이 각종 북한 연계 조직이나 간첩단 사건을 조작함으로써 시민사회 내 정권 반대 세력의 탄압에 냉전 이데올로기를 이용한 사례는 무수히 많다.

고, 이는 전쟁을 통해 더욱 강화되었다(김동춘, 1997). 이후 '한강의 기적'이라고 불린 압축적 산업화도 토착 자본가 같은 사회의 민간 경제계급에 의해 선도된 것이 아니라 북한과의 체제 경쟁을 염두에 둔 국가관료 주도의 발전모형에 기반한 것이었다. 즉, 이승만 정권에서부터 박정희 이래의 군사정권들에 이르기까지 국정은 대통령 통제하의 관료집단에 의해 거의 전적으로 관리되었다(앞의 3장 참조). 시민사회를 제거·배제함으로써 자리 잡은 정당과 정치인들은 막상 정치사회 내부에서는 집권자를 중심으로 한 국가관료 집단의 헤게모니를 허용해야 했으며, 이 현상은 박정희 이후 군사정권의 관료적 권위주의 경제개발 시대에 특히 분명하게 드러났다.

그럼에도 불구하고, 외견상 정당 중심의 대의정치가 유지된 이유는 한국 정치사회의 모델이 미국으로부터 이식된 역사적 현실에서 찾을 수 있다. 앞서 언급했듯이, 정부 수립 때부터 공식적인 정치제도는 공화주의적 정당정치를 지향하고 있었다. 지배 이데올로기로서의 반공과 짝지어진 친미 노선은 전통적 정치질서에 대비한 미국식 민주주의 제도의 우월성에 그 정당성의 근거를 두고 있었으며, 다양한 친미 지식인들이 이를 지지하고 나섰다. 즉, 한국의 정치사회는 민주주의 제도를 쟁취하려는 시민들의 투쟁 과정에서 발전한 것이 아니라, 민주주의적 정치제도의 형식이 타율적으로 이미 주어진 상태에서 시작되었다(박명림, 1998). 해방 이후 한국 사회를 지속적으로 규정한 세계적 냉전체제와 이에 따른 한국의 대미 종속성은 근대적 시민사회의 싹은 제거한 반면 선진적 민주정치 제도는 일거에 이식시키는 역설적인 상황을 낳은 것이다. 이것은 결국 근대성의 사회 영역 간 탈구로 귀결되었다. 즉, 시민사회는 급거 해체되고 정치사회는 제도상으로 과잉 근대화되는 현상이 나타났다.

이에 따라 정당 중심의 대의정치는 외형상 계속 재생산되었는데, 이러한 정당들은 다음과 같은 중요한 특징을 갖게 되었다. 우선,

정당들은 시민사회적 기반을 갖고 아래로부터 조직된 것이 아니라 제한적 엘리트 집단 사이에서 외세 편승과 권력투쟁을 바탕으로 위로부터 조직되었다. 이렇게 만들어진 정당과 여기에 참여한 정치인들의 목적은 정당의 이념과 정책을 통한 국가 통치보다는 국가기구 내의 자리를 배분받거나 획득하는 개인적 욕망에 있는 경우가 다반사였다. 헨더슨(Gregory Henderson)의 표현에 따르면, 한국에서 "정당의 목적은 지배가 아니라 지배로 가는 길이었다"(Henderson, 1968). 이것은 여야 간에 구분이 없는 현상이었다. 한국 정당들의 놀라운 이합집산의 역사와 '정치철새', '사쿠라' 등의 정치 언어에 드러난 정치인들의 약은 행태는 이 문제를 잘 드러내 준다.

이러한 상황에서, 정치인들의 기반은 시민사회가 아니라 정치제도 그 자체라고 할 수 있다. 정당과 정치인들의 계급적 혹은 시민사회적 기반을 추출해 내려는 연구 작업들이 없었던 것은 아니지만, 현실에서 정치인들의 역사적 존재 근거는 계급적 혹은 시민사회적인 세력 기반이라기보다는 그 자체로 작동하고 재생산되는 정당정치 제도였던 것이다. 이들이 민감한 계급적 혹은 시민사회적 문제들을 다룰 때조차도 관련된 사회집단들을 대변하거나 동원하여 처리하는 것이 아니라, 정당 보스의 정치적 타산과 같은 주로 정치사회 영역 내부의 논리와 이해관계가 지배해 왔다. 결국 이러한 정치인들은 '제도기생'에 주력하는 일종의 정치귀족적 속성을 가지고 있다(Chang, 1999a).[3] 이들에게 있어 시민사회를 대표·지도하는 기능은 희소하며, 정당정치 제도라는 배타적 메커니즘 속에서 자신의 이익을

3 이러한 '제도기생'의 속성은 한국 사회의 종속적이고 압축적인 근대성의 핵심적 측면으로 대다수 전문가 집단에서 보편적으로 나타난다. 예를 들어, 의약분업 갈등, 사법개혁 갈등 등에서 나타났듯이 전문가 집단들은 자신들의 지위를 규정하는 제도의 역사적 형성 과정에 참여한 적도 없고 아예 이에 대한 지식 자체도 결여된 상황에서 제도 변화가 초래할 권익(혹은 지대) 훼손에만 극단적으로 민감해져 숙의와 토론보다는 물리적 실력행사에 나서는 경우가 다반사이다.

추구하는 것이다. 따라서 이들의 행위는 정치사회 영역 내의 제도에 일정한 지분을 차지함으로써 이익을 얻는 '지대추구(rent-seeking)' 행위에 가깝다. 즉, 이들은 시민사회를 대표하여 정치사회에 진입한 것이 아니라 과잉 근대화된 정치사회 영역의 제도를 통해 스스로를 임명해 왔고 철저히 자기봉사적인 정치 행태로 일관해 왔다.

2) 산업사회와 시민사회의 성장 및 정치사회의 탈구

1960년대 이후 한국은 세계적으로 유례없는 고속 산업화와 경제성장의 길을 걸은 결과, 30년이 채 걸리지 않아 전형적 농경사회에서 대표적 산업사회로 전환했다. 본격적인 산업화에 막 돌입하던 시기인 1963년에 농림어업 분야의 취업자 비율이 63.0%에 달했으나, 1971년에 48.2%로 처음으로 절반 이하로 떨어졌고, 1989년에는 19.6%로 2할 이하로 떨어졌으며, 이른바 'IMF 경제위기'를 맞은 1997년에는 11.0%로 열에 하나를 겨우 꼽을 정도가 되었다(통계청, 1998: 99). 이 기간 동안에 제조업 취업자 비율이 괄목할 정도로 늘어 1963년에 7.9%에 불과하던 것이 1988년에는 28.5%로 최고 수준에 달했다. 서비스업 취업자 비율은 1963년에 28.3%였으나 1985년에 50.6%로 처음으로 절반을 넘어섰고, 1997년에는 67.6%에 달해 완연한 서비스경제 시대가 되었다. 이러한 산업구조 급변은 인구의 폭발적 도시집중으로 이어졌다. 1960년 전체 인구 2,499만 명 가운데 시 거주 인구는 28.0%에 불과했고 읍 거주 인구는 9.0%, 면 거주 인구는 63.0%였던 것이 1980년에는 전체 인구 3,744만 명 가운데 시 인구가 57.3%로 급증했고, 읍 인구는 12.1%, 면 인구는 30.6%로 나타났으며, 2000년에는 4,727만 명 인구 가운데 도시(동부) 인구 79.7%, 농촌(읍·면부) 인구 20.3%로 완연한 도시 편중 사회가 되었다(통계청, 2000: 41).

이러한 압축적 산업화와 도시화의 와중에 노동인구의 양적 증가와 사회적 변화는 매우 급속히 진행되었다. 1970년대까지 한국 산업화의 주축을 이룬 여성 노동자는 저학력의 10대와 20대가 절대다수를 차지했으며 농촌에서 주로 충원되었다. 반면, 1970년대 중반 이래 울산, 창원 등 소위 영남벨트를 따라 건설된 공업 도시의 중공업 노동자들은 대부분 남성이었다. 1980년대 중반에 이르면 농촌에서의 "무제한적 노동력 공급"(Lewis, 1954)이 마감되어 노동계급적 출신 배경을 가진 프롤레타리아 1.5세대 내지 2세대가 노동인구의 주축을 이루게 되었다. 노동자들의 학력은 지속적으로 높아졌으며, 중공업 부문의 대기업 노동자들의 경우는 고학력화가 특히 확연했다(Koo, 2001). 이러한 노동자계급 구성의 변화는 노동인구의 증가에 못지않은 사회·정치적 중요성을 가지고 있었다. 즉, 노동자로서의 사회적 정체성을 확고히 가지고 있으며, 대규모 작업장에서 동질적인 (반)숙련 노동을 하고, 밀집한 거주지에서 공동의 생활문화를 형성한 노동자계급이 산업사회 영역에서 핵심 사회주체로 등장한 것이다. 이들은 국가와 자본을 상대로 공격적이고 조직화된 집단행동을 통해 이해관계를 증진시킬 수 있는 조건과 실력을 갖추게 되었다. 이는 매우 짧은 기간 내에 한국의 노동자계급이 서구와 비견될 만큼 사회·정치적으로 성숙하게 되었음을 의미한다.[4]

한편, 시민사회 영역도 성장하기 시작했다. 한국의 산업화는 산

---

4 대공장의 집단 노동, 동일한 거주지와 생활문화, 어느 정도 안정적인 고용, 가족생계부양자로서 남성 임금노동자 등은 서구 노동운동이 뿌리를 두고 있는 전통적인 노동자상이다(Hyman, 1998). 물론 1960-1970년대 농촌 출신의 저학력 미혼 여성 노동자도 동일한 출신배경과 생활문화, 거주 밀집성 등의 특징을 보여 주며 이것이 1970년대 여성 노동운동의 기반이 되었다고 평가되기도 한다(Koo, 2001). 그러나 한국의 핵심 노동인구가 중공업 부문 남성 노동자로 변화한 것은 여러 가지로 산업사회 영역에서 노동자들을 계급적으로 성숙시켰다고 볼 수 있다. 즉, 중공업 부문의 대공장화 및 밀집화, 고학력화, 출신 배경의 프롤레타리아화, 지속적인 고용 등은 노동자계급 정체성을 강화시키는 중요한 요인이었던 것이다.

업사회 영역에서 전통적인 노동자계급뿐 아니라 잘 교육받은 중산층을 함께 성장시켰으며, 이들은 1980년대까지도 지속된 군부정권에 대해 매우 비판적인 입장을 취했다(한상진, 1991). 시민사회의 발전에 관해서는 특히 두 가지를 지적할 수 있다. 하나는 교육수준의 급속한 향상이다. 1966년 25세 이상의 인구에서 초등학교 졸업 이하의 학력이 79.6%로 절대다수였던 반면, 1995년에 이르면 고졸 이상의 인구가 57.7%로 절반을 넘어서게 되었으며, 대학 졸업 이상의 고학력자도 19.7%로 다섯 명 중 한 명꼴이 되었다(통계청, 1998). 이처럼 현대적 공교육이 신속히 확산되고 그 수준이 제고됨에 따라 한국인들은 전근대적인 가치에서 빠르게 벗어나 근대적 '시민(citizen)'으로서의 정체성을 습득하게 되었다.

이에 관련된 핵심적 현상으로서, 시민사회 영역 내에서 중간계급과 노동계급 사이의 사회·정치적 동맹 관계가 형성·증진되었다. 이 동맹은 주로 두 가지 요인에서 비롯되었다. 첫째, 권위주의적 군부정권은 중간계급과 노동계급 양자 모두에게 공히 억압적이었으며, 따라서 중간계급과 노동계급은 민주화라는 동일한 정치적 목표를 갖게 되었다. 둘째, 한국의 급속한 산업화가 저임금 및 장시간 노동이라는 노동 착취에 상당 부분 기초한바, 노동자들의 열악한 노동·생활 조건을 개선하고 노동자 권리를 증진시키기 위해 지식인들과 학생들이 노동자들과 연대하거나 나아가서는 노동현장에 직접 참여하는 이른바 '학출(學出)' 활동이 1970년대부터 이루어졌다(Koo, 2001). 이러한 요인들에 의해 노동계급과 중간계급은 이념적·정치적으로뿐 아니라 심지어 인적으로도 밀접한 상관성을 갖고 함께 시민사회를 활성화시키고 산업사회를 민주화시켜 나갔다.

시민사회 발전과 관련하여 주목해야 할 다른 하나는 1970년대 및 1980년대 동안 산업사회 및 시민사회가 양적으로 성장했을 뿐만 아니라 질적으로도 정치화되었다는 점이다. 이 시기 동안

계급·이념적인 이해관계와 정체성에 근거한 사회세력들의 정치적 성장과 욕구 증대가 있었음에도 불구하고, 이러한 변화가 제도권 정치사회 내부로 수용될 수 있는 통로가 막혀 있었다. 이는 정상적 상황에서라면 오히려 다양한 분화가 이루어졌을 지식인집단과 중간계급, 노동자계급 사이의 동맹을 강화시키는 결과를 가져왔으며, 이를 바탕으로 산업사회 영역에서의 노동운동은 강한 정치성을 띠게 되었다(Koo, 2001). 신군부의 반민주적 권력 연장 시도로 촉발된 1987년의 정치 상황은 이러한 시민사회 및 산업사회 영역의 양적·질적 발전이 폭발적 양상의 저항으로 표출되는 계기가 되었다. 1987년 6월 항쟁은 정치적 시민권을 되찾기 위한 시민항쟁으로 일컬어질 수 있으며, 당해 7-9월의 노동자 대투쟁은 산업사회 영역에서 핵심 세력으로 떠오른 노동자계급의 정치적 자기확립을 보여 주는 사건이었다. 1987년 이후 시민사회 영역은 다양한 정체성과 이해관계의 구성이라는 본래의 성격에 걸맞게 발전해 갔으며, 각종 이익단체의 활동과 시민운동의 발전은 이를 증명해 준다. 노동운동 역시 전반적으로 보아 안정적인 성장과 조직화의 길을 걸었다.

산업사회와 시민사회의 이러한 격변에도 불구하고 제도권 정치사회 영역의 자기임명성과 자기봉사성은 사라지지 않았다. 한국에서 정상적 정당정치는 1972년 박정희의 유신체제와 1980년 쿠데타로 집권한 신군부 독재에 의해 상당 기간 왜곡·중단되었다. 국회의 각종 헌법적 기능이 심각히 훼손되었으며, 군사정권은 일부 정치인들의 정치활동을 금지시키거나 나아가서는 직접적인 물리적 탄압을 가했다. 그럼에도 야당의 존재는 정치체제의 정당성을 위한 최소한의 조건이었으므로 외견상 정당정치는 유지되었다. 정치인들 중 일부는 회유되어 들러리 격의 어용 야당들이 탄생했다. 이 어용 야당들은 위로부터 조직되고 국가기구의 자리를 배분받기 위한 수단으로서의 정당이라는 한국 정당의 특성에 거의 합치하는 것이었다. 이에 비해 1985년 창당된 신한민주당은 '정통 야당'의 복귀를 천명했는데, 그것은 정당정치에서 집권당에 대한 반대세력으로서의 야당 기능에 충실하겠다는 의미에서 정통일 뿐만 아니라 유신체제 이전 정당들의 인적 구성을 연장·부활시켰다는 의미에서도 정통이었다. 다시 말해 시민사회와 유리되어 자기재생산되었던 1950년대와 1960년대의 정치인들과 정파들의 복귀가 이루어진 것이다. 1987년 6월 시민항쟁의 가장 큰 수혜자가 된 야당(들)은 군부독재 이전부터 존재해 온 자기봉사적 정당정치에 그 뿌리를 두고 있었다.

1987년은 시민사회를 제거하는 과정을 통해 정치사회가 구성된 1950-1960년대와 달리 시민사회 영역의 요구와 압력을 바탕으로 정치사회 영역의 재구성이 시도되었다는 점에서 특기할 만하다. 그러나 이후에도 정치사회 영역은 시민사회 영역과 일정 정도 유리되어 작동했다. 이에 대해 조희연(2000)은 6월 시민항쟁이 당시 군부정권의 양보인 6·29선언으로 끝났으며 이후 선거를 통해서 기존 집권세력의 일부였던 노태우가 대통령에 당선됨으로써 구(舊)군부정권의 정치인들이 계속해서 정치사회에서 주도적인 영향력을 행사했다는 점을 강조하고 있다.[5] 그러나 덧붙여 지적되어야 할 점은, 이

5 조희연은 정치사회와 시민사회의 분리 현상을 "정치지체(political lag)"로 개념화하면서, 절대적 지체와 상대적 지체로 구분한다. 그에 따르면, "절대적 정치지체는 다양한 구조적 요인으로 인해 정치적 전환과 혁신 자체가 제약되어 나타나는 것이고, 상대적 정치지체는 일정한 정치적 전환과 혁신에도 불구하고 시민사회가 더욱 빠른 속도로 전환하여 제도정치의 변화속도와 시민사회의 변화속도가 괴리됨으로써 나타나는 정치지체를 말한다"(조희연, 2000: 174). 그는 절대적 정치지체의 요인으로 한국의 민주화 과정이 "위로부터의 보수적 민주화"였다는 점, 지역주의 대립정치, 분단·반공주의 이데올로기를 들고 있으며, 그중 가장 핵심적인 것으로 한국의 민주화 이행 유형이 구체제의 지도자가 주도하는 누진적 민주화였다는 점을 지적하고 있다. 조희연이 말하는 정치지체는 여기서 사용하는 정치사회 영역의 탈구(dislocation)와 비슷한 현상을 지칭하고 있지만, 지체(lag)라는 개념이 여

때 부활한 정통 야당세력도 태생적으로 시민사회적 기반에 근거한 것은 아니었다는 사실이다. 1970년대와 1980년대 초반 정당정치가 일부 단절되는 동안 정치사회 영역에서 축출된 야당 정치인들이 시민사회세력의 정치적 저항과 보조를 맞추는 모습도 보였으나, 여전히 그들의 존재 기반은 시민사회적인 것이라기보다는 오히려 정치사회 영역 내에서의 배타적 기득권을 통해 유지되었던 것이다. 커밍스(Bruce Cumings)는 정통 야당 지도자로서 결국 대통령을 역임한 김영삼과 김대중의 야당 계보가 1950년대의 한국민주당까지 거슬러 올라간다는 점을 강조한다(Cumings, 1997). 즉, 정치사회 영역의 배타적 질서는 이미 1950년대부터 연속적으로 작동해 오고 있는 것이었다(Chang, 1999a).[6]

이런 점에서 1987년 이후의 야당도 시민사회적 기반이 없었을 뿐더러 시민사회적 기반을 원하지도 않았다는 임영일(1997)의 지적은 설득력이 있다. 6·29 이후 정치제도와 권력구조의 개편을 논의하기 위해 마련된 협상 테이블에는 신군부 세력과 보수 야당 세력만이 참여했으며, 그들의 담합으로 막상 신군부의 정치적 항복(양보)을 끌어낸 시민사회의 민주화 운동 세력은 배제되었다. 이에 대해 윤상

전히 근대화 과정의 단선성을 상정한다는 점에서 문제가 있다. 즉, 민주화 역시 근대화 과정의 일부로서 관련된 사회 영역들이 조화롭게 발전하는 것이 정상적인 것이며, 단지 정치 영역이 그 속도를 못 따라가는 것이라는 주장인 셈이다. 그러나 한국 사회의 특질인 압축근대성 문제는 사회 영역 간 변화의 속도 차가 '비정상적' 현상으로서 언젠가는 바로잡아질 것으로 보면 인식의 오류가 될 수 있음을 말해 준다. 한국 사회에서 각 사회 영역들이 서로 불균등하고 불균질적으로 변화하면서 그 사이에서 활발한 접합(articulation)과 탈구(dislocation)가 발생하는 것은 그 자체가 보편적이고 정상적인 현상일 것이다.

6 이런 비판에 대해 윤상철(1997: viii)은 "야당 정치세력은 그 보수적인 성향에도 불구하고 우리 사회의 민주화에 있어서 매우 중요한 역할을 수행하였으며, 발생론적이고 이념적인 재단으로 그 독자성과 상호보완성을 부정하였을 때 나타나는 부정적인 결과는 매우 크다"라고 주의를 촉구한다.

철(1997: 199)은 "지배블록은 제도야당과 사회운동세력 간의 접합이 중간계급 중심의 시민사회를 폭넓게 동원할 수 있다는 사실에 두려움을 가지고 있었고, 제도야당은 정치사회와 시민사회 간의 접합이 지속될수록 사회운동세력과 전략적 경쟁관계에 처하게 되면서 시민사회에 대한 정치적 영향력이 현저하게 감소될 수 있다는 사실을 인식하게 되었다"라고 분석한다. '그들 사이의 정치적 협약'(윤상철, 1997; 최장집, 2002)은 신군부의 현재적 기득권과 야당 정치인들의 과거 기득권 사이의 타협에 주안점을 둔 반(反)시민사회적 야합의 성격을 띠었다.

이러한 배경 속에서 심지어 김영삼과 김대중 두 야당 지도자가 분열해 결과적으로 노태우의 집권을 돕는 사태가 벌어지기도 했다. 대통령 직선제로 집약된 민주주의의 부활이 야당 정치인들에게는 그동안 억압되었던 자신들만의 정치적 권리의 회복으로 간주되었으며, 이러한 의식구조 속에서 시민사회의 반대에도 불구하고 두 야당 지도자는 동시 출마를 감행했던 것이다. 1987년 4월 신한민주당에 소수 잔류파를 남기고 분당하여 나왔던 야당 통일민주당은 대통령 선거를 앞두고 다시 통일민주당과 평화민주당으로 분당되었는데, 당시 통일민주당과 평화민주당은 사실상 김영삼과 김대중의 사당(私黨)이었다고 해도 과언은 아니다. 물론 김영삼의 입장에서는 김대중의 탈당과 창당, 나아가 대선 출마가 그들 사이의 정치적 도의마저도 저버리는 행위로 간주되었지만 그 자신의 대선 출마 자격도 시민사회 전체의 본질적 요구에 바탕을 둔 것이라고 보기는 어렵다.

대선에서의 패배는 야당 정치인들로 하여금 시민사회에 대한 정치적 책임성을 깨닫게 만드는 계기가 되기보다는 스스로의 정치적 생존을 위해 정당의 조직질서를 왜곡하고 지역주의 정치구도에 의존하게 만드는 결과로 이어졌다. 지역주의 정치구도는 전통적 지역 차별의 오랜 역사와 박정희에서 신군부로 이어지는 영남 출신 정치 엘리트의 득세 및 영남권 중심의 산업화, 그리고 1980년 5·18 광주 민주화운동 등 여러 가지 역사적 배경이 작용했지만, 1987년 민주적 제도정치 복원과 이후의 민주주의 안착 과정에서 오히려 일상적이고 핵심적인 정치현상으로 자리 잡게 되었다. 1987년 상황만을 평가하면, 신군부가 출신지 및 지역적 지지기반이 다른 두 야당 지도자의 '예견된 분열'을 이용해 정치적 위기를 극복하려는 전략이 주효했지만, 이러한 전략을 알면서도 오히려 지역구도에 다분히 의존해 집권을 시도한 이들의 행태는 결코 정당화되기 어려웠다. 결국 1987년 이후부터 지역주의 투표 및 지역 기반 정당체제가 결정적으로 고착화되었는데, 이는 한국 정치에서 시민사회와 정치사회 간 탈구 경향의 핵심적 측면이었다. 비슷한 논지에서 윤상철(1997: 198)은 "과거에 제도야당세력은 사회운동세력들과 결합하면서 중간계급 등 시민사회의 대중들을 보다 폭넓게 동원할 수 있었던 반면, 이제는 사회운동세력과 단절하고서 지역주의적 동원에 의해 시민사회의 대중을 직접 동원하는 전략을 구사하게 되었다"라고 지적한다. 절차적 민주화가 이루어진 상태에서 정당은 외부적인 자기 기반을 본격적으로 획정해야 했지만, 제도기생과 지대추구의 배타적 기득권에 익숙한 정치인들은 시민사회 세력에 대해 정치사회를 개방하려 들지 않았다. 이러한 상황에서 정치지도자들은 한국 사회의 지역연고주의 성향을 악용해 각자의 지지기반 지역민들을 대상으로 일종의 포퓰리즘적 동원의 정치를 펼쳐 나갔다.[7] 이에 대해 최장집(2002: 107)은

---

7 다음 두 가지 점에 대해서는 많은 논자들이 합의하고 있다. 첫째, 지역적 투표 성향의 기원은 1960년대까지 거슬러 올라갈 수도 있으나, 1987년 이후 이러한 투표 성향이 급속히 강화되고 정당의 지역기반화가 진행되었으며, 둘째로 이는 민주-반민주라는 정치경쟁 구도의 해체 때문으로 볼 수 있다는 것이다(이갑윤, 1998; 조기숙, 2000; 조희연, 1998). 문제는 왜 민주-반민주 구도의 해체가 이러한 지역주의로 연결되었는가 하는 점이다. 우선 생각해 볼 수 있는 것은, 현실적인 지역차별 또는 군사정권 시기의 지역분할 정책으로 인해, 산업사회 영역 및 시민사회 영

"한국의 지역정당체제는 민주적 개방과 더불어 대중동원이 필요했을 때, 다른 나라에서 일반적으로 발견되는 것처럼 정치 갈등의 영역을 전국적으로 최대화하는 계층적·직능적·기능적 이익과 균열을 따라 대중을 동원한 것이 아니라, 기존 구정당체제의 틀 속에서 지역을 수직적으로 분획함으로써 국지화된 갈등축을 따라 대중을 동원한 결과"라고 평가한다. 따라서 지역주의는 시민사회적 이해 및 정체성을 바탕으로 조직화된 것이 아니라 정치사회 내부의 배타적 엘리트 집단의 현실적 필요에 의해서 구성되고 동원된 것이라고 볼 수 있다.

그러나 지역주의 정치구도가 시민들의 정치적 허위의식을 조장해 인위적으로 형성된 것이라고 할지라도 수십 년의 역사를 거치면서 일종의 자기실현적 위력을 갖게 된 측면도 무시할 수 없다. 선거과정에서 연고지역의 표를 독식하기 위해 조장된 지역 간 편견과 증오심은 선거 이후의 정치 과정과 일상생활에서 특정 지역 인물, 기업, 단체 등에 대한 갖가지 배제와 차별로 이어지며 결과적으로 해당 지역민들이나 지역 전체가 집합적 이해관계를 갖게 되었다. 물론 이러한 지역적 이해관계가 갖는 정치·사회적 중요성은 빈부관계, 계급

역의 이해관계가 실제 지역적으로 분할되었을 가능성이다. '호남배제론'은 이처럼 지역주의의 물질적 근거를 강조하는 대표적인 주장이다. 그러나 이갑윤(1998)에 따르면, 실제 지역 간의 불균등한 사회·경제적 발전 정도나 사회·정치적 충원(인사정책)상의 차별이 정치의 지역주의 경향을 설명할 만큼 두드러진 것은 아니다. 그렇다고 이른바 유권자의 낮은 의식수준, 즉 전통적 연고주의 정서를 탓하는 것도 불충분한 설명이다. 정치사회 영역이 산업사회 영역이나 시민사회 영역의 정체성에 기반을 두지 않은 상황에서, 민주-반민주 구도의 해체는 다음과 같은 결과를 낳았다. 즉, 한편으로는 정치집단 사이에 정책적 차별성보다는 정책적 수렴이 강화되었으며, 다른 한편으로는 상징적 인물로서 양김의 개인적 카리스마를 강화함으로써 보스 정치를 강화시켰다. 이러한 상황에서 정치 영역의 자기임명성과 자기봉사성에 익숙한 정치인들은 시민사회적 기반이 없었을 뿐 아니라 그것을 원하지도 않았기 때문에 가장 손쉽게 동원할 수 있는 정치자원으로 지역정서를 선택했다. 실제로 전근대적인 연고주의 정서가 지역주의의 밑바탕이라면 그것은 오히려 현대의 정치사회 영역이 동원하고 활성화시킨 결과로서 일종의 '전통의 왜곡된 재발명'이라고 볼 수 있다.

관계 등 자본주의 사회의 고전적 갈등관계에 비해 미약하지만, 수많은 인물들과 조직들에 있어서는 분명 현실적인 사안이었다. 특히 김대중 정부의 출범 이후, 이른바 '호남 편중 인사'는 이러한 현실적 고통에 대한 보상으로 여겨졌으며 이로 인해 역으로 불이익을 당한 수많은 사람들은 그들대로 집합적 이해관계를 인식하기 시작했고, 결국 이후의 선거들에서 지역주의 구도가 더욱 강화되는 결과가 나타나기도 했다.

지역주의 정치구도의 강화는 각 정당 내부의 조직질서를 더욱 왜곡시켰다. 보스-가신 관계를 축으로 한 정당의 조직질서는 한국정치에서 새로운 것이 아니었지만 군부독재에 대한 민주화 투쟁의 시대가 가고 지역 간 분할·갈등의 구도로 정치투쟁이 재편되는 과정에서 결정적으로 심화된 것이다. 대선, 총선을 가리지 않고 지역주의 투표 경향이 고착화되어 각 정당은 지역적 지지기반 위에서만 생존하게 되었으며, 당수(黨首)는 각 지역의 정치적 맹주로 군림하게 되었다. 지역주의 투표는 실제 정당에 대한 정치적 선택이라기보다는 지역을 상징적으로 대변하는 정당 보스에 대한 정치적 지지 행위였다. 이에 따라 각 정당은 당수의 일인 소유물이 되었으며 모든 정치인들은 거의 절대적인 '당주(黨主)' 권력에 충성하고 봉사하지 않으면 정계에 발조차 붙일 수가 없었다. 시민사회의 대변 의지나 능력이 아니라 지역정치의 맹주들에 대한 충성이나 이들 관점에서의 이용가치가 정치인으로서의 성공(?)을 결정했다.[8] 다른 한편으로 이러한 당

8 이러한 이용가치는 언론인, 교수, 법조인 등 정치권에 자주 등용되는 인물들이 공통적으로 갖고 있는 것이다. 언론인의 경우는 무원칙하고 파행적·탈법적인 정치질서에 대한 언론의 비판 권력이 막대한 현실에서 언론과의 호의적 관계 정립이나 언론 활동 경험의 활용이 요긴한 현실을 반영했다(박승관·장경섭, 2001). 교수의 경우 정책이나 이념 개발의 전문성을 반영하는 경우도 있지만 유교문화에서 중요한 도덕적 지식인의 이미지를 이용하려는 의도를 함께 반영했다. 법조인의 경우 사회의 대표적 엘리트로서 갖는 위광과 (정치인들의 탈법이 만성화된 상황에

수들의 정치적 이해관계에 따라 '정계개편'이라는 명목으로 정당들이 수시로 분열·해체되고, 설립·통합되는 현상이 나타났다. 가장 극적인 사건은 1990년의 3당 합당에 따른 민주자유당의 창당이었다. 야당 지도자들에 대한 시민사회의 지지는 반군정(反軍政)에 기초하고 있었음에도 불구하고, 김영삼의 통일민주당은 신군부세력의 민주정의당과 박정희 정권 출신 김종필의 또 다른 사당(私黨)인 신민주공화당과 합당을 했던 것이다. 합당의 결정이 김영삼 개인의 전략적 선택에 의한 것임은 물론이고, 그 휘하의 정치인들은 거의 모두 민주자유당행을 따랐다.

요컨대, 1960년대 이래의 급속한 산업화로 산업사회 영역에서 노동자계급과 중간계급이 양적·질적으로 성장했으며, 이를 기반으로 시민사회 영역도 꾸준히 성장했다. 이러한 변화는 1987년 신군부의 독재 연장 기도에 대한 범시민적 항쟁과 이를 즉각 뒤이은 노동운동의 폭발로 표출되었으며, 궁극적으로 민주적 정치제도의 회복을 가져왔다. 1987년의 상황은 정치사회 영역이 시민사회 영역을 제거함으로써 확립되었던 1950-1960년대와는 대조적으로 시민사회 영역이 정치사회 영역의 변화를 촉구했다는 점에서 획기적인 것이었다. 그럼에도 불구하고 정치사회가 시민사회와 유리되어 작동했던 1950-1960년대의 상황이 다시 부활하는 결과가 나타났다. 제도기생적 속성을 버리지 못한 주류 정당 정치인들은 시민들의 민주정치에 대한 열망을 저버리고 정치사회를 시민사회와 산업사회로부터 탈구시켜 자기봉사적인 정치를 오늘날까지 거듭해 왔다.

서) 법 절차에 대한 전문 기능의 유용성도 반영했다. 이러한 집단들의 공통점은 특정한 계급적 혹은 이념적 지향을 보이지 않고 여야의 기성 정치권력에 기능적으로 봉사할 수 있다는 것이었다.

3. 노동계급의 사회적 헤게모니

1) 산업사회 영역에서의 영향력

한국의 노동운동은 그 투쟁력이 폭발적으로 분출한 1987년을 기점으로 할 때 1995년까지는 산업사회 영역에서의 헤게모니 확립 과정으로, 1995년 이후는 제도화 과정으로 구분할 수 있다. 1987년 이전까지 노동운동은 산업사회 영역에서 그다지 광범위한 영향력을 발휘하지 못했다. 한국의 노조는 법적으로 기업별 조직체제와 단체협상으로 활동 영역을 제한받고 있었으며, 유일한 합법적 상급 단체인 한국노총은 실질적 협상권이 없었을 뿐 아니라 무엇보다도 정부의 노동통제 도구 및 간부들의 개인적 출세 수단으로 기능하는 어용노조의 성격을 강하게 띠고 있었다. 한국노총의 간부들 중 일부는 정당의 공천 등을 통해서 정치사회에 진입할 수 있었지만, 이는 조직된 노동자 세력을 기반으로 한 것이 아니라 개인적인 출세일 뿐이었다(김영수, 1999). 이러한 의미에서 한국노총은 기성 정당과 마찬가지로 정치사회에 진입하고 국가기구의 자리를 배분받는 것을 추구하는 개인들의 도구적 수단이었다. 따라서 한국노총은 산업사회 영역에서 벌어지는 노동운동에 깊은 관심이 없었을 뿐 아니라, 때로는 국가기구를 대신하여 노동운동을 관리·통제하는 기능을 담당했다. 이러한 상황에서 아래로부터 자율적으로 전개된 노동운동은 한국노총의 외부에서 생성·강화될 수밖에 없었다. 민주노조 운동이라고 불린 이러한 노동운동은, 1970년대와 1980년대에 여러 차례 발생했으며, 이념·조직상 진보적 지식인들의 지원을 받고 정치투쟁상 중간계급과 수시로 동맹함으로써 강한 정치성을 띠고 있었다(Koo, 2001; 임영일, 1997). 그러나 신군부 독재가 위기에 봉착한 1987년 이전까지 민주노조 운동은 내적 조직력과 사회적 영향력이 매우 제한적이었고 자본과 국가를 상대로 한 투쟁도 국지적이거나 산발적이었다.

1987년 7-9월의 '노동자 대투쟁'은 이러한 상황을 일거에 근본적으로 바꾸어 놓았다. 폭발적이고 광범위한 대중적 투쟁을 바탕으로 민주노조 운동이 산업사회 영역에서 계급투쟁의 주도권을 획득하게 된 것이다.[9] 물론 윤상철(1997: 175)의 지적처럼 당시 노동자들은 조직적 역량이나 정치의식적 수준에 한계가 있었었고 막상 6월 민주항쟁 자체의 성격에 대해 심대한 영향력을 미치지 못했지만, 1987년을 거치며 한국의 노동계급은 그 이전과는 근본적으로 달라져 있었다.[10] 그때까지의 한국노총이 노동자계급에 기반하거나 그를 대표한다고 볼 수 없는 이상, 이러한 민주노조 운동의 조직화와 영향력 확대는 산업사회 영역에서 최초로 노동의 사회·정치적 세력화가 시작된 것이라고 볼 수 있다. 이를 반영해 노조 조직화, 즉 노동인구의 노조 가입 비율이 급속히 높아지기 시작했다. 비록 1990년부터 노조 조직화 비율이 하락세로 돌아섬에 따라 '노동운동 위기론'이 제기되기도 했지만, 전반적으로 보아 노동운동의 사회적 기반과 영향력은 꾸준히 강화되어 갔다고 평가할 수 있다.[11] 예를 들어, 사회적으로 큰 파급력을 가진 대기업들의 노조 조직화는 1989년경 이미 90%

---

9 이 장에서 헤게모니는 그람시(Gramsci, 1971)의 정의에 비교적 충실한 의미로 쓰였다. 즉, 지적·도덕적 지도력을 바탕으로 다른 사회세력과의 동맹과 정치집합체 형성을 주도할 수 있는 능력을 의미한다.

10 당시 김영삼과 김대중이 이끌던 제도권 야당세력은 노동자 투쟁에 대해 모호하고 기회주의적인 입장을 견지하며 궁극적으로 8월 말에 접어들어 민정당 정권에 의한 노동운동의 용공 조작과 물리적 탄압을 방치했으며, 나아가 11월 말에 보수적 노동관계법의 국회 통과를 방조하는 입장을 취했다(윤상철, 1997: 197-203).

11 1987년 6월에 비해 1989년 12월까지의 2년 반 동안, 노조 수는 2,725개에서 7,883개로 약 290%, 조합원 수는 약 105만 명에서 190만 명으로 180% 증가했다(한국노동연구원, 『분기별 노동동향분석』). 더욱 중요한 것은 이전의 한국노총 산하 노조의 대부분이 평노조원들에 기반한 실질적인 활동 없이 몇몇 간부에 의해 유지되던 유령노조에 가까웠다면, 이 당시의 증가분은 매우 활발한 쟁의와 노조 활동을 통해 이루어졌다는 점이다.

에 가까워져 1987년 이후 수년의 급성장 기간을 통해 사실상 완료되었다(노중기, 1995).

더욱 중요한 것은, 이러한 아래로부터의 노동자 운동과 노조 조직화를 바탕으로 전국적인 노동조직 건설의 움직임이 시작되었다는 것이다. 전국적 노조 조직은 노동자들이 작업장을 넘어서 사회세력으로서 응집하기 위해 필수적인 기반임에도 불구하고, 법적 제한과 정치적 탄압으로 말미암아 매우 지난한 일이었다. 그러나 1987년 이후 노동운동의 폭발적 성장을 바탕으로, 1990년 들어 주로 중소기업 생산직 노조들로 이루어진 전국노동조합협의회(전노협)와 사무직 노조들이 많이 가입된 전국업종노동조합회의(업종회의)가 결성되었다. 이와 별개로 한국의 특수한 재벌 체계 속에서 현대계열사들의 노조 협의체인 현대그룹노동조합총연합(현총련)과 연대를 위한 대기업노동조합회의(연대회의) 등이 건설되었다. 이러한 방향의 노동조직 발전은 기업별 노조만 합법화한 법적 규제, 생산직과 사무직의 이원적 구조, 재벌 그룹 체계 등 한국의 특수한 상황을 반영한 것이었다(임영일, 1997). 그러나 이 민주노조 운동의 조직들은 1993년 전국노동조합대표자회의(전노대)를 거쳐 1995년 민주노총이라는 전국적 차원의 통합적 노동운동 조직체로 발전하는 성과를 만들어 냈다.[12]

이처럼 1995년까지의 과정이 아래로부터의 조직화 및 투쟁을 기반으로 한 노동운동의 실질적 세력화 및 헤게모니 획득 과정이었다고 보면, 1995년 11월 민주노총의 설립 이후는 산업사회 영역에서

12 민주노총은 창립선언문에서 노동자들이 불의한 권력과 자본에 맞서 단결하고 투쟁해 온 역사를 계승할 뿐 아니라, 나아가 노동자의 기본권과 인간다운 삶, 평등을 보장하고, 정치·경제·사회 전반의 민주주의를 실현하며, 통일 자주국가 건설과 노동해방을 이루기 위해 투쟁해 나갈 것을 천명하였다. 또한 노동자의 광범위한 조직화와 세력화가 이루어졌다는 상황조건과 명시적으로 조직노동자를 기반으로 한 정당의 조직화를 꾀한다는 차별성을 분명히 하였다. 민주노총 창립선언문 전문은 https://nodong.org/kctu_founding 참고.

노동자계급이 주요 사회세력으로 공인받고 제도화되는 과정이라고 평가할 수 있다. 창립 당시 민주노총은 여전히 법적으로 인정받지 못하는 불법 노조 조직이었다. 그러나 사회세력으로서 민주노총이 갖는 중요성은 단순한 합법(불법)성 문제로 제한될 성격의 것이 아니었다. 1987년에서 1995년까지의 과정을 거치면서 산업사회 영역에서 민주노총이 중심이 되어 범사회적으로 조직화된 자율적 노동운동은 다른 사회세력들은 물론이고 국가조차도 결코 무시할 수 없는 힘으로 자리 잡았다. 이전의 한국노총이 유일한 합법적 노조 상급단체였음에도 불구하고 막상 노동자계급과 유리되어 존재한 것과는 대조적으로, 민주노총은 법적인 존재 보장을 받지 못했으나 기층 노동자 조직들에 실질적으로 기반하고 있었기 때문에 진정한 사회세력으로 대두되었던 것이다. 따라서 민주노총을 불법 단체로 규정한 정부조차도 민주노총을 실질적으로 인정할 수밖에 없었으며, 이러한 현실을 가장 잘 보여 준 사건이 김영삼 정부와 김대중 정부가 시도한 노사정(勞使政) 삼자협의체에 민주노총이 참가하게 된 것이다.

서구(서유럽)에서 노사정 삼자기구는 노동이 정부 정책에 영향력을 행사하는 핵심적 기제이다. 삼자기구가 산업사회 영역에서 각 세력 간 이해갈등 문제를 협의하는 기구인 이상, 그것은 적어도 이 영역에서 노동의 중심적 사회세력으로서의 입지를 전제로 한다. 따라서 한국에서 삼자기구가 시도되었다는 것은 그만큼 노동자계급이 응집된 사회세력으로 떠올랐다는 것을 말해 준다. 그리고 노동운동의 실질적 헤게모니가 민주노총이라는 전국 조직으로 결집된 민주노조 운동 측에 있는 이상, 정부도 불법이라는 이유로 민주노총을 도외시할 수 없었다.[13] 따라서 김영삼 정부의 노사관계개혁위원회와

---

13 김영삼 정부 이전 6공의 노태우 정부 시기에도 삼자 협의나 합의에 대한 시도가 없었던 것은 아니다. 1991년과 1992년의 임금가이드라인 정책, 1991년 초의 '사회적 합의를 위한 청와대 대토론회', 1990년의 '국민경제사회협의회' 등이 그 예이다.

김대중 정부의 노사정위원회는 법외단체인 민주노총을 협상의 공식 파트너로 참여시켰던 것이다. 민주화된 한국에서 민주노총은 법적으로(*de jure*) 인정받기 전부터 실질적으로(*de facto*) 노동정치의 핵심적 주체로 자리 잡게 되었다.

민주노조 운동은 국가에 의한 이러한 실질적 인정에 만족하지 않고 때로는 협상을 통해서 때로는 실력 행사를 통해서 완전한 법적 지위 획득을 추진했다. 특히 1996-1997년의 총파업 투쟁은 김영삼 정권을 정치적으로 굴복시키고 (노동의 입장에서 보면) 개악된 노동법의 재개정을 이끌어냄으로써 민주노조 운동의 정치적 위력을 국내외에 과시하고 그 사회적 영향력을 제도화할 수 있게 되었다. 1997년 노동법 (재)개정에서 '복수노조금지조항'과 '제3자개입금지조항'이 원칙적으로는 삭제되면서 기업별 노조 조직 및 협상의 족쇄가 제거되었다. 민주노총의 합법화를 막고 있었던 이 법조항들이 제거됨에 따라 1999년 11월 민주노총이 드디어 합법화되었다. 나아가 김대중 정권 때 이루어진 1998년 노동법 개정에서는 노조의 정치 활동을 금지한 법 조항까지 대부분 삭제되었다.

이러한 노동법 개정과 삼자기구에의 참여 등은 노조 조직이 사회세력으로서 인정받고 제도적으로 안정화되는 단계에 도달했음을 의미한다. 적어도 산업사회 영역의 문제에 관한 한, 노동자 세력의 조직적 표현인 노조는 기업, 정부와 대등한 파트너로 인정받고 개입

이때 노동 측의 대표는 한국노총이었으며, 반면 민주노조 운동 측은 철저히 배제되었을 뿐 아니라 정부 탄압의 대상이었다. 바로 이러한 이유로 인해 노태우 정부의 삼자협의적 시도는 전혀 실효성을 갖지 못했다(노중기, 1995). 당시 한국노총은 민주노조 운동 측과의 경쟁과 산하노조 이탈이라는 상황에서 예전의 노동통제기구라는 면모에서 벗어나 노동 측의 이해를 대변하기 위한 혁신을 시도했으나, 태생적 한계를 벗지 못한 조직 구성과 이미지 때문에 노동자들에게 외면을 받았다. 말하자면, 산업사회 영역의 노동자 세력화 과정에서 이미 민주노조 운동이 헤게모니를 형성하고 있었기 때문에, 이를 배제하고 사회적 기반이 없는 한국노총과 협의를 진행한 것은 실패로 끝날 수밖에 없었다.

할 수 있게 된 것이다. 요컨대 1987년을 기점으로 급가속화된 민주노조 운동은 적어도 산업사회 영역에서는 지속적으로 사회적 투쟁력과 영향력을 강화·유지해 왔으며 이러한 투쟁력과 영향력을 기반으로 전국적 조직화와 제도적인 합법성을 쟁취해 낸 것이다.

2) 시민사회 영역에서의 영향력

1990년대 초반 여러 논자들은 노동운동이 시민사회로부터 점차 지지를 잃어 가고 있다고 지적했다. 산업사회 영역에서의 영향력 점증에 대비되어 노동의 "사회적 고립화"(김동춘, 1995)라고 불렸던 이 현상은 국가의 이데올로기 공세(노중기, 1995), 노동운동의 지나친 급진성(최장집, 1992), 노동운동세력의 정치·사회적 참여 통로 부재(김동춘, 1995) 등에 기인한 것으로 분석되었다. 그러나 냉정하게 생각해 보면, 1987년 직후의 노동운동에 대한 높은 사회적 지지 자체가 오히려 예외적인 상황이었다고 할 수 있다. 앞서 지적한 대로 이 시점에는 민주화에 대한 시민사회와 노동조직의 공동 목표의식이 극적으로 표출되었으며, 1970년대부터 노동운동과 연대하거나 아예 동참한 지식인들의 노력이 노동운동 내부에서도 도덕적 헤게모니를 갖고 있었기 때문이다. 따라서 중간계급이 1990년대 초반에 특별히 보수화되었다기보다는 민주화라는 노동운동과의 공동 목표가 이미 성취된 이후 관망의 자세로 돌아간 것일 뿐이라는 임영일(1997)의 분석이 오히려 더 타당해 보인다. 또한 임영일은 이후 시민사회 영역의 팽창과 분화는 이 시기보다 더 지체되어 나타났다고 주장하는데, 이 역시 현실과 합치된 관찰이다. 실제로 다양한 문화적 정체성이나 물질적 이해관계에 근거한 시민운동이나 이익집단들의 자율적 활동은 1990년대 중반에 이르러서야 본격적으로 나타나기 시작했다.

이렇게 본다면, 당시의 노동운동 또는 민주노총으로 대표되는 노조 조직이 시민사회 영역에서 영향력을 인정받지 못하고 있었다고 볼 수는 없다. 노조 조직은 원칙적으로 조합원의 이해를 관철하는 이익집단이지만, 민주노총은 오히려 사회운동의 중요한 주체로 인정받아 왔으며 다양한 시민운동 단체들은 민주노총을 사회 변혁의 주요한 견인 주체로 간주해 왔다(유팔무·김정훈, 2001). 실제로 민주노총은 산업사회 영역에서 조합원들의 직접적인 이해 관철에 활동을 국한하는 경제적 노조주의 노선을 따르기보다는 사회·정치적 문제들 전반에 걸쳐 강한 정치적 입장을 표명해 왔다. 이는 21세기 들어서도 민주노총이 신자유주의적으로 재편(탈산업화)된 경제질서하에서 새롭게 등장한 다양한 부문과 형태의 (신)노동인구에 대한 "조직화 지원" 사업을 꾸준히 추진하고 상당한 성과를 거둔 현실로 이어진다(장진범, 2023).

이러한 관점에서 볼 때, 노동법의 변칙적 개정을 둘러싸고 전개된 1996-1997년의 총파업 투쟁은 비상한 의의를 갖는다. 이 노동투쟁의 직접적 계기는 노동자계급과의 협의를 무시한 일방적이고 변칙적인 노동법 개정이었지만, 민주적 절차의 훼손에 대한 범사회적 분노가 더해져서 김영삼 정권은 거의 붕괴위기까지 맞게 되었다. 노동자들의 파업투쟁이 시민사회 전체가 참여하는 정치투쟁으로 발전한 것은, 이 사건이 단순한 국가의 편파적 노동통제에 대한 노동자들의 조직적 저항을 넘어서 민주주의의 변질에 대한 범사회적 비판과 저항의 의의를 띠게 되었음을 말해 준다. 결과적으로 민주노총을 중심으로 한 민주노조 운동 세력은 민주주의의 보존이라는 범사회적 목표를 선도적으로 실천하게 된 것이다. 노동운동의 범사회적 지도력은 이른바 'IMF 경제위기'를 맞아 재차 구현되었다. 외환 고갈 사태로 촉발된 국가경제의 붕괴위기는 산업 전반의 급진적 구조조정을 요구했고 이 과정에서 노동자를 희생시켜 기업을 살리는 다분히 불공정한 위기 극복 전략이 검토되었다(Chang, 1999b). 대통령에 갓 당선된 김대중이 주도한 노사정 협의체에 노조는 자기희생을 위해 참여를 권유받았고, 결국 (기업 및 정부의 동반 개혁 노력을 전제로) 기업 경영상 비상시에 노동자들의 대량 실업과 고용 불안정화를 감내하겠다는 데 동의했다. 당시 대다수의 기업이 경영상 비상상태에 있었다는 점을 감안하면, 노동자계급 전체가 그들의 대표조직을 통해 자기희생을 통한 경제 회생에 동의한 것이다. 이후 실제로 노동자들이 대량 실업과 고용 불안정화를 겪었지만 막상 경제위기의 직접적 책임자인 기업과 정부 부문의 개혁은 미진하거나 실종된 상황에서 노조는 여러 시민운동 조직들과 연계해서 보다 근본적이고 공평한 개혁을 촉구하는 정치투쟁을 전개해 나갔다(Chang, 1999b).

노동운동과 시민운동의 연대, 그리고 노조 조직의 정치성 강화라는 현상은 1970년대 이후 한국 노동운동 전개 과정의 특성과 연결된다. 앞에서 서술했듯이, 1970년대 이후 특히 1980년대를 거치면서 제도적 정치사회 영역으로의 진입 통로를 찾지 못한 지식인들은 그 이념적 지향과 정치적 욕구를 산업사회 영역의 노동운동에 투입했으며, 이에 따라 (최소한 한국노총 외부에서는) 노조운동이 급격히 정치화되었다. 민주노조 운동이 노동정치의 주도권을 쥐게 된 1990년대 이후에도 노동운동은 주로 산업사회 영역의 경제조직인 노조 조직을 통해 사회·정치적 문제들에 대해 발언하고 개입해 왔으며, 이것이 민주노총까지 이어지게 된 것이다. 물론 민주노총이 준정당적 조직으로 활동하는 것이 정상적이거나 지속가능한 현상은 아니었다. 산업사회 영역의 이익집단인 노조 조직이 정당의 조직원리와 일치하지 않을뿐더러, 민주노총 내부적으로도 정치 활동이 조직운영상 엄청난 부담을 주기 때문이었다. 그럼에도 불구하고 민주노총의 활동 영역이 사회·정치적으로 널리 확대된 것은, 서구의 경험상으로는 노동운동이라는 '한 어머니'의 형제로 태어나야 할 '노동자계급정당'의 조직적 분화와 정치적 확립이 쉽게 이루어지지 못했기 때문이다.

4. 노동계급의 정치적 좌절

1) 노동자정당의 창설

1987년 이후 산업사회 및 시민사회 영역에서 강화된 노동자 세력을 바탕으로 정당을 건설하려는 시도는 1990년 민중당의 경우가 최초라고 볼 수 있다.[14] 민중당은 창당 당시 2천 명가량의 당원 중 약 4분의 1이 노동운동에 적극적인 노동자들이었으며, '민중당건설 전국노동자추진위원회'가 중심 조직으로서 창당에 주요 역할을 했다. 1992년 총선 직전에 민중당과 통합한 '한국사회주의노동자당 창당준비위원회'는 노동운동에 기초한 성격이 더욱 강해서 대부분의 구성원이 노동운동가들로 이루어져 있었다(김영수, 1999).

그러나 민중당의 성격이 노동자들의 계급정당이었는가에 대해서는 논란의 여지가 많다. 민중당이 1987년 이후 성장한 조직 노동자들을 정당의 기반으로 생각했던 것은 사실이지만, 실제로 민중당

---

14 물론 그 이전에도 친노동자적 이념과 정체성을 표방한 사회민주주의적 성향의 정당들은 존재했다. 진보정당 내지 혁신정당을 표방한 조봉암의 진보당, 김철의 사회당이 주요한 예라고 할 수 있다. 이들은 해방 직후 제거된 시민사회 영역의 잔존자라고 할 수 있다(정태영, 1995). 이들 정당 역시 갖가지 탄압에 직면했고 제도적인 정치사회 영역에 진입할 수 없었다. 무엇보다도 냉전체제로 말미암은 시민사회의 해체와 위축은 이들 정당을 뿌리 뽑힌 미아로 만들었다. 1990년대 이전의 진보정당들이 그 이후의 민중당 및 민주노동당과 구별되는 더욱 중요한 이유는 조직된 노동자 세력을 정치적 기반으로 할 수가 없었다는 점이다. 기본적으로 노동자의 사회적 세력이 형성되지 않은 상황에서, 이 진보정당들은 주관적으로든 객관적으로든 지식인층의 노력에 일방적으로 의존할 수밖에 없었다. 1980년대까지 사회민주주의 성향의 사회당 운동에 헌신했던 김철은 이에 대해 "이 나라의 혁신정당은 다른 나라들에서처럼 조직노동자를 기반으로 하여 등장할 수" 없기 때문에 그 대신 "두터운 층을 이루는 지식인들"을 기반으로 삼을 수밖에 없다고 토로하고 있다(김철, 2000). 물론 민중당의 경우도 그 성격이 진정한 노동자의 계급정당이냐 지식인 주도의 이념적 진보정당이냐의 논란이 있는 것은 사실이지만, 적어도 노동자의 광범위한 조직화와 세력화가 이루어졌다는 상황조건과 명시적으로 조직노동자를 기반으로 한 정당의 조직화를 꾀했다는 정치노선이 분명한 차별성을 부여한다.

에 참여한 사람들은 대체로 노동자라기보다는 지식인의 성격이 강했다. 사실 노동자 당원의 대부분도 일반 노동자가 아니라 '학출', 즉 대학생 출신으로서 노동운동을 목적으로 공장에 들어간 사람들이었으며, 지도부의 경우는 이른바 '재야운동가'들로 더더욱 지식인적 성격이 강했다. 즉, 민중당의 인적 구성 자체는 사회주의적이거나 자유주의적인 지식인들이 주류였으며, 노동운동에 참여하고 있었다 할지라도 일반 노동자들에 비해서 훨씬 급진적인 의식을 갖고 있었던 '노동운동가'에 가까웠다. 따라서 민중당은 '노동자정당'이라기보다는 진보적인 '지식인정당'에 가까웠다고 평가할 수 있다. 즉, 시민사회의 진보적 지식인과 운동가들이 시민사회 내부에서 수용되지 못하거나 탄압받는 정치적 이념과 목적의식을 산업사회의 노동조직에 접목시켜 정치세력화를 꾀한 측면이 있다. 정당의 인적 구성과는 별개로, 민중당이 실제로 대중적인 지지를 받았다면 서구의 사회민주주의 정당과 유사하게 친노동자계급 이념을 중심으로 현실적인 역할을 강화해 나갈 수도 있었을 것이다. 그러나 민중당은 1992년 3월 국회의원 총선거에서 한 석도 획득하지 못하고 전국적으로 1.5%의 득표율에 그쳐 정당 지속의 법적 요건을 상실함으로써 총선 직후 해산되었다. 그리고 민중당에 참여했던 인사들 가운데 노동계급으로 볼 수 없는 상당수 인물들이 여야를 가리지 않고 기존의 보수 정당들에 편입해 들어감으로써 변절 시비를 낳기도 했다.

정당의 계급적 성격 면에서 2000년 창당된 민주노동당은 여러모로 민중당과는 대비되었다. 민주노동당은 산업사회 영역에서 노동자 세력에 의한 조직화 투쟁의 성과인 민주노총이 주도적으로 만든 정당이다.[15] 민주노총은 1997년 3월 대의원대회에서, "우리 사회

15 다른 한편으로 자본가계급의 정치사회 진입 시도도 존재한다. 1992년 현대그룹 총수 정주영의 통일국민당 창당과 대선 출마, 그리고 2002년 정주영의 아들인 정

의 민주적 개혁을 실현하고 노동자의 이익과 요구를 철저히 대변하는 새로운 정당 건설의 토대를 구축"하여 1998년이나 1999년경에 정당을 건설할 것을 공식적으로 의결했다. 그 후 1997년 대통령 선거를 앞두고 민주노동당의 전신이라고 할 수 있는 국민승리21이 만들어졌는데, 여기에는 민주노총 외에 사회운동 단체인 전국연합, 이념적 정치단체인 정치연대와 진보정치연합 등이 참여했으며, 대통령 후보로는 당시 민주노총 위원장인 권영길이 결정되었다. 1997년 대통령 선거에서의 결과는 기대에 못 미치는 것이었으나, 민주노총은 1998년 5월 임시 대의원대회에서 노동자 중심의 정당 건설 의지를 재확인했다. 이 과정에서 민주노총 외의 대중조직으로 전국빈민연합이 대표자회의를 통해 정당 참여를 결정한 반면, 정치연대 등 일부 이념단체들은 민주노동당의 이념 및 창당 과정이 우경적이라고 반발하며 탈퇴했다. 2000년 1월 민주노동당이 중앙선거관리위원회에 정당 등록을 마침으로써 공식적인 창당이 이루어졌다.

민주노총과 민주노동당의 관계를 살펴보면, 상당 기간 민주노동당은 정당 운영을 노조 조직에 절대적으로 의존했던 것으로 보인

몽준의 국민통합21 창당과 대선 출마 시도 등이 그 예이다. 노동자계급과 노조 조직을 기반으로 한 노동자의 정치세력화 시도와 자본가계급의 정치세력화 시도는 동전의 양면이라고도 할 수 있다. 이른바 개발독재라고 불리는 한국의 특수한 역사는 권위주의적 정부가 산업사회 영역의 정책을 주도해 왔다는 특징을 가지고 있다. 그러나 1990년대 들어 더 이상 권위주의적 국정 방식이 작동하지 못하게 됨에 따라 노동자계급과 자본가계급 양자 모두 각각 국가로부터의 자율성을 주장하면서 정치적 세력화와 조직화에 나서게 된 것이다(임영일, 1997). 그 후 산업사회 영역에서는 노동과 자본의 자율적 세력화가 상당히 진행되었으나 이에 비해 제도권 정치사회는 노동과 자본에 대해 여전히 배타성을 고수하고 있다. 자본가계급의 직접적인 제도정치권 진입 시도도 현재까지는 실패했다고 평가할 수 있다. 노동자정당과 유사하게 자본가정당에 대한 정치사회 영역의 반응 역시 부정적이다. 이러한 반응은 "정치는 정치인들이 하는 것"이라는 전제를 기반으로 하여 "부와 권력을 한 손에 쥐려 한다"라는 정치적 공세로 나타났는데, 이것은 정치제도에 기생하는 집단으로서 정치인계급이 형성되었고 이들이 배타적으로 정치사회 영역을 지배해 온 역사를 반영하는 것이다.

다. 2002년 6월 말 민주노동당의 당원 중 절반이 노조 조합원이었으며 그중 절대다수가 민주노총 조합원이었다. 창당 시부터 그때까지 조합원 비율은 50% 안팎에서 거의 변화하지 않았다. 정당 지도부의 조합원 비율도 40-50% 정도였다. 공식적인 당규상으로는 대의체계에서 노동계급에 약 20%를 할당하는 것으로 되어 있지만, 정당의 기반이 민주노총에 결정적으로 의존하고 있어서 실제로는 노동운동 출신의 참여가 두드러졌다(장경섭 외, 2002). 이러한 인적 의존도는 2000년 총선 당시 민주노동당 후보로 출마한 21명 중 민주노총이 추천한 후보가 10명으로 전체의 약 48%를 차지한 사실에서도 확인된다.

민주노동당의 기반은 이러한 인적 구성에서 수치로 나타난 것보다도 훨씬 더 민주노총에 의존하고 있었는데, 국회 의석이 없는 정당으로서 정당에 대한 선전·조직·홍보 작업이 주로 민주노총의 산하 조직을 통해서 이루어지고 있었기 때문이다.[16] 민주노총 소속 노조가 있는 곳의 민주노동당 지구당 분회는 주로 직장분회, 즉 노조 단위로 구성되어 있었고, 실제로 이러한 조직이 가장 활발하게 움직이고 있는 편이었다. 민주노총 차원에서도 조합원들을 대상으로 하는 선전용 소책자 발간, 산하 노조의 토론회와 간담회 개최 등 일련의 활동을 통해 민주노동당을 적극적으로 지원하고 있었다.

민주노동당의 창당 과정을 서구의 경험과 비교해 보면, 독일이나 스웨덴 등의 사회민주당보다는 영국의 노동당과 많이 닮아 있었다(고세훈, 1999). 첫째, 무엇보다도 노조가 사실상 창당을 주도했다

16 당시 민주노동당 중앙 간부의 다음 말에서도 이러한 인식이 드러난다. "학생운동권 출신이라거나 하여 개별적으로 진보정당을 지지하는 사람들은 이미 초기 인맥을 통해 당원 가입도 할 만큼 했다. 이들은 고정 지지기반이다. 앞으로 지지기반을 넓히기 위해서 민주노총 조합원을 대상으로 하는 활동이 가장 현실적이다"(민주노동당 부대변인 인터뷰).

는 점이 그러하다. 민주노총의 의결에 의해 민주노동당이 창당될 수 있었던 것과 같이, 영국 노동당도 노조총연맹인 TUC(Trades Union Congress)의 결의에 의해서 창립되었다. 물론 한국의 민주노동당이나 영국의 노동당이나 이념적 정치단체들과 지식인들이 함께 참여한 것이 사실이다. 그러나 시민사회 영역에서의 정치적 이념을 중심으로 정당이 구성된 것이 아니라, 노조라는 대중 이익단체가 시기적으로나 조직적으로나 우선하고 그 노조의 결의에 의해서 비로소 정당이 결성될 수 있었다는 점은 특징적이다. 그에 비해 다른 대부분의 서구 국가들의 경우 노조 조직과 노동자계급 기반 정당이 거의 동시적으로 형성되었고 또한 상대적으로 상호 독립적인 조직 내적 발전 과정을 거쳤다.[17] 반면 한국의 민주노동당과 영국의 노동당은 정치단체들이 독자적인 진보정당을 건설할 능력이 없었거나 건설에 실패함에 따라 노조가 직접 창당을 주도하게 되었다.

둘째, 민주노동당과 영국의 노동당은 공히 정당의 이념적 응집성이 강하지 못했는데, 그것은 정당과는 기능적으로 다른 대중조직인 노조 자체가 창당 과정에 주도적으로 개입했기 때문이다. 비슷하게 노동자계급 기반 정당을 표방할지라도 유럽 각국의 사회민주당들은 처음부터 어느 정도 합의된 이념을 바탕으로 정치활동 및 정치권력 획득을 목표로 하는 정당을 창설했다. 그러나 이념이나 정치적

17 독일과 스웨덴의 사회민주당은 정당의 창당 시점이 전국적인 노조총연맹 조직보다 좀 더 빨랐을 뿐 아니라, 오히려 정당 활동가들이 전국적 노조 건설에 중요한 역할을 했다. 따라서 이 국가들의 경우는 노조의 정당 종속이 적어도 초기에는 확연히 드러난다. 예를 들어 독일에서 정당-노조 관계의 초기에 노조는 정당의 지도에 따라야 하는 것으로 간주되었다. 다른 남부유럽 국가들, 즉 프랑스, 이탈리아, 스페인 등의 사회주의적이거나 공산주의적인 정당들 역시 공식적이든 비공식적이든 노조와 연계를 가지고 있지만, 정당의 창당이나 발전 과정은 노조 조직과는 독립적으로 이루어졌다. 테일러(Andrew J. Taylor)는 창당 과정이 노동자계급 기반 정당과 노조 조직과의 관계를 규정한다고 보는데, 독일의 경우를 정당주도형, 영국의 경우를 노조주도형으로 분류한다(Taylor, 1989).

입장이 조직의 기반이 아니라 조합원의 이익 대변을 목적으로 하는 노조가 주도한 정당이라면, 그 이념적 요체는 상대적으로 불투명할 수밖에 없다. 이에 따라 창당 초기에 동참한 이념적 정치단체들은 이에 반발하기도 했는데, 한국 민주노동당의 전신인 국민승리21에서 탈퇴한 정치연대나 영국 노동당의 전신인 노동자대표위원회(Labor Representation Committee)에서 탈퇴한 사회민주연맹(Social Democratic Federation)이 그러한 예이다.

셋째, 한국과 영국 모두 작업조직, 생활문화, 거주지역 등의 측면에서 동질적인 현대적 노동자계급이 형성된 후에야 노동자정당 건설이 이루어졌다. 따라서 정당이 노동자계급의 다양한 이해관계와 이념을 시민사회 영역과 접합하는 역할을 한 것이 아니라, 이미 대체로 동질화된 노동자들의 이해관계와 문화를 바탕으로 한 노조가 발전하고 그 노조의 전략적인 정치활동을 기반으로 노동자계급의 정치의식이 형성·강화된 것이었다. 영국 노동당이 1870년대부터 나타난 노동자계급의 경제·문화적 동질화를 바탕으로 성립했으며(Hobsbawm, 1984) 지역 노조위원회를 통로로 주로 노동자 밀집 지구에서 지지기반이 확대된 것과 같이(고세훈, 1999), 민주노동당은 영남벨트 지역의 대공장 노동자들과 노조를 가장 큰 지지기반으로 하고 있었다.

결과적으로 민주노동당은 이념정당이나 정책정당이라기보다는 말 그대로 노동자정당 혹은 노조에 의한 정당이라는 성격을 가졌다. 냉전체제가 지배하고 있는 한국의 특수한 상황에서 정치적 이념의 폭은 매우 제한적일 수밖에 없으며, 진보적 이념을 핵심으로 한 정치세력의 제도화는 극히 어렵다. 관련된 외국 사례를 들면, 독일의 사회민주당은 비스마르크 정권하에서 반사회주의법에 의해 12년간 불법화되었으며, 합법화 직후 치러진 선거에서 20%의 득표율을 기록하며 제1야당으로 부상한 역사가 있다. 한국의 냉전체제는 단지 정치사회 영역에서 특정 이념을 탄압하거나 불법화하는 데 그치지 않고 시민사회 영역의 존재 자체를 심각하게 훼손시켜 버렸다. 기성 정당들은 역설적으로 시민사회의 해체와 위축 과정에서 성립하고 존속해 왔으며, 시민사회로부터의 정치사회 탈구를 고착화시키는 데 중심적 역할을 했다. 이러한 환경에서 노동자정당으로서 민주노동당은 시민사회 영역에서 구성되는 이념적 정체성을 노동인구에 정치적으로 접합시킴으로써 탄생한 것이 아니라, 산업사회 영역에서의 물질적 정체성을 기반으로 노조 조직에서 파생된 정당이었던 것이다.

2) 제도권 정치사회 진입의 좌절

민주노동당의 정치사회 진입 시도는 거듭된 좌절과 실망으로 점철되었다. 민주노동당은 2000년 국회의원 총선에서 전국적으로 (과거 민중당 수준에 가까운) 1.2%의 매우 저조한 지지율을 보이며 하나의 의석도 획득하지 못했다. 다만 민주노동당 출마 후보자들의 평균 득표율은 13.1%로 약간의 위안을 주는 수준이었다. 1992년의 민중당과 마찬가지로 민주노동당도 정당 해산의 법적 요건에 해당되었으나, 해산된 직후 곧 재등록을 함으로써 명맥이 유지되었다. 민중당과 다르게 민주노동당은 민주노총이라는 강력한 조직 기반이 있기 때문에 계속 유지 가능했지만, 일단은 정치사회 영역의 진입에 실패한 셈이었다. 물론 이것이 창당 직후에 치른 총선이었다는 점을 감안할 필요는 있다. 그러나 민주노동당이 2000년에 공식적으로 창당되었다고 하나, 창당의 산파 역할을 맡은 민주노총은 1997년부터 이를 준비해 오고 있었다. 이미 지적한 대로 1997년 3월 이미 노조 조직을 기반으로 한 노동자 정치세력화와 정당 창당을 공식적으로 결정한 바 있으며, 1997년 대통령 선거에 민주노총 위원장이 출마했다. 사실, 1997년 대통령 선거 결과는 더욱 불만족스러운 것이었다. 1996-

1997년 총파업 투쟁으로 민주노총의 내적 결속력과 사회적 영향력이 매우 컸던 시기였음에도 불구하고 당시 민주노총 위원장은 대선에서 1.2%의 득표율을 기록했으며, 득표한 30여만 표는 민주노총 조합원 규모의 절반 정도에 불과했다. 민주노총의 표본조사에 따르면, 1997년 대선에서 민주노총 위원장이었던 권영길 후보에 투표한 조합원 비율은 21.0%에 그쳤다. 사실 이러한 결과는 민주노총 조합원의 민주노동당 가입 실태를 통해 예견되는 것이었다. 2002년을 기준으로 민주노동당 당원의 절반이 민주노총 조합원이었지만, 민주노총 조합원 중 민주노동당 당원은 1.7%라는 극소수에 불과했다.[18] 물론 노조와 정당은 원칙적으로 다른 조직이며 노조 조합원이라고 해서 노조가 지원하는 정당을 지지할 이유는 없지만, 민주노동당이 민주노총의 정치적 분신이라는 점을 감안할 때 조합원들의 극히 저조한 민주노동당 가입과 지지는 의외의 현상이 아닐 수 없었다.

노동운동의 제도권 정치세력화 시도의 실패에 대해서는 다양한 원인 분석이 이루어졌다. 외부적 요인으로는 정부의 억압, 냉전 이데올로기의 영향 등이 주로 거론되었고, 내부적 요인으로는 분산화된 노조체제로 인한 계급적 정치의식 제고의 어려움, 노동운동세력 내부의 분열 등이 지적되었다. 구체적으로 정부의 억압과 관련해서는, 노동운동 전반에 대한 탄압으로 노동운동이 가장 기초적인 노조 조직 유지에 늘 다급했기 때문에 정치세력화까지 생각할 여유가 없었다는 현실이 존재했다(최장집, 1994). 나아가 국가정책이 노동자나 일반 시민의 경제적 요구에는 상대적으로 관용적이었던 반면 정치적 요구나 저항에 대해서는 단호한 탄압을 가하는 분리 전략에 기초했다는 점 또한 주목된다(노중기, 1995). 무엇보다도 1998년 노동법 개

---

18 영국 노동당의 경우에도 초창기에 TUC 노조 조합원들의 지지율이 30%가량에 불과했으며 이후에 꾸준히 확대된 것이다(고세훈, 1999; Taylor, 1989).

정 이전까지 노조의 정치 활동 자체가 법적으로 금지되어 있었다. 이데올로기의 영향으로는 이른바 '레드 콤플렉스'와 지역주의가 주로 언급된다. 노동운동 일반도 그러했으나 특히 노동운동과 정치의 연관은 금기시되어 온 공산주의 사상이나 활동을 연상시켰다. 이는 정부의 노동운동 탄압을 정당화하는 이데올로기로 작용했을 뿐 아니라 노동자 자신을 포함해 국민 전반에 내면화된 레드 콤플렉스를 자극했다(노중기, 1995). 노동의 정치세력화에 대한 장애요인 가운데 현실적으로 가장 두드러진 것으로 평가되는 것이 유권자들의 지역주의 투표 경향이었다. "지역 출신에 따른 투표가 너무나 강력한 나머지 결과가 지역별 유권자 수에 거의 근접할 정도"(최장집, 1994)에 이른 1987년 대선 이래로 지역 기반 정당과 인물에 대한 지역주의 투표 경향은 노동자 후보나 노동자정당이 제도권 정치에 끼어들 여지를 전혀 남기지 않았다. 노동자들마저 계급적 투표가 아니라 압도적인 지역주의 투표 성향을 보인 것은 흔히 노동자들의 계급적 자각이 미약했기 때문이라고 설명되기도 한다(정영태, 1993). 또한 기업별 노조체계로 인해 사업장에서 노동조직의 영향력이 증대해도 노동자들의 정치적 의식이 발전할 기회가 적었다는 지적도 있다(김동춘, 1995). 또 노동운동 내적 요인으로서 기존 정당 의존 경향, 분파적 분열 양상 등이 지적되었다(이종오, 1995).

이러한 요인들이 각각 중요한 작용을 한 것은 사실이지만, 이는 상대적으로 미시적인 문제들일 뿐 아니라 앞서 말한 대로 단선적인 노동운동 발전관에 근거하고 있다. 이렇게 보면 문제의 관건이 노동운동의 '발전 정도'인데, 이처럼 노동운동 자체에만 주목하는 일면적 시각으로는 한국의 노동계급이 막대한 사회적 영향력에도 불구하고 정치사회 진입에 번번이 실패하는 근본 원인을 부각시키기 어렵다. 노동의 정치세력화에 노정된 난관을 노동운동 자체의 발전 정도나 국내외적 조건에 돌리는 것이 아니라, 한국 사회 전체에서 '정치사회의 시민사회 및 산업사회로부터의 탈구'라는 거시적 측면에서의 고찰이 필요하다.

이와 관련해, 민주노총 조합원의 다수가 민주노동당을 지지하지 않았던 이유는 다른 정당을 지지해서가 아니라 정치사회, 즉 제도권 정치 전반에 대한 회의감 때문이었다는 점에 주목할 필요가 있다. 1999년과 2001년에 민주노총이 발표한 「조합원 생활실태 및 의식조사 보고서」를 보면, 지지정당으로 민주노동당을 든 비율이 각각 25.7%와 23.1%였으며, 이는 다른 정당 지지율이 10% 이하인 것에 비해 상당히 높은 편이었다. 다만 압도적인 비율을 차지한 것은 "지지하는 정당이 없다"라는 응답으로 각각 57.4%와 54.5%로 절반을 훌쩍 넘었다. 이 '지지정당 없음'의 비율이 민주노총 조합원의 의식조사 결과에서만 특징적으로 높게 나타난 것은 아니다. 1990년대 이후 일반 국민들을 대상으로 한 각종 여론조사에서도 지지정당 순위는 가변적이었지만 '지지정당 없음'의 비율은 늘 최소 40%대에서 60% 이상까지 나타났다.

이러한 결과들은 보통 '정치권에 대한 불신'이라는 말로 표현된다. 이에 대한 기원을 추적해 보기 위해, 시민사회 영역이 사실상 복원된 1987년 직후로까지 거슬러 올라갈 필요가 있다. 1989-1992년의 기간 동안 각종 의식조사 결과에서 노동자정당의 필요성에 대한 지지는 80%를 웃돌았다. 노동자 대상 조사뿐 아니라, 일반 국민 대상 조사에서도 노동자정당 또는 진보정당이 필요하다고 응답한 수치 역시 비슷했다(임영일, 1998). 민중당의 실험은 이러한 의식조사 결과에 고무되어 이루어진 것이었지만(김영수, 1999), 막상 현실 정치에서 시민들은 여기에 무관심하거나 냉담했다. 이러한 무관심과 냉담은 역설적으로 민중당이 계급지향적 또는 이념지향적 정당의 성격을 띠었기 때문이었다. 시민들이 체험해 왔고 그래서 익숙한 현실 정치는 계급이나 이념과는 무관한 것이었다. 이미 지적했듯이, 1987년의 범사회적 민주화 투쟁이 정치사회 영역에 미친 결과는 그때까지 유신체제와 신군부에 의해 단절되었던 1950-1960년대식 정치사회의 부활이었다. 즉, 시민사회적 기반 없이 자기임명적이고 자기봉사적으로 작동하는 정당정치 메커니즘이 부활한 것이었다. 이 메커니즘은 지역주의와 보스주의를 통해 지지되었으며, 결국 지역 맹주 간 대립과 연합 구도를 중심으로 한 정치구조를 만들어 냈다. 이러한 상황 때문에 시민들 사이에는 정치사회 전반에 대한 회의와 불신이 급속히 확산되었으며, 정치사회 진입을 시도하는 노동자정당에 대해서까지 매우 소극적 관심을 보이게 된 것이었다. 그러면서도 막상 선거때가 되면 투표자들의 절대다수가 이러한 몰시민사회적 정치세력들에게 표를 던지는 순응적 태도를 보여 왔다.

지역주의가 범사회적으로 비난을 받으면서도 유지되어 온 것은 주류 정치집단들이 지역(대립)주의를 동원함으로써 내부 담합적인 '선거연합'을 통해 정치사회 영역에서의 지배적 지분을 계속 분할·영유할 수 있기 때문이다(이갑윤, 1998). 반대로 이러한 지역주의 선거연합은 기존 정치권 밖의 노동자정당에는 강력한 진입장벽으로 작용했다. 이러한 지역주의 선거연합 구도에서는 유권자가 본심은 노동자정당을 지지한다 할지라도 지역경쟁 심리에 의해 일종의 '죄수의 딜레마(prisoner's dilemma)'에 빠지게 된다. 즉, 담합적 선거연합 구도의 상대편 지역에서는 그 지역 기반 정당에 대한 지지가 압도적일 것이라고 가정한 상태에서 유권자들의 정치적 행위(투표)가 이루어지기 때문에, 결국 주류 정당들의 지역별 정치적 지지의 독점화로 귀결되고, 노동자정당 같은 계급적 정치조직이 최대의 피해자가 된다.

기존 정치권은 지역주의 선거연합 외에 각종 정치관계법을 진입장벽으로 이용해 정치사회 영역의 배타성을 유지해 왔다. 박동진(1995)은 빈번하게 개정되었던 한국 정치관계법을 관통하는 가장 중요한 특징으로 "군소정당의 난립 방지", 즉 새로운 정치세력에 대한 진입 거부를 꼽았다. 박동진은 군소정당 난립 방지 조항이 한국 정치사에서 사실상 "혁신정당이나 좌파정당의 형성을 원천적으로 봉쇄하는 기제"로 작용되어 왔다고 비판한다. 실제 군소정당 난립 방지 조항에 의해 민중당이 해산되었고 민주노동당도 해산과 재창당 절차를 거쳤다. 또한 의석수 비례 할당에 의한 비례대표제와 소선거구제도 새로운 정치세력에 대해 치명적인 제도적 진입장벽으로 작용했다. 의석수에 의한 비례대표제와 소선구제는 그 자체로 신생정당의 진입을 어렵게 하는 제도이지만, 한국의 특수한 지역주의 선거연합 구도에서는 그 파급력이 결정적이다. 국회위원 소선거구제하에서 기존 정당들이 각 지역별로 몰표를 얻어 해당 의석들을 싹쓸이하는 구도로 인해, 신생 이념·계급 정당은 전국적으로는 무시할 수 없는 인지도와 지지도를 갖더라도 실제 한 의석도 얻지 못하는 비애를 맛보아야 했으며 심지어 비례대표 의석까지도 합법적으로 강탈당해야 했다(다만 2002년 지방의회 선거에서는 바뀐 선거법에 따라 민주노동당이 정당명부 득표율 비례에 의해 다수의 지방의회 의석을 쟁취하는 기쁨을 누렸다).[19] 그 외에도 선거비용보전제도, 정치자금법 등에 대해 소규모 신생정당의 불리를 축소할 수 있는 방향의 개혁이 사회적으로 요구되어 왔으나, 이러한 문제에 관한 한 두 거대 정당이 자신들의 배타적 기득권을 유지하기 위해 담합해 온 실정이다. 이러한 악성 정치관계법들은 일종의 제도기생적 집단으로서의 기존 정치인들이 시민사회 및 산업사회의 압력과 요구로부터 자신을 보호하고 정치사

19 1987년의 정치 변화 과정에서 소선거구제를 바꿀 기회가 있었지만 평민당의 암묵적인 동조하에 민정당은 이를 존치시켰다. 이는 "야당표의 분할로 어부지리를 얻고자 했던 민정당과 지역 기반의 집중도가 높은 평민당 간의 실질적인 타협이 이루어짐으로써 기존 제도권 정당의 기득권을 최대한 보장할 수 있는 소선거구제로 귀결되었던 것"을 의미한다(윤상철, 1997: 203). 이처럼 소선거구제를 선호한 정치집단들이 모태가 된 양대 정당이 오늘날까지 정치를 독점하고 있다는 사실이 시사적이다.

회의 탈구를 온존시키려는 기제인 것이다.

요컨대 한국에서 노동자정당이 정치사회에 진입하는 데 있어 부딪혔던 핵심적 난관은 노동자나 시민의 인지 부족이나 지지 거부라기보다는 배타적이고 왜곡된 정치문화와 불공정한 선거제도 등에 의해 구조화된 정치사회의 탈구 현상이었다. 이러한 문제는 2002년 대선에서 재차 생생하게 드러났다. 직전에 치러진 지방선거에서의 선전과 시민단체의 공정선거 요구, 일부 언론의 배려 등으로 민주노동당 권영길 후보는 한나라당 이회창 후보, 새천년민주당 노무현 후보와 함께 주요 경쟁자로 인정되었고 세 차례의 삼자 간 TV 합동토론회에도 참석할 기회가 주어졌다. 이러한 토론회에서 일관되게 정책과 이념에 초점을 맞추고 구체적인 사회집단들을 준거로 한 정치노선을 제기한 것은 권영길 혼자였고, 이회창과 노무현 사이에서는 개인적 사상 검증, 비리 제기, 지역성 시비 등 '그들 사이의' 정치적 문제가 주로 논박되었다. 실제 이회창과 노무현은 권영길을 상호 토론에서 배제하는 데 담합한 듯한 행태를 보였다. 권영길은 토론회에서 시민들로부터 가장 호평을 받았지만, 실제 선거에서는 (여론조사에 나타난) 평상시 지지율보다 훨씬 저조한 득표율을 기록했다. 기존의 거대 정당들이 설정한 정치의 틀은 시민사회와 산업사회를 가장 적극적으로 대변하려는 정치세력을 한국 정치와 무관한 존재로 만들어 버린 것이다.

5. 결론과 함의

한국의 현대사를 특징짓는 압축근대성은, 단순히 짧은 기간에 괄목할 만한 근대화를 이루었음을 뜻하기보다는 오히려 사회 영역들의 불균일한 시간대, 즉 비동시적인 것들의 동시성을 의미한다. 그 결과의 하나가 산업사회 및 시민사회 영역으로부터의 정치사회 영역의 구조적 분리, 즉 탈구(dislocation)이다. 통시적으로 볼 때, 이에 가장 큰 영향을 미친 것은 반공(反共)·종미(從美)로 짝지어진 냉전체제였다. 냉전체제는 우선 정치사회 영역이 시민사회 영역에 기반한 것이 아니라, 오히려 시민사회 영역을 제거하는 과정을 통해 성립하게 된 역설을 낳았다. 이에 관한 주요한 역사적 계기로는 미군정과 분단정부 수립, 한국전쟁, 군사쿠데타를 들 수 있다. 또한, 냉전체제하의 폭력적 반공주의는 시민사회의 이념적 폭을 극도로 좁혀 놓았으며, 대미종속은 이른바 자유민주주의 이념의 절대화를 가져왔고 이를 제도화한 미국식 민주정치제도의 이식을 일거에 가져왔다. 시민사회적 기반이 없는 상태에서 외생적 제도에 의해 성립한 한국의 정치집단들은 태생적으로 제도기생적이고 자기봉사적이며 배타적인 속성을 갖게 되었다. 한국은 제도상으로는 세계적으로도 선진적인 민주정치체계를 일시에 마련했지만 정치집단의 형성에 있어서는 전통시대와 크게 다를 바 없이 배타적 엘리트 집단이 지배했다.

압축근대성의 또 다른 중요한 측면은 산업사회 영역의 급속한 팽창이다. 한국은 유례없이 빠른 속도로 근대적 산업구조를 성취했다. 산업사회 영역에서의 근대적인 노동자계급과 중간계급의 팽창을 기반으로 시민사회 영역도 급속히 (재)활성화되기 시작했다. 역으로 민주화 투쟁을 통해 꾸준히 명맥을 이어 온 지식인 주도의 시민사회 세력은 산업사회 영역에서 노동자계급의 조직화를 적극적으로 지원했다. 이러한 변화들이 집약되어 폭발적인 정치·사회적 변혁을 가져온 시기가 1987년이다. 이 시기는 시민사회 및 산업사회 영역이 정치사회의 획기적 변화를 추동했다는 점에서 이전의 오랜 정치 상황과는 대조적이었다. 그러나 그 궁극적 결과는 1970년대 및 1980년대 초반에 군부독재로 일시 밀려났던 1950-1960년대식의 자기임명적이고 자기봉사적인 정치사회의 부활이었다. 결과적으로, 산업사회 영역은 급속한 근대화와 팽창을 이루었고 시민사회 영역도 폭이 좁기는 하지만 꾸준히 성장해 온 반면, 정치사회 영역은 근대적 시민성(citizenship)을 결집하기는커녕 시민사회와 산업사회의 지속적 배제를 통해 내부 담합적으로 재생산되는 다분히 전근대적인 상황이 온존되어 왔다.

한국에서 노동자계급의 정치세력화 시도는 이러한 조건하에서 전개되었다. 산업사회 영역의 급속한 팽창으로 근대적 노동계급이 형성되었으며, 이를 근거로 노조 조직은 산업사회 영역에서의 영향력을 크게 확대시켜 상당한 제도적 안정화까지 이루었다. 그러나 제도 정당으로의 발전과 관련해서는, 냉전체제로 인해 시민사회 영역이 상대적으로 위축됨으로써 사회(민주)주의 계열의 이념을 기반으로 사회세력을 동원하는 이념지향적 정당의 추진은 불가능했다. 그 대신 산업사회 영역에서 대두된 노동자의 계급적 정체성과 이해관계에 근거한 노조 주도의 정당, 즉 민주노동당이 출범했지만 정치사회 영역으로의 본격적 진입에서는 거듭된 실패를 겪었다. 이후 노동운동과 노동자정당 건설에 힘을 보탰던 진보민족주의 세력의 정치적 이탈과 민주노총의 정당정치 참여에 대한 관심의 희석에 따라 계급정당으로서의 성격이 취약해지던 중에 일종의 양심적 (진보)정치세력으로서의 명맥을 유지하는 정의당에 의해 거의 상징적 차원에 머무르는 계보가 이어졌지만, 그조차 명맥 유지가 불투명하다.[20]

이처럼 산업사회 영역이나 시민사회 영역에 비해 정치사회 영역에서 노동자계급의 세력과 영향력은 매우 미미한 상태에 머물러

20 진보당은 약화된 (노동)계급적 지지기반을 젠더정치적 차원에서 보완하려 시도했지만, 이것이 (성별 가릴 것 없이 불안정노동으로 고통받는) 청년 남성들의 강한 반발을 초래하고, 막상 (사회·경제적 성차 자체를 기초로 한 정치적 태도 형성이 불분명한) 청년 여성들의 특별한 지지는 이끌어내지 못함에 따라 2024년 총선을 계기로 거의 소멸 위기에 직면하게 되었다.

왔다. 노동자정당의 정치적 입지와 영향력이 순조롭게 확대되지 못한 이유는, 무엇보다도 정치사회 영역의 탈구, 즉 제도기생적 기성 정치집단에 의해 정치가 자기임명적이고 자기봉사적으로 운영됨으로써 시민사회나 산업사회 영역의 요구나 압력이 정치사회에 제대로 반영되지 못하는 현실 때문이다. 특히 민중당과 민주노동당의 정치사회 진입 노력에 대해 기성 거대 정당들은 지역주의적 정치갈등 구조와 이에 맞물린 담합적 선거연합 구도, 그리고 선거구제와 비례대표제에 관한 배타적 정치관계법 등을 통해 난공불락의 진입장벽을 구축해 왔다.

장기적으로 보면 정치사회 영역의 탈구가 영구히 지속되지는 못할 것이다. 그것은 우선 시민사회 영역에서 이에 대한 비판과 저항이 갈수록 거세지고 있기 때문이다. 여론의 압도적인 지지 속에 전개되어 온 시민단체들의 다양한 정치개혁 운동이 이를 잘 보여 주고 있다(조희연, 2000). 이때 시민사회의 다양한 이해와 욕구는 자발적이고 유연한 조직화와 인터넷 등 다양한 매체를 통해 정치사회에 엄청난 변화 압력을 행사하는 한편, 이에 부응하지 못하는 정치집단들을 도태시키는 작용을 할 것이다.[21] 또한 자기임명적이고 자기봉사적인 정치를 주도해 왔던 정치인들이 자연적으로 세대교체되고 있다는 점도 중요하다. 이러한 변화들은 노동자를 포함한 계급 기반 정당

---

21 2002년 대선에서 막강한 정치적 위력을 발휘한 노사모(노무현을 사랑하는 사람들의 모임)가 좋은 예가 될 것이다(노혜경 외, 2002). 그런데 이러한 변화들은 고전적 의미에서의 시민사회 활성화를 넘어 일종의 '탈근대적' 욕구들의 집단적 표출로 해석될 수 있는 소지가 있기 때문에 고전적 노동정치를 지향하는 민주노동당에게는 새로운 난제가 될 수도 있었다. 관련하여 신사회운동의 선도적 분석가이자 후원자인 투렌(Alain Touraine)이 프랑스 정치에서 우파뿐 아니라 좌파의 한계를 함께 지적하며 다양한 소수자 집단의 연대투쟁을 핵심으로 하는 새로운 "제2.5의 길(two-and-a-half way)"이라는 정치노선을 제시한 것은 매우 시사적이다(Touraine, 2001[1998]).

의 본격적 정치세력화를 위한 충분조건은 아닐지라도 중요한 필요조건이라고 볼 수 있다. 물론 단기적으로 보았을 때 정치사회 영역이 극적으로 개변되고 있는 것 같지는 않으며, 시민사회 및 산업사회 영역으로부터의 탈구 현상이 근본적으로 불식되고 있다는 조짐도 없다. 서구의 선진 민주주의 사회들에서 민주주의의 심화가 이른바 '정치계급(political class)'에 의한 정치사회 독점으로 이어졌고, 나아가 신자유주의 세계화에 따른 경제·사회 질서의 왜곡으로 민주주의의 현실적 효용이 총체적으로 침식되었다는 이른바 '탈민주주의(post-democracy)'론의 암울하고 불쾌한 교훈도 무시될 수 없다(Crouch, 2004).

제6장

압축근대성, 가족화된 자유주의, 권위주의 생활세계

1. 서론

한국(남한)은 공식적으로 자유(주의)공화국이며, 이는 북한의 (스탈린식) 국가사회주의 체제에 대비된다. 그러나 국내외의 담론이나 학문적 분석에서 한국이 전형적이지는 않더라도 분명한 자유주의적 실체로서 언급되거나 규정되는 경우는 드물다. 이는 특히 뒤르켐적 시각에서 볼 때, 한국이 공식 선언한 자유주의 질서·체제의 문명적 혹은 사회문화적 기초가 국내외에서 근본적으로 의심받고 있음을 의미한다(앞의 2장 참조). 한국의 현대사는 정치, 경제를 비롯한 여타 핵심 영역에서 국가의 몰자유주의적 (그리고 더러는 반자유주의적) 특징들과 행태들로 점철되어 왔으며, 이러한 정치·사회적 변질은 '검사독재' 혹은 '검찰공화국'으로 지칭되는 윤석열 정권기에 극단으로 치닫게 되었다(Chang, 2025).

예컨대, 세계사적으로도 선례가 드문 성공적인 자본주의 경제발전의 독특한 핵심 동인으로서 가장 주목받아 온 것은 권위적이고 개입적인, 즉 (구미 기준으로는) 몰자유주의적 '개발국가(developmental state)'였다. 명목상 민주주의하에서 군부 등에 의한 장기적인 독재정치의 역사는 1980년대 후반부터 진짜 민주주의 시대로 대체되었다고 하지만, 실제는 이 시대조차 민주화 이전의 권위주의 정권 때 형성된 정치적 자산에 기반을 둔 국가 최고 지도자들과 주요 정치인들에 의해 저질러진 정치적·법적 파행으로 얼룩져 왔다. 특히 군부 철권통치자 박정희의 딸인 박근혜와 박정희 시대의 저명 (토건)기업가였던 이명박은 심각한 부패와 권력 남용에 관한 유죄판결로 장기간의 징역형을 선고받았었다(앞의 3장 참조). 한국의 세계적 기업들은 거의 배타적으로 재벌 체제를 통해 통제·관리되는데, 이는 자유시장경제의 소유·경영·경쟁 원칙들에 대해 일상적이고 관행화된 왜곡행위에 기초하고 있으며, 관련하여 많은 재벌 총수들이 반복하여 무거운 사법적 처벌을 받아 왔다(7장 참조).

그런데 이러한 몰자유주의적 지배세력의 선전·이념·정치적 조력자들이 국가·사회 질서 전반을 자유 개념을 중심으로 규정·수호하자고 주장해 온 것은 크나큰 역설이 아닐 수 없다. 예컨대, 자유민주주의, 자유시장경제 등 자유주의 체제의 워낙 기본인 요소들에 대해 자유를 이중 강조하는 어법이 보수세력 사이에서 관행화되었다. 이는 정치, 경제 등의 영역에서 진보적 주장이나 대안을 억누르기 위한 것 이상으로, 이런 영역들의 몰자유주의적 왜곡에 대한 사회적 비판과 정치적 도전을 억누르기 위한 것으로 이해되어야 한다.

거시적 자유(주의) 질서에 대한 이러한 선전적 호명과는 대조적으로, 한국인들의 미시적 생활세계는 표면적 혹은 언술적으로 몰(비)자유주의적인 태도와 관계로 점철된 듯하다. 그러나 실제로 한국인들은 가족이나 가족적 성격을 내재화한 다양한 사회 조직·제도들을 통해 자유주의 질서를 매우 공격적으로 수용·활용하여 각종 사적 가치를 실현하려 노력해 왔다. 이와 관련해, 여기에서는 그동안 널리 잘못 인식되어 온 한국에서의 자유주의(liberalism) 혹은 자유(주의)

질서(liberal order)의 중대한 한 차원 내지 특징을 새로운 관점에서 설명하고자 한다. 즉, 한국 사회·경제·정치·대중이 공유하는 다양한 가족주의적 특징들을 '자유주의의 가족화(familialization of liberalism)'라는 개념을 통해 분석·설명할 것이다.

가족은 그 제도·조직적 성격이 국가와 마찬가지로 자유주의 사회질서 혹은 자유주의 근대성(liberal modernity)에 부합하지 않는다고 이론·해석적으로 규정되어 왔다. 따라서 근대사회의 합리화(rationalization) 혹은 자유화(liberalization)는 가족의 조직적 쇠퇴와 사회기능적 축소·대체로 이어지며, 그 대신 (핵)가족의 "서정적(affective)" 성격과 기능이 현대사회의 제도적 분업 체계에서 대두·강화된다고 이해되었다(Parsons and Bales, 1955). 만일 이 추세가 실제 합리적 혹은 실용적이고 갈수록 보편화되는 것이 당연하다면, 이에 반한 여러 현대사회의 지속적이거나 심지어 심화되기까지 하는 가족중심성은 근본적인 문젯거리로서 건전한 자유주의 근대화를 가로막거나 왜곡할 가능성이 있는가? 마찬가지 맥락에서, (그 양상이 다양하지만) 공통적으로 가족중심적인 동아시아 사회들의 엄청난 자본주의 경제발전, 이제 뚜렷이 견고해진 제도민주주의, 그리고 상당한 시민사회의 활력은 세계사회의 경탄에도 불구하고 그러한 집단적 성취들 내부나 이면에 심각한 구조적 혹은 문화적 함정들이 도사리고 있음을 의미하는가?

이 장은 그러한 의심 대신에 동아시아에서 자유주의 질서의 역사·사회적 착근과 사회, 경제, 여타 주요 사안들의 공적 거버넌스가 '가족화(familialization)'되어 왔다는 명제를 제시한다. 가족 내부와 외부에서 가족은 자유주의의 동아시아 근대성, 특히 한국의 근대성에의 압축적 통합을 위한 문화·제도적 엔진으로 기능해 왔다. 그리고 한국, 나아가 동아시아 전반 생활세계들의 광범위하고 복잡한 권위주의적 성격은 이 지역에서 널리 공유·계승되고 재발명·재확산되어 온 유교적 가부장제의 효과로서뿐 아니라, '자유주의의 사회제도적 및 정치경제적 가족화(social institutional and political economic familialization of liberalism or liberal order)'에 밀접히 연결시켜 이해되어야 한다.

2. 가족, 정치, 민주주의: 정치질서의 미시적 구성과 성격

가족은 인간이 정치적 존재가 되기 이전부터 사회·경제적 존재 조건과 양태를 결정해 온 생태학적 단위이다. 현대 사회에서 가족과 정치의 관계를 논할 때는 정치의 독립적 영역을 전제로 하고 여기에 가족이 미치는 일상적·비일상적 영향을 분석하는 것이 일반적이지만, 인간들 사이의 정치적 현상은 가족관계가 점점 복잡한 양상으로 변하고 가족과 가족 사이의 접촉이 증가하면서 처음 발생한 것이다. 따라서 동서양을 막론하고 가족에 대한 고대의 정치적 사상과 이론은 바로 정치 그 자체에 관한 설명이었다. 이러한 사실은 많은 사회에서 근대에 이르기까지도 타당한 것이다. 그리고 지금의 사회과학에서 설명되는 정치 근대화(political modernization)는 바로 가족 또는 가족적 조직을 중심으로 가족적 연대관계를 통해 유지되던 사회·정치적 질서가 가족으로부터 벗어나 다양한 비가족적 양태의 상호작용을 하는 상태로 바뀌는 과정을 지칭한다.

이러한 역사적 배경에서 가족에 관한 정치적 사상과 이론은 먼저 가족 내부적 인간관계의 특성과 이것이 가족과 가족 그리고 가족과 사회 전체의 정치적 관계에 미치는 영향에 대한 관심에서 출발했다(Elshtain, 1982). 즉, 가족이 보편적 정치의 장으로서, 그리고 정치적 행위체로서 갖는 중요성이 인식되었던 것이다. 이러한 관심은 현대적 정치사상과 정치학 이론이 확립될 때까지 지배적이었다. 그러나 가족 밖의 영역에서 정치적 현상들이 증가하고 여기에 대한 개인들의 참여가 확대되어 정치가 결국 탈가족화된 영역이 되는 상황에 이르자, 가족이 (가족과는 분리된) '사회적 정치질서'에 어떠한 영향을 미치는가에 대한 관심이 생겨나게 되었다. 이러한 방향의 체계적 관심은 비판주의적 입장과 기능주의적 입장에서 동시에 나타났다. 비판주의적 입장에서는 가족이 봉건주의 및 자본주의 사회의 억압적 정치질서를 생성하고 강화시키는 미시적 기제의 성격을 갖는다고 지적했고, 기능주의적 입장에서는 사회의 정치질서가 안정적으로 재생산되는 데 필요한 사회성원의 사회화 기능을 수행한다고 보았다. 이러한 논의들은 크게 ① 정치적 장으로서의 가족, ② 가족-시민사회-정치사회의 기능적 연계성, ③ 가족, 계급갈등, 정치적 경쟁, ④ 가족을 통한 사회·정치적 사찰과 통제라는 차원으로 나누어 볼 수 있다.

정치적 장으로서의 가족

정치적 장으로서의 현대 가족에 대한 지적 문제의식은 매우 다양하다. 헤겔(G. W. F. Hegel) 같은 근대 사상가나, 버게스(Ernest Watson Burgess), 오그번(William Fielding Ogburn), 파슨스(Talcott Parsons) 등 현대 사회이론가, 쇼터(Edward Shorter) 등 사회사학자들은 가족 속의 정서적 유대에 기초한 도덕적 집단주의는 자본주의 사회에 보편적인 계약적 사회관계와 질적으로 다른 것이라고 지적했다(Shorter, 1975).[1] 그러나 엥겔스(Friedrich Engels)는 모건(Lewis Henry Morgan)

1 이러한 가족의 도덕적 집단주의가 사회적으로 역기능을 할 수 있다는 주장도 강력하다. 배럿(Michèle Barrett)과 매킨토시(Mary McIntosh)는 현대 서구사회에서 가족이 여성(주부)의 예속을 담보로 생존·보호·우애의 독점적 제공처로 자리 잡음으로써 사회는 그러한 기능을 상실한 삭막한 곳이 되었다고 지적하고, 이런 의미에서 "반(反)사회적 가족(anti-social family)"의 근본적 변혁을 주장했

등이 연구한 결혼제도의 역사적 변천을 재해석하여 가족 내 남녀 관계가 사유재산의 성립을 계기로 여성 억압적인 성격을 갖게 되었다고 분석함으로써, 자본주의적 질서 자체가 가족 내부의 억압적 사회관계에 반영되어 있다고 비판했다(Engels, 1973). 엥겔스의 유물론적 가족 비판과는 대조적으로 페미니스트들은 프로이트(Sigmund Freud)의 정신분석을 확장시켜 심리·생물학적 차원에서 가족의 '성(性)억압성'을 지적하고 나섰다(Flax, 1982). 가족 내 여성의 지위뿐 아니라 아동·청소년의 지위에 대해서도 마찬가지의 비판적 해석이 전개되어 왔다. 프랑크푸르트학파의 비판사회학자들은 가부장제 가족의 비민주적 성인-아동 관계를 사회질서의 근본적 토양이라는 차원에서 접근했다(Frenkel-Brunswik, 1964). 아울러 아리에스(Philippe Ariès), 소머빌(Jennifer Somerville) 등은 서구 아동기에 대한 사회사적 연구를 통해 중세에 나타났던 성인과 아동 사이의 방임적 갈등관계가 종교개혁과 산업화 과정에서 복잡한 변화를 거치며 현대에 이르러 통제적 보호관계로 바뀌고 있음을 지적했다(Ariès, 1962; Somerville, 1992). 미드(Margaret Mead) 같은 인류학자들은 사회변동의 여부와 양상에 따라 성인과 아동의 교호 방식이 권위주의적일 수도 있고, 개방적일 수도 있다고 지적했다(Mead, 1970).[2] 이러한 정치적 장으로서의 가족 내 사회관계의 성격에 대한 결정요인에 관해서는, 급진 페미니스트와 일부 비판사회학자 등은 그것이 가족에 내재한 생물·심리·사회적 동인에 의한 것이라는 설명을 제시하고, 마르크시스트 및 기능주의 사회·인류학자들은 그것이 사회 전체의 문화, 계급구조, 권력관계 등을 반영하는 것이라는 설명을 제시해 왔다.

다(Barrett and McIntosh, 1991).

2 일군의 가족연구자들은 사회학의 갈등이론과 상징적 상호작용론 등을 가족현상에 적용하여 가족성원 사이의 관계, 상호작용, 의사소통의 미시정치적 측면을 분석하기도 했다(Burr et al., 1979).

가족-시민사회-정치사회의 기능적 연계성

가족의 (정치)사회화 기능은 파슨스(Talcott Parsons)의 사회이론에서 핵심적으로 제시된 바 있다. 그는 개인의 "인성체계(personality system)"가 가족의 사회화(socialization) 기능을 통해 사회체계(social system)에 조화롭게 통합된다고 설명했다(Parsons and Bales, 1955). 사회화를 통해 사회는 기존의 가치와 질서를 개인들에게 내면화시키고, 개인은 사회에서의 역할 수행을 위한 준비를 하게 된다는 것이다. 가족에 의한 사회화는 특히 "일차적 사회화(primary socialization)"로서 가장 일반적이고 근본적인 과정이라고 설명되었다.[3] 아동은 부모와의 상호작용 과정에서 모방·습득된 지식, 태도, 가치를 처음에는 가족 안에서 표출하다가 성장의 단계에 따라 가족과 분리된 사회에 대해서 표출하는 법을 배우게 된다는 것이다.[4] 파슨스의 사회체계 이론 일반이 현대 정치학의 이론적 정립에 결정적인 영향을 미쳤음은 말할 나위가 없을뿐더러, 그의 사회화 이론은 정치사회화에 관한 논의에 거의 그대로 도입되었다. 아울러 기능주의에 대해 비판적인 페미니즘과 프랑크푸르트학파의 가족론도 가족 내부에서 배양된 다양한 (비민주적) 태도와 가치가 사회질서, 즉 지배관계의 재생산에 기여한다는 것을 공통적으로 받아들이고 있다.[5] 특히 호르크하이머(Max Horkheimer) 등 프랑크푸르트

3 파슨스는 일차적 사회화의 구체적 과정에 대해서 상징적 상호작용론자인 미드(G. H. Mead)의 설명을 도입하고 있다. 미드에 따르면 사회화란 아동이 자신을 어머니와 동일시하고 어머니의 가치를 내면화하는 법을 배우는 상호작용적 과정이다.

4 그런데 파슨스는 다른 한편으로 가족은 각박하고 갈등적인 사회로부터 분리된 서정적 공간으로서 가족성원들을 심리적으로 보호하는 기능을 한다고 설명했다. 만일 가족성원 사이의 관계가 애정적 보호로 특징지어진다면, 가족에 의한 사회화가 아동을 사회의 경쟁과 계약 질서에 잘 적응시키는 기능을 수행하기 어렵다는, 논리적으로 모순된 결론이 도출된다고 비판하는 시각이 있다(Lasch, 1977).

5 물론 이러한 시각들에서는 다음에 살펴볼 '정치적 기제'로서의 가족의 성격을 염두에 두고 있을 것이다.

학파의 비판사회학자들은 가부장적 가족 내에서 이루어지는 아동의 권위주의적 양육이 비민주적 정치체제에 필요한 인성을 만들어낸다고 비판적으로 평가했다(Horkheimer, 1972). 그러나 현대 가족의 정치사회화 기능 자체에 근본적 회의감도 팽배해 있다. 특히 래시(Christopher Lasch)는 현대 자본주의 사회에서 아동의 인성 발달과 능력 개발 등 적극적 의미에서의 양육은 아동심리학자, 가족치료사, 가족상담원 등 전문가 집단의 지시에 따라 기술적으로 이루어지고, 부모는 도덕적 압력이나 서정적 감화 대신에 용인된 방종과 처벌의 위협을 통해 자녀들을 통제한다고 분석했다(Lasch, 1977).[6]

가족, 계급갈등, 정치적 경쟁

그동안 서구의 이론·사상적 논의는 대체로 가족의 내적 통합성이 사회 전체의 통합성을 제고하기보다는 저하시키는 작용을 하며, 따라서 효율적 통치를 위해 가족의 정치적 역할은 억제되어야 한다고 보았다. 이는 '가족을 통한 통치'를 원리로 삼는 동아시아의 유교이념과는 근본적으로 다른 것이다. 플라톤은 시민들의 가정에 대한 사적 집착이 폴리스(polis) 전체의 공동체적 권위 확립을 저해하는 결정적인 요인이라고 보았고, 따라서 사적 가정을 폐지해야 할 것으로 여겼다(Okin, 1982).[7] 사회의 정치적 연대에 관련한 이러한 반(反)가족론은 마르크스에 의해 연장되어, 「공산당 선언(The Communist Manifesto)」

6 래시의 이러한 설명은 아리에스(Ariès, 1962)가 제시한 중세 유럽의 아동기(childhood)에 대한 설명과 비슷하다. 아리에스에 따르면 중세의 아동들은 일상적 무관심 속에서 거친 처벌에 의해 길들여졌다. 그러나 종교개혁과 산업화를 거치며 점차 아동기의 특수성에 대한 인식이 생기고, 아동의 도덕·정서적 발달에 대한 관심이 대두되었다. 물론 이러한 중세의 아동기는 소비자본주의 시대의 아동기처럼 향락적 물질 소비에 점철된 것은 아니었다.

7 이에 비해, 아리스토텔레스는 최종적인 조정 및 통합 가능성이 있다면 가족을 포함한 다양한 종류의 권위가 공존할 수 있다는 유연한 입장을 보였다(Elshtain, 1982).

에서 계급적 연대 형성의 장애물로서 가족 폐지의 당위성이 제기되기도 했다. 이러한 가족의 반사회성에는 동의하지만, 가족적 도덕공동체 원리는 사회 전체적으로 실현시켜 "새로운 양태의 가정적 사회(the new mode of domestic society)"를 추구할 것을 푸리에(Charles Fourier) 같은 유토피아적 공산주의자들이 주장했다(Abbott, 1981). 그리고 현대의 이른바 '공공가족(public family)'론자들은 복지국가의 확립이 가족들 사이의 배타성을 극복해 사회 전체에 가족적 부양·보호 관계를 형성하는 것이라고 주장한다(Dizard and Gadlin, 1992).[8] 이처럼 잠재적 반사회성을 의심받아 온 가족연대는 기층 계급들의 생존과 투쟁에 관련해서는 다른 각도에서 평가되기도 한다. 예를 들어 하레벤(Tamara Hareven)은 미국 산업혁명기에 노동자계급이 산업자본가의 잔혹한 착취와 고된 생산 과정에 직면하여 친족과 이웃의 유대를 기초로 자기 보호 및 저항에 나섰다는 사실을 강조했다(Hareven, 1982).[9] 그리고 20세기 들어 대부분의 성공적인 공산혁명에서는 '가족생산자(family producer)'인 농민들의 사회·경제적 억압 상태에 대한 저항이 계급적 기반이 되었다(Wolf, 1969). 반대로 밀스(C. Wright Mills)가 통렬히 비판한 것처럼 지배 엘리트들이 가족을 동원해 정치적 억압과 경제적 수탈을 일삼는 것은 동서고금(東西古今) 어디에서나 보편적인 현상이다(Mills, 1956).

8 센(Sen, 1988)은 가족 사이에 이러한 배타적 관계가 존재하는 것은 게임이론에서 논의되는 이른바 '비협력적 게임(non-cooperative game)'의 예가 된다고 보았다. 이러한 비협력적 게임에서는 전체적인 협력을 통해서 얻을 수 있는 공동의 이익이 실현되지 않으며, 평균 확률상 개별 가족은 배타적인 이익을 증진시키는 데에도 실패한다. 센은 국가가 사회정책적으로 개입하는 것은 단순히 일부 불우 가족을 구호하는 의미만 있는 것이 아니라, 시민 전체의 기본적 생존을 보장함으로써 시민들 사이에 '협력적 게임'의 관계가 형성되도록 촉진시키는 작용을 한다고 주장한다.

9 이는 마르크스가 노동자 가족에 대해서 기대하지 못했던 사실일 것이다.

가족을 통한 사회·정치적 사찰과 통제

가족이 지배세력의 사회·정치적 통제 기제로 작용한다는 점은 마르크스를 위시한 비판적 사회이론가들에 의해 줄곧 지적되어 왔다. 마르크스는 「공산당 선언」에서 프롤레타리아에 대한 부르주아의 계급적 착취 도구로 전락한 가족을 폐지해야 한다고 주장했다.[10] 이에 덧붙여 엥겔스는 사유재산에 기초한 핵가족이 여성 억압과 착취의 통로가 된다고 지적했다. 동즐로(Jacques Donzelot)는 현대 서구 가족 내에서 이루어지는 가족성원에 대한 심리적 보호, 능력 개발 등의 과정이 산업자본가의 경제적 이윤과 사회적 지배를 극대화하려는 체계적 노력을 반영하며, 이에 관련된 국가 및 자본의 정책을 "가족사찰(policing of families)"이라고 규정했다(Donzelot, 1979).[11] 자본주의 발전은 가족의 소멸이 아니라 인위적 변형을 필요로 하며, 가족관계와 가정생활은 사회적 억압에서 해방을 도모하기보다는 자본주의적 착취관계를 위장시키기 때문에 (중립적 사회제도가 아니라) 계급적 지배 기제의 성격을 강하게 갖는다는 것이 그의 주장이다. 동즐로의 논의는 다시 모건(D. H. J. Morgan)에 의해 현대 가족에 대한 국가와 사회의 "치료적 간섭(therapeutic intervention)"에 대한 분석으로 발전된다(Morgan, 1985). 모건 등은 또한 가족에 대한 내부적 간섭 외에도, 시민들의 가족지향성을 정치적 목적에서 이용하는 시도들을 지적해 왔다. 이 외에도 노동자들의 정치적 행위를 개별화된 가족적 이해관계에 연계시킴으로써 노동운동의 온건화를 유도했다는 설명이 있다. 이

---

10 가족에 대한 마르크스의 이해나 이념은 결코 일관적이거나 체계적이지 못하다. 물론 엥겔스의 논의가 마르크스의 생각을 잘 반영한다고 가정할 수도 있다.

11 동즐로는 푸코의 권력에 대한 이해와 미시적 역사 분석을 가족사에 적용시키는 작업을 했다고 볼 수 있다. 푸코는 특히 서구의 성에 대한 권력의 지배사를 분석하면서 현대의 성은 중세 교회의 도덕적 지배로부터 '해방'된 것이 아니고 의료(medicine)에 의한 기술적 지배하에 복속된 것이라고 주장한다(Foucault, 1990a, 1990b).

처럼 현대 자본주의가 사회적 통제를 위해 가족에 의존하지만, 동시에 가족을 해체시키는 모순된 작용을 함으로써 나타나는 문제들도 지적된다. 현대 가족은 청소년에 대한 일상생활상의 '감시(surveillance)' 기능이 약화되고 있으며, 특히 청소년의 이른 분거나 가출이 확산되면서 가족을 통한 사회적 통제가 구조적으로 약화되었다고 지적된다(Nock, 1993).[12]

정치현상에 대한 가족의 중요성이 이러한 사상·이론들에 의해 꾸준히 지적되어 왔지만, 막상 가족 관련 현상을 집중적으로 다루어 온 사회과학 분야들의 논의는 보편적인 미시지향성(micro-orientation)으로 인해 참고지식으로서의 근본적인 한계가 있다. 특히 좌우파를 포괄한 서구의 근대화론적 사회과학은 정치와 경제의 탈가족화를 핵심 명제로 삼았다. 이후 가족에 대한 분업적 전문화에 들어간 학자들은 정치를 비가족적 현상으로 보는 경향이 있었는데, 사회학 내의 가족사회학도 예외가 아니었다. 이러한 한계는 어떤 사회를 대상으로 해서 가족과 정치현상의 관계를 분석해도 드러나지만 한국 사회에 대해서는 특히 심각하다. 현대 한국 사회질서의 핵심적 특질 가운데 하나가 정치, 사회, 경제 등 삶의 거의 모든 영역에서 가족중심적인 태도가 지배하고 있다는 사실임을 고려할 때, 가족과 정치현상의 관계에 대한 분석이 기존의 가족사회학적 또는 가족학적 이론틀에 의거해 적절히 설명되리라고 기대하기 어렵다. 역으로 한국의 정치근대성 혹은 일반적 정치현실에서 드러나는 가족의 복잡다기하고 심대한 영향력을 체계적으로 분석하면 현대 사회학 및 정

12 이러한 가족의 사회통제적 기능의 약화에 대해서는 최근 서구의 신보수주의적 가족도덕론이 제기되었다(Somerville, 1992). 서구 사회에 만연한 도덕적 문란, 사회적 혼란, 정치적 갈등은 가족의 도덕적 통합력의 약화에 결정적으로 기인한다는 주장이다.

치학, 나아가 사회과학 전체가 공유하는 탈가족적 근대성에 대한 집착을 바로잡는 중요한 계기가 마련될 수도 있다.

3. 가족정치의 지배와 시민사회의 편재

가족은 그 자체가 하나의 '정치적 장(political arena)'으로서 가족성원 사이의 활발한 상호작용의 성격이 그 사회의 민주성을 평가하는 데 중요한 구성요소가 된다. 가족은 바로 '일상생활의 정치(politics of everyday life)'가 벌어지는 사회공간인 것이다. 매일매일 경험하는 가족성원들 사이의 관계는 시민들의 평생에 걸친 민주적 삶의 정도를 결정적으로 좌우할 것이다. 가족은 대부분 개인들이 일시적 청년기를 제외한 일생 동안 하루하루의 생활을 같이하는 사회단위이며, 특히 가정 내 집단(domestic group)으로서의 지위가 구조적으로 강요되어 온 현대사회의 아동·청소년(자녀)과 여성(부인)에게는 다른 가족성원과의 상호작용이 생활의 절대적인 부분이 된다. 따라서 가족성원들 사이에 발생하는 관계의 정치·사회적 성격은 일반 시민들의 일상적 삶의 민주성을 결정적으로 좌우한다. 특히 거시적 정치질서가 민주주의의 제도적 외양에도 불구하고 극도의 반사회성과 불안정성으로 점철되어 온 현대 한국 사회에서 일반 시민들은 가족을 둘러싼 미시적 사회관계에 탐닉함으로써 가족은 매우 정치화된 생활 영역으로 유지되어 왔다.

가정 내 가족관계의 민주화는 조선 중기 이후 양반집단 사이에 확립된 (신)유교적 가부장제 권위주의가 근현대 들어 오히려 계급·계층적으로 한국 사회 전반에 보편화되면서 중요한 문제로 대두되었다(이효재, 1990; 장경섭, 2018). 많은 중장년 여성들의 삶에서 '현모양처(賢母良妻)'의 이념하에 '삼종지도(三從之道)'의 종속적 지위가 현대적 양태로 재생산되기에 이르렀으며, 이는 특히 중산층을 중심으로 서구의 "서정적 가족주의"에서 규정된 여성상과 결합되어 공고화되었다(장경섭, 1994, 2018). 물론 여성이 가족 전체에 '민주적 애정관계'를 정착시키는 역할을 할 수도 있지만, 가부장적 분업구조가 지속되는 상황에서 여성들의 종속적 지위는 근본적인 극복이나 탈출이 어려웠다.

아동과 청소년 역시 가족 내 성장 과정에서 나이, 성별, 친족서열 등에 따른 엄격한 상호작용의 질서와 규범을 내재화시켜야 하는 압력을 받아 왔으며, 교육, 결혼 등을 위해 부모에 대한 의존이 절대적인 상황에서 늦은 나이까지 자율적 사회성원으로서의 개체성을 인정받지 못하거나 스스로 방기하는 경향이 확산되었다(최성애, 1993). 특히 권위주의적 부모에 대한 표면적 복종의 이면에 배양된 과도한 물질적 의존 심리는 래시(Lasch)가 서구 맥락에서 지적한 것처럼 개체적 자율성과 책임성을 상실하고 쾌락적 소비에만 탐닉하는 청소년형을 야기하는 심각한 부작용으로 이어졌다(장경섭, 1994).

아동·청소년과 여성의 입장에서 볼 때, 한국 사회에서 가족이 개인보다 앞서는 일종의 '미시적 집단주의'는 권위주의적 사회관계를 기초로 하고 있으며 온정주의의 영향에도 불구하고 (혹은 온정주의로 인해) 민주적 공동체에는 이르지 못하고 있는 것이 현실이다. 중요하게 지적되어야 할 사실은, 이러한 현실에서 남성 가장도 결국 피해자로 남게 된다는 점이다. 가족 내에서의 권위주의적 사회관계의 부담은 가족성원 사이의 개방적 접촉과 의사소통을 위축시키게 되며, 심각한 경우에는 가족성원(들)이 이혼, 별거, 가출을 궁극적 해결 수단으로 삼게 되기 때문이다. 그리고 'IMF 경제위기' 이래로 권위주의 가부장제 가족의 사회적 규범성이 제대로 해소되지 못한 상황에서 (현재나 미래의 가장으로서) 남성들의 경제·사회적 지위가 집단적 교란·붕괴에 처함에 따라 남녀 모두에게 '위험회피(risk aversion)'적

만혼·비혼·이혼 경향을 확산시켜 왔다.

4. 권위적 공동체주의와 가족·시민사회·정치사회

가족은 개인으로서의 시민들이 사회에 참여하면서 정치적 태도를 함양하는 데 중요한 역할을 한다. 이것은 가족이 이른바 정치사회화(political socialization)의 제도로 기능함을 뜻한다. 이 기능은 크게 두 가지 측면으로 나누어 살펴볼 수 있다. 첫째, 가족 내 구체적 사회관계의 경험이 사회적으로 재생산되거나 일반화된 태도로 나타나는 것이다. 앞서 언급한 정치적 장으로서의 가족 내부에서 겪은 경험이 곧 사회적인 영향력을 미치고 있음을 의미한다. 가족 내 사회관계의 경험이 재생산된다는 것은 각 가족 내 남녀 간·세대 간 사회관계의 유형이 그 가족성원들의 사회생활 과정에서 비가족성원들과의 남녀 간·세대 간 관계에 반영되어 나타나는 것이며, 일반화된 태도로 나타난다는 것은 예를 들어 세대 간의 권위주의적 관계가 사회에서 직급 간의 권위주의적 관계로 전이·확산되어 표출될 수 있다는 것이다. 둘째, 가족 내에서 배양되는 국가와 사회에 대한 이해방식과 참여행태가 가족성원들의 정치적 삶에서 실제로 영향을 미치는 것이다. 부모, 형제자매, 배우자의 특정한 정치적 태도나 가치가 자신의 정치적 태도나 가치를 형성하는 데 결정적인 영향을 미치는 것이다. 가족을 통해 개인들이 모방·학습하고 내면화시키는 정치적 태도와 가치는 사회의 기존 정치질서에 부합되는 것이 보통이지만, 급격한 사회변동이 있을 때는 오히려 일탈과 저항을 야기할 수도 있다.

이러한 가족의 정치사회화 기능은 정치 엘리트의 파행적이고 폭력적인 지배 행위에 의해 거시적 정치질서가 만성적인 정당성 위기에 시달려 온 한국 사회에서 특히 결정적인 중요성을 가졌다. 미국식 정치체제가 그 시민사회의 정치문화적 토양과 분리되어 껍데기만 도입되고 국내 정치 엘리트의 '문화적 지도력'도 존재하지 않는 상황에서 가족은 그 성원들 각각의 사회·정치적 태도뿐 아니라 거시적 차원의 (가부장적) 정치문화 자체를 규정하는 역할을 수행해 왔다. 이는 극단적인 지역대립적 정치질서와 맞물려 지역별 유권자들이 선호하는 특정 정당이나 정치지도자에 대해 유사가족적 동일시 태도를 갖는 현상으로 이어졌으며, 그렇게 한국 선거민주주의의 영원한 질곡이 고착화되어 왔다.

정치사회화 제도로서의 가족의 중요성은 한국 사회에서 극명하게 드러난다. 가족 내에서 경험되고 관찰된 남녀 및 세대 사이의 관계는 사회생활에 직접적인 영향을 미쳐 성차별(배제)적이고 세대차별(대립)적인 정치·사회적 질서의 재생산을 가능케 하는 결정적인 문화적 토양을 제공하고 있다(심영희, 1992; 김주숙, 1994; 장경섭, 1991). 가족관계와 가정생활 전반을 포괄하는 권위주의적 집단주의와 가부장적 온정주의는 사회생활의 각 영역에서 그리고 전체 정치사회의 수준에서 투영되어 나타나기도 한다(이효재, 1990). 아울러 다른 가족 성원들을 통해 모방·학습된 사회에 대한 냉소·패배주의, 편법·무규범주의, 연고·정실주의 등은 자신의 정치적 가치와 태도를 형성하는 데 핵심적인 요소이다(김경동, 1992; 문석남 외, 1990; 김선업, 1993).

최근 들어서는 부모들이 자녀 사회화에 있어서 도덕적 압력과 서정적 감화에 기초한 적극적 역할을 점차 포기하고 있으며, 그 결과 방종과 처벌의 악순환 속에서 성장한 청소년들이 부패한 자본주의 사회의 새로운 성원으로 충원되고 있다(장경섭, 1994).[13] 성인 세계를 모방한 향락적 소비에 탐닉하는 청소년들은 자율적인 개체로서

13 비록 이러한 문제를 핵심 주제로 다루지 않지만 한국 청소년의 정치사회화에 관한 체계적이고 자세한 연구로 이순형(1994) 참조.

의 책임과 권리 의식을 발달시키지 못하고, 처벌의 도덕적 고통이 아닌 물리적 고통에 대한 공포를 통해서만 간신히 사회적으로 통제되는 상황이 전개되고 있다.

왜곡된 사회화에 의한 청소년의 정치적 소외 못지않게 심각한 문제가 여성들의 탈정치화 현상이다(이경숙, 1993; 심영희, 1992). 정계의 구조적 왜곡 때문에 엘리트 여성들이 정치 일선에 진출하지 못하는 문제는 상대적으로 더 많이 논의되어 왔으나, 가부장적 가족에 예속된 기성세대 여성들의 이해관계가 정치적 이슈로 부각되지 못하고 또 이에 대해 여성들이 정치적 의사 표출을 능동적으로 하지 못했던 문제가 더욱 심각했다. 최근 들어 청년 세대 남녀 간 사회·정치적 대립구도가 온라인 공간의 담론적 갈등을 넘어 주류 정당들의 득표 기반으로 공략되고 있는 현상은 비록 사회·경제적 현실의 심각한 왜곡에 기초하고 있다는 점에서 일정한 함정을 내포하고 있지만, 일종의 '의도되지 않은 결과'로서 여성 문제의 정치적 의제화와 여성(그리고 남성)의 정치시민화를 결정적으로 촉진하는 효과가 있다.

5. 가족경쟁으로서의 계급갈등과 정치적 통제

가족은 다양한 시민들이 자신들의 사회적 이해관계를 인식하고 다른 시민들에 대한 상호작용을 수행할 때 핵심적인 조직단위가 된다. 비록 가족 내부의 부부간 혹은 부모 자식 간의 관계 등에서 다양한 대립과 갈등이 나타날 수는 있어도, 가족은 일단 사회적 조직단위로 유지되는 한에서는 다른 개인이나 집단과의 관계에 있어서 내부적으로 통합된 태도나 지위를 갖는다. 따라서 시민사회 전체의 정치구조는 가족들 사이의 관계가 어떻게 형성되고 변화되는가에 지대한 영향을 받는다. 특히 가족 내부의 도덕적 통합성이 다른 가족들과의 관계에 있어서 배타성을 유도하느냐 연대성을 유도하느냐에 따라 사회질서가 민주적 협동성을 띨 수도 있고, 비민주적 투쟁성을 띨 수도 있다. 그리고 가족들 사이의 사회적 자원, 권력, 지위 분포의 형평성 역시 사회질서가 평화적 공존에 의해 또는 갈등적 지배에 의해 특징지어지느냐를 결정하게 된다. 가족(적) 유대에 기초한 사회·정치적 이해와 결사는 때때로 계급·계층적 구분을 넘어 종적으로 형성되기도 하는데, 이는 고객주의(clientelism)적 연고질서의 핵심 측면이다.[14]

한국인들에게 가족이 사회·정치적 행위체로서 복잡다기한 기능을 수행해 온 것은 혼돈과 격변의 20세기가 요구한 역사적 필연이었다. 사회공동체로서의 민족은 식민지배, 한국전쟁, 남북분단을 거치며 형해화되었고, (사회주의 영향력이 강했던) 남한 내부의 시민사회는 해방공간과 한국전쟁을 거치며 국가 권력에 의해 폭력적으로 통제·해체되었다. 그 결과, 국가의 정치체제가 반(反)사회적 '정치귀족'들에 의해 농락되는 역사적 현실 속에서, 어떠한 사회통합 기제에도 의존할 수 없었던 한국인들은 오로지 가족을 중심으로 뭉쳐 다른 가족들과의 사회·정치적 및 경제적 경쟁을 통해 생존을 추구할 수 있었다. 이에 대해서 필자는 '가족자유주의(familial liberalism)' 개념 및 이론에 기초해 종합적인 분석을 실시한 바 있다(장경섭, 2018).

한국인의 생활정치에 지대한 영향을 미치고 있는 (신)유교이념은 가족을 국가의 권위를 약화시키는 배타적 집단으로 보기보다는 국가의 통치를 실현시키기 위한 제도 혹은 기제로 보았다(장경섭, 2009, 3장). 과거나 현대를 막론하고 엘리트 집단 사이에서 가족(친족)은 배타적인 사회·정치적 이해관계의 형성과 조직적 결사의 기초로 작용해 왔다. 조선시대의 문중정치는 현대에 들어 갖가지 연고와 의

14 이러한 고객주의적 연고질서는 한국의 선거문화가 특히 지역주의에 의해 근본적으로 왜곡되는 데 한 원인을 제공했다(이은진·김석준 외, 1992).

사(擬似)가족적 연대에 기초한 파벌정치로 이어졌으며, 심지어 집권자의 가족·친인척 동원을 통한 통치가 잦았다. 그리고 정치 엘리트와 경제 엘리트가 혼맥을 형성해 정경유착을 통한 지배구조의 공고화를 꾀해 온 것은 널리 알려진 사실이다(서울경제신문, 1991). 그리고 경제적 지배력의 공고화와 세습화를 위해 재벌 대기업들이 '족벌적' 소유·경영 체제에 의해 움직여 왔는데, 이 역시 궁극적으로 노자(勞資)관계의 정치적 성격을 결정하는 요인이 되었다(조동성, 1990; 강철규·최정표·장지상, 1991).

정치·경제적 전략으로서 가족(적) 연대관계를 동원하는 것은 지배층에만 국한된 현상은 아니다. 비록 직접적인 정치적 성격은 약하지만, 농민과 도시 서민들 역시 급변하는 사회·경제 환경에 대응하고 살아남기 위해 가족을 핵심적 행동 단위로 삼았으며, 그들의 정치적 소외감은 가족의 도덕적 보호를 통해 부분적이나마 해소되어 왔다(김홍주, 1994; 한국가족학연구회, 1992). 구체적 경제활동 부문과 형태를 보면, 자작농업, 도시 자영업 등 한국 서민 인구의 대다수가 가족을 조직 단위로 해서 가족성원 사이의 도덕적 협력노동에 기초한 생계유지 방식을 택해 왔는데, 최근 이들의 급속한 경제·사회적 지위 하락이 심각한 정치적 이슈가 되고 있다. 산업노동자들의 경우 이른바 '가족생계임금(family subsistence wage)'의 안정적 획득이 언제나 최우선적 계급 목표였다. 1990년대 초중반의 경제호황기에는 전반적 임금 상승과 소비문화의 확산에 따라 도시 노동자들 사이에서 '가족으로의 도피(withdrawal into family)' 심리가 확산되어 노조 활동과 노동운동의 약화 문제가 대두되기도 했다(장경섭, 1994). 물론 이런 추세는 1997년의 전례 없는 국가적 경제위기로 장기 지속될 수 없었다.

이처럼 지배계층과 서민을 아우르며 가족관계 혹은 가족적 유대가 정치·경제적 목적을 달성하기 위한 수단으로 동원되는 '도구적 가족주의(instrumental familism)'가 팽배함에 따라 가족이 내부적으로 갖고 있는 결속력은 사회 전체의 결속력을 강화시키기보다는 와해시키는 작용을 해 온 것이 한국 사회의 현실이다. 특히 지배계층 문화로서 '반사회적 가족(anti-social family)'들의 배타적 이해관계 추구는 한국 사회에 이른바 '가족이기주의'의 부작용에 대한 심각한 우려를 초래해 왔다. 나아가 가족이기주의는 이제 지배층과 피지배층의 관계에서뿐만 아니라 일반 시민들의 수평적 상호작용의 양태로 굳어지고 있다. 교사에게 자신들의 자녀에 대한 특별 대우를 요구하거나, 심지어는 성적 조작을 노리고 교사에게 부정한 청탁을 하는 행위, 자녀 지원 명목의 아파트·토지 투기는 아예 중산층화된 현상이 되어 버렸다. 이러한 반사회적 행태가 일반화된 상태에서는 남보다 특별한 이득을 보기 위해서가 아니라 혼자만 손해 보지 않기 위해서라도 청탁이나 부동산 투기에 나서야 하며, 시민들 사이에 공동체적 삶을 지향하는 사회·정치적 연대감은 기대하기가 어렵다. 대다수 시민이 비도덕적이고 반공동체적인 태도와 행동을 보일 때 한국 사회는 게임이론가들이 지적하듯이 모두가 손해 보는 '비협력적 게임(non-cooperative game)'이 지배하는 사회·정치적 공간이 되어 버렸다.

6. 가족을 통한 사회·정치적 사찰

가족의 정치사회화 기능에 밀접하게 맞물린 현상으로서 가족은 국가나 지배계급의 '사회적 통제 기제(mechanism for social control)'로 작용할 수 있다. 앞서 살펴본 가족의 다양한 정치사회화 관련 기능은 현존 질서에 대한 가치판단을 유보한 상태에서 접근한 것이다. 만일 현존 사회질서가 상이한 사회집단들 사이의 대립·지배·저항으로 가득 차 있거나 급격한 사회변동으로 인해 중심적 사회질서에 대해 다양한 사회집단들 사이의 인식과 평가가 다를 때, 억압 상태에 있거나 신질서를 모색하는 집단들의 관점에서 보면 기존 태도와 가치를 재생산하는 가족은 (중립적) 정치사회화의 제도라기보다는 수구적 지배집단의 사회적 통제 기제로 인식될 것이다. 즉, 가족을 공히 '동의의 도구'로 보더라도, 기존 질서에 대한 가치판단의 여부 또는 내용에 따라 전혀 상이한 이론적 성격을 부여할 수 있는 것이다.

이러한 가족의 정치사회화 기능에 대한 재평가 외에 좀 더 직접적인 측면들에서 가족은 사회적 통제 기제로서의 성격을 지닌다고 할 수 있다. 즉, 가족은 개인에 대한 일상생활 차원의 감시 기제로서 가장, 부인, 청소년, 아동의 '반사회적' 일탈과 범죄 행위를 예방하고, 가족관계는 사회적 포섭과 통제를 위한 통로가 되며, 가족의 내부지향적 연대는 이른바 '분할지배(divide-and-rule)'의 토양이 될 수 있다.[15] 이른바 가족중심주의 사회로서의 한국에서 다양한 사회·정치적 지배 및 경쟁 행위가 가족을 전략적 도구로 삼는 것은 어쩌면 당연해 보인다. 시민들이 가족관계와 가정생활에 몰입해 있을수록, 사회적 경쟁에서 가족에 대한 의존도가 높을수록, 가족에서 비롯된 가치와 규범이 사회에서 널리 통용될수록, 가족은 사회·정치적 통제 도구로서의 활용도가 높아진다.

한국 사회에서 사회적 통제 기제로서의 가족의 중요성은 이를

---

15 이러한 직접적인 정치적 측면 외에 가족이 경제적인 착취·지배 관계를 재생산하는 기제가 될 수 있음이 그동안 많은 현실 자본주의의 비판론자들에 의해 제기되어 왔다. 예를 들면, 도덕적 상호부양을 기초 원리로 하는 생산조직으로서의 가족이 자본제 기업과 경제적 관계를 맺을 때, 가족성원에 대한 자기 착취를 통해서 자본의 확대재생산에 기여한다는 이른바 '생산양식접합론', 일과 가정이 분리 인식되는 노동자계급의 가족이 실질적으로 노동자 가장과 아동의 노동력 유지·재생산을 위한 주부의 재생산 노동(가사노동)을 통해 자본제 기업을 보조(subsidy)한다는 '이중착취론' 등이 있다. 이러한 경제적 측면에서 지배 기제로서의 가족의 성격은 필자가 다른 글(장경섭, 1993b)에서 종합적으로 분석·제시한 바 있다.

명시적으로 규범화한 (신)유교의 영향으로 어떤 사회에서보다도 분명하게 드러난다. 즉, 유교적 사회질서에서 가족으로부터 분리된 개체로서의 개인은 인정되지 않으며, 복잡·정교한 가족규범은 유교적 사회질서를 가정에서 완벽히 체화하도록 하는 작용을 했다(최홍기, 1993). 이러한 가족규범은 적어도 이념형으로서 현대에까지 전해 내려오고 있으며, 사회관계의 형성이 가족적 배경을 기초로 하거나 사회관계의 평가가 (유교적) 가정교육의 성과에 대한 지적으로 이어지는 일이 잦았다. 또한 박정희 집권기를 비롯해 군부독재 시대에 강조되었던 이른바 '충효(忠孝)사상'은 정당성이 취약한 국가권력에 대한 시민들의 복종을 부모에 대한 공경심에 비유해 인위적으로 유도해 보려는 정치적 전략이었다.

나아가 가족은 연고주의적 사회 '분할지배'의 기제로 이용되어 왔다. 친족관계 혹은 의사(擬似)가족적 연대관계에 의해 수직적으로 맺어진 배타적 이해관계의 구조 속에 한국인들은 현상 변화를 위한 범사회적 혹은 횡적 협력에 소극적인 인성을 발달시켜 왔다(김경동, 1992; 문석남 외, 1990; 김선업, 1993).[16] 이러한 사실은 특히 각종 선거 과정에서 사적 유대관계에 의해 투표 행태가 결정적으로 영향받는 문제로 이어졌다. 나아가 한국의 정치질서를 결정적으로 왜곡시키고 있는 지역(대립)주의 역시 당사자나 부모의 출신 지역이 시민들의 정치적 의사결정에 결정적 변수로 작용하게끔 유도하는 시도들에 의해 재생산되어 왔다.

16 시민 개개인 혹은 가족들이 서로의 이해를 배타적인 것으로 인식하고 기회주의적으로 연고를 찾아 자신의 이익을 우선적으로 실현시키고자 할 때, 시민들의 보편적 이익이 희생되고 결국 확률적으로 자신의 이익도 증진되지 않는, 즉 모두 손해 보는 상황이 발생하는 것이다. 이 과정에서 시민들의 분열을 권력 유지의 기회로 삼는 (비민주적) 정치세력만 이익을 볼 것이다. 이는 바로 이기적 개인들을 대상으로 한 자유주의 통치의 기본 속성이며, 이때 시민들의 행태는 일종의 자기학대적 기회주의(self-abusive opportunism)라고 볼 수 있다(장경섭, 1993a).

아울러 가족은 법과 사회적 관행에 의해 개인들의 신원을 담보하는 장치로도 이용되어 왔다. 여전히 국가기관과 많은 사기업의 채용 등을 위해 채택되는 신원조회는 형식적인 제도(formal institution)의 예이고, 많은 비공식적 경로를 통해서 얻어진 가족 배경의 정보가 인사 등에서 중요한 참고자료로 쓰이는 것은 일상적인 일이다. 그리고 과거 군사독재 정부들의 운동권 학생 통제를 위한 부모 동원의 사례에서 보듯이 가족관계를 정치적 통제 기제로서 자의적으로 활용(악용?)하는 경우를 빈번히 발견할 수 있다. 최근에는 가족관계에 의거한 사회·정치적 감시나 관리보다는 (지배계층의) 가족 배경에 기초한 경제·사회적 기회와 자원의 '불공정한' 획득이나 선취 행태가 청년층을 중심으로 엄청난 비판과 저항을 불러일으키고 있다.

물론 사회적 통제 장치로서의 가족규범은 근자에 올수록 그 효력이 약화되고 있는데, 이에 대한 보수적 시각에서의 도덕적 비판론이 꾸준히 제기되기도 했다. 이러한 도덕적 비판론에 결부되어 특히 심각한 부작용을 야기했던 것이 이른바 '결손가정(가족) 청소년 비행론'이다(최재석, 1979; 이윤호, 1991). 가족의 사회적 통제 기능에 대한 사회와 국가의 의존은 그러한 기능 수행이 여의치 못한 가족에 대한 도덕적 비난이나 사회적 차별을 야기해 왔다. 특히 (남성) 가장의 부재로 인해 이미 곤란을 겪고 있는 가족의 자녀들은 사회에서 편모가정에 대한 암묵적인 편견과 차별을 덧붙여 감내해야 하는 어려움에 던져졌다. 이러한 어려움이 지나치게 가중되어 이들이 사회성원으로서의 역할 수행에 실패하거나 순간적으로 일탈·범죄를 저지르게 되면, 이는 다시 '결손가정 자녀의 문제성'을 입증하는 증거로 여겨지는 악순환 구조 속에 처하기도 했다.[17]

---

17 예컨대, 1994년 한국 사회에 커다란 충격을 준 '지존파' 사건에 대한 일부 언론의 원인 설명이 이러했다(KBS, 1994. 9. 22, "지존파 조직원 결손가정에서 정상적인

보론: 제도민주주의의 형해화와 자유주의의 가족화

민주주의는 국가기구를 중심으로 한 통치세력이 공식 정치 영역에서의 절차적 정당성(procedural legitimacy)을 확보하는 과정을 필요조건으로 한다. 그러나 많은 사회에서 이러한 절차적 정당성이 충족된 상황에서도 정치세력과 시민들 사이에서 그리고 다양한 사회집단들 사이에서 갈등이 발생하고 이 갈등이 공식 정치제도를 통해 제대로 해소되지 못해 정치적 위기로 이어지는 경우가 빈번하다. 이 문제는 정치권력의 창출 과정이 합법적이더라도 이후의 국가 운용에 있어서 진정한 의미의 시민적 참여와 통제가 보장되지 않을 수 있고, 또 그 결과로 형성·재편되는 사회질서로부터 많은 시민들이 구조적으로 배제될 수 있기 때문에 발생한다. 따라서 여기에서 논의하는 사회의 민주화는 일상생활 수준에서 국가와 사회의 상호작용을 민주적으로 만들고, 다양한 사회집단들 사이 또는 개인들 사이의 관계가 정치적 통제에 의하지 않고도 조화로운 공존에 이를 수 있도록 만드는 과제들을 포함한다. 시민사회(civil society)가 살아 있는 유기체로서 존재하기 위해서는 그 구성원인 시민 개개인의 자유와 사회 전체의 공동체적 질서가 병존할 수 있어야 할 뿐 아니라 서로 상보(相補)적인 관계에 있어야 하며, 이러한 관계의 가능성은 사회의 민주화를 통해 제고될 수 있다.

사회 민주화가 실현되기 위해서는 사회성원 개개인이 정치, 경제, 사회 등의 다양한 영역에 존재하는 질서와 규칙을 기계적으로 준수하는 데 그치지 않고, 그 질서와 규칙의 형성 과정에 자율적이

교육 못 받아"). 이러한 이중적 박해에 대해 가해자의 가족이 가해자의 잘못은 인정하더라도, 사회적 부적응 때문에 말할 수 없는 고통을 함께 겪어 온 가족까지 도덕적으로 매도하는 것은 부당하다고 항변하기도 했다.

고 적극적으로 참여할 수 있어야 한다. 사회의 질서와 규칙은 형식적 존재의 중요성과는 별개로 이를 중심으로 상호작용하는 사회적 참여자들의 개별적 해석 및 재해석의 결과를 반영하여 그 현실적 효력이 끊임없이 협상(negotiation)되는 것이다.[18] 사회성원들이 자율적 참여와 협의를 통해 그들의 행위원칙을 스스로 평가하고 개선시켜 갈 때, 상징적 상호작용론자들이 지적하는 이른바 '간주관적 의미체계(systems of intersubjective meaning)'가 형성·발전되며, 하버마스가 주장하는 이른바 '담화적 의지 형성(discursive will formation)'이 가능해지는 것이다(앞의 2장 참조).

이러한 상황에서 사회성원 개개인은 소외와 굴종의 반영이 아니라 자유의지의 체현으로서 공동체적 삶에 참여하는 사회적 혹은 보편적 도덕성(social or universal morality)을 지니게 된다.[19] 그리고 사회 전체는 그 질서에 대한 사회적 합의가 지속적으로 재창출되는 민주적인 상태에 놓이게 된다. 따라서 시민 개개인의 도덕적 자아의 형성은 민주적 시민사회의 성립과 불가분의 관계에 있다고 할 수 있다. '하버마스적 민주주의론(Habermasian democracy)'에 도덕성 논의를 접목시킨 울프에 의하면, "도덕적으로 바른 사회는 그 성원들이 자신의 행위를 지도할 규칙들을 만드는 데 참여할 수 있는 능력을 최대화시키는 제도를 갖추어야 한다"(Wolfe, 1989: 225). 도덕성 혹은 도덕적 자아는 고립된 개인들이 타율적으로 결정된 행위규칙들을 준수함으로써 형성되는 것이 아니라 성원들 상호 간의 자유롭고 활발한 의사소통을 통해 자신들의 행위가 공동체적 질서를 강화시킬 수 있는 방법을 모색하는 '사회적 과정'을 거쳐서야 형성된다. 이러한 과

18 이는 상징적 상호작용론의 관점에서 제시하는 '협상된 사회질서(negotiated social order)'의 개념에 근거한 해석이다.

19 이러한 과정은 시민 개개인의 미시적 자유에 근거해 거시적 지배구조를 강화시켜 가는 자유주의 사회질서와는 구분되는 것이다(장경섭, 1993a).

정이 존재한다는 사실은 한 사회의 민주성에 대한 가장 중요한 척도가 될 것이며, 나아가 민주화의 문제를 사회적 영역에서 제기하고 사회학적 분석 대상으로 삼을 수 있는 중요한 근거가 제시되는 것이라고 볼 수 있다.

민주화에 대한 사회적 과정의 중요성은 계급구조, 생산양식, 생활문화 등 '사회적 상황'을 규정하는 다양한 요인들에 의해 사회의 민주성이 다양하게 규정되고 영향받을 수 있음을 함의한다. 토크빌이 미국 사회의 민주주의를 긍정적으로 평가함에 있어 염두에 둔 민주적 가치와 규범의 역할은 바로 사회적 상황의 핵심 요소들 가운데 하나라고 할 수 있다. 그리고 마르크스와 엥겔스가 프랑스의 자작소농에 대해 자율적인 사회변혁의 가능성을 의심한 것(Marx and Engels, 1978)이나, 무어가 자유 부르주아 계급의 형성을 민주화의 필요불가결한 조건으로 지적한 것(Moore, 1966)은 모두 생산양식과 이에 기초한 계급구조가 민주화에 결정적 영향을 미쳤음을 시사한다. 또한 플라톤, 아리스토텔레스, 공자를 망라한 고대 철학자들과 그들의 후학들에 의해, 그리고 현대의 많은 사회과학자들에 의해 지적되듯이, 생활문화상 가족의 정치적 특성이 전체 사회의 정치적 성격에 중대한 영향력을 미친다(Elshtain, 1982).

시민의 도덕성과 사회의 민주성 사이의 관계는 다시 국가의 정당성과 밀접한 관계를 맺고 변화한다. 베버의 선각적 지적처럼 공식적 정치 영역의 탈사회성이 갈수록 문제가 되고 있는 상황에서, 국가 작용의 증대는 도덕적 시민과 민주적 사회가 상호작용하여 발전시켜 온 공동체적 질서를 이른바 '물화(reification)'시키게 된다. 역사적으로 볼 때 정치의 탈사회화는 한편으로 권력관계(power relations)의 차원에서 발생하는데, 많은 저개발국에서 권위주의적 지배자(지배집단)의 출현에 의해서 시민사회가 자의적이고 일방적인 권력 행사의 대상으로 전락하는 경우가 빈번했다. 다른 한편으로는 서구의 선진

자본주의권에서 조직적 효율성(organizational efficiency) 논리에 근거한 이른바 '기술관료적 지배(technocratic rule)'가 보편화되면서 국가의 행정작용이 시민사회의 정치적 영향력을 점차 벗어나는 문제가 지적되어 왔다.[20] 그리고 많은 국가사회주의(state socialism) 사회들에서는 이러한 권위주의적 지배와 기술관료적 지배의 문제가 중첩되어 나타났었다.[21] 권위주의의 문제이든 기술관료주의의 문제이든, 일반 시민들에 의한 자율적인 정치적 상호작용의 여지를 줄이고 그 결과를 무력화시킴으로써 궁극적으로 국가권력의 '정당성 위기(legitimation crisis)'를 초래한다는 공통점을 가지고 있다.

(앞서 3장에서 강조되었듯이) 현대 한국의 역사적 맥락에서 권위주의 독재정치와 기술관료적 지배는 모두 익숙한 문제들이다. 특히 박정희 시대는 이 두 가지 정치현상이 상호 보완적으로 맞물려 시민들은 개발(소득상승)의 대가로 모든 정치적 권리를 포기하도록 강요받았다. 이러한 권위주의 독재정치와 기술관료적 지배의 상호 결합이 국가사회주의 사회들의 일반적 특성이었다고 본다면, 남한에서 반공을 내걸고 비슷한 정치질서가 확립되었다는 것은 매우 역설적이다. 그러나 한국 정치질서의 역사적 특성으로 더욱 중요한 문제는 시대를 거슬러 올라가 대한민국 체제의 수립 과정에서부터 시작된다. 1948년에 당시 기준으로는 세계 최선진적인 미국식 민주주의 체제를 '제도적 삽목(揷木)'을 통해 일거에 수립한 한국인들은 이러한 이상적 정치체제를 현실적으로 운용하기 위한 사회적 기반을 갖추는 데 엄청난 곤란을 겪었다. 특히 일제시대 식민자본주의적 억압과 수탈의

---

20 이 문제에 대한 하버마스의 논의(Habermas, 1975)가 널리 읽혀 왔다.

21 동아시아와 중남미의 일부 사회에서도 권위주의 지배와 기술관료적 통치가 경제개발 과정에서 혼합되어 나타난 현상이 있었는데, 널리 알려진 대로 오도넬(Guillermo O'Donnell) 등은 이를 "관료제적 권위주의(bureaucratic authoritarianism)"라고 개념화했다(O'Donnell, 1973).

경험에 대한 반작용으로 사회주의 지향성이 강했던 시민사회가 이른바 해방공간에서 미군정과 우파 정치세력의 연대에 의해 폭압적으로 통제·해체된 이후 자기임명적으로 등장한 정치 엘리트 집단은 시민사회적 기반을 갖추지도 않았고 갖추려고도 하지 않았다. 이들은 국가체제의 유지를 위해 '존재할 수밖에 없는 정치제도'를 미국의 용인하에 배타적으로 선점함으로써 일종의 '정치귀족'으로서 역사에 등장했다. 정치귀족들이 관리하는 (형식)민주주의에서 시민들의 정치적 소외는 불가피했다. 정치귀족 집단이 의회나 내각에 모여 시민들을 대표해 하버마스가 주장하는 이른바 '담화적 의지 형성'으로서의 민주주의를 실현할 가능성은 애초에 없었다. 한국 민주정치체제의 태생적 반(反)사회성은 이후 한국 역사에 민주적 정치절차를 유지(복원)하는 과제와는 별개로 정치의 내용상 사회 대표성을 별도로 확립해야 하는 원초적 과제를 던져 주었다.

그러나 정치귀족 집단의 역사적 등장을 가능케 했던 민주정치체제는 동시에 그 내용상 이들의 정치적 권력 독점 욕구를 제한하는 작용을 했다. 특히 행정권력을 장악한 이승만은 미국식 민주주의의 요체인 국가 헌법기관들 사이의 권력분립, 나아가 시민들의 국가권력 선출권 자체를 불편하게 여기며 의회를 탄압하고 주요 선거들을 파행으로 몰고 갔다. 이처럼 공공연한 독재정치 행태는 이후 쿠데타로 국가권력을 장악한 군부정치인들에 의해 확대재생산되었다. 이러한 과정에서 행정권력으로부터 소외되거나 탄압받게 된 과거 정치귀족들과 그 정치적 후예들은 민주적 정치 절차의 파괴에 대한 저항세력으로 거듭나는 역사적 역설이 전개되었다. 특히 군부독재 시대에는 '민간 정치인'이라는 지위만으로도 상당한 정치적 정당성을 확보할 수 있었다.[22] 이들의 정치적 저항은 시민들의 광범위한

22 이러한 맥락에서 볼 때, 김영삼 정권이 출범하면서 스스로를 '문민정부'라고 칭한

지지를 받았음에도 불구하고 독재 행정권력의 집요하고 막강한 탄압을 쉽게 이겨내지 못했다. 그러나 실제로 독재 정부의 권력 기반이 심각하게 흔들리거나 붕괴해서 이들 민간(귀족) 정치인들이 국가권력을 장악하거나 견제할 수 있게 되었을 때, 이들은 즉각적으로 반(反)사회적 태생의 본질적 면모를 드러내었다. 1960년 '4·19혁명' 직후, 1980년 '서울의 봄', 1987년 '6월항쟁' 직후의 결정적인 정치상황에서 이들은 사회적 대표성에 대해 고민하기보다는 집권을 위한 정치전술에 치중하다가 내부적으로 분열하고 시민들을 소외시켰으며, 궁극적으로 새로운 몰자유주의적(반동적?) 정치세력들에 국가권력을 내주어야 했다. 이러한 과정에서 모든 정치참여 집단들에 대해 시민들의 정치적 공분이 심화되자 이들 민간 정치집단은 독재 국가권력의 지역분할 책략을 역이용하는 방식으로 스스로의 정치적 입지를 유지해 갔다. 그리고 막상 군부세력이 정치의 중앙무대에서 사라졌을 때에도, 민간 정치지도자들은 지역대립 구도에 의거해 그들의 (몰)사회적 대표성을 유지했다.

요컨대 한국인들은 제도적 대외 모방을 통해 대한민국 수립 당시의 역사적 맥락에서는 급진적인 것으로 간주될 수 있는 '형식민주주의'를 일거에 수립했지만, 오히려 제도상의 급진민주화는 민주적 정치절차의 만성적 훼손과 오용으로 이어졌고 급기야 정치군인들에 의한 민주주의의 제도적 폐기 사태까지 벌어졌다. 이에 덧붙여 동서간 냉전 대립의 최전선에서 남북 간 민족 내분의 후유증까지 덮친 정치현실에서 이념적 경쟁과 토론이 사실상 금지됨으로써 한국 정치는 이념·정책적 차원에서 실질적으로 형해화되고 말았다. 이런 제도정치(혹은 정치사회)의 혼란에 대해 미군정과 한국전쟁을 거치며 폭력적으로 철저히 해체된 시민사회가 주도하는 대처가 이루어질 수

사실은 매우 시사적이다.

도 없는 노릇이었다. 이런 거시적 정치 제도·조직·이념의 파행성과 불안정성은 일반 시민들로 하여금 미시적 규범·관계·이해에 집중하도록 만들었고, 또한 이에 기초하여 정치적 태도를 형성하도록 유도했다. 이렇게 해서 미시적 정치 과정을 장악한 가족은 나이(세대), 성별, 혈연, 지연 등을 사회·정치적 지위의 결정요인으로 부상하게 했고, 또 그 자체가 유사한 기준에 의한 차별과 억압이 발생하는 사회·정치적 공간으로 작동하게 되었다. 제도적 차원에서 단축적으로 확립된 대한민국의 민주주의는 자기임명적 정치귀족 집단의 반민주적 행태에 더해 미시적 차원에서 보편화된 가족의 지배적 영향력으로 말미암아 대폭 '하향 현실화'되는 역사적 과정을 거쳐야 했다.

그런데 보수적 혹은 반민주적 지배세력의 선전·이념·정치 도구들이 '자유민주주의', '자유시장경제' 등의 구호 아래 국가·사회 질서 전반을 자유 개념을 중심으로 규정·수호하자고 반복적으로 주장해 온 것은 역설적이다. 이는 정치, 경제 등의 영역에서 진보적(비자유주의적?) 주장이나 대안을 억누르기 위한 것 이상으로 이런 영역들의 몰자유주의적 왜곡에 대한 사회적 비판과 정치적 도전을 억누르기 위한 것이다. 거시적 자유(주의) 질서에 대한 보수 정치·사회 세력의 이러한 선전적 호명과는 대조적으로, 한국인들의 미시적 생활세계는 흔히 몰(비)자유주의적인 태도와 관계로 점철된 것으로 비친다. 그러나 실제에 있어 한국인들은 가족이나 가족적 성격을 가진 다양한 사회 조직·제도들을 통해 자유주의 질서를 매우 공격적으로 수용·활용하여 갖가지 사적 가치를 실현하려 노력해 왔다. 이런 맥락에서 한국 사회·경제·정치·대중이 갖는 다양한 가족주의적 특징들은 '자유주의의 가족화(familialization of liberalism)'로 분석·설명될 수 있다. 결론적으로, 한국을 위시한 동아시아 전반 생활세계들의 광범위하고 복잡한 권위주의 성격은 이 지역에서 널리 공유·계승되고 재발명·재확산되어 온 유교적 가부장제의 효과로서뿐 아니라 '자유주의의 사회제도적 및 정치경제적 가족화'에 밀접히 연결시켜 이해되어야 한다.

제3부

압축근대적 자본주의의 정상위기

제7장

국가자본주의 산업화와 재벌체제: '이중지대추구'의 정치경제

1. 서론: 재벌과 한국의 자유주의

한국 사회의 갖가지 핵심적 특징들과 문제들은 이른바 '재벌체제'에 직간접으로 연결되어 있다. 세계경제에서 차지하는 한국의 뚜렷한 산업적 위상, 지금까지의 고속 산업화 및 경제성장, 극단적인 경제력 집중과 사회 불평등, 내부 경제질서의 구조적·절차적 파행성, 경제적 지배질서의 사회적·법적 정당성 결여, 사법·행정·정치·언론·학계 엘리트의 재계 비호 등에 맞물린 근본적·구조적·만성적인 모순과 혼란이 재벌체제에 얽혀 있다. 이는 매우 특수한 지배·경영 질서를 가진 대기업집단들인 재벌이 자본주의 산업사회로서의 한국에 대해 전방위적인 영향력을 행사하고 있음을 의미한다(강철규·최정표·장지상, 1991; 송원근·이상호, 2005; 송원근·신학림·이원재·이일영, 2016; 장진호, 2014; Kang, 1996; Kim, 1997). 따라서 재벌 문제는 (공정거래위원회의 임무인) 목전의 경제적 불공정 질서에 대한 규제 차원을 훨씬 넘어서서 한국의 사회체제적 (몰)근대성을 규정하고 자유주의 법치 질서의 충실성과 안정성을 좌우하며, 그러한 영향력의 사회적 비중과 파장은 재벌에의 경제력 집중 정도에 비례해서 증폭된다.

유럽과 북미에서 사회혁명으로서의 자유주의 근대화는 흔히 시민 및 자유기업가로서의 부르주아지가 주도한 것으로 설명되고 고전사회(과)학은 이를 뒷받침하는 다양한 이론들을 제시했다.[1] 자유주의 근대성(liberal modernity)의 가장 핵심적 원리는 (봉건적 정치·종교 영역에 대응·대항하는) 경제 영역을 중심으로 한 부르주아지의 시민적 자유이며, 이는 한편으로 자유시장경제, 다른 한편으로 민주주의를 통해 근대적 기본 사회체제로 조직화되어 왔고, 이 과정에서 국가는 이른바 '법치(rule of law)'를 통해 그 체제를 수호하고 나아가 자체 권력의 자의적 확대나 행사를 스스로 통제한다는 것이다(앞의 2장 참조).

한국의 자유주의 체제질서의 최대 모순은 위와 같은 역사적·문명적 성격의 부르주아지가 부재한 상황에서, 오히려 한국적 부르주아지로서의 재벌이 구조적·만성적으로 자유주의 경제 질서, 나아가 사회·정치 질서를 왜곡하고 교란시켜 왔다는 것이다.[2] 그리고 시민사회(시민운동·시민단체)는 그 대척점에서 재벌에 대한 본질적인 비판과 대항 노력을 가장 적극적이고 체계적으로 전개해 왔다. 한국적 부르주아지로서 재벌은 자유주의 시민이 아니라 오히려 자유주의 시민으로부터 극복되어야 할 대상으로 비판받아 왔다(하승우, 2011).[3] 물론 경제 불평등 해소와 같은 진보적인 어젠다와 관련하여 시민사회의 다양한 재벌 비판이 함께 전개되어 왔다.

---

1 앞서 2장에 소개된 막스 베버의 프로테스탄트 윤리론, 뒤르켐의 유기적 연대론과 분업론 등이 특히 중요한 논의로 간주된다.

2 일종의 한국적 부르주아지로서 재벌 창업자들의 세계관에 대해, 정주영의 『시련은 있어도 실패는 없다』(제삼기획, 2009)와 김우중의 『세계는 넓고 할 일은 많다』(김영사, 2008) 등을 참고할 수 있다.

3 이러한 맥락에서, 재벌 개혁은 참여연대, 경실련 등의 활동 목표와 성과의 핵심적 부분을 차지해 왔다(신율, 2001).

그런데 '재벌'이라는 용어는 특정 대기업집단에 소속된 기업들 전체를 지칭하기도 하고, 그 대기업집단에 대해 배타적 통제력을 행사하는 특정 개인(가족)을 지칭하기도 하며, 나아가 비슷한 성격을 가진 대기업집단들을 전부 묶어 지칭하기도 한다. 이러한 용어상 복잡성은 언어적 혼란만 초래하는 것이 아니라, 재벌 문제의 이해와 대처 과정을 교란시킬 수 있다. 특히 이른바 재벌가(재벌 총수와 가족)의 탈법적 기업 지배, 횡령, 내부거래에 대한 처벌 문제가 대두될 때, 이것이 대기업집단에 속한 기업들 전체의 문제로 간주됨으로써, 피해자인 소속 기업이 가해자로 잘못 인식되기도 한다. 더욱이 재벌가의 특정 기업에 대한 (주식)지분율이 전체의 수십분의 일에 불과하고, 별도로 중요한 금융채권자들이 존재하며, 국가가 중요한 정책(재정)지원을 한 경우, 해당 기업은 재벌가의 사적 소유물로서의 성격은 매우 제한적이고 오히려 (비지배 주주들을 포함한) 사회적 소유물로서의 성격이 훨씬 강한 것이다. 최근 재벌 문제의 핵심은 바로 이러한 극히 부분적인 소유자로서의 재벌가가 특정 기업들의 운명을 좌우하는 특수한 (대개는 탈법적인) 영향력을 행사함으로써 자유(자본)주의의 기본적 '재산권(property rights)' 원리를 근본적으로 파괴하는 데 따른, (보수적 차원의) 핵심 사회질서의 교란에 있다. 이러한 차원의 재벌 문제는 (파행적·탈법적 기업 통제를 의미하는) '재벌체제 문제'로 구체화시켜 지칭하는 것이 적절하다.

재벌의 구성 과정과 작동 원리 자체가 자유주의 법치질서의 최소 원리를 부정하는 것이고, 이에 따른 자기방어를 위해 사법·행정 영역의 조직과 엘리트들을 지속적으로 매수해야 하며, 이러한 필요를 새로운 '법률서비스'(실제로는 정치·행정적 로비) 기업이 보조해 주고 주류 언론이 감싸는 과정에서 궁극적으로 대한민국의 자유주의 기본 체제질서의 정당성이 훼손되고 있다는 것을 사실 웬만한 시민들도 인지하고 있다.[4] 그런데 그러한 경제적 지배세력의 거의 보편적인 모순과 위험에 대한 관리와 보호 노력의 필요성이 다양한 기업 서비스 전문가, 행정·사법 관료, 변호사, 언론인, 학자 등에게 일종의 (숨은) 고용 기회를 제공해 왔고, 이러한 이면적 고용 기회가 갖는 정치적·사회적·법적 문제성으로 인해, 이들이 결국 재벌가와 재벌체제의 구조적·영구적 비호 세력이 되어 결과적으로 일종의 한국적 지배블록이 형성되어 온 것이다.[5]

(기본적으로 초법적인) 재벌식 기업 통제 구조를 바로잡아 각 기업의 지배와 경영을 정상화시켜야 한다는 매우 자유주의적인 개혁 어젠다를 가진 인물들이 문재인 정부에 참여했었지만, 위에서 설명한 대로 재벌체제의 부작용은 경제적 이익의 정상적 배분 차원을 넘어 사회적·정치적·법적 차원까지 포괄하기 때문에 기본적 체제질서의 정상화와 시민적 보편권리 수호라는 차원에서 범(시민)사회적 대응이 필수적인 것이다. 학문적으로는 재벌(가)이 한국적 부르주아지로서 군림하는 '실행적 자유주의 질서'가 사회체제적 근대화(성)에 어떤 함의를 갖는지에 대해 종합적이고 심층적인 탐구가 본격적으로 개시되어야 한다.

---

4 이러한 측면에서 재벌은 (원칙적으로 자유주의 체제의 원활하고 공정한 작동을 위해 필수적인) 주요 전문직 영역들에 엄청난 수익·고용 창출 기회를 제공한다. 민주화 이후에 여러 보수 언론의 사세가 급격히 확장되고, 주요 법률회사들이 급성장한 배경에는 이들과 재벌의 양성·음성적 거래관계가 결정적으로 작용했다(김동민, 2012; 임종인·장화식, 2008).

5 이러한 현실적(정치경제적) 지배블록에 대해 공식 정치 영역의 '보수' 정당들과 정치인들은 매우 주변적인 지위에서 주문받은 민원 해결 정도의 역할을 수행한다. 다만 정치 영역 권력 자체의 독자성에 대해서는 조직화된 금권적 침해를 하는 경우는 드물고, 필요에 따라 정경유착 혹은 정경담합이 이루어진다고 볼 수 있다.

2. 역사적·정치경제적 배경: 국가자본주의 산업화와 한국형 부르주아지로서의 재벌

1960년대 이후 재벌이라는 한국형 기업집단들의 놀라운 성장은 이른바 '개발국가(developmental state)'의 공격적 산업화 정책에 의해 결정적으로 촉진되었으나, 각 재벌이 소속 기업들의 소유와 경영을 통제·관리하는 매우 독특한 내부 구조가 이 정책으로부터 고안되거나 장려된 것은 아니었다. 역사적으로 보아, 대다수 재벌의 형성기는 박정희 정부의 개발주의 정책이 본격화되기 시작한 1960년대보다 시기적으로 앞선다. 사실상 미국의 피조물인 한반도 남쪽 신생 자유주의 국가의 이승만 정부는 1950년대 들어 여러 적산(敵産, 주로 일본이 남기고 간 적의 산업시설들)을 직간접으로 정부와 유착된 사업가들이나 측근들에게 두고두고 논란거리가 될 유리한 조건으로 팔아넘겼다. 이러한 정치적 과정을 통해 생겨났거나 성장한 사업가들은 일단 당시로는 국가적 경제자산의 노른자위를 차지하게 된 이후, 국가경제를 볼모로 금융, 생산·무역 허가, 해외원조 배분, 탈법적 사업 활동에 대한 법적 용인 등과 관련해 국가의 추가적인 특혜 제공을 요구했다(Chang, 2010, Ch.7). 분명하고 체계적인 국가경제의 장기 개발전략이 아직 결여된 상황에서 국가의 그러한 지원은 전체 경제질서의 구조적 왜곡과 부패만을 야기했다.

박정희가 군사정변을 통해 집권한 이후에 여러 재벌의 부정한 축재는 정치적 통제와 법적 처벌의 최우선 대상이 되었다. 그러나 재벌에 대한 박정희의 엄중한 처벌 의지는 그리 오래가지 못했다. 박정희는 부족한 정치적 정당성을 보완하기 위해 급속한 국가경제 성장과 산업화에 기초한 일종의 '정치경제적 정당성(political economic legitimacy)'을 확립해야 했고, 이를 위해서 재계에 대한 동원과 협력 정책을 채택했다. 그렇게 해서 여러 재벌은 동시적 수입대체와 수출

증진을 위한 산업화를 전략적 과업으로서 부여받았고 그들의 산업 생산 체제와 기업경영 방식에 다양한 국가적 개발 목표들을 내재화 시키도록 요구되었다(Amsden, 1989; Evans, 1995; Weiss, 1995; Kim, 1997; Kang, 1996). 아직 재벌 내부구조의 진화 경로에 대한 체계적 연구가 부족하지만, 그들의 역사적 출발과 확산을 둘러싼 근본적으로 정치적인 맥락은 재벌의 기본적 조직 특성에 본원적인 영향을 미친 것이 분명하다.

재벌이 국가경제 발전에 있어 개발국가의 전략적 동반자 내지 도구로서 기능했다는 사실은 재벌 소속 기업(혹은 재벌 계열사)들로 하여금 매우 특수한 경제적·사회적·정치적 입지를 갖게 만들었다.[6] 이들은 이른바 재벌 총수 개인 혹은 총수 일가의 확고한 조직적 통제하에 있지만, 그 경제적 운용은 다음과 같은 다양한 이해와 책임에 구조적으로 엮여져 왔다. 예컨대, (1) 개발주의 정부의 정치적 입지, (2) 국가·사회적 경제자원의 우선적 혹은 배타적 사용에 따른 공공의 경제적 이해, (3) 경제발전을 이유 또는 구실로 복지를 희생당하는 소속 노동자들의 경제·정치적 권리, (4) 총수의 경영 지배(전횡?)에 따라 스스로의 소유자 지위를 침해당하는 일반 주주들의 재산권, (5) 여러 재벌 지배적 산업과 시장에서 불이익에 처한 현재적·잠재적 경쟁기업들의 사업적 이해 등이 나열된다. 이처럼 복합적인 사회적·정치적·경제적 이해관계에 따라 재벌이 거느린 기업들을 매우 상쟁(相爭)적인 사회적 공간에서 존재하며, 그 경영에 있어 재벌 총수의 결정과 휘하 경영간부들의 활동은 다양한 이해관계자들의 입장과 요구에 만성적으로 대립했으며, 빈번하고 격렬한 갈등과 충돌로 이어져 왔다.

---

6 이른바 재벌 계열사들 중 상당수는 엄밀한 법적 의미에서의 모회사가 없는 일종의 유령 자회사로서의 성격을 갖는다.

3. 재벌체제의 조직적·경제(개발)적·정치적 조건들: 이중지대추구

한국의 재벌체제는 국가의 정치 및 경제 질서를 본원적으로 왜곡한다. 재벌들로 하여금 거액의 정치 헌금과 개인적 뇌물을 바치도록 강요했던 군사독재 세력이 사라진 지 오래지만 그들은 여전히 불법적 '선거자금'을 제공하고, 행정관료, 판검사, 정책전문가, 심지어 시민운동가들까지 무차별적으로 매수하고, 부풀려진 매체 광고비와 언론인에 대한 특혜 및 뇌물을 통해 언론보도를 조작하는 행태도 반복되어 왔다. 늘 그래 왔다는 분위기 속에서 매수된 공공 기관과 관리, (언론인과 학자 등) 사회감시자 등은 재벌 총수와 그 가족이 탈법적인 방식으로 기업 통제권을 극대화하고, 기업 재산을 결코 정당화될 수 없는 비율이나 액수로 차지하고 상속하는 것을 방조하거나 엄호해 왔다.

이처럼 자유민주주의 법치질서의 주요 기구들과 관리, 전문가들을 부패시키는 광범위한 탈법적 행위들은 일종의 '이중지대추구(double rent-seeking)' 체계로서의 재벌 거버넌스에 존재하는 근본적인 문제점에 연결된다(Chang, 2010, Ch. 7). 이중적 지대에는 첫째, 국가에 의해 재벌집단 전체 혹은 소속 개별 기업에 제공된 외부적 지대(external rents)가 있는데, 특혜적 정책금리 대출, 기업부채 탕감, 세금 감면이나 면제, 독점적 수입 허가, 국내 독과점 허용, 수출 보조금 지급, 토지·에너지·원자재 등에 대한 특혜 공급, 심지어 탈세 등 다양한 범법 및 규제 위반 행위에 대한 관용 등을 포함한다. 둘째는 재벌 총수 혹은 그의 가족 전체가 소속 개별 기업들로부터 획득·횡령하는 내부적 지대(internal rents)로서, 비자금 형성과 횡령, 기업수입 무단 이전·전용, (비정상적 전환사채 등을 이용한) 기업주식의 변칙적·특혜적 이전, 총수 자신 혹은 그 가족 소유 기업에 대한 특혜적 (내부)거래 등을 포함한다. 이러한 이중적 지대추구 구조를 통해, 국가경제 발전을 위한 개발국가의 산업정책적 재벌 지원이 상당 부분 재벌 총수와 그 가족의 배타적·탈법적 이익으로 귀결되었음이 무수한 기업(인)재판, 행정처분, 언론보도, 학술연구, 시민운동, 내부고발을 통해 드러났었다(강철규, 1999; 송백석, 2007; 김용철, 2010).

법적인 수준에서 재벌의 각 기업은 직접적인 지분(주식) 소유자들에 대해 책임을 져야 하지만, 해당 재벌 소속 다른 기업들과의 복잡다기한 상호·순환·피라미드식 지분소유 관계로 인해 전체적 지분구성 및 정당한 지배구조에 대해서 어떤 분명한 단정도 내리기 어렵다. 다만 분명한 사실은, 그 지위가 본원적으로 인위적인 (흔히 '그룹 회장'으로 통칭되는) 기업집단 총수가 '소속사' 혹은 '계열사'들에 대해 총체적 지배력을 행사한다는 점이다.[7] 사실, 이 회사들의 재벌(기업집단) 소속성 혹은 계열성 자체가 가상적인 것임에도 불구하고, 이들은 상호 관계에서 각 계열사에 대한 재벌 총수의 통제를 실현하는 전략적 도구로 작용한다. 주로 순환출자된 계열사들을 통해 행사하는 총수(가족)의 각 계열사에 대한 의결권이 실제 소유지분의 여러 배인 것이 보통이고 무려 열 배가 넘는 경우도 허다하다(이승태, 2010; Chang, 2010, Ch.7). 이러한 비율을 '의결권 승수(voting right multiplier)'라고 하는데, 이것이 1.0 수준을 크게 넘기지 않는 대다수 서구 기업집단들과 비교하면 한국의 재벌은 그야말로 '총수(가족)의, 총수에 의한, 총수를 위한 경제조직체계'라고 할 수 있다.[8]

이처럼 복잡한 구조의 기업 거버넌스하에서, 각 재벌 계열사(이하 재벌사 혹은 계열사)의 경영은 (통상적인 이윤실현 목적 외에) (1) (주로 매출액으로 따지는) 기업 외형 성장, (2) 재벌 총수나 그 가족의 소유·

7 이런 맥락에서, 재벌 계열사들이 '재벌사(財閥社)'로 약칭되기도 한다.

8 그리고 가족 통제적 기업이나 기업집단은 서구에도 광범위하게 존재하기 때문에 재벌의 존재 자체를 크게 문제 삼지 말아야 한다는 주장도 타당치 않다.

경영상 통제력의 인위적 확대, (3) (위에서 설명한 내부적 지대추구를 통한) 총수나 그 가족의 배타적 금전이익의 극대화라는 독특한 세 가지 운영 목표를 반영한다. 두 번째와 세 번째 목표는 일반 주주들의 정당한 이익을 침해할 수밖에 없다. 첫 번째 목표도 근본적 문제점이 있는데, 기업집단 전체의 성장과 확대를 통해 총수의 전략적 이익을 실현하는 과정에서 각 계열사의 이윤과 이에 비례한 정당한 주주 배당이 희생될 수 있기 때문이다. 이처럼 특수한 재벌사들의 경영 목표(행위)들은 복잡한 과정을 거쳐 궁극적으로 국민경제와 사회의 모든 주체들에게 해악을 끼칠 수밖에 없다. 이러한 세 가지 목표의 내용을 구체적으로 살펴보면 다음과 같다.

첫째, 숱한 재벌사들은 여느 자본주의 기업들처럼 이윤에 목말라함에도 불구하고, 일견 손실이 불가피해 보이는 사업들을 시작하거나 확대함으로써 기업규모 확대에 열중해 왔다. 국가 주도의 수출증대 산업화 초기에는 이러한 사업들의 상당수가 국가가 공공연히 제공하는 우대금리 대출, 세제 혜택, 독점수입 면허, 보조금이 내재된 저가의 생산원료 제공 등의 수혜 대상이었다. 그러나 이러한 각종 국가적 보조 혜택이 점차 사라지는 과정에서도 재벌사들의 (손실 사업에 빈번히 기초한) 외형 확대 노력은 멈추지 않았다. 기업의 외형은 독과점적 시장지배, 생산·판매상 규모의 경제, 브랜드 이미지 등 산업 관행에서 비롯되는 이익을 위해서도 중요했지만, 동시에 특수한 '정치경제적 이해관계'를 반영했다. 즉, 각 재벌 및 재벌사의 전체 사업규모 및 국가경제상 순위(위계)가 지배 정치권력, 경제 부처(관료), 언론 등과의 긴밀한 전략적 (교환)관계 형성에 결정적 조건으로 작용했다. 주요 재벌의 이러한 지위는 배타적 사업허가와 공공사업 수주, 우대적 행정 규제·지원, 정책 형성·변화에 관한 내부정보 확보 등으로 이어졌다. 주요 재벌 총수들은 일종의 (비공식적인) 국가 지도부급 예우를 받았는데, 이는 오직 대통령만이 그들을 직접 소집할 수 있었기 때문이다. 그러나 재벌사들의 만성적 외형 확대 노력의 가장 핵심적 이유는 총수(가족)의 배타적 이익을 위한 자의적이고 탈법적인 경영 간섭·침해 가능성이 각 계열사의 사업 규모·범위에 비례해서 커졌기 때문이다. 그러한 경영 간섭과 침해는 경영책임자 지위·권한의 개인적 유용, 기업 자금의 횡령·절취, 기업자산의 불법적 이전 등을 아우른다. 한국의 최대 재벌 총수들 가운데, 명백한 '기업 도둑질(corporate robbery)'인 이러한 행위들과 무관한 인물이 오히려 희소하다는 것은, 이들의 광범위한 사법적 처벌 전력으로 만천하에 알려져 있다.

둘째, 각 재벌의 총수(가족)는 대다수 계열사에 대한 지분율이 놀라울 정도로 제한적이지만, 이것이 그의 기업 지배자적 지위가 취약함을 드러내는 것이 아니라 오히려 (자신이 가진 제한적 자본을 감안할 때) 소유·경영상 기업통제력의 극대화를 증명한다. 각 재벌사 포트폴리오의 핵심적 특징 중 하나는 계열사들에 대한 재벌 총수의 현재 통제권 유지, 나아가 기존·신설 사업들에 대한 재벌 총수의 기업통제권 확보나 확대, 상황에 따라 그 후계자(상속자?)에 의한 기업통제권의 상속이 가능토록 하는 것이다(강철규·최정표·장지상, 1991; 조동성, 1990; 송원근·이상호, 2005). 재벌사들의 ('IMF 경제위기' 이전에 특히 심했던) 출자에 비한 대출(특히 정책금융) 선호, 계열사들 사이의 상호·순환 출자 및 채무보증 등 독특한 행태들은 재벌 총수가 소유·경영상 기업통제권을 잃지 않으면서 다양한 사업을 공격적으로 확대시켜 나가는 과정에서 발생한 것이다. 사실, 각 재벌사 포트폴리오에 있어 가장 중요한 결정들은 법적인 지위가 부재하거나 모호한 재벌 '회장실'에서의 비밀회의를 통해 내려졌다. 한국의 재벌과 재벌사들은 법적 차원의 '유령기구'에 의해 관리·통제·절취되어 온 것이다. 이러한 행태가 법적·사회적 문제로 심각하게 부각되자, 회장실의 명칭이 '기획실', '미래전략실'이나 (좀 더 솔직한) '비서실', 심지어 '구조

조정본부' 등으로 바뀌기도 했고, 재벌 총수의 아바타 격인 가신(家臣)적 '사장'이 명목상 책임자로 임명되어 활동해 왔다. 재벌의 유령적 혹은 탈법적 지배구조에 대해 국가의 거듭된 해체 요구가 있었지만, 이는 명목상 자유주의 경제체제의 관리주체로서 면피(免避)용 시늉에 불과하다는 것을 부정하기 어렵다.

셋째, 재벌사들을 지배하는 이러한 의사결정 구조는 그 자체가 초법적인 것이지만, 구체적 결정 내용 및 수반된 기업경영 행위들이 재벌 총수의 배타적 이익을 위해 각 재벌사의 법적 공동소유자로서 다른 주주들의 이익을 제한·희생시키는 경우가 다반사이다(강철규·최정표·장지상, 1991; 송원근·이상호, 2005). 아울러 이 과정에서 기업별 노동자, 생산·소비상의 거래자와 경쟁자, 규제·징세 당국 등 광범위한 경제·사회·국가 주체들의 이익과 권한이 만성적으로 침해·왜곡되는 경제체제가 재생산되어 왔다. 계열사들에 대한 재벌 총수 기업통제권의 극대화는 궁극적으로 일종의 '내부적 지대추구(internal rent-seeking)'의 비공식적 기초가 된다. 숱한 재벌사 경영진은 (암묵적으로 재벌 총수의 직간접적 지시에 의해) (1) 기업의 전략적 경영 행위상 필요성을 내세우는 (그렇지만 심지어 재벌 총수의 사생활, 여가, 심지어 도박 비용으로도 빈번히 빼돌려지는) 이른바 '비자금(秘資金)' 조성, (2) 파행적 조건의 (주식)전환사채 발행, 자체 소유 주식지분의 헐값 이전 등을 통한 총수(가족) 지분의 비정상적 확대, (3) 총수나 그 가족 및 그들의 별도 소유 회사들과의 (생산품, 부품, 원료, 기업자산 등에 대한) 부정한 거래, (4) 출자, 채무보증 등을 통해 이루어지는 (재벌 총수의 특별한 이해관계가 걸린) 다른 특정 계열사들에 대한 자기손실적 지원 행위 등을 한 것으로 드러났고 이에 따른 사법적 처벌을 받기도 했지만, 기업 경영자로서의 범법과 (재벌 총수에 대한) 가신으로서의 봉사 사이의 구분이 분명치 않았다. 물론 재벌 총수나 그 가족이 개인적 소유지분에 대한 배당을 받고 더러는 재벌사의 경영진으로 공식 활동하면서 보수와 판공비를 받지만, 이러한 '합법적' 혹은 '명시적' 수익은 재벌체제의 파행적 지배구조에 기초한 '내부지대'적 수익에 비교할 때 거의 미미한 수준이다.

이상과 같은 재벌 계열사들의 실제 운영목표 및 경영행위를 전제로 해서, 총수(가족)는 자신의 실제 자본을 각 계열사 통제를 극대화할 수 있는 방향으로 활용한다. 이는 총수의 각 계열사 통제권이 커질수록 기업집단 전체에 대한 내부적 지대추구를 확대할 수 있기 때문이다. 끝없이 이어지는 재벌 총수나 휘하 경영진에 의한 변칙·탈법적 기업경영과 횡령에 대한 사법처리 사례들을 보면, 계열사들에 대한 총수의 인위적으로 확장(과장)된 통제력에 의거한 내부지대가 한국의 국가적 경제성장 결실의 상당 부분을 탈법적으로 사유화하는 결과로 이어졌다고 판단된다. 때로는 재벌 계열사들의 위와 같은 비정상적 경영행위들이 반드시 총수의 개인적 이익을 위한 것이 아니라 한국의 복잡한 사업환경을 '유연하게' 헤쳐 나가는 과정에서 기업 자체의 이익을 위해 불가피한 것이었다는 주장도 제기된다. 흥미로운 측면은, 그러한 '유연한' 기업경영이 성공적일 때 국가에 의해 제공되는 외부지대가 확보될 가능성이 크다는 점이다. 이런 복잡한 과정을 통해 재벌 기업들의 외부지대는 궁극적으로 총수의 내부지대로 귀결되는 경우가 다반사였다.

재벌에 의한 혹은 재벌에 대한 사회·정치적 포섭의 매우 흥미로운 측면은, 그것이 오로지 재벌로부터 받는 리베이트에 개인적으로 연결된 탈법적 혹은 비윤리적인 동기만을 반영하는 것이 아니라 재벌 기업들을 주축으로 한 국가(주의) 경제발전의 목표(라는 구실) 하에 이념적으로 정당화된다는 점이다. 재벌 기업들이 국가·사회적 공공자원을 변칙적으로 획득하고 기업의 자산과 수입을 총수가 실질적으로 착복하는 거의 통상적인 행태가 암묵적으로 용인되고 심지어 정당화되기도 한 것에는, 재벌 기업들과 총수(가족)가 그렇게 이전된 공공 및 기업 자산을 (국가, 사회, 주주 등의) 집단 이익을 위해 최선의 방식으로 활용할 것이라는 (논란거리일 수밖에 없는) 전제가 깔려 있다.[9] 역설적이게도, 재벌체제를 용인하거나 비호하는 이러한 정치·관료적 입장과 나아가 일반 공중의 분위기는 나라 밖에서는 재현되기 어렵기 때문에, 한국의 주요 재벌들과 소속 기업들은 (법인 본부의) 해외 이전을 전혀 고려할 수 없으며, 따라서 영구히 한국의 부르주아지로서 남을 것이다(다만 외환위기 이후 국제적으로 강요된 자본시장 개방의 결과, 상당수 핵심 재벌사들의 소유지분이 높은 비율로 해외 금융자본에 귀속된 상태는 지속될 것이다). 즉, 이른바 '자본 이탈(capital flight)'이 한국의 재벌체제와 관련해서는 심각한 사회 문제로 대두된 적이 없다.[10]

재벌은 한국의 독특한 산업자본주의 체제에서 주요 선진산업들을 주도하는 '기술적 핵심(technological core)'일 뿐 아니라 군부의 억압적 개발통치 체제에 의해 수용되고 지탱된 '정치경제적 핵심(political economic core)'이었다. 권위주의 개발국가는 한때 재벌과 소속 기업들을 산업화와 수출증진의 국가전략적 목표들을 위한 '실질적인 공적 도구(public instrument in effect)'로 간주했다. 이런 배경 속에서 국가-재벌의 연대관계에 직간접으로 참여한 수많은 행정관료들과 정치인들이 재벌로부터의 다양한 리베이트를 통해 상당한 개인적 부를 축적할 기회를 갖기도 했다. 국가의 주권자들(즉 일반 시민들), 비판적 지식인들, 양심적 법조인들에게는 재벌에 제공된 엄청난 지대들이 어떤 정책 논리로도 정당화되기 어려웠으며, 따라서 이들의 비판적 목소리에 대한 회유·조작·억압 시도가 국가와 재벌 모두에 의해 지속되었다. 재벌사들의 노동자들과 이들을 옹호하는 노

9 심지어 재벌 관련 사건들의 법원 판결에서도 이런 논리가 자주 등장한다(경제개혁연대, 2007).

10 그러나 생산기지의 해외 이전은 매우 공격적으로 이루어져 왔다.

동운동가들에게는, 생산 현장에서 이미 억눌린 노동자들에 대한 국가의 편파적인 탄압은 인내하기가 극히 어려웠고, 따라서 분노한 노동자들과 일종의 '산업경찰(industrial police)' 사이에 끊임없는 충돌이 이어졌다(Chang, 2019, Ch. 2). 재벌에게는 국가의 반노동정책이 일종의 '실물지대(rent-in-kind)'였다. 경찰과 검찰의 친자본·반노동적 사법행위가 일종의 '산업정책(industrial policy)'으로 수행되었다고 볼 수 있다.[11] 그리고 친재벌적 국가정책을 경제발전 효과를 기대하며 받아들이는 기업의 일반 주주들, 공정한 입장의 규제자(관료)들, 그리고 납세 시민들에게는 재벌 총수의 모든 내부적 지대추구 행위가 근본적으로 용납될 수 없었기 때문에, 이를 은폐하거나 정당화하기 위해 재벌과 숱한 정치인들 및 규제·사법 책임자들의 유착이 관행화되었다. 근래에는 이러한 유착이 유사시 김앤장을 비롯한 대형 법무법인들에 의해 체계적으로 관리되고 있다.

4. 민주화, 계급갈등, 반(反)민주적 신자유주의

끝없는 논란거리인 재벌의 기형적 기업 지배·경영 체제, 국가가 재벌에 제공해 온 다종다양한 외부지대, 각 재벌에 만연한 내부지대 착복, 나아가 국가 비호하의 여러 재벌(사)들의 파행적 노사관계 등은 모두 적극적인 시장·산업 개입적 개발주의 국정을 내세우며 재벌(총수)들과 유착되고, 오히려 본원적으로 훨씬 정당한 정치 주권자(일반 시민)들과 경제적 이해관계자(노동자, 중소기업가, 자영생산자, 소비자)

11 일종의 산업정책적 사법행위가 '공안' 경찰과 검찰에 의해 친기업(재벌)적 혹은 반노동적으로 이루어져 왔었다고 볼 수 있으며, 필자는 이를 개발자유주의(developmental liberalism)의 핵심 요소 중 하나로 분석했다(Chang, 2019).

들에 대해서는 관행적으로 적대적인 권위주의 국가의 존재를 전제로 했다. 재벌에게 이처럼 편리한 정치·행정적 환경조건들은 그 어느 것도 국가가 진정한 민주화를 거치면 그대로 유지되기 어렵다. 한국에서 1987년의 극적인 민주화는 모든 재벌에 대해 근본적인 사회·정치적 논란거리였던 그들의 사업성공 배경과 조건들에 관련한 역사적 시험 혹은 검증을 요구했다. 양심적 지식인들과 깨어 있는 시민들의 입장에서 보면, 정치적 민주화 과정에서 재벌들은 불법적이고 폭력적인 독재를 행한 정치군인들 바로 다음으로 중대한 비판·처벌의 대상이었다.

아울러, 개발주의 군부 통치하에서 국가-재벌의 이른바 정경유착을 다방면에서 기능적으로 지원·보좌해 온 다수의 전문직, 기술관료, 사법 엘리트들 역시 정치·사회적 위기의식을 느끼거나 경제적 이해관계의 훼손을 각오해야 했다. 여기에는 개발주의 국정과 국가-재벌 유착에 깊숙이 관여해 온 경제관료, 법조인, 언론인, 학자 등이 포함되었다. 그들이 개인적 차원에서 민주주의를 현대적 문명가치로서 얼마나 존중하는지와는 별개로 권위적 개발주의 정치경제 체제에 내재된 자신들의 이해관계로 인해, 민중적 저항의 힘으로 극적으로 진행된 정치 민주화에 대해 구조적으로 불편·불안한 입장이 심화되었다.

권위적 개발정치와 국가-재벌 유착을 뒷받침해 온 전문직·국가직 기능 엘리트들이 갖는 민주주의에 대한 두려움은, 이제 (정권적 차원의 개발독재 없이) 새로운 제도적·이념적·사회적·정치적 보호 수단을 찾아야 하는 재벌들에 의해 즉각 포착·활용되었다. 이제 재벌들은 국가 경제발전에 대한 그들의 (가상적) 유용성을 스스로 선전해야 했고, 영원한 논란거리인 그들의 특수한 기업 지배·경영 구조를 사회적·법적으로 자체 정당화해야 했으며, 누적된 분노를 터뜨리는 노동자들을 독립적으로 관리해 나가야 했다(Chang, 2019). 이처럼 복합적으로 절박한 상황에서, 우호적 기술관료, 법조인, 언론인, 학자 등의 재벌에 대한 전략적 지원과 협조는 그 어느 때보다도 절실해졌다. 재벌이 자체 주도적인 (신)개발주의에 기초한 보수적 정치경제 질서를 (재)확립하기 위해 접근해 왔을 때, 이들 국가직·전문직 기능 엘리트들 대다수는 그러한 목표를 향한 대재벌 지원·협력을 꺼리지 않았다.[12]

1980년대 후반 한국 민주주의의 극적인 복원은 재벌의 힘을 국가와 시민사회의 장기적 관계에서 결정적으로 강화시키는 커다란 역설을 낳았다. 정부 자체는 1987년 이래 아래로부터의 강력한 민주화 요구에 직면해야 했지만, 그 권위주의적 개발통치의 핵심 도구였던 재벌, 사법기관, 언론사 등은 진보적 정치·경제 개혁에 집요하게 저항했다.[13] 사실, 이처럼 진보적 민주화에 저항하는 과정에서 재벌은 개별적·연합적으로 언론계, 법조계, 경제부처, 나아가 군부정치권력의 승계 세력인 보수 정당(들)의 지배적 세력·인물들과 새로운 동맹관계를 형성하게 되었다.[14] 이런 환경에서, 재벌에 대한 규제나 개혁은 경제정책 이상으로 정치적 과업의 성격을 띠게 되었다. 국가지도부의 재벌 개혁에 대한 어떤 노력이나 시도도 경제관료들과 사법 엘리트들의 내부적 방해와 주류 신문들 및 보수 정치인들의 외부적 비판을 피해 갈 수 없게 되었다.

구미(歐美)에서 기원한 이른바 '신자유주의(neoliberalism)'를 전

---

12 이러한 (공·사) 전문직과 재벌의 유착은 특히 삼성 재벌에 의해 공격적으로 추진되어 '삼성장학생', '삼성공화국'과 같은 신조어들을 만들어 냈다(주치호, 1997).

13 이러한 맥락에서 판단하면, 문재인 정부가 핵심 과업으로 내세운 '적폐청산'도 여러 측면에서 재벌체제와 구조적으로 연결될 수밖에 없었다.

14 이를 위해서, 그람시의 '이데올로기 국가기구'에 준하는 일종의 '이데올로기 재벌기구(ideological chaebol apparatus)'로서 재벌 산하 경제연구소, 언론사, 언론재단 등이 우후죽순으로 설립되었는데, 정치·사회적 필요성의 변화에 따라 상당수는 궁극적으로 축소·폐지되는 운명을 맞기도 했다.

방위적이고 공격적으로 도입·선전하고 또 실제 활용한 것은 바로 이러한 재벌 중심의 새로운 개발연대였다. 재벌과 그 전문기능적 보조 엘리트 및 정치적 동맹 세력은 신자유주의가 경제적으로 바람직했을 뿐 아니라, 일종의 '개발신자유주의(developmental neoliberalism)'로 이념적 변형을 거치면 정치적으로 매우 편리하다는 것을 파악했다. (마거릿 대처의 영국 노동자와 시민사회에 대한 철권통치로 상징되기도 했던) 신자유주의 이념·정책의 반(反)노동계급·반(反)사회적 성격은 한국에서 일반 노동자와 시민들 및 진보적 지식인과 정치인들의 사회·정치적 도전과 경제적 요구를 효과적으로 물리치고자 했던 이 반동적 세력에 의해 전면적으로 환영·이용되었다.[15] 그러나 얼마 가지 않아 전대미문의 국가 금융위기로 드러났듯이, 신자유주의는 일반 노동자와 시민들에게 사회·경제적으로 유해한 것 못지않게, 재벌에게도 금융·산업적으로 자기파괴적인 것으로 판명되었다.

다른 한편으로, 민주주의의 복원에 수반된 '법치' 회복 혹은 정상화가 재벌로 하여금 소속 기업들의 정치·사회적 차원의 '국민기업' 성격을 제거하고 명실상부한 '사기업'으로서 사적 (혹은 사유재산적) 통제를 강화할 수 있는 결정적 기회를 제공했는데, 재벌 주도의 신개발주의 연대는 바로 이러한 기회를 실질적으로 살리고 대외적으로 정당화하는 데 매우 긴요하게 작용했다.[16] 즉, 군부 개발독재 시대의

---

15 김영삼 정부 중반기에 사회복지 간과에 대한 사회적 비판에 대응해, 서상목 보건복지부 장관 주도로 '사회복지정책심의위원회'를 구성해 국가의 주요 복지정책들을 정리·보완해 나가겠다는 의지가 표명된 바 있다. 필자도 위원으로 참여한 이 기구의 활동결과를 종합적으로 정리하는 보고서(초안)의 서두가 바로 신자유주의적 복지 부작용론이었다. 이에 대해, 필자는 보고서 정리를 담당한 주무 관료에게 사회복지 강화를 위한 정책(자문) 문건이 사회복지 부작용론으로 시작할 수는 없다고 지적하며 수정을 요구하여 관철시킨 경험이 있다.

16 이는 주요 법무법인들의 핵심적 사업 영역이었으며, 비공식적으로도 수많은 법조인, 사법·행정 관료, 언론인들의 (재벌 비호적) 활동 영역을 구성했다. 그럼에도 불구하고 박근혜는 대통령 당선자로서 재벌과의 첫 모임에서 이들의 '국민기업'으로서의 역사와 성격을 거론하며, 자신에 대한 적극적 협조(복종?)를 암묵적으로

산업정책적 재벌 지원에 정치적으로 내포된 재벌의 사회에 대한 역사적 보상 의무를 희석시키고 소속 기업들을 실질적으로 사유화함에 있어 신개발주의 연대는 재벌에게 거의 "전가의 보도"처럼 활용되었다.[17] 더욱 궁극적으로는, 국가 금융위기에 수반된 세계금융자본의 압박으로 국내 자본시장 자유화가 전격 시행되자, 거의 즉각적으로 수많은 재벌사들의 소유지분이 상당 부분 해외 금융자본의 수중에 넘어갔는데, 이는 해당 기업들이 '국민기업'으로 간주되던 시대의 완전한 종결을 의미했다.

5. 전망

경제위기 이후 수많은 재벌사들이 양호해진 재정구조와 개선된 기술수준을 바탕으로 오히려 위기 이전보다 훨씬 향상된 경영실적을 보이자, 한국 정부는 또다시 국가경제의 명운을 이들의 세계적 성과에 걸기 시작했다.[18] 정부의 (특히 거의 모든 경제권과의 무제한적인 자유무역협정(FTA)을 통한) 공격적 무역 자유화와 기업 생산기반의 세계화

요구했다. 불행히도, 박근혜와 주요 재벌들은 최순실을 매개로 충격적인 부패 스캔들에 연루되어 결국 대한민국 헌정사의 첫 번째 대통령 탄핵으로 귀결되었다.

17 이는 박정희 개발독재의 역사적 논리인 '선성장 후분배'의 실현이 불가능해진 법적·재정적 이유로 볼 수 있다. 군부독재 소멸 후에, 정치적으로는 여야를 막론하고 그러한 '후분배'의 역사적 당위성을 명시적으로 거론하지 않았다. 다만 박근혜가 대선 당시에 박정희의 복지국가 거론(희구?) 사실을 내세우며, 스스로 (한국형) 복지국가를 건설하겠다는 구호를 외쳤는데, 이것이 유권자들의 지지를 얼마나 확보했는지 불분명하지만, 경쟁자 문재인의 이념·정책적 잠재 기반을 선점하는 효과는 분명했다.

18 이러한 맥락에서 특별한 사회·정치적 파장을 일으켰던 사건이 2003년 초 삼성경제연구소가 「국정과제와 국가운영에 관한 어젠다」라는 비공식 정책보고(제안)서를 노무현 당선자 대통령직인수위원회에 제출하고 그 상당 부분이 실제 노무현 정부에서 실행되었던 사실이다.

(해외 이전)에 대한 용인과 권장은 국내 주요 수출기업들의 초국적 성격을 급격히 강화시켰고, 그 이면에서 국내 농업과 여타 노동집약적 산업들이 치명타를 입었으며, 산업고용 기회들은 급속히 해외로 이전되었다. 이에 더해, 국제통화기금(IMF)이 강제한 자본시장 자유화 조치를 통해, 세계금융자본이 높은 경쟁력과 수익성을 갖춘 수많은 재벌 계열사들의 소유지분을 급속히 확대해 갔으며, 더러는 경영지배권을 놓고 재벌(총수)과 경쟁·갈등 관계에 돌입하기도 했다. 이와 같은 추세로 인해 기업집단으로서의 재벌은 세계화된 경제 실체로 급속히 전환되어 갔다.

이러한 과정을 거치며 수많은 재벌 계열사들은 국가 금융위기를 전후로 해서 개발(자유)주의적 국민경제 주체에서 신자유주의적 세계화 주체로 전환되기 시작했다. 그렇다고 해당 기업들의 이러한 역사적 전환에 재벌의 특수한 (혹은 기형적) 소유구조와 경영 행태에 대한 근본적 개혁이 수반되었다고 보기는 어렵다. 앞서 지적한 대로, 각 재벌을 통제하는 총수(가족)의 인위적으로 부풀려진 기업 지배(소유)권과 자기봉사적 경영 행태야말로 (해외에서 그러한 사업조건들이 통용되기 어렵기 때문에) 재벌과 그 계열사들을 법적으로 국내에 묶어 두는 역설적 요인이 되었다. 하지만 '자본 이탈(capital flight)'에 대한 그러한 자동적 방지 기제는 행정, 사법, 언론, 학계 등의 국가·사회적 공공서비스 기능에 대한 구조적 오염과 왜곡을 초래한다. 더욱 역설적인 현실은, 재벌사들의 소유·경영에 직접 참여하는 세계금융자본은 이제 재벌과 국가 기관·관료 사이의 유착관계가 공동 이해관계자로서 자신들의 이익에 도움이 될 가능성으로 인해 더 이상 재벌에 대해 예전과 같이 비판의 날을 세우지 않는다는 것이다.

제8장

개발자유주의, 개발시민권, 사회(시민)권

1. 서론

세계 각국의 사회정책적 특징을 사회정책, 특히 복지체제의 내용과 성격을 중심으로 분류함에 있어, 이른바 사회적 시민권의 포괄적 보장이 적극적 복지국가 혹은 사회민주주의적 복지국가의 핵심 요건으로서 이해되어 왔다. 이러한 분류체계에 의하면, 한국은 경제발전 수준에 비해 사회적 시민권이 현저히 떨어지는 "복지지체국(welfare laggard)"이며, 구체적으로는 (에스핑-안데르센이 규정하는) 보수주의 및 자유주의 사회정책의 특징이 비체계적으로 뒤섞여 나타나는 특수한 사례로 치부되어 왔다(Esping-Andersen, 1990). 이러한 구미 중심의 분류체계는 국가발전의 궁극적 목표를 서구적 복지국가의 확립으로 단정하거나, 정치·사회적 장기변화의 방향을 근대화론적 관점에서 서구 경험에 부합하는 내용의 시민권 확장으로 설정하는 경우에 타당성을 가질 수 있다. 그러한 전제는 서구 경험에 학문적으로 노출되었거나 정치적으로 유인된 일부 엘리트에게는 당연할 수 있어도, 현실정치를 구성하는 기층 시민들과 이들을 상대로 정치적 동원과 통제에 나서는 대다수 직업정치인들, 나아가 이 두 집단 사이의 정치적 상호작용을 탐지하고 보도·평가하는 언론매체들에게는 그저 특수하거나 미지의 가능성으로 머물러 있는 사안일 수 있다.

더욱 근본적으로는, (6장에서 자세히 논했지만) 한국의 자본주의 산업화 과정에서 권위주의 국가의 강력한 노동 통제와 반공 냉전체제에 따른 자본주의 비판·보완의 금기화는 유럽 각국에서처럼 노동계급의 정치적 주도세력화에 기초하여 자본주의를 사회주의적 혹은 사회민주주의적으로 수정하는 것이 원천적으로 불가능하도록 만들었다(Chang, 2019, Ch. 3). 사회주의적 정치세력이 원천적으로 도태된 냉전체제하의 한국에서 지식인적 정치활동 및 사회운동으로서의 사회민주주의조차 명맥 유지가 어려웠으며, 사회민주주의적 사회정책의 일부가 관료조직에 의해 체제관리 차원에서 도입되었을 뿐이다. 다만 1980년대 중반 이후 정치 민주화에 수반해 노동계급의 정치세력화가 이루어졌지만 이들의 정치적 비중의 과소함으로 인해 사회민주주의적 정치의제들이 여전히 국정의 주변 요소에 머물 수밖에 없었다. 더욱이 1997-1998년의 경제위기 극복 과정에서 노조가 정부의 신자유주의 구조조정에 동의한 이후, 노동계급의 국정 주도나 재편은 정치적 가능성으로조차 거론하기 힘들어졌다(Chang, 2019, Ch. 3).

요컨대 1960년대 이후 한국의 국가 주도 경제개발 과정에서 나타난 사회정책상의 특징들 및 이에 연계된 시민생활의 성격과 변화는 '개발자유주의(developmental liberalism)' 및 이에 연동된 '개발시민권(developmental citizenship)'으로 개념화될 수 있고, 20세기 말부터 진행된 사회·경제·정치적 위기 상황은 개발시민권 체제의 급격한 약화와 왜곡으로 설명될 수 있다. 사실 (위로부터의) 개발정치의 확립과 재생산은 적어도 아시아 지역을 살펴볼 때, 20세기 중반 이후 가장 지배적인 정치현실이었다. 한 미국 언론은 "실용주의 향수의 정치(the politics of practical nostalgia)"라는 표현으로, 21세기 들어서도 한국뿐 아니라 동아시아, 동남아시아 전반에서 개발주의의 정치적 호소력이 '민주주의를 통해 재강화'되는 추세를 지적했다.[1] 나아가 중국, 베트남 등 사회주의 국가들이 이른바 실용주의 개혁노선을 내세워 계급적 정의보다는 경제개발 성과를 앞세우는 국정(혹은 독재 재생산)을 전격적으로 펼치기 시작함으로써 개발정치, 그리고 개발시민권의 역사적 중요성은 그 어느 때보다도 지대하다(Chang, 2019, Ch. 2).

이러한 지역적, 나아가 세계적 현실은 한국 사회의 경험을 바탕으로 한 (개발)시민권 및 (개발자유주의) 사회정책체제 연구의 결과가 범아시아, 나아가 범세계의 차원에서 학문적 중요성을 가질 수 있음을 의미한다(Chang, 2019, 2022b). 한국 사회에서 개발정치의 지속적 득세에 대한 지적·사회적 비판과 저항은 분명히 존재해 왔지만, 막상 이를 고유한 사회현상으로 설정하고 (사회)과학적 탐구의 차원에서 필요한 개념과 이론을 만들어 내고 관련된 변수들 사이의 인과관계를 체계적으로 분석하려는 학문적 노력이 아쉬웠다. 특히, 개발시민권을 둘러싼 국가-시민(사회)의 관계가 한국의 현실정치를 규정하는 정도에 비례해 한국 사회에 대한 정치사회학적 이해에 공백이 불가피했다. 개발국가, 개발시민권, 개발자유주의 등이 한국의 구체적인 사회현실 속에서 바람직한 것인가에 대한 도덕적·이념적·정치적 판단이 이 현상에 대한 사회과학적 탐구를 대신할 수 없다. 요컨대 1960년대 이후 대한민국의 국정을 가장 결정적으로 규정해 온 개발정치 및 이에 연계된 사회정책과 시민생활의 실태를 체계적으로 정리·분석하지 못하는 사회과학은 그 역사적 유용성을 의심받을 수밖에 없다. 물론 서구종속적 한국 사회과학의 현실에서 서구

1 그리고 중남미, 아프리카 등지에서의 곤궁과 혼란도 상당 부분 (실패한) 개발정치에 관련시켜 설명할 수 있다.

로부터 적절한 개념과 이론이 공급되지 않는 개발자유주의, 개발시민권 등의 문제를 주도적으로 다루기가 어려울지 모르지만, 역으로 이에 관한 독자적 연구가 세계의 학계에도 소중한 결과를 생산할 수 있을 것이다.

2. 개발시민권: 개발자본주의와 시민권

1960년대 이후 한국의 경제·사회적 근대화를 추동하고 궁극적으로 오늘날의 대규모 산업자본주의 사회를 만들어 낸 것은 국가(군부정권)의 중상주의적 개발정치와 이에 조응해 경제활동에 전력투구한 기업가 및 노동자의 물질적 성취욕구이다. 흔히 '정경유착'으로 표현되는 국가-자본의 동맹뿐 아니라 주로 농촌에서 공급된 청년노동자들의 적극적 산업노동 참여는 군부정권의 개발 위주 국정을 범국민적 정치지향으로 승화시켰다. 이러한 맥락에서, "우리도 한번 잘살아 보세"라는 구호 아래 경제개발 위주의 국정에 대한 시민들의 전인적인 지지와 참여가 요구되었다(Chang, 2012b).

즉, 국가적 경제개발을 통한 개별적인 물질적 이익의 증진이 국정 목표로서 설정되었으며, 공식적으로 표명된 것은 아니지만 일종의 '개발시민권(developmental citizenship)'의 보장이 군부정권의 정치적 정당성을 담보하는 것으로 인식되었다(Chang, 2022b, Ch. 4). 그리고 장기간 계속된 급속한 경제성장은 이러한 개발시민권의 정치를 한국 사회에 근착시키게 되었다. 반면, 자본계급은 경제성장에 수반된 기업성장과 이윤확대에, 노동계급은 경제성장에 수반된 고용증대와 소득상승에 모든 계급적 이익을 등치시키는 가운데, 개발주의 군부정권은 (민주주의에 대한) 정치적 시민권(political citizenship)을 부정하는 것은 물론 (종합적 사회보장에 대한) 사회적 시민권(social citizenship)을 적극적으로 확충시켜 나가려는 의지도 보이지 않았다.

1980년대 후반 들어 정치적 시민권의 회복 욕구가 결국 민주화를 가져왔지만, 이른바 민주정부들조차 시민들로부터 개발 차원의 국정 능력을 최우선적으로 요구받았으며 이러한 요구에 실제 부응하기 위해 혈안이 되었다. '신군부' 출신 민선 대통령 노태우가 정당성 논란을 완화시키기 위해 일시적으로 '복지국가' 확립을 강조했으나, 김영삼의 '문민정부'는 '신경제'의 기치 아래 박정희식 개발시대를 재현하려 애썼으며, 'IMF 경제위기'에 직면하여 김대중 정부는 노동계급과 미래세대의 양보를 전제로 한 전격적 경제회복에 매달렸고, 노무현의 '참여정부'는 개발이익의 지역 간 형평성을 제고하는 지역분권적 개발정책을 펼쳤다(Chang, 2019).

민주화 이후까지 시도된 이러한 일련의 개발정치에도 불구하고 고용조건의 불안과 생활수준의 악화를 벗어나지 못한 대다수 기층 서민들은 (복지국가의 확립 혹은 사회적 시민권의 확충을 가져올 수 있는 정치세력을 찾는 대신) 아예 박정희 개발시대의 유명 건설기업가였던 이명박을 국가지도자로 선출하여, 개발주의 국정의 보다 확실한 부활을 희구하기에 이르렀다. 이른바 '박정희 향수'로 표출되었듯이, 과거 박정희의 국가투사적 개발정치의 객체로서의 중장년층과 그들의 자녀 세대가 이명박에 의해 '개발시민(developmental citizenry)'으로 재호명되자 거의 열광적인 반응을 보였던 것이다.

한국의 개발주의는 군부독재 시대를 거치면서 한국 사회의 지배적 정치이념으로서 착근되었으며, 민주정치 시대의 도래가 이를 종식시키기보다는 새로운 형태로 재생산시켜 온 측면도 있었다. 그리고 자유주의 정치체제에서 국가-시민(사회) 관계를 공식적으로 규정하는 '시민권(citizenship)'의 실질적 내용은 헌법상 규정된 자유권, 정치권, 사회권보다는 경제개발의 추진과 그 시장이익의 향유로 집약되는 개발시민권에 집중되어 있다고 볼 수 있다. 이러한 정치질서는 결국 모든 집권정부들이 일종의 '아류 박정희 정부화'라는 경로를 따르게 만들었으며, 독자적 이념·정책 노선 개발은커녕 공개적 모방 대상인 서구 정치이념들조차 기초적인 수준에서도 제대로 소화하지 못한 정당들의 행정부 종속을 일상화시켰다(Chang, 2019). 구체적 행위주체들과 관련해서는 이른바 경제관료(혹은 개발관료)들이 심지어 제3공화국 출신들까지 포함하여 개발주의 국정에 관한 전문성을 내세우며 행정부와 여야를 넘나들며 엘리트 요원으로서 장수해 왔다.

이에 반해, 사회적 시민권(혹은 사회권)의 확충이 정치발전의 핵심적 지향점으로 자리 잡지 못한 데에는 여러 역사적 원인들이 노정되어 있다(Chang, 2019). 우선, 한국의 현대 정치체제 확립(도입)의 모형이자 실질적 감독자는 미국이었다. 그런데 미국은 서구의 정치지형 내에서 볼 때 기업형 상공계급(부르주아지)의 이해관계가 시민사회 및 국가를 이끄는 식의 극단적 자유주의로 나아갔고, 이에 따라 노자(勞資) 간 계급타협의 조건이자 산물로서 사회적 시민권을 다방면으로 확장해 간 서유럽 국가들과는 판이한 면모를 보였다. 해방 직후 대한민국 성립 과정에서 미국의 직접적인 개입과 그 이후 근대국가의 정치·경제·사회적 운용 과정에서의 미국에 대한 지속적인 의존은 한국인들에게 '문명 발전의 인식론적 한계'를 덧씌웠으며, 사회적 시민권에 대한 정치적 무관심은 상당 부분 이러한 한계에서 비롯된다.[2] 1990년대 들어 한국에서 민주정치가 본격화되면서 국가적 발전모형으로서 서유럽 사회민주주의 국가들에 대한 정치적·지성적 관심이 제고되었지만 공교롭게도 이 시기에 영국과 미국의 신자유주의가 대륙 유럽으로 확산되는 조짐이 나타나면서 국내의 보수적

2 미국은 심지어 불과 얼마 전까지도 보편·강제적 의료보험이 없는 유일한 서구 국가로 남아 있었다. 이러한 미국의 상황을 염두에 두고 한국에서도 의료기관의 보험 선택권을 내세워 국민건강보험의 개보험(皆保険)적 성격을 실질적으로 허물려는 정책 제안이 나오기도 했다.

관계(官界), 학계, 언론은 오히려 사회적 시민권에 대한 기존의 소극적 국정을 정당화하려는 움직임을 보였다(Chang, 2012b). 그 결과 사회적 시민권에 대한 주류 정치권의 무관심은 문재인 정부를 거치면서도 크게 달라지지 않았고, 다만 윤석열 정부에 대한 필사적 저항투쟁을 펼쳐 온 조국혁신당이 사회권을 핵심 정치노선으로 내세우고 있다.

이상에서 간략히 논의한 현대 한국의 사회·경제적 시민(주)권의 성격, 구조, 그리고 그 변화 양상을 좀 더 체계적으로 이해하기 위해서는, 개발국가 혹은 개발자본주의 국가의 경제개발 및 사회정책에 대한 입장, 나아가 경제개발과 사회정책 사이의 구조적 관계에 대한 전략적 관리나 개입을 종합적으로 분석할 필요가 있다. 개발국가 치하의 한국에서 사회정책, 특히 사회복지 등에 대해 유럽 복지국가의 제도와 경험을 기준으로 한 (정책적) 평가에 집중하고, 아울러 사회(시민)권의 내용과 수준에 대해서도 마찬가지의 비교사회적 비판에 주력하는 것은 사회·정치적 실천 노력으로서 그 의의를 아예 부정할 수는 없다. 그러나 이러한 사회운동 및 국가정책 차원의 노력도 그동안 한국의 구체적 개발자본주의 통치 현실 속에서 사회정책과 사회권이 어떻게 인식·관리·발현되었는지에 대한 실증과학적 분석을 결여한 상태에서는 효과적으로 전개되기 어렵다.

3. 개발자유주의: 개발국가, 사회정책, 사회권

대다수 국내 학자들은 서구 사회들을 분석하기 위해 고안된 사회정책 분류 체계들, 특히 에스핑-안데르센의 복지국가 분류(Esping-Andersen, 1990)를 한국 현실을 규정하거나 평가하는 데 널리 활용해 왔다. 그런 분류에 따르면, 대체로 보아 한국은 시민의 생계와 생활을 공적으로 보호하기 위한 정치적 (동시에 재정적) 책임 수준의 차원에서 "자유주의적(liberal, or laissez-faire)"이고, 최근 (특히 1997-1998년 경제위기 이후) 확장·보완되고 있는 사회보장 서비스의 제도적 성격은 독일 등 대륙 유럽의 "보수적" 체계를 닮아 있다. 전자는 한국을 "복지지체국(welfare laggard)"으로 부르는 것에 다름 아니고, 후자는 국가 금융위기 이후 불가피해진 다양한 공적보험을 통한 노동인구 보호에 대한 (기만적인) 정치적 제스처를 반영한다. 후자가 기만적일 수 있는 이유는 정규직으로 고용되어 공적 사회보험들을 충실히 적용받을 수 있는 노동인구 비율이 (경제위기 이래로) 급격히 감소했고, 적립식(non-pay-as-you-go) 사회보험 체계는 상당 기간 이후에나 실제 보호 기능이 발생하므로 당분간은 정치적 구두선(political lip service)에 불과하기 때문이다. 이처럼 일견 모호한 성격들 때문에, 한국의 학자들은 한국 자체의 경험에 기초한 분명하고 체계적으로 규정할 수 있는 사회정책 모형을 제시하는 데 소극적인 태도를 보여 왔다.

한국적 개발국가가 경제위기 이전에 노정한 한계는 단순히 사회복지에 대한 등한시가 아니라, 더욱 결정적으로는 모든 인구를 물질적 팽창에 대한 거의 맹목적인 추구에 나서도록 유도(강요?)하고 결과적으로 어떠한 경제적 침체의 위험에도 매우 취약하도록 만들어 왔다는 점이다. 시민들에 대해 국가는 충실한 사회안전망(social safety net)을 제공할 능력도 의지도 부족하기 때문에 시민 스스로 개인적 안전장치를 준비해야 한다고 경고하는 대신에, 개발국가는 그들로 하여금 모든 사적 자원들을 직간접적인 개발적 활용·투자(예컨대 교육, 기술습득, 창업, 주식투자, 심지어 부동산 투자(투기) 등)에 소진하도록 부추겼다. 이는 모든 사회·국가적 자원들을 경제개발에 동원하는 전략이었으며, 대다수 한국인들은 1960년대 이후 폭발적 경제성장에 대한 체험에 기초해서 국가의 그러한 개발주의 국정 전략을 기꺼이 반기고 따랐다. 즉, 한국의 개발국가는 '개발시민들

(developmental citizenry)'의 강력한 지지를 향유할 수 있었는데, 이러한 관계는 오히려 1990년대 후반 급작스러운 국가적 금융위기 국면에서, 경제와 사회가 동시에 총체적으로 교란되는 결과로 이어졌다(Chang, 2022b).

이와 같은 역사적 현실은 정부 주도의 산업(화)주의라는 지배적 정치동력과 다양한 사회정책 사안들 사이의 관계에 대한 종합적이고 체계적인 분석을 요구한다. 개발국가의 주요 관심사는 의심의 여지없이 급속한 산업화와 경제성장이었지만, 그렇다고 핵심 사회정책들이 별개의 정치주체(제도)에 위임되지는 않았다. 부분적으로 문화(주의)적 이념으로 정당화되고 최근 들어서는 대륙유럽식 (보수적) 사회보험 프로그램들로 포장되었지만 기본적으로 자유주의적인 사회정책 체계를 직접 이끌어 온 것은 개발국가 자신이었다. 이와 관련해, 개발국가의 특징인 경제개발 목표들과 자유주의적 사회정책들 사이에 존재할 수 있는 체계적 관계에 대한 탐지와 분석이 절실하다. 개발자유주의는 바로 경제적 목표와 사회정책 사이의 체계적 관계를 규명하기 위한 본 연구자의 개념·이론이다.

개발자유주의 혹은 개발목표와 사회정책 사이의 여타 관계체계들(Midgley, 1995)에 대한 심층 분석의 필요성은 비스마르크 치하의 독일 경험에 의해 여실히 드러난다. 거쉔크론(Alexander Gerschenkron)에 따르면, 19세기 독일 정부는 경제발전 차원에서 이웃 경쟁국들을 가능한 한 최단 기간에 압축적으로 따라잡으려는 강렬한 열망하에서 산업생산의 극대화를 위해 사회집단들을 조직화하고 국가·사회적 자원을 동원하는 직접적 노력을 펼쳤다(Gerschenkron, 1962). 비스마르크 정부가 주요 노동자, 관료 집단들을 국가 경제개발 과정으로 끌어들이고, 사회에 확산 중인 좌파혁명 정서를 통제하기 위해 (현대 복지국가에서 여러 핵심 제도의 원형이 된) 고전적 사회보험체계들을 개발·실행한 것은 우연이 아니었다.[3] 따라서 현대 독일 사회정책체계의 기원과 성격을 국가 주도의 추격발전이라는 맥락에서 해독하는 것이 필수적이다. 마찬가지로, 한국이나 여타 중상주의 개발경제국들의 사회정책체계를 제대로 이해하려면 국가 주도의 자본주의 산업화와 경제성장이라는 정치경제적 맥락에 대한 고려가 필수적이다.

한국의 개발국가는 산업화, 수출증대 등을 목표로 종합적으로 조직화되고 공격적으로 실행된 정책들을 통해 범세계적 명성을 얻었다. 하지만 그 사회정책은 흔히 노동자, 여성, 빈민, 기타 차별·소외 집단들 등 현재적·잠재적 복지수요자들에 대한 가혹한 보수주의로 단순 평가(비판)되어 왔다. 그러한 평가가 타당성이 없는 것은 아니지만, 경제개발(주의)과 사회정책·관리 사이의 관계를 막연한 상쇄관계(zero-sum relationship)로 예단하기보다는 그 구조적 성격에 대한 보다 체계적인 분석이 학술적·현실적으로 절실하다. 우선, 그러한 상쇄관계 자체가 시기적으로 변화해 왔다. 사회정책의 억제 혹은 희생에 관련해서도 그러한 정책행위의 동기, 조건, 양식, 결과가 체계적으로 규명되어야 하며, 그러한 규명을 통해 사회정책상 개발자유주의 국가가 지니는 자유주의 국가와의 차별성을 설명할 수 있다.

한국의 경험 속에서는 개발자유주의의 여러 요소와 특징들 중 다음의 다섯 가지가 특히 중요하다(Chang, 2019, Ch.2): (1) 사회정책의 탈정치화, 기술관료화, 개발주의적 착종, (2) 사회정책 대상 주체들의 개발주의적 포섭(개발시민권), (3) 국가-자본의 기업(가)적 결합과 노자관계에 대한 국가의 직접적 개입, (4) 사회적 시민권의 가족주의적 재설정(비경제활동 취약집단에 대한 개발시민권의 보완), (5) 복지다원주의와 시민권 부정.

---

3 이러한 체계는 세계적 비교 복지체계 연구를 이끌어 온 에스핑-안데르센에 의해 “비스마르크식 복지체제”로 규정되었다(Esping-Andersen, 1990).

사회정책의 탈정치화, 기술관료화, 개발주의적 착종

사회정책 사안들을 정치적 지배나 경쟁에 있어 중심적 혹은 독립적 안건으로 내세우지 않는 대신, 관련 행정조직을 통해 선진국들의 제도와 경험을 참고하여 경제개발에 부담을 주지 않거나 도움이 되는 방향으로 처리하고, 나아가 (교육·노동 정책 등에서 드러나듯이) 사회정책의 인식과 설정 자체를 개발주의적 혹은 준경제정책적으로 한다. 이러한 맥락에서 특정 사회정책 부처가 분명한 사회정책적 의지를 가지고 새로운 정책을 추진하기 위해서는 관련된 사회 문제의 정치적 폭발성이나 주무 장관의 특별한 정치적 입지와 의지 같은 여러 특별한 조건을 필요로 하며, 실무 관료조직은 '준(準)정당적' 차원의 정치적 정지(整地) 작업을 병행해야 한다.

사회정책 대상 주체들의 개발주의적 포섭: 개발시민권

국가는 성인 노동연령 인구뿐 아니라 가능한 모든 사회집단들을 보편적인 사회보장적 보호 대상으로 인정하는 것을 거부하고, 대신 경제개발 과정에 다양한 형태로 참여시켜 일종의 '개발시민(developmental citizen)'으로서 경제적 보상이나 혜택을 추구하도록 유도해 왔다. 이는 각종 선거 과정에서 (부동산 개발이익을 포함한) 경제개발 의제의 압도적 비중으로 이어졌다.

국가-자본의 기업(가)적 결합과 노자관계에 대한 국가의 직접적 개입

자본주의 산업화와 경제성장을 압축적으로 실현시키기 위해 국가는 필요에 따라 생산기업을 직접 설립·운영하기도 했지만, 주로 기존 기업가들을 동원·지원하여 시기별로 특정 산업들을 전략적으로 육성했다. 이 과정에서 사기업들을 국가의 핵심적 '개발도구(developmental instrument)'로 인식하여 이들의 노자관계에 (반노동적인) 개입을 직접적으로 해왔으며, 명시적 노동정책도 국가의 이러한 계급(자본)적 입장에 종속되어 왔다. 노사분규 현장에서 한국 경찰이 '구사대(救社隊)'적 개입을 하거나 아예 민간(불법) 구사대와 공동작전에 나서기도 한 것은 이러한 맥락에서 이해된다. 이는 사법 행위라기보다는 차라리 '경제정책 행위'라고 보아야 할 것이며, 특히 개발시대를 경험한 경찰 간부들의 반노동계급적 아비투스(habitus)를 형성했다고 볼 수 있다.[4]

사회적 시민권의 가족주의적 재설정

헌법적으로도 선언되어 있는 사회적 시민권이 실제 보편주의적 사회보장 원칙에 의해 구체화되지 못했으며, 특히 안정적 고용을 통한 소득확보와 사회보장이 불가능하거나 이에 실패한 집단들(예컨대, 노인, 아동, 청소년, 미혼모, 장애인 등)에 대해 핵가족을 넘어 확대(직계)가족적 부양·보호 의무까지 다양한 방식으로 강제함으로써 결과적으로 국가의 정치적 책임과 재정적 부담을 면하는 전략이 지속되어 왔다(본 서 9장 참조). 이 과정에서 특히 서민가정 중년 여성들이 임노동, 보호노동, 일상가사의 중첩적 수행을 통해 극한적인 생활을 경험해 왔다.

복지다원주의와 시민권 부정

가족적 자기 부양·보호를 통해 관리할 수 없는 사회집단들에 관련된 보호(수용)제도나 사회서비스의 공급에 있어서도 국가는 공공 책임의 최소화 원칙을 견지하고, 가능한 모든 민간 행위자들을 동원하려고 노력했다. 이 과정에서 여러 민간 행위자들의 (법적으로 허용되지

---

4 이명박 정부 초기에 용산에서 소수 민간인 농성자를 진압하기 위해 컨테이너 공중 투입과 같은 특공작전을 펼쳤던 기이한 현상은 윤리적·정치적 판단을 넘어 관련 경찰 조직이나 지휘자들의 (정책적 및 개인적) 의식구조에 대한 특별한 분석을 필요로 한다.

않는) 영리적 동기나 행위를 공공연히 용인하거나 비호하는 일이 잦았다. 심지어 피수용자들의 노동착취, 인격적·신체적 학대, 종교자유 침해 등에 대해서도 인권이나 시민권 훼손 차원에서 대처하기보다는 사적 시혜관계의 일상적 부작용 정도로 치부하고 넘어가는 일이 잦았다. 특히 의료, 교육 등에 대해서는 준경제정책적 관리가 이루어져 왔으며, 이른바 '병원재벌', '사학재벌' 등이 탄생하기도 했다.

이상과 같은 개발국가의 명시적·암묵적 사회정책 노선, 즉 개발자유주의의 특성들과 내용들을 감안하면, 한국을 서구 복지국가들의 독립적 사회정책 영역이나 범위에만 비추어 하나의 복지국가로서 그 열악성만 주로 부각시키는 분석이나 평가는 (어쨌든 복지국가를 수단과 방법을 가리지 않고 실현해야 한다는 입장에서) 실천(정치)적 차원의 효과를 가질지 몰라도, 이론적·실증적 차원에서는 심각한 오류를 범하는 것이다.

4. 개발자유주의, 사회민주주의, 민주주의의 내용적 (몰)진화

앞서 설명한 개발자유주의의 여러 요소와 특징들은 흔히 한국 복지체제의 지향 목표나 비교 준거로 검토되는 사회민주주의 복지국가와는 전반적으로 차별적·대조적인 특성을 보여 준다. 첫째, 개발자유주의에서 사회정책의 탈정치화, 기술관료화, 개발주의적 착종은, 사회정책 자체가 전후 서유럽 국가들의 기능적 정의(the functional definition of the state)로 격상됨으로써 이들이 아예 '복지국가(the welfare state)'로 통칭되기 시작한 역사적 현실에 정면으로 대조된다. 둘째, 개발자유주의에서 사회정책 대상 주체들의 개발주의적 포섭,

즉 개발시민권 위주의 정치는 사회민주주의 복지국가들에서 주로 '사회적 시민권(social citizenship)' 혹은 '사회권(social rights)' 실현을 둘러싼 정치적 경쟁이 지배적이라는 장기적 현실에 대비된다. 셋째, 개발자유주의에서 국가-자본의 기업(가)적 결합과 노자(勞資)관계에 대한 국가의 (친자본적) 직접적 개입은, 사회민주주의 복지국가들이 여전히 자유주의 경제체제로서 국내외의 시장적 산업질서를 기초로 경제발전을 지향하며 노자관계에 대해서는 철저히 중립적이거나 노(勞)·자(資)·정(政) 협의체 참여를 통해 거시적 공동이익을 도모하는 경향과 대조된다. 넷째, 개발자유주의에서 사회적 시민권의 가족주의적 재설정은 일종의 '가족에 의한 복지(welfare by family)'를 내포하는데, 이는 (특히 스웨덴을 위시한) 사회민주주의 복지국가의 가족복지가 원칙적으로 '가족을 위한 복지(welfare for family)'라는 사실과 대비된다. 다만 양자 모두 '가족을 통한 복지(welfare through family)'에 대해 복지 과정과 효과의 차원에서 인권·문화·사회적 고려와 평가를 강화하고 있다. 끝으로, 개발자유주의에서 복지다원주의와 이에 연계된 시민사회의 탈동원화는, 서유럽 사회들에서 복지국가가 사회적 연대(social solidarity) 이념의 정치적 구현체로 설정되고, 국가와 시민(사회)의 유기적 협력체계를 내재화한 복지행정을 당연시하는 경향과 대조된다.

이처럼 여러 측면에서 개발자유주의와 사회민주주의는 대조적인 이념·정치·사회적 성격을 드러내는데, 이러한 차이들은 반드시 자유주의(자본주의) 대 사회주의처럼 상호 이념·체제적 경쟁, 대립, 축출의 관계 속에서 발생 또는 파생된 것은 아니다. 두 사회정책 체계는 기본적으로 각각 확립·실행된 지역의 사회구조와 경제질서에 상응하여 다양한 사회·경제적 효용을 실현하고 구체적 사회정책 효과들을 구현하는 차원에서 확립·진화해 온 것이지만, 동시에 현대적 정치질서의 변동에 구조적으로 연계되어 있다. 예컨대, 사회

민주주의 복지국가는 서유럽 민주주의의 정치적 장기 진화의 결실로 널리 간주되는데, 이에 대해 세계적 석학들의 다양한 논의가 제시되었다(Marshall, 1964; Esping-Andersen, 1990; Stephens, 1979). 한국 등 동아시아 지역의 개발자유주의는 군부 등 개발권위주의 정치세력에 의한 통치 양식으로 간주될 수 있음을 본 연구자의 이전 연구인 *Developmental Liberalism in South Korea: Formation, Degeneration, and Transnationalization* (2019)에서 자세히 분석한 바 있다.

서유럽 자유주의 국가들이 진보적 사회정책 국가로 거듭나게 된 과정은 흔히 절차적 민주주의(procedural democracy)가 내용적 민주주의(substantive democracy)로 진화한 과정으로 규정되는데, 이는 정치주권자로서의 다수 시민이 민주정치를 인간적인 삶의 조건을 공동체적으로 실현하기 위한 제도적 장치로 활용하는 데 성공했음을 의미한다. 이에 대해 마셜(T. H. Marshall)은 공민권(civil rights), 정치권(political rights)의 사회권(social rights)으로의 진화를 중심으로, 서유럽 민주주의 발전을 시민권의 확장이라는 관점에서 해석한다(Marshall, 1964). (대의)민주주의 정치의 전개 과정에서 지속적 산업화에 수반된 노동인구의 양적 성장과 조직력 강화가 궁극적으로 (주로 노조 기반·연대 정당들의 효과적 활동에 의한) 노동계급의 정치적 주류화로 이어졌고(Stephens, 1979), 노동계급 정당 혹은 친노동자 정당들의 집권뿐 아니라 이들과 보수 정당들 사이의 정치적 경쟁은 모두 현대 복지국가의 확립과 성장에 결정적 요인이 되었다. 아울러, 사회적 민주화의 핵심 차원으로서 여성들의 보편적 권리신장 및 경제참여는 남녀 "영역분절(separate spheres)"에 기반한 가족문화, 고용질서, 복지체계를 근본적으로 변화시켜 왔으며, 특히 사회서비스 영역에서 복지국가의 발전이 획기적으로 촉진되었다(Wilson, 1977). 그리고 기술관료의 정책독점, 대의정치의 귀족화, 정경유착의 구조화 등의 반민주적 추세에 대한 범시민적·지식인적 저항으로 급속히 확산된 이른바 '신사회운동(new social movements)'은 복지국가의 사회적 기반을 (재)공고화하고 영역적·기능적 확대재생산을 이끌어 냈다(Martin, 2001).

한국에서 개발자유주의는 박정희의 군부 개발독재에 수반해 형성·확장되었기 때문에, 서유럽의 복지국가처럼 현대 민주주의의 사회·정치적 진화의 산물과는 거리가 멀다. 사실, 개발자유주의의 구체적 요소·특징들은 정치·사회적 권위주의 혹은 전제주의를 긴밀히 반영하거나 유지·강화한다. 첫째, 사회정책의 전반적 배제·억제·변용은 '부국강병'을 내세운 군부의 개발권위주의 통치의 핵심적 측면이었으며, 이에 대한 의회(야당), 시민(사회), 지식인들의 반대와 비판은 체계적으로 수용되는 대신 감시와 억압의 대상이 되었다. 심지어 유럽식 사회민주주의조차도 정치적으로 탄압받았지만, 사회민주주의 국제연대(Socialist International)의 정치적 후원을 업은 김철 등에 의해 명맥을 유지했었다. 둘째, 개발시민권 일변도의 사회 동원·관리는 국가가 설정한 방향의 경제활동 참여를 위한 자원, 기술, 교육, 경험이 결여된 시민들의 소외와 빈곤을 필연적으로 야기했고, 이에 대한 항의와 비판은 국가권력에 대한 도전으로 쉽게 규정될 수 있는 사회·정치적 환경 속에서 개인적 차원에서나 집단적 차원에서 모두 불가능에 가까웠다. 셋째, (남북한 분단·대립 상황에서) 개발독재 우파 군사정권은 본원적으로 노동계급에 대한 이념·정치적 거부감이 있었지만, 이와 별개로 주요 사기업들을 국가주도 산업화와 수출증대의 전략적 도구로 간주·동원하면서 산업현장의 노동자들을 철저히 친기업적 입장에서 통제했고, 이 과정에서 경찰·검찰·법원 등 국가 사법제도들이 '공안'을 내걸고 일종의 (반노동자적) 산업정책(industrial policy) 도구로 변질되기도 했다(Chang, 2019, Ch. 2). 넷째, '가족에 의한 복지', 특히 장애인, 병약자, 노인과 아동 등에 대한 생활보호를 대부분 가족에 맡기는 정책(방임)은 구체적으로 여성의 헌신과 희생에 대한 제도·규범적 강요를 전제했으며, 이는 배우자(남성)의 경제적 지위가 불안정해서 맞벌이가 불가피한 경우에도 달라지지 않았다(장경섭, 2018). 비록 독재권력의 물리적 폭력이 이런 여성들에게 직접 행사되는 경우는 드물었지만, 이들이 국가, 사회, 자본을 대신해 감당한 사회 문제들에 대한 정치적 통제와 억압의 부작용은 고스란히 여성 자신들에게 돌아왔다. 끝으로, 여러 사회서비스를 둘러싼 일종의 '정복(政福)유착'의 복지다원주의는, 개발권위주의 정권과 다종다양한 복지조직들의 협력(담합?)에 의한 기본적 인권·사회권의 침해와 파괴를 초래하는 경우들이 드물지 않았으며, 이는 심지어 정치·행정적 부패의 온상이 되었다(Chang, 2025, Ch. 2).[5]

이처럼 국가권력의 비민주성을 필수 요건으로 했던 개발자유주의는 1980년대 후반 한국의 극적인 (재)민주화에 의해 그 정치·사회적 지속가능성이 근본적으로 흔들리기 시작했다(Chang, 2012a, 2019). 예컨대, 군부 권력을 '민주적'으로 연장한 노태우 정부는 그 정치적 정당성의 보충 기제로서 '복지국가' 의제를 적극 내세웠으며, 실제 사회정책의 상당한 내용·재정상 확충이 이루어졌다. 또한 민주화는 노동자들의 획기적인 개인적·집단적 권리 향상을 수반했으며, 노자관계에 있어 대다수 기업(사용자)들은 더 이상 국가권력의 통상적 개입과 지원을 쉽게 기대할 수 없게 되었다(Chang, 2019). 또한 사회적 민주화의 핵심 요소로서 급속히 확산·강화된 여성권리 및 성평등 사회운동과 개인적 태도 변화로 인해 여러 복지수요에 대한 가족(여성) 책임화는 막연히 지속하기 어렵게 되었다(장경섭, 2018). 그리고 민주화에 수반한 시민사회의 (재)활성화는 민주적 정치절차의 복원 노

5 이러한 문제는 복지, 교육, 요양 등 광범위한 영역에 걸쳐 존재했는데, 최근 부산 형제복지원 사건이 학술적·사회적으로 재조명되면서, 국가적으로 확인·보상되어야 할 과거사 사안으로 인식되기 시작했다(서울대학교 사회학과 형제복지원연구팀, 2021).

력에 뒤이어 각종 사회·경제 문제에 대한 이른바 (신)사회운동의 확산·강화로 나타났는데, 특히 복지국가 및 사회권 운동이 핵심이었고 나아가 사회민주주의가 범시민적 차원에서 정치적 대안으로 널리 인식되기 시작했다(신광영, 1991, 1994).[6]

5. 신자유주의와 개발정치의 반민주적 재개

7장에서 설명한 것처럼, 재벌, 개발관료, 주류학계, 보수 언론, 법조계 등 기존 개발정치의 주체들과 보조자들은 민주화에 의한 권위주의 개발통치 권력의 해체에도 불구하고, 각자의 기득권을 유지하기 위한 새로운 동맹체계의 필요성을 공감하고 (암묵적으로) 국가가 아닌 재벌을 중심으로 한 신개발동맹을 형성해 나갔다. 재벌은 군부권력으로부터 분리된 주요 정당·정치인들을 매수하여 정치적 환경을 관리해 나갔다. 재벌의 신개발동맹 주도성은 이론적으로 1990년대 이후 급증한 기업단위 경제연구소들에 의해 뒷받침되었으며, 일개 사기업 부속 연구소들의 산발적 연구결과들을 대대적으로 보도하는 보수 언론이 이들을 기능적으로 보완하는 기현상이 벌어지기도 했다. 그람시가 지적한 자본주의 체제의 "이데올로기 국가기구(ISA)"(Gramsci, 1971)에 대비되는 일종의 '이데올로기 재벌기구(ICA)'라고도 할 수 있는 이 연구소들과 유착 언론이 한국에서 신자유주의

6 이러한 추세는 여러 여론조사에서 확인되기도 했는데, 'IMF 경제위기'를 거치며 거의 소멸되었다. 이후 신자유주의적 사회·경제 피폐가 부른 박정희 향수의 확산 속에 등장한 이명박의 신개발주의적 집권과 국정이 총체적 실패로 귀결되자, 정치권에서 박근혜를 필두로 차기 집권을 위한 위로부터의 '복지국가' 논의가 급속히 확산되기도 했지만, 시민들의 무관심·무기대 속에 용두사미가 되었다. 대선에서 박근혜의 복지국가 공세를 뒤쫓았던 문재인도 막상 본인의 집권기에는 입장이 바뀌었다.

의 사회 내부적 전파를 주도했다고 볼 수 있다.[7]

구미로부터 확산된 신자유주의는 신개발동맹의 대안적 지배이데올로기로 적극 수용되어 기존의 개발(자유)주의적 지배가 흔들리는 것에 대한 반동적 대응조치들의 이론적 논거로 활용되었으며, 이러한 이유 때문에 한국에서 오히려 신자유주의가 더욱 공격적으로 수용되었다고 볼 수 있다. 나아가 신자유주의가 지속적 경제개발을 위해 유용하다는 일종의 '개발신자유주의(developmental neoliberalism)'로 변용되었는데, 김영삼 정권의 노동법 사태는 이러한 현상이 상징적으로 드러난 것이다(Chang, 2019). 이후 국가 금융위기를 거치며, 신자유주의는 국가가 채택했거나 재벌이 기획한 경제개발주의에 의존하지 않고도 세계금융자본의 직접적 영향력하에 급속히 확산되고 구조화되었다.

한국에서 신자유주의는 위에서 지적한 정치(이념)적 효용 이외에도 다음과 같은 구체적인 직간접 사회정책 기조들을 유도했다: (1) 사회정책 자유주의화(social policy liberalization), 특히 노동시장 유연화, (2) 의료, 사회보장, 환경, 토지 등 사회정책 영역들에 관련된 기업적 경제활동에 대한 탈규제화(deregulation), (3) 전방위적 무역자유화, 생산기반 세계화, 노동시장 개방 속에서 (농민, 영세제조업자, 비숙련노동자, 청년 등) 경제적 취약집단에 대한 사회정책적 경제관리의 포기, (4) 서민 생계의 금융의존화 혹은 '빈곤의 금융화(financialization of poverty)'. 이러한 정책 기조들은 하나하나 모두 구체적 현실로 구조화되었으며, 한국의 사회·경제적 성격은 개발주의 시대로부터 근본적인 변화를 거치게 되었다(Chang, 2019).

7 극적으로 대통령 선거에서 승리한 노무현 캠프에 삼성경제연구소가 (양다리 걸치기로) 제공한 집권 전략(정책)이 실제 노무현 정부의 국정 방향에 결정적 영향을 미쳤다는 사실은 노무현 정부의 신자유주의 성격에 대한 비판과 무관할 수 없다.

한국에서 신자유주의가 개발자유주의 지배를 복원하려는 동기에 의해 적극적으로 수용되었으나, 결과적으로 개발자유주의의 기반을 결정적으로 교란하는 측면들이 있었다(Chang, 2019). 첫째, 노동시장 유연화 및 일자리 해외수출 등으로 노동(고용)을 통한 시민들의 경제주의적 통합이 불가능해졌다. 이는 개발시민권 시대의 종언이 임박했거나 혹은 이미 시작되었음을 의미했다. 둘째, 사회정책 사안들의 경제활동과의 분리주의는 경제통합적 사회정책체계로서의 개발자유주의를 약화시켰다. 셋째, 국내 고용과 소비를 경시·배제하는 기업 세계화 및 이에 대한 정부의 지원은 국가-자본 연대의 개발주의적 대국민 정당성을 소멸시켰다. 넷째, 가족생계부양자들의 대량 실직 및 불안정고용 사태는 가족중심적 사회부양체계를 근원적으로 붕괴시켰다. 다섯째, 기업 생산기반 및 자본구성의 세계화, 국가정책의 (신자유주의) 세계질서 종속, 개인 및 가족 차원에서 교육, 취업 등의 세계화 추세로 '국민사회(national society)'에 대한 소속감이 희석됨으로써 '선성장 후분배', '(국가)경제 살리기'와 같은 국가에 대한 공동체적 귀속성을 전제로 한 개발주의 책략을 펼치기 어려워졌다.[8]

1997-1998년 경제위기는 (IMF가 관련 비용의 한국 자체부담을 조건으로 강권한) 일시적 '사회안전망(social safety net)'의 확충을 가져왔음에도 불구하고 위에서 지적한 추세들과 부작용들을 더욱 심화시키는 계기로 작용했다. 특히 수출 대기업들의 성공적 구조조정은 '고용 없는 성장(jobless growth)', 더 정확히는 '고용 없는 경제회복'을 구조화시켜 '국민 없는 국민경제'를 고착화시키기에 이르렀다. 이처럼 경제위기가 사회위기를 기반으로 극복되는 과정에서 한국은 경제·사회적 양극화가 비교 대상이 드물 정도로 급속히 진행되었다. 사회·정치적으로는 이른바 '박정희 향수'가 급속히 확산되기에 이르렀으

8 이는 국가주의 경제 담론에 대한 청년층의 정치적 회의감 확산을 초래했다.

며, 이러한 추세는 이명박과 박근혜가 일종의 박정희 마케팅을 통해 집권하는 배경이 되었다(앞의 3장 참조).

이명박 정부는 박정희 시대를 전략적으로 상기시키며 한국인들에게 '개발시민권'을 복원시켜 주겠다는 약속을 통해 출범했지만, 개발(자유)주의 국정의 복원을 위한 시도는 기저의 경제·사회적 조건의 붕괴로 원천적으로 불가능함이 드러났고, 결국 정권 유지의 최소 조건 확보 차원에서 중도실용·친서민의 정책기조 보완이 이루어졌다. 이 과정에서 차기 집권을 희망하는 주요 정치세력들이 통치전략의 근본적 전환을 구상하게 되었고, 특히 박근혜 캠프에서 복지국가 구상을 선도적으로 제시해 궁극적으로 집권의 기회를 갖게 되었다.

6. 탈개발정치 맥락에서의 박근혜 및 문재인 정부의 사회정책 노선 (재)평가

대한민국 역사에서 정치·정책적 실효성을 가졌던 복지국가 노선은 (1) 서구 민주주의 체제를 모형으로 한 (수입적) 정치근대화 과정에 내재되어 있는 경향으로서 서구의 복지국가(사회권) 이념과 정책의 제도(형식)적 수용, (2) 민주화 과정에서 일시 연장된 군부정권(노태우 정부)의 사회포섭 전략으로서의 복지국가 노선, (3) 민주화 이후 진보적 시민사회와 지식인집단에 의한 복지국가 시민운동, (4) IMF 경제위기 이후 개발통치 복원 노력이 실패로 돌아간 뒤, 박근혜 대선 캠프의 선도로 대두된 복지국가 선전이 있으며, (순전히 선거용에 그쳤던) 박근혜 정부의 복지국가 노선 외에는 각각 나름대로의 효과가 확인되거나 관련된 변화가 여전히 진행 중이다. 아울러 복지국가를 명시적으로 지향하지는 않았지만 (5) 군부의 경제 중심의 개발권위주의 통치하에서 정치·사회적 통제와 관리를 위한 제한적인 사회정책

(사회보험)적 개입, (6) IMF 경제위기 및 구조조정 과정에서 신자유주의 책략의 일환으로 강권된 '사회안전망'의 확충이 복지제도를 강화시키는 효과가 있었다.

비록 선거용으로만 쓰였지만, 박근혜 정부의 복지국가 노선은 집권의 정치·사회적 맥락을 나름대로 정확히 반영해, 개발(자유)주의 경제·사회 질서 및 이의 신자유주의적 왜곡과 파국에 따른 갖가지 부작용에 다양한 방식으로 대처하려는 면모가 엿보이기도 했다. 예컨대, 개발체제에서 소외되었던 사회집단들에 대한 사회정책적 포섭, 개발시민권의 붕괴에 수반한 광범위한 가계부채 누적에 대한 대응, 노동시장·서민경제 안정화를 위한 경제시민권적 개입 등의 노력은 탈개발체제적 통치를 위한 '적극적' 의미의 복지국가 지향성을 반영했다고 볼 수 있다. 그러나 구체적으로 명시된 복지노선을 보면 여전히 서구적 경험에 바탕을 둔 기술적 복지 용어들과 개별화된 사안들에 대한 산발적 대응책들로 혼잡하게 구성되어 있었다. 나아가 계급적 관점에서의 재분배 혹은 역사적 관점에서의 공정분배를 위한 세제개혁과 국가이념의 탈개발주의적(혹은 사회민주주의적) 개혁 및 이에 수반된 통합적 법제 정비에 대해서는 어떠한 적극적 의지 표명도 하지 않음으로써, 정치적·이념(이론)적 기초 확립을 생략한 '상황적 복지국가 정부'로서 장기적 안정성이나 심층적 개혁성을 갖기 어려웠다.

박근혜 정부의 이러한 한계는 집권세력 스스로가 극복하기 어려운 것이었으며, 다른 대다수 핵심적 국정 사안들과 마찬가지로 시민사회, 지역공동체, 지식인 집단(학계), 언론 등이 경쟁 정당들과 연계하여 직접민주주의적인 참여를 통해 복지국가가 진정한 의미의 국가적 패러다임으로 자리 잡을 수 있도록 정치적·지적 노력을 전개했어야 한다. 개발국가가 한때 한국의 총체적 국가패러다임이었던 것처럼 복지국가도 이러한 범사회·범국가적 지위를 확립하지 않고서는, 한국이 서구 역사에서 선망하는 것과 같은 복지국가 시대는 불가능한 것이다. 요컨대 이러한 대전환은 서구적 복지국가 모형을 제도적 차원에서 단순 이식하려는 노력으로는 실현 불가능하며, 선언적 차원의 복지국가 등장은 1950년대에 선언적 차원의 민주주의가 결국 형해화된 것과 같은 전철을 밟기 쉽다(앞의 2장 참조). 개발(자유)주의 통치 및 이의 신자유주의적 왜곡과 파행에 대한 체계적 분석과 대응책 마련이 과학적 차원에서 이루어져야 하고, 이를 기초로 새로운 국가적 패러다임으로서 복지국가를 확립하려는 노력이 정부, 시민, 정당 등 모든 정치주체들에 의해 협력적으로 전개되어야 한다.

이런 관점에서 보면, 문재인 정부도 집권 기간 동안 복지국가 확립과 관련해서 그다지 유의미한 기여를 했다고 보기 어렵다. 사실 문재인 정부의 사회·경제적 성격은 사회민주주의적이라기보다는 (앞에서 언급한 것처럼) 신자유주의적이고 신개발주의적이었던 노무현 정부와 근본적으로 다르지 않았으며, 복지국가에 대한 명시적 지향은 2012년 대선에서 박근혜의 선제적 복지국가 이니셔티브(initiative)에 대한 선거전략적 대응 노력이 유일했다. 이조차 2017년 대선에서는 용도 폐기되고, '소득주도 성장' 등 유사개발주의로 종합적 사회정책 패러다임을 대신했다. 다만 공공부조에 있어 가족부양 의무자 기준 철폐 등 기존 사회보장체계에 대한 부분적 개선 노력들이 전개되었을 뿐이다. 적어도 명목상 진보성을 부정하지 않는 문재인 정부의 사회정책적 소극성 및 (부동산 문제 등과 관련한) 미숙성은 시민들에게 (노무현 정부에 이어) 진보정치의 현실적 효용에 대한 광범위한 실망을 초래했고 이는 2022년 대선에서 민주당 후보의 사회정책상 의제 설정에 있어 근본적 한계로 이어졌다.

7. 결론과 전망

대학, 학계, 정부 차원에서 사회복지를 포함한 사회정책은 독립적인 목적, 목표, 체제, 배경을 갖고 있는 것처럼 막연히 전제되어 있으며, 이러한 관행은 시민사회의 복지국가 지향 및 운동과 맞물려 심각한 의문의 대상에서 벗어나 있다. 사실 복지국가는 여야 정치권을 포함해 한국 사회의 거의 모든 사회·정치적 주체들이 공식적으로 지향하거나, 적어도 명시적으로 부정하지는 않는 범사회(국가)적 지향이며, 사회정책에 대한 정부와 학계의 접근은 한국의 현실과 이상적(서유럽적) 복지국가 사이의 차이를 확인하고 줄여 나가는 방식이 주류이다. 이는 한국의 지향적 미래로서의 복지국가에 의거해 지금의 현실에 대해 '회고적인 접근'을 하는 것인데, 정치·정책적 행위로서의 유용성은 인정되지만 실증과학적 분석으로서의 타당성은 인정하기 어렵다.

오늘날 서유럽 대다수의 국가들과 이 지역 출신 이주자들 중심의 식민지국가인 북미, 대양주 국가들을 여러 유형의 복지국가로 분류하기도 하는데, 각각의 체제적 특성 및 형성 배경과 과정의 다양성에 대해서 분명하고 풍부한 학술적 분석이 이루어져 있다. 만일 한국이 이들에 비견되는 본격적 복지국가가 되더라도 자체의 특성과 형성 배경 및 과정의 고유성에 대한 학술적 분석이 당연히 요구될 것이다. 그런데 현재의 한국, 나아가 그동안의 한국이 온전한 복지국가로 인정되기 어렵다고 할지라도, 그동안 사회복지를 포함한 사회정책들이 막연한 공백상태에 있었던 것은 아니다. 다양한 영역에서 인구, 사회, 국가의 원활한 유지(재생산)를 위한 사회정책들이 입안·실행되어 왔는데, 그 내용과 목표가 본격적 복지국가 체제 확립이라는 사회적 의지와 정치적 결정이 아직 전제되지 않은 상황에서, 국가와 사회의 지배적인 근대화·발전 패러다임인 (경제)개발주의에 직간접으로 연계되어 있었을 가능성을 탐색·분석해야 한다.

20세기 중후반 한국을 위시한 동아시아 자본주의 국가들에서는 공격적인 추격산업화와 수출 증대를 위한 정치적 노력을 '개발자유주의(developmental liberalism)'로 칭할 수 있는 사회정책 노선으로 뒷받침했다. 노동과 복지를 위시한 국가의 사회정책은 재정규모나 제도 성격상 흔히 보수주의 혹은 자유(방임)주의로 간주되었지만, 각국 정부의 개발주의 공세는 압축적 산업화와 경제성장 극대화를 위한 사회정책 및 기층민 이해의 체계적인 통제와 희생으로 이어졌다. 즉, 국가 주도의 자본주의 압축산업화 과정을 거친 동아시아 국가들은 사회정책상 '개발(주의)적으로 자유주의적(developmentally liberal)'이었으며, 이는 미국에서와 같은 '자유주의적으로 자유주의적(liberally liberal)'인 (무)사회정책 노선에 대비된다. 예컨대, 복지 억제가 후자의 경우 민간 사생활에 대한 국가의 불개입과 '작은 정부'의 가치에 기초한다면, 전자의 경우 국가의 경제개발 투자 및 산업 지원 극대화를 위한 전략적 선택 혹은 정책적 우선순위의 귀결이었을 수 있다.

그러나 본격적 민주화의 과정에서 산업노동자들과 여타 기층민들이 권위주의적 개발정부 및 유착 산업자본과의 투쟁에서 급속히 대항력을 갖게 되면서, 노동자 권리 억압과 기층민 복지 최소화라는 개발(자유주의)국가의 이중적 반(反)민중성은 더 이상 지속되기 어려워졌다. 이러한 동아시아 개발자유주의의 위기가 바로 서구의 사회정책상 (아울러 경제정책상) 신자유주의가 이 지역에서 정치적으로 환영받는 결정적 계기가 되었는데, 이는 한국에서 특히 두드러졌다. 사회정책에 대한 신자유주의 개혁의 양상, 과정, 그리고 결과는 개발자유주의 및 그 정치경제적 담지 세력과 근본적으로 복잡하게 뒤얽혀 있었다.

아울러 거대한 역설로서 자칭 민주정부들이 집권 후 개발자유주의에 대한 아래로부터의 사회·정치적 도전을 억누르기 위해 신자유주의에 의존하기 시작했다. 사실 한국의 신자유주의화는 심각한 산업·금융적 부작용을 누적시켜 1997-1998년에 이른바 'IMF 경제위기'라는 전례 없는 범산업·범시민적 경제충격을 야기했는데, 일종의 정치적 역설로서 이러한 경제적 위기가 개발독재 군부 세력을 직간접으로 승계하는 보수 정파가 국가권력으로부터 퇴출되는 결정적 계기가 되었다. 이후 집권한 (상대적) 민주세력은 세계금융자본을 대리한 국제통화기금(IMF)이 강요한 구제금융의 조건들을 이행하는 과정에서 경제·사회적 신자유주의화를 더욱 강화했으며, 이는 궁극적으로 한국 정부 자체의 경제회복 패러다임으로 고착화되어 갔다. 사회(정책)적 차원에서는 개발자유주의의 신자유주의로의 전환(변질?)은 광범위한 청년 고용위기, 사회보장체제의 기초 와해, 극심한 빈부 양극화 등을 통해 수십 년간 지속된 개발통치 체제의 사회·정치적 지속가능성을 근본적으로 와해시켜 왔다.

후기 현대의 시민권 연구를 주도해 온 브라이언 터너(Bryan S. Turner)는 서구에서 20세기 말 이래의 핵심적인 추세로 "시민권의 침식(erosion of citizenship)"을 지적한다(Turner, 2001). 그는 특히 신자유주의적 경제·사회 체제 전환(변질)과 세계화가 대다수 시민들에게 사회(시민)권이 근저에서 붕괴된 단순 거주자로서의 '데니즌(denizen)' 지위를 보편화시키고 있다고 비판한다(Turner, 2016). 세기말 총체적 국가경제 위기를 거치며 신자유주의적 구조조정과 세계화가 그야말로 '압축적'으로 전개된 한국에서는 시민권의 침식, 왜곡, 변질이 더욱 급진적이고 복합적으로 전개되어 왔다. 무엇보다 군부의 개발권위주의 통치가 종식된 후에도 여전히 경제발전과 민주화의 사회권적 효과를 제어하던 개발시민권은 충격적 외환위기를 거치며 수백만 노동인구의 고용지위가 한꺼번에 붕괴·교란되면서 그 기초가 붕괴되었다. 나아가 다음 세대 노동인구인 청년들의 거의 보편화된 비정규직화는 개발시민으로서의 지위가 애초에 확립되기 어려운 현실을 초래했다. 더욱이 이러한 고용위기에 맞물려, 이른바 (서구의) 보수주의 복지국가 모형에 의거해 대기업 정규직 고용에 연동되어 있던 주요 사회보장 혜택들이 순식간에 무효화되거나 기대하기 어렵게 되었기 때문에 그나마 개발시민권에 연동해 매우 제한적으로 존재하던 사회(시민)권마저 급속히 위축되었다. 여기에 더해 기성 정당들의 이념·정책적 차원의 한계와 퇴행에 수반된 정치(시민)권의 무용성(無用性) 심화는 한국인들의 시민권 체계가 총체적으로 형해화되는 암울한 현실에 처했음을 의미한다. 따라서 영구 촛불항쟁의 불가피성이 갈수록 분명해지고 있다고 보면, 한국인들의 시민(주)권은 여전히 기본적 자유권(civil rights)을 중심으로 명맥이 유지되고 미래가 모색되어야 하는 형국이다.

제9장

산업생산 극대화와 사회재생산 붕괴

1. 서론: 체제 과제로서의 사회재생산과 그 위기

현대 한국 사회에서 가족은 언제나 대다수 시민의 일상을 지배하는 삶의 틀이자 목적인 동시에 TV 드라마와 소설 같은 문화적 소비의 주종이고, 국가의 다양한 사회·경제 정책의 영역이며, 사회과학적 연구의 최대 소재 중 하나였다. 그런데 최근 '저출산·고령화', '개인화', '다문화화' 등과 같은 21세기적 핵심 화두들의 기본 대상으로서 가족에 대한 사회적·정치적·학술적 관심이 더욱 커지고 있다. 정책 영역을 보더라도 가족정책뿐 아니라 인구정책, 복지정책, 노동정책, 교육정책, 농업(농민)정책, 여성·아동·노인 정책 등에서 가족의 중요성에 대한 분석과 대책이 모색되고 있다. 사실 이러한 영역들이 사회정책 범주의 대부분을 차지하는 것임을 고려하면, 가족에 대한 이처럼 공통적인 관심은 바로 한국의 사회정책이, 나아가 한국인들의 삶 자체가 그만큼 가족중심적임을 말해 준다.

이처럼 가족에 대한 정책적·사회적·학술적 관심이 동시다발적으로 더욱 강화되는 것은 이러한 가족중심적 시민생활과 정책구도가 중대한 위기에 직면했으며 이러한 위기의 극복이 사회·경제적 개혁의 중요 사안으로 부각되고 있음을 암시한다. 필자는 이처럼 가족을 둘러싸고 전개되는 정책적·사회적·학술적 노력들의 공통된 문제의식으로서 '사회재생산(social reproduction)' 과정의 총체적 교란과 붕괴에 대한 우려가 있다고 본다.[1] 그러한 위기의 사회체제적 핵심은, 일련의 '사회재생산재(social reproduction goods)'를 만성적으로 산업생산에 직간접으로 전용·소진하고, 이에 따른 사회재생산 교란의 피해와 책임을 가족이나 개인(시민)에게 장기간 전가해 온 국가·산업적 전략 내지 관행의 누적적 부작용이다. 이 장은 한국의 사회재생산 체계가 갖는 가족주의적 성격을 개발자유주의 사회정책 체계의 한 부분으로서 이해하고, 최근 드러난 전방위적 사회재생산 위기를 개발자유주의의 과도한 가족의존성 혹은 가족착취성이 신자유주의와 결합해 귀결시킨 '위험가족(risk family)' 현상으로 설명할 것이다. 여기에서 사회재생산 위기는 구체적으로 물적 기반의 붕괴와 인적 교란이라는 차원으로 나누어 각 차원을 구성하는 핵심적인 사회적 추세들을 간략히 개념화하고 내용적으로 평가할 것이다.

이러한 작업에 기초해, 한때 개발주의 국정에 대한 사회 전반적 회의감에 바탕을 두고 강조되기도 했던 복지국가 확립에 관한 구체적 실천방안으로서 사회재생산을 둘러싼 가족·국가·자본(산업) 간 분업체계의 근본적 재편이 중요함을 지적하고자 한다. 아울러 그동

---

1 사람들이 부양·살림 능력을 갖추고, 결혼을 하고, 자녀를 출산·양육하고, 본인이나 자녀의 사회참여와 직업활동 능력을 배양하고, 배우자나 부모를 부양·수발하는 일련의 활동은 주로 가족을 매개로 한 사회재생산 활동이다(Laslett and Brenner, 1989). 이를 통해 가족, 기업, 사회공동체, 경제, 국가 등은 장·단기적 존속과 발전을 위한 필요조건인 구성원의 확보·유지·증진을 달성할 수 있다. 그리고 인구의 증감, 노동력의 양적·질적 변화, 공동체 구성원의 충원 등은 이러한 사회재생산 활동의 집합적 결과이다. 자본주의는 흔히 생산체제의 조직적 원리를 중심으로 정의되지만 기업이나 국가경제 차원에서 원활하고 지속적인 발전을 달성하기 위해서는 사회재생산을 효과적이고 안정적으로 관리할 수 있어야 한다.

안 개발자유주의 질서 및 이에 수반된 사회재생산 위기를 종합적·체계적으로 극복하려는 노력의 시급성을 지적하고 이와 관련한 사회민주주의 복지체제의 유용성을 제시할 것이다. 이러한 변화는 한국 사회정책의 개발주의적 종속과 왜곡을 극복하고 사회정책이 독립적 가치와 기능을 확립하여 민주주의와 국민경제를 사회적으로 지속 가능한 것으로 만드는 데 필수적인 조건이 된다. 정치이론적으로는 포괄적인 사회재생산이 터너(Turner, 2012)가 지적하는 "공헌적 권리(contributory rights)"로서의 시민권(citizenship)임을 인정하고, 이와 관련한 복지국가적 보호와 지원이 '사회연대적 발전'의 실현이라는 차원에서 달성되어야 함을 뜻한다.

2. 한국의 개발자유주의와 사회재생산: 가족주의 체제의 부침

현대 사회체제들은 (산업)생산과 (사회)재생산을 각각 그리고 상호 연관적으로 관리함에 있어 근본적인 다양성을 보여 왔다. 구미의 초기 자본주의 산업화 시대의 이른바 자유주의 정책 기조하에서 노동자들의 사회재생산에 대한 적극적인 사회적·정책적 관심이 확립되는 데에는 상당한 시간과 투쟁이 필요했다. 동즐로는 여기에서 궁극적으로 일종의 "사회재생산 가족(책임)주의"로 규정할 수도 있는 사회체계가 이념적으로 자리 잡고 이를 뒷받침하는 국가의 정책적 노력이 점차 체계화·보편화되었던 과정을 "가족 사찰(policing families)"이라는 개념을 사용해 체계적으로 논의했다(Donzelot, 1979). 이처럼 자유주의적 자본주의 체제의 핵심 요소로 자리 잡게 된 사회재생산 가족주의는 오늘날에는 미국과 남유럽 후발 자본주의 사회들의 사회정책 기조로 남아 있다.

자본주의 체제의 극복을 내세운 (국가)사회주의 국가들은 사회재생산을 별도의 정치·정책 영역으로 보기보다는 생산체제에 복속시켜 인민들의 생산에 대한 보편적·평등적 참여가 사회재생산의 자동 실현을 가져오도록 생산체제를 조직화하는 데 주력했으며, 특히 여성들의 보편적 생산노동을 보장(강제)하기 위해 생산단위나 국가 차원의 포괄적인 사회서비스 제공을 시도했다. 반면, 서유럽 복지국가들은 생산체제의 자본주의적 성격을 유지하는 대신 사회재생산 영역의 공적 지원과 관리에 주력했다. 특히 북유럽 국가들은 사회재생산 전반의 사회적 보장과 관리를 '개인별' 사회권(social rights 혹은 social citizenship) 보장이라는 차원에서 추진함으로써 사회재생산의 사회화 혹은 탈가족화를 가장 적극적으로 실천한 사례로 간주된다.[2] 반면 독일 등 중유럽 국가들은 가장의 생산활동(노동)과 연계된 사회보장체계를 통해 상당 부분 '(가부장적) 가족에 매개해서' 사회재생산의 제반 조건들을 안정시켜 나갔다.[3]

일본을 위시한 동아시아 후발 자본주의 사회들은 대체로 보아 제도적으로는 불완전하나마 중유럽의 보수주의 모형을, 실질적으로는 미국식 자유주의 모형을 따라 사회재생산을 관리해 왔으며, 이념적으로는 각자의 토착적 가족이념을 적극적으로 접목시키려고 노력해 왔다. 이러한 동아시아적 사회재생산 체제가 20세기 후반부터 심각한 지속가능성 위기를 겪게 되었으며, 특히 한국에서 IMF 경제위기 직후부터 심각한 사회재생산 위기가 전개되고 있다(Chang, 2010; Ochiai, 2011). (앞서 8장에서 설명했듯이) 필자는 한국 등 동아시

---

2 이에 관련된 사회현상으로 법적 혼인의 급감, 혼외 출산의 급증 등이 복지국가의 가족해체 증후군이라고 지적되기도 하는데, 이는 가족주의 사회재생산을 고집하는 자유주의적 입장의 자기옹호적 비판일 수 있다.

3 이에 비해 남유럽 국가들은 '가족에 의존한' 사회재생산 체계를 갖고 있다고 볼 수 있다.

아 개발국가의 실제 사회정책 노선으로 '개발자유주의(developmental liberalism)'를 적시했는데, 여기에서는 이것이 총체적 사회재생산 위기에 대해 갖는 함의를 면밀히 검토할 것이다. 또한 한국적 맥락에서 신자유주의 경제·사회 정책의 등장 및 이에 따른 사회재생산의 교란도 개발자유주의 역사라는 배경을 체계적으로 감안하지 않고는 제대로 이해할 수 없다.

개발자유주의는 한국 등에서 국가 주도의 자본주의 산업화와 경제성장이 추진되는 가운데 등장한 이른바 '개발국가(developmental state)'가 사회정책 영역에서 드러낸 개발주의와 자유주의의 복잡한 상호관련성을 설명하기 위한 개념이자 이론이다. (앞서 8장에서 간략히 설명했듯이) 개발자유주의의 핵심적 특징으로 (1) 사회정책의 탈정치화, 기술관료화, 개발주의적 착종, (2) 사회정책 대상 주체들의 개발주의적 포섭, (3) 국가-자본의 기업(가)적 결합과 노자관계에 대한 국가의 직접적 개입, (4) 사회적 시민권의 가족주의적 재설정, (5) 복지다원주의와 시민권 부정 등이 있다. 이러한 특징들은 모두 사회재생산 체제에 직간접으로 영향을 미치지만, 개발자유주의의 사회재생산 관련 속성을 좀 더 구체적으로 살펴보면 다음과 같은 면들이 관찰된다.

- 농업(농촌) 및 노동집약적 제조업 부문의 구조적 쇠락 등과 관련하여 드러났듯이, 개발 우선순위에서 밀려난 부문들에 관해서는 사회재생산의 필요성에 대한 인지 자체를 거부하고 새로 부각되는 특정 산업들의 생산(성장) 극대화에 모든 공적·사적 자원의 투입을 유도한다.
- 사회재생산의 책임과 비용을 최대한 노동자 자신 혹은 가족에게 전가하며, 대신 필요에 따라 (공적 수당이 아닌) 금융적 지원을 한다.[4]

- 주택·의료·교육 부문 등에서 드러나듯이 사회재생산재(social reproduction goods)의 실질적 시장상품화를 방조하거나 용인한다.
- 교육 부문 등에서 드러나듯이 사회재생산의 내용이 경제개발 전략에 부합되도록 인위적으로 유도하거나 조작한다.

이러한 세부적 특징들을 포함하여 전체적으로 개발자유주의는 생산-재생산 관계에 있어 산업생산 극대화를 위한 사회재생산의 종속, 희생, 왜곡, 변형을 구조화해 왔다고 볼 수 있다. 산업생산 극대화를 위한 개발자유주의 국가의 사회재생산에 대한 이러한 자의적·보수적이고, 나아가 투기적인 접근은 시민들의 일상생활과 가족관계에 심각한 사회·경제적 부담을 안길 수밖에 없으며, 적어도 잠재적으로 정치적 불안요인이 되지 않을 수 없다.[5] 특히 가족 간의 사회·경제적 자원의 격차가 사회재생산 실현의 분명한 격차로 증폭되어 나타날 수밖에 없고 궁극적으로 사회·경제적 경쟁에서의 불평등성이 구조적으로 확대재생산된다.[6]

그러나 대다수 한국인들은 급속한 경제성장에 수반된 전반적 소득 향상에 힘입어 각자의 가족 책임으로서의 사회재생산에 충실했으며, 나아가 국가의 개발(자유)주의에 저항하기보다는 스스로의 가족관계와 가정생활을 개발주의적으로 영위함으로써 보수적 정치

---

4 아래에 지적하듯이, 주택(주택담보 대출), 교육(학자금 대출) 등과 관련하여 일종의 '사회재생산 대출' 제도가 시행되어 왔다고 볼 수 있다.

5 예컨대, 주택, 교육 등은 줄곧 심각한 정치적 의제로 대두되었는데, 이 현상은 이명박 정부하에서 특히 두드러졌다.

6 이는 미국 같은 자유주의 사회에서도 체제의 공정성 유지 차원에서 지양되어야 할 사안으로 인식되며, 예컨대 초중고 교육의 무상 제공, 대학 교육에 대한 광범위한 장학제도 마련 등을 통해 가족 배경에 따른 교육기회 격차가 사회·경제적 불평등으로 증폭되는 것을 예방하는 노력이 전개되어 왔다. 한국에서 초중고 교육의 평준화 정책이 쉽게 포기되지 않는 것도 마찬가지 맥락에서 이해할 수 있다.

경제 질서에 나름의 방식으로 능동적(?)으로 대처해 왔다. 예컨대, 자녀에 대한 교육투자 강도가 단연 세계 최고이며, 자녀나 형제의 경제활동 관련 금전지원이 보편화되어 있고(심지어 금융기관에서조차 연대보증 제도를 통해 이를 강요해 왔다), 농업과 같은 사양 부문에서 미련 없이 발을 빼는 대신 형제나 자녀의 교육·훈련에 투자해 새로운 유망산업 진출을 꾀하는 한편, 아예 (주택과 같은) 사회재생산재의 희소성에 편승한 투기소득 획득에 나서는 행태가 보편화되다시피 했다.[7] 반면 노후생활 대비와 같은 사회재생산의 장기적 안정화에 대해서는 (국가와 마찬가지로) 시민들이 소홀히 해, 결과적으로 근자에 들어 노인인구의 절대빈곤이 보편화되는 참상이 전개되고 있다. '개발주의 국가'와 '개발주의 가족'이 연합해서 도박성이 농후한 사회재생산 체제를 유지해 온 것이다.[8] 가족이 국가처럼 (거시적) 개발주의 자체에 본원적 가치를 부여하고 이에 기초한 행위를 한다고 볼 수는 없지만, 적어도 그러한 거시적 체제질서를 미시적으로 전폭 내면화하고 이에 수반된 기회구조에 매우 민감하게 반응하며 개별적 삶을 적응시켜 감으로써, 결과적으로 개발주의 체제질서의 기초단위로서 작용한다는 차원에서 개발주의 가족의 존재를 확인할 수 있다.

---

7 이러한 사회재생산재에 대한 투기 행위는 사회적으로 매우 민감하게 받아들여진다. 특히 엘리트층의 관련 행위에 대한 비판적 사회분위기는 국가 고위직 임명 시 상당히 심각하게 반영된다.

8 일본의 베네세차세대육성연구소가 아시아 주요 5개 도시(서울, 도쿄, 베이징, 상하이, 타이베이)에서 만 3-6세 미취학 자녀를 둔 부모 6,245명의 육아관을 조사한 바에 따르면, 자녀 미래와 관련해 "경제적으로 잘사는 사람"이 되길 바란다고 응답한 부모의 비율이 서울의 경우 다른 도시들보다 최소 4배 이상 높았다(『한국일보』, 2011. 5. 19). 또한 자신의 삶에 있어서 자녀의 가치를 자녀의 사회적 능력 발휘에 두는 비율 역시 서울 부모들 사이에서 유난히 높았다.

3. 신자유주의의 영향: '위험가족' 시대의 도래

한국은 자유주의 경제·사회 체제의 사민주의적 혹은 케인스주의적 수정을 거친 적이 없기 때문에 이른바 '신자유주의' 시대의 도래가 기존 체제의 근본적 단절이나 변화를 의미할 수 없다. 그러나 개발주의적인 변형이 가해진 한국의 자유주의, 즉 개발자유주의가 1987년 민주화 이후로 광범위한 사회적 저항에 직면해 사회정책, 노자관계 등에서 중대한 변화가 나타나기 시작했다. 특히 노태우 정부는 집권 초기의 가공할 정치·사회적 압력에 직면해 '복지국가' 확립을 정치적 구호로 내걸고 실제 사회복지 지출을 상당히 확대하고 주택공급을 획기적으로 늘리는 등의 조치를 취했고, 노자관계에 대해서도 과거와 같은 반노동적 개입을 대폭 축소하게 되었다. 이에 대해 불안을 느낀 재벌과 정부 내 개발관료, 보수적 사법·언론 엘리트 등은 정치권과 독립된 새로운 개발주의 연대를 점진적으로 형성해 나갔으며, 이 과정에서 (노동계급의 무장해제와 기업의 무한자유를 약속하는 것처럼 투사된) 구미의 신자유주의는 이들 신개발주의 연대의 기본 이념으로서 열렬히 수용되었다(Chang, 2012a, 2019; 구체적인 내용은 앞의 7장 참조).[9]

반복지국가적 이념체계로서의 신자유주의는 사회재생산에 대해서도 직접적·전면적으로 파급효과를 가져올 수밖에 없지만 한국적 맥락에서는 우선 사회재생산의 사회화를 내포한 복지국가적 전환을 정치·사회적으로 미리 가로막는 작용을 하게 되었다. 예컨대,

9 이 시기에 우후죽순으로 늘어난 재벌의 경제연구소들이 한국의 경제·사회적 현실과 미래를 신자유주의적으로 새롭게 해석하는 데 중심적 역할을 맡았으며, 보수 신문들이 이들의 주장을 사회적으로 확산시키는 창구 역할을 맡았다. 사기업에 예속되었거나 자체가 사기업인 연구소들이 내놓는 주장들이 한국처럼 주요 매체의 일상적 핵심 뉴스거리가 되는 사회는 흔치 않다.

복지국가 확립 담론이 본격화됨과 거의 동시에 복지국가의 경제·사회적 부작용에 관한 신자유주의 담론이 급속히 확산되었다. 이보다 더욱 심각한 문제는 개발자유주의의 유제로서 사회재생산의 가족책임성 및 개발지향성이 온존한 상태에서 1990년대 중반부터 노동시장 유연화 정책이 본격화되고, 'IMF 경제위기'를 거치면서는 아예 경제 전반의 대량 정리해고 사태가 전개됨으로써 사회재생산의 기본적인 물적 조건과 전제가 와해되었다는 사실이다. 표면적으로는 중산층 관리직부터 본격화된 것으로 보였던 고용시장의 충격이 실질적으로는 아래로 집중 전달됨으로써 노무직, 개인서비스업, 자영업 등에 종사하던 서민층의 집단적 생계위기가 초래되었고, 흔히 '가족해체'로 묘사되는 사회재생산 체제의 와해 현상이 급속히 확산되었다(Chang, 2002; 장경섭, 2018). 또한 수많은 중산층 가정에서 계급적 상징이었던 남성 가장 노동자의 안정적 '가족생계임금(family subsistence wage)' 확보가 어려워짐에 따라 부인의 취업이나 가족 단위 자영업이 빠르게 늘어났으며, 이는 여성의존적 사회재생산 체제의 급속한 수정이나 보완을 요구하게 되었다. 이혼, 가출, 폭력, 자살 등 통상적 가족해체 지표들이 일시에 세계 최고 수준으로 악화되는 가운데 가족주의적 가치관을 중시해 온 한국 사회의 가족은 사회재생산의 근본적 교란에 직면하게 되었다. 그럼에도 불구하고 한국인들의 개인적 삶과 사회적 지향에 있어 가족(중심)주의는 큰 변화가 없으며, 다만 청년층을 중심으로 가족중심적 사회재생산에 대해 극도로 조심스러운 태도가 확산되고 있다(Chang and Song, 2010; 장경섭, 2018).

이러한 추세를 해석함에 있어, 후기 자본주의 시대에 관한 독일 사회학자 울리히 벡(Ulrich Beck)의 설명은 주목할 만하다. 벡은 범세계적 반향을 일으킨 "위험사회(risk society)"론을 통해 후기 산업자본주의 사회들이 "준거반영적 근대화(reflexive modernization)"[10]라는 자기추동적 과정으로 인해 통제 불능의 사회·경제·생태적 위험을 구조적으로 누적시켜 왔다고 역설했으며(Beck, 1992; Beck, Giddens and Lash, 1994), 근자에는 이러한 과정이 범세계적 차원에서 진행되는 점에 주목해 "세계위험사회(world risk society)"론으로 논의를 확장해 왔다(Beck, 1999).[11] 벡은 아울러 "이차근대성(second modernity)"론을 통해 위험사회의 사회체제적 성격을 더욱 구체화하려고 시도했는데(Beck and Grande, 2010), (필자의 해석으로는) 이 논의는 세계적 차원에서 진행되는 자본과 과학기술의 무제한적 자기 확장의 격랑에 종속된 각 사회의 "일차근대"적 사회제도들, 즉 산업경제, 노동시장, 교육제도, 복지체제, 정당정치, 심지어 가족제도까지 그동안 현대인들을 위해 수행해 오던 기능을 더 이상 안정적으로 실현하기가 어렵게 되었다는 점을 지적한 것이다. 결국 현대인들은 개인적 차원에서 각자의 삶을 능동적·창의적으로 재구성하여 거시적 경제·사회·생태 질서의 교란에 대처해 나가야 하기 때문에 "개인주의화(individualization)"가 더욱 가속화된다는 것이 벡의 생각이다.

그동안 한국은 세계인이 괄목상대할 정도의 자본주의 경제발전과 사회·정치적 근대화를 이룩했으며 최근에는 신자유주의 세계화의 첨병 역할을 자임하다시피 했다. 이러한 점에서 울리히 벡이 제기한 문제의식은 한국 사회에 충분히 적용될 여지가 있다. 그러나 초기 산업화를 포함한 일차근대적 상황이 개발자유주의적으로 추동

10 "Reflexive modernization"은 벡의 반영적 근대화론과 기든스의 성찰적 근대화론에서 중요한 차이를 갖는다. 다만 벡의 논의에서는 근대화의 사회주체들이 스스로 설정하는 성찰성은 많은 경우 사회체계 혹은 사회체계 간 관계 차원에서 작용하는 구조적 이해관계나 규정력의 반영으로 이해되는 반면, 기든스의 논의에서는 성찰성이 개인보다는 사회체계적 속성으로 설정되기 때문에 서로 상반된 논의라기보다는 보완적인 것으로 봐야 할 것이다.

11 벡의 위험사회론은 이미 국내에 적극적으로 수용되어 한국 사회에 대한 함의와 관련해 많은 이론적·경험적 논의가 이루어졌으며, 필자는 한국이 후기 산업사회적 위험사회일 뿐 아니라 후진국형 및 한국 특유형 위험인자들을 함께 포함한 '복합위험사회(complex risk society)'임을 설명한 바 있다(장경섭, 1998; 본 서 10장).

되었고, 최근의 신자유주의 세계화 역시 개발국가와 수출재벌의 연대에 의해 노동 배제적으로 수용되었으며, 이러한 과정에서도 사회재생산의 가족책임성과 개발지향성이 꾸준히 지속되어 온 한국 사회의 맥락에서, 위험사회 이상으로 '위험가족(risk family)'의 문제가 시민들의 삶을 결정적으로 규정하고 있다. 즉, 한국 사회에서 국가정책이자 생활문화로서 가족주의는 가족중심적 사회재생산 체제의 형성과 강화로 귀결되었고, 자본주의 생산체제의 불안전성과 '초국가화(transnationalization)'에 따른 노동인구의 고용·소득 불안은 고스란히 가족 차원의 사회재생산을 불안정하게 만드는 결과로 이어졌다. 이는 구체적으로 생계소비의 곤란에 따른 가족성원 전체의 고통과 갈등, 아동이나 노인에 대한 부양·보호 실패, 학생인 자녀들에게 제공되었던 교육비나 생활비의 중단 등의 현상이 급속하게 확산되었음을 뜻한다. 나아가 만성화된 청년층 고용불안은 그동안 개발주의적 동기에 의해 집중 투입된 자녀교육 관련 지출 등에 대한 적절한 보상이 어려워졌음을 의미한다. 엎친 데 덮친 격으로, 수많은 가족은 경제위기에 직간접으로 관련된 현상으로서 청년실업, 만혼·비혼·이혼, 빈곤·유병 노인 급증이 초래한 가족부양 부담의 급증을 감내해야 하는 처지에 있다.

흔히 "신사회위험(new social risks)"(Taylor-Gooby, 2004; Armingeon and Bonoli, 2006)으로 불리기도 하는 이러한 신자유주의 시대의 고난이 아니더라도 대다수 한국인의 가족은 필자가 '압축근대성(compressed modernity)'으로 명명한 복합적이고 급격한 경제·사회·문화적 변동의 담지체로서 과잉 기능을 요구받아 이미 가족관계와 가정생활에 스트레스가 만성화된 상태에 있었다.[12] 압축근대성

12 이와 관련해 필자가 별도의 연구에서 지적했듯이, 한국인들의 가족중심주의는 가족이념의 다원성을 전제로 한 것이다(장경섭, 2009). 즉, 한국인들은 유교적·도구주의적·서정주의적·개인주의적 가족이념이 동시에 체화된 가족문화를 유지하고

이 가족중심적으로 실현되는 과정에서 사회재생산 주체로서의 한국 가족은 엄청난 성취의 이면에 심각한 '기능적 과부하(functional overloading)'를 겪어야 했고, 이에 따른 집단적·개인적 고통이 한국인들의 삶에 점철되었다. 그런데 신자유주의 시대 혹은 벡이 규정하는 이차근대의 상황에서 수많은 가족은 한편으로 사회재생산의 물적 기반의 교란을 겪고, 다른 한편으로 오히려 사회재생산 부담의 확대에 직면하는 곤란에 처하게 되었다. 벡의 문제의식을 원용하면, 한국의 위험사회 증후군들이 집중적으로 가족에 체화됨으로써 일종의 '위험가족(risk family)' 시대가 전개되어 왔다고 볼 수 있다. 아래에서 살펴보겠지만, 위험가족 시대에는 가족관계가 사회적 자원으로 기능하기보다는 사회적 위험의 전달 기제로 작용할 가능성이 높아지고 있는 현실에서 혼인·출산에 대한 동기는 급격히 약화되고 가족중심적 사회재생산 전반에 대한 우려감이 청년층을 중심으로 급속히 확산되고 있다.

4. 경제·사회 체제와 위험가족: 사회재생산의 물적 붕괴

위험가족 시대에 한국의 가족중심적 사회재생산 체제의 교란과 붕괴는 다양한 지역과 계급·계층에 걸쳐 나타나고 있다. 개발자유주의의 주요 성격 중 하나로 사회재생산 일반에 대한 국가적 관심과 책

있으며, 이러한 이념적 다원성은 한편으로 가족이 현대사회의 복잡다기한 기능적 요구를 수용하는 데 있어 중요한 문화적 자원이 되기도 하지만, 다른 한편으로 가족관계와 가정생활에 만성적 혼란과 갈등을 초래할 수밖에 없다. 그러한 복합적 기능 수행은 한국 가족의 '기능적 과부하(functional overloading)'를 야기하는 원인이 된다. 본고에서 분석하는 가족중심적 사회재생산 체제도 이러한 가족이념의 다원성에 의해 문화적으로 지탱되고 있다고 볼 수 있다.

임이 최소화되었음을 지적했는데, 이에 덧붙여 경제개발의 핵심 전략으로서 지속적 산업구조 고도화와 범세계적인 무차별적 무역자유화가 추진되면서 농업뿐 아니라 여러 제조업 등이 순차적으로 용도폐기되는 상황에서 해당 부문에 종사하던 시민들의 경제활동 및 사회재생산이 근본적 위기에 직면하게 되었다. 이러한 과정은 종국적으로 거시적 경제·사회 체제의 불안전성을 더욱 심화시키고 있다.

1) 농가 재생산체제의 붕괴

가부장적 가족을 중심으로 생산체제와 재생산체제를 유기적으로 결합한 전통적 가족농은 한국뿐 아니라 인류 역사 전반에 걸쳐 가장 보편적 사회제도로 존재해 왔다(Chayanov, 1986[1925]). 그런데 한국의 급속한 자본주의 산업화 과정에서 불과 반세기도 되지 않는 기간에 가족농이 거의 소멸 위기를 맞고 있는데, 이는 농민인구 비율이 이미 세계 최저 수준일 뿐 아니라 이마저 농촌마을 대다수에 주로 노인들만 남아 있다는 사실을 통해 쉽게 확인된다. 그런데 가족재생산주기별 농가의 분포를 보면 가족농 사회재생산의 근본적 와해를 더욱 체계적으로 확인할 수 있다(권태환·장경섭, 1995; 장경섭, 2009). 즉, 그나마 남아 있는 농가들 가운데 가족 조직상 형성기와 확대기에 있는 비율은 매우 낮고 대다수가 축소기와 해체기에 있기 때문에 앞으로 가족이 농촌의 생산 및 재생산의 기본조직으로서 기능을 하는데 근본적 한계가 있다.

이러한 가족농의 소멸 추세는 전반적으로 도시 중심의 산업자본주의적 발전 과정에 농가들 스스로 적극 참여하기 위해 (개발주의) 가족전략 차원에서 자녀·형제가 도시 지역에서 교육 받고 취업하는 것을 적극 추구하면서 농가가 결과적으로 도시경제를 위한 사회재생산 조직으로 기능해 온 것에 기인한다. 그러나 농민들의 이러한 적

응적 행위는 국가와 산업자본이 연대한 '몰순환적' 혹은 '전방돌진적' 경제개발 방식에 종속된 일종의 패배주의를 반영한 것이기도 했다. 농업, 농촌, 농민의 존재와 기능이 갖는 경제·사회·문화·생태적 차원의 복합적 가치는 무시되고, 수출산업 재벌의 경쟁력 확대를 위한 지속적 산업구조 전환 과정에서 결과적으로 농업은 희생될 수밖에 없다는 전제를 굳이 숨기지 않는 국가를 상대로 대다수 농민들은 계급적 저항보다는 개별적 투항을 한 것이다.

이러한 개별적 투항은 농가의 가부장적 생산·재생산 체제의 중압감에서 벗어나려는 젊은 여성들 사이에서 특히 두드러져, 농촌 남성들의 혼인 위기를 초래했다(김주숙, 1994; 장경섭, 2009). 사회정책적 측면에서는, (전형적 개발자유주의의 입장에서) 경제개발적 가치를 상실한 농촌과 농민에 대해 굳이 많은 사회재생산 관련 투자를 해야 할 필요성을 느끼지 않았으며, 다만 지방자치제도가 시행되면서 각 지역 지방정부의 국가제도적 존립근거 확보 차원에서 사회정책적 지원과 투자가 약간이나마 이루어지고 있다. 최근 신자유주의 세계화의 격랑 속에서 수출재벌의 배타적 이익을 중심으로 국가적 경제발전을 정의하는 경향이 더욱 강화되어, 농업 강국들과의 무차별적 자유무역협정(FTA) 추진을 위시해 농업 희생(포기)적 경제정책이 더욱 극단화되었다. 세계화의 또 다른 측면에서, 잔류 농가들의 사회재생산 노동력 확보 차원에서 이주 여성에 의존하는 국제결혼이 급증하는 역설이 전개되고 있다(Kim, 2012; Chang, 2022b).

2) 노동생애와 사회재생산

전방돌진적 경제개발 전략은 대다수 도시 산업노동자의 사회재생산도 구조적으로 교란시켜 왔다. 이미 널리 확인된 사실이지만 한국 기업들에 있어 종신고용이란 극소수 노동자들에 대한 예외적 혜택이었고, 대다수 노동자들의 '노동생애(working life history)'는 잦은 단절과 부문적 복잡성으로 채워져 왔다(최선영·장경섭, 2012; Chang, 2025, Ch. 4). 산업화 초기에 저임금에 근거한 수출경쟁력 확보를 위해 노동자들을 착취하는 과정에서 생산노동직은 노동자들 스스로에게도 이상적인 평생직업이 되지 못했다(Koo, 2001). 이후 일부 수출재벌을 중심으로 급속히 전개된 산업구조의 고도화도 기존 노동자들의 기술적 숙련성 제고에 기초한 '생산공동체적 진화'라기보다는 기술의 외부 조달을 전제로 한 재창업적 사업전환의 성격이 강했으며, 이 과정에서 많은 노동자들이 기술적 전환과 자동화에 의해 오히려 도태되는 비극을 겪게 되었다. 그리고 IMF 경제위기 이후에는 아예 기술수준과 무관하게 산업노동자들을 정규직으로는 고용하지 않으려는 태도가 기업들에 만연하게 되었다.

(독일, 일본 등의 모범적 사례와는 판이하게) 산업적 진보가 노동자들의 인적자원(human capital)으로 체화되지 않는 산업체제를 고수하는 한, 한국이 진정한 '선진권' 경제로 도약하기 어려울 것이라는 경고는 시사적이다(Kong, 2012). 그리고 산업정책에 근본적으로 종속된 노동정책은 개발자유주의적 입장을 반영해 산업계(수출대기업) 차원의 직접적·명시적 필요성이 제기되지 않는 한 기성 노동자들 자체에 대한 일반적 인적자본 보강책을 강구하지는 않았다.[13] 대다수 산업노동자들의 이러한 노동생애적 단절은 (여전히 수많은 노동자들을 괴롭히고 있는) 저임금 문제와 결부되어, 가족부양자로서의 역할을 안정적으로 수행하는 데 중대한 장애가 되었다. 더욱 근본적인 문제는 직업으로서의 산업노동자가 국가의 경제적 발전을 인적으로 체현한 것이라는 의식을 갖기 어려운 상황에서, 이 직업을 가족 내에서 다음

13 다만 'IMF 경제위기'를 맞아 대량 정리해고의 필요성이 발생했을 때 이를 가능케 하기 위해 미봉적 수준의 기술재교육 지원 정책이 갑자기 추진된 바 있다(Chang, 2002).

세대로 계승하려는 의지를 담은 사회재생산이 전혀 이루어지지 않고 있다는 점이다. 이러한 맥락에서 볼 때, 한 자동차기업에서 노조원들이 자신들의 정규직 지위를 자녀들에게 세습적으로 보장해 달라고 요구하고 나섰던 것은 흥미로운 역설이 아닐 수 없다(『경향신문』, 2011. 4. 14).

3) 도시 빈곤가족과 여성: 복지젠더에서 상용노동으로

위에서 가족농이 생산과 재생산을 유기적으로 결합한 조직체제라고 지적했는데, 도시 서민가족 대다수에서 부인들 개인이 마찬가지의 결합적 기능을 수행해 왔다. 최근 고학력 전문직을 중심으로 여성들의 평생취업이 빠르게 증가하고 있지만 막상 고성장 산업화 시기에는 부인들의 취업이 도시 서민층의 계급적 특징이었다. 중장년층 취업부인은 상당수가 결혼 전 취업했다가 결혼한 뒤 출산·육아기간에 일시 퇴직하고, 이후에 다시 취업하는 이른바 'M자형 노동생애'를 통해 가족의 사회재생산 및 소득 유지를 도모해 왔다(장경섭, 2009). 그런데 교육·계층적 내혼(內婚) 경향이 강한 한국 사회에서 이들의 배우자들은 대체로 불안정·저소득 직종에 집중되었고 자신들의 직업 역시 임시 서비스직에 집중되었기 때문에, 맞벌이를 통해서 자신들의 계층적 지위를 상승시키는 경우는 많지 않았고, 나아가 (교육투자 등에 기초한) 자녀를 통한 세대 간 계층상승도 갈수록 어려워졌다.[14] 특히 IMF 경제위기 이후에 이러한 현상이 거의 고착화되었다.

도시 서민층 부인의 삶은 언제나 투쟁적 헌신을 요하는 것이었지만, 최근 이른바 '신사회위험(new social risks)'에 집중적으로 노출되

14 이들 배우자의 상대적으로 저조한 가사노동 참여율도 이들의 삶을 힘들게 하는 중요한 요인 가운데 하나이다(장경섭, 2009).

어 개인적 고통이 급증하고 다양한 가족해체 경험을 겪게 되었다(윤홍식, 2008). 압축적 노령화에 수반된 빈곤·유병 노인의 급증, 청년층의 고용불안 및 '학력 인플레이션'에 따른 자녀부양(교육) 부담의 확대, 탈산업화·경제개방화·금융위기 등에 따른 배우자의 만성적 고용불안 등이 이들의 생계부양자 및 가정 내 보호('돌봄')노동자로서의 역할 부담을 급격히 악화시키고 있다.[15] 이 가운데 특히 성년 자녀의 고용불안 및 이에 수반한 만혼·비혼·이혼의 급증은 중장년 부인들이 과거 같으면 자녀 세대로의 역할 이전을 통해 누릴 수 있었을 여유와 보람을 더 이상 쉽게 기대할 수 없게 되었음을 뜻한다.

4) 계급으로서의 금융채무자: 사회재생산의 금융화

과거 농경사회에서 토지 소유구조의 왜곡으로 농민들의 정상적 경제활동 기회가 박탈되고 빈곤이 확산되면 상당수가 지주계급의 고리대에 의존하게 되고, 상환이 어렵게 되면 생산 및 재생산 수단(토지, 가옥, 가축 등)을 처분하고 심지어 가족 인신(자녀, 부인)을 내어주는 궁지에 몰리곤 했다. 이는 농민들이 '빈곤의 금융화(financialization of poverty)' 과정을 거쳐 결국 가족·개인 차원의 파멸을 겪었음을 의미한다.[16] 수년 전부터 정부 차원에서조차 명시적으로 위기감을 표시하고 있는 가계(개인)부채의 폭증은 마찬가지로 서민경제의 구조적 위기에 수반한 빈곤의 금융화를 의미하며, 과도한 부채상환 부담으로 인해 가족·개인 차원에서 끔찍한 내용의 핍박을 겪고 결국 가

15 최근 학계, 정부(여성가족부), 정책연구기관의 적극적 협력 속에서 기혼여성의 '돌봄노동자'로서의 기능과 고통에 관한 실태 연구와 정책 제시가 활발히 이루어지고 있는 것은 매우 고무적이다(장혜경 외, 2006; 마경희, 2005).

16 최근 세계 전역에 걸친 경제·사회적 전방위 금융화 추세에 관해 벤 파인의 논문(Fine, 2012) 참조.

족해체, 자살 등의 파국을 맞는 사람들이 급증하고 있다(Chang, 2019, Ch. 5).[17]

IMF 경제위기 이후 수출재벌 중심의 급진적 경제구조 재편은 몇몇 대기업의 '경제활동 기회 극대화'를 위해 농업 및 노동집약적 경공업의 희생, 산업노동 기회의 해외 이전 등을 초래했으며, 경제활동 기회를 박탈당한 수많은 한국인들은 상실된 노동·사업 소득을 가족자산 처분, 친족 간 재정지원·대출보증, 소비자 대출 등을 통해 보충해야 했다. 그리고 이 시기에 맞춰 정부는 금융산업에 대한 개발정책적 동기를 바탕으로 갖가지 금융(대출)상품의 개발과 금융기업의 무분별한 사업확장을 용인했으며, 그 결과 (카드론을 포함한) 신용카드 사용과 주택담보대출이 2000년대 이후 폭발적으로 증가하게 되었다. 이는 개인이나 가족의 최소한의 사회재생산에 필요한 물적 자원이 생산활동이 아니라 금융수단에 의해 조달됨을 의미했기 때문에, 일종의 '사회재생산의 금융화(financialization of social reproduction)'가 진행되어 왔다고도 볼 수 있다.

그런데 부채상환의 압박에 시달리는 상황에서 이들이 어렵게 경제활동을 재개하더라도 고용주나 거래 상대자와의 관계에 정상적 협상력을 갖고 임하기 어렵기 때문에 비정상적으로 불리한 조건의 경제활동을 하기 쉽다. 심지어 채권자(사채업자)가 이를 악용해 노예노동적 성격의 경제활동을 직접 요구하거나 장기매매까지 강요하는 일이 비일비재하다. 금융채무가 생산활동에 있어 별도의 계급적 지위를 구성하는 조건이 되는 셈이며, 이는 특히 유흥산업의 팽창에 직

17 현재 한국의 소득수준 대비 평균 가계부채 수준은 그동안 단연 최고였던 미국을 훨씬 뛰어넘었다. 가계부채 급증은 부분적으로는 중산층의 과도한 부동산 투기와 맞물려 있다. 그러나 이 경우에도 경제구조 급변으로 정상적 노동·사업소득 획득이 여의치 않게 되어 부동산 투기소득으로라도 벌충하려는 동기가 중산층 사이에 확산된 점이 감안되어야 한다.

결되어 있다. 금융채무자 지위가 국민에게 보편화되어 가는 현실에서 정부는 여러 유형의 금융지원 프로그램을 구상해 보급을 시도해 왔다. 미소금융 등 생산활동 지원 소액금융제도도 흥미롭지만, 학자금대출, 전세금대출 등에서 드러나듯이 교육, 주거 등 기본적 사회재생산 실현을 위한 일종의 '사회재생산 금융제도'가 확충된 것이 시사적이다. 그러나 대학등록금 폭등 방치, 부동산 개발·투기 이익 보호 등 사회재생산재 공급 차원의 경제적 왜곡은 방조한 채 이에 따른 서민들의 사회재생산재 소비 위축을 완화하려는 금융지원제도는 본질적으로 사회정책인지 경제정책인지 분간하기 어렵다.[18]

5. 인구동태와 위험가족: 사회재생산의 인적 교란

이른바 '저출산·고령화 사회'에 대한 대책은 정권 교체 시마다 반복되는 총체적 국정 뒤엎기를 비켜 갈 정도로 그 시급성과 중대성이 명확히 인식·인정되고 있다. '위험가족(risk family)' 시대의 직접적 표현으로 한국의 출산율은 이미 세계 최저 수준으로 인구감소 시대를 필연적으로 만들고 있으며, 인구 고령화는 빈곤·유병 노년기를 보편화하는 방향으로 전개되어 노인 당사자뿐 아니라 가족, 사회, 국가가 함께 곤경에 처하고 있다. 대다수 한국인들이 개발자유주의 국가에 기대어 사회재생산 위기를 극복할 수 있을 거라고 생각하지 않는 가운데, 상당수 중산층이 자녀의 조기유학과 원정출산을 감행하고 많은 농민들이 '외국인 신부'와의 혼인에 나서지만, 이들의 사회재생산적 자구책이 사회 전체적으로는 물론 자신들을 위해서도 얼마나 근

---

18 이들 사회재생산 대출제도의 이자율 수준을 보면 분명한 공적 보조금 성격은 제한적이며, 차라리 금융 부문을 위한 개발국가적 산업발전 정책의 위장이라고도 볼 수 있다(Chang, 2019, Ch. 5).

본적인 효과를 가질지는 미지수이다.

1) 위험회피 개인화와 초저출산

지난 세기 말부터 청년층을 중심으로 결혼을 막연히 미루거나 포기하고, 결혼을 하더라도 자녀를 갖지 않거나 최소화하고, 적극적으로 이혼이나 별거를 선택하는 등의 추세가 급격히 확산되었다. 세계 최저 수준의 출산율은 세계 최고 수준의 이혼율, 급격한 초혼 연령 상승 등의 추세와 밀접하게 연결되어 있다(장경섭, 2011). 이러한 추세의 배경에는 사회재생산과 관련된 가족관계의 형성 및 유지에 심각한 부담을 갖게 되었고 궁극적으로 사회재생산의 필요성 자체에 회의감을 갖는 인구의 급증이 자리하고 있다. 그렇다고 이러한 현상은 반드시 젊은 세대가 가족주의를 포기하거나 나아가 새롭게 개인주의를 공고화시키는 사회·문화적 변동을 의미하지는 않으며, 필자는 별도의 연구에서 이를 "개인주의 없는 개인화(individualization without individualism)"라고 설명했다(Chang and Song, 2010).

세대를 막론하고 사회재생산의 가족중심주의는 여전히 강고해서, 지금도 청년층 대다수가 궁극적으로 혼인 및 혼인 후 출산 의사가 있다. 그러나 'IMF 경제위기' 이후 경제·사회적 격랑이 이러한 가족중심적 사회재생산의 물적 조건을 근본적으로 교란시켜 거의 모든 청년 남녀가 '위험회피(risk aversion)'적 차원에서 결혼과 출산에 대해 극도로 신중한 자세를 보이고 있다.[19] 가족관계가 사회적 자원

19 다른 한편으로 가족질서 및 양성관계의 민주화, 여성 경제활동 기회의 확대 등에 힘입어 갈수록 많은 여성들이 적극적 사회진출을 꾀하고 개인적으로는 타율적 결혼·출산 압력에 대항하고 있다. 이러한 추세는 결혼, 출산뿐 아니라 사회적 교호작용 전반에 영향을 미치는데, 이 과정에서 물질적 자원의 빈곤이 사회적 교류·지원망의 빈곤으로 이어질 수 있다. 일례로 최근 "고독사(孤獨死)"가 빈곤층 사이에 급증하고 있다(『조선일보』, 2011. 6. 21).

으로 기능하기보다는 사회적 위험의 전달 통로가 될 가능성이 갈수록 농후해지는 현실에서, 가족중심적 사회재생산의 동반자(배우자) 및 계승자(자녀) 확보에 대한 동기가 그 어느 때보다도 위축되어 있다.[20] 그리고 그 집합적 결과로서의 혼인율 및 출산율 저하, 인구 연령구조 고령화는 거시적 사회·경제 체제의 안정적 관리와 유지에 심각한 위협요인이 될 수밖에 없다. 역설적이게도 이러한 사회·경제적 위기 전망을 내세운 개발자유주의 국가의 '출산촉진(pro-natal)' 인구정책 담론이 오히려 젊은 세대의 불안감을 증폭시켜 출산 동기가 더욱 약화하는 조짐도 보인다(Chang, 2022b, Ch. 7).

2) 확장핵가족, 역직계가족, 세대 간 부양관계

구조적·보편적 고용불안에 직면한 청년층을 둘러싼 사회재생산의 물적 조건 악화는 이들의 혼인과 출산을 위축시키는 데 머물지 않고 부모 세대에 대한 의존을 장기화하여 결국 모든 세대로 하여금 사회·경제적 혼란을 겪게 만들고 있다. 과거 기준으로는 성년기인 자녀가 혼인과 출산을 통해 스스로의 '핵가족(nuclear family)'을 구성하기보다는 주거와 생활을 중장년 부모에 장기간 의존하여 핵가족적 의존관계를 연장함으로써 일종의 '확장핵가족(extended nuclear family)'이 급증하고 있다고 볼 수 있다.[21] 나아가 이들 세대가 설사 혼인을 하더라도 주거, 육아, 생활 차원에서 중장년 부모에게 지속적으로 의

20 범세계적 영향력을 가졌던 콜드웰(Caldwell, 1982)의 출산력 전환 이론은 "세대 간 부의 흐름(intergenerational wealth flows)"의 방향에 따라 출산율의 변화가 결정된다고 했는데, 21세기 한국의 상황은 갈수록 '세대 간 위험의 흐름(intergenerational risk flows)'에 따라 출산율의 변화가 좌우되는 것으로 보인다.

21 '확장핵가족'과 아래의 '역직계가족'은 필자가 가족구조의 격변을 다루기 위해 새롭게 제시하는 개념이다.

존함으로써 과거의 직계가족에 대비해 세대 간 부양관계가 역전된 일종의 '역직계가족(reverse stem family)'도 급증하고 있다. 그런데 이처럼 물질적 차원에서 초래된 확장핵가족과 역직계가족의 확산에도 불구하고 규범적 차원에서는 (자녀세대) 핵가족의 당위성이 보편화되고 있다. 자녀 자신이나 부모 모두에게 노년기 부모에 대한 동거부양이라는 직계가족 규범은 더 이상 유효하지 않으며, 혼인 및 출산은 자녀의 개인적 삶의 개척과 관리라는 차원에서 이해된다.

사실 이러한 가족규범과 가족형태 사이의 괴리는 전혀 새로운 현상이 아니다. 1960-1980년대에 본격화된 산업화·도시화 과정에서 농가 출신 자녀들은 도시에서의 새로운 경제·사회적 기회를 바탕으로 핵가족을 형성하여 생활하기 시작했으나 규범적으로는 농촌의 부모와 직계가족적인 관계를 상당 기간 지속했다. 이러한 상황에서, 혼인은 당연시되었을 뿐 아니라 결혼 시기와 배우자 선택에 있어 부모의 의중이 긴밀히 작용했고, 출산 역시 필수적이었을 뿐 아니라 부모의 남아선호 규범까지 반영되는 경우가 많았으며, 이혼은 부모의 입장을 생각해 절대로 삼가야 할 일이었다. 이러한 규범적 직계가족-물질적 핵가족 질서가 규범적 핵가족-물질적 확장핵가족·역직계가족 질서로 전환하게 된 것은 불과 한 세대 남짓한 기간을 필요로 했으며, 이는 한국 사회 압축근대성의 결정적인 가족구조적 표현이라고 볼 수 있다. 문제는 이러한 전환이 사회적 진화나 적응의 결과라기보다는 개발자유주의의 폐해 위에 경제위기 및 급진적인 신자유주의화의 충격이 중첩된 상황에서 나타난 사적 미봉책들의 반영에 불과하다는 것이다. 확장핵가족과 역직계가족의 확산은 곧 가족중심적 사회재생산 체제의 다음 단계(세대)로의 승계가 무기한 연기되거나 중지됨을 의미하며, 이 와중에 중장년 부인들이 과거 같으면 다음 세대로의 역할 이전을 통해 누릴 수 있었던 여유와 보람을 집단적으로 상실함으로써 "세계에서 가장 불행한" 처지에 놓이게

되었다.[22]

3) 제2차 고령화: 보편적 생활양식으로서의 노년빈곤

병마에 시달리던 한 노부부가 자신들을 극진히 보살피던 아들 내외에 미안하다며 스스로 목숨을 끊는 사건이 발생해 사회에 충격을 주었는데(『경향신문』, 2011. 5. 9), 문제는 여기에 비견될 사건들이 비일비재하다는 것이다. 반면 그동안 헌신적으로 양육·교육·지원했던 자녀들이 자신들을 봉양하지 않는다며 부양비를 받아내기 위해 법에 호소하는 노인들의 경우도 애처롭기는 마찬가지이다. '압축적 고령화(compressed aging)' 과정에서 나름대로 보람 있고 활동적인 (이른바 '생산적'인) 노후를 보내는 노인들도 많다. 그러나 대다수 노인은 세계 최고 수준의 (상대)빈곤율을 일상생활에서 체험하며 연명하고 있다(최현수·류현규, 2003; 박경숙, 2001).[23]

사실 급격한 인구 고령화는 21세기에 처음 맞는 현상이 아니다. 다른 수많은 사회들과 함께 한국은 20세기에 이미 평균수명의 급격한 상승을 경험한 바 있다.[24] 그런데 이 과정에서 급격히 늘어난 (상대적) 고령인구는 같은 시기에 폭발적으로 전개된 산업자본주의적 경제발전의 주역으로서 연장된 (상대적) 노년기의 대부분을 보낼 수 있었다. 즉, 매우 '생산적'인 인구 고령화가 진행되었던 것인데, 같은 세대(cohort)의 대다수가 현재 또 다른 단계의 고령화, 즉 '제2차 고령

22 2011년 연초에 소개된 한 사회조사에 따르면 상식(?) 혹은 다른 사회들과는 달리 한국 여성들의 경우 중년기에 가장 불행하다고 느끼는 비율이 특별히 높았다(『조선일보』, 2011. 1. 14).

23 아울러 노인인구 내 소득·자산 불평등 정도도 다른 연령층에 비교가 안 될 정도로 높은 수준이다(손병돈, 2009).

24 예컨대, 해방 직후 47세이던 평균수명은 1970년대 62세, 1980년대 66세 등으로 초기 산업화 시대까지 이미 20년 가까이 늘어났다(문화방송, 2008. 8. 29).

화'를 거치면서 이들 가운데 생산적이지도 못하고 빈곤과 병마에 시달리는 노년기를 보내는 경우가 너무나 많다.[25]

노인빈곤은 이들이 '생산적'이었던 기간 동안에 충분한 노후대비, 즉 노년기 사회재생산 비용을 마련하지 못한 데에서 비롯된다. 이는 국가까지 나서 강요한 저임금·저곡가를 감내하며 그나마 소득의 대부분을 자녀교육 등 '하향적' 사회재생산에 사용했기 때문인데, 이런 맥락에서 많은 노인들은 빈곤 속에서도 자녀를 '대학까지 보내' 독립시킨 사실을 매일 회상하며 산다. 문제는 국가마저 개발자유주의 입장에서 '선성장 후분배'라는 결국 지켜지지도 않을 정책 논리를 내세우며 이들의 노후에 대한 집단적·체계적 대책 마련을 막연히 미뤘다는 것이다. 그런데 이들의 (제2차) 노년기는 본격적 탈산업화에 맞물려 더 이상 주류 생산체제 내로 흡수될 수가 없으며, 확실한 고정소득의 결여로 개인적으로 안정된 사회재생산을 실현하기도 어려울뿐더러 사회적으로 (서구의 연금수급 중산층 노인들처럼) '소비시민(consumer citizen)'으로서의 뚜렷한 지위를 갖기도 어렵다. 결국 많은 노인들의 삶은 자녀 가족의 사회재생산 체제에 편입되어야 하는데, 이 상황에서 갖가지 혼란, 갈등, 번민이 발생하고 있는 것이다. 엎친 데 덮친 격으로, IMF 경제위기 이후 자녀 세대의 경제적 지위가 극도로 불안정해지고 자녀의 자녀, 즉 손자들이 구조적인 고용불안에 시달리는 상황에서 노인들의 실질적 자녀 의존이란 사실상 계층적으로 매우 제한적인 현상일 수밖에 없다. 노인인구 자살률까지 세계 최고 수준에 이른 것이 아직 '제2차 고령화'의 여파가 본격화되기도 전의 일이므로, 이는 사회체제 전체 차원에서의 획기적 대처가 필수불가결한 문제이다.

---

25 '제2차 고령화'는 이러한 현실을 강조하기 위해 필자가 새롭게 제시하는 개념이다.

4) 신자유주의적 사회재생산으로서의 가족세계화

한국의 신자유주의 세계화는 주로 기업(재벌) 혹은 생산체제 차원에서 해외 수출시장 및 생산기반 확대, 아시아권 저임금노동력 도입, 세계금융자본의 수용 등을 중심으로 추동되었지만, 일반 시민들 차원에서도 사회재생산 기반을 보강하기 위한 다양한 형태의 '삶의 세계화'가 전개되었다. 앞서 언급한 농가의 생산·가사 노동력으로서의 '외국인 신부' 영입, 자녀의 교육기회 증진을 위한 조기유학('기러기 아빠'), 심지어 자녀의 선진국 시민권 획득을 위한 '원정출산' 등의 현상은 결국 신자유주의 세계화가 사회재생산 체제의 보강 차원에서도 활발히 전개되고 있음을 보여 주는 것이다. 따지고 보면, 중국, 베트남 등 저임금 국가에 집중된 한국 기업들의 해외 생산기반 확대 및 아시아 빈곤 국가들로부터의 저임금 산업노동력 충원도 결국 노동력 사회재생산 비용의 부담 회피를 노린 전략적 행위라고 볼 수 있다. 한국 기업들이나 정부가 단기적 생산노동력 조달의 양적 측면에 치중하는 데 비해서, 중산층의 교육·출산 세계화는 (영구이주 가능성까지 염두에 둔) 자녀의 장기적 사회재생산의 질적 여건을 고려한 것이다.[26] 그리고 농촌 남성들의 (베트남 등) 특정 아시아 문화권 여성들과의 국제결혼은 농가의 장·단기 사회재생산의 (가부장적) 문화적 조건을 염두에 둔 것이다.

요컨대 개발국가가 수출재벌이라는 특정 집단을 중심으로 추진해 온 경제적 세계화 과정에서 한편으로 농민, 도시노동자 등 대다수

---

26 사회재생산의 질적 측면에 관한 관심은 우선 출산율을 제한하는 작용을 한다. 과거 가족계획사업의 구호인 "아들, 딸 구별 말고 둘만 낳아 잘 키우자", "잘 키운 딸 하나, 열 아들 안 부럽다" 등의 논리가 바로 사회재생산의 '질적 제고'를 위해 '양적 제한'을 하자는 것이었다. 지금 한국인들의 태도는 '잘 키우기 힘드니, 낳지 말거나 하나로 제한하자'는 것인데, 이는 사회재생산의 질적 측면에 대한 관심이 역으로 반영된 것이다.

한국인들의 생산체제적 지위 및 사회재생산 조건이 근본적으로 교란되었고, 다른 한편으로 농민과 도시중산층의 사회재생산 체제 보강을 위한 혼인·교육의 세계화가 촉발되었다. 이러한 사회재생산 세계화는 갖가지 고통스러운 부작용에도 불구하고 일부 농가와 도시중산층의 욕구를 전략적으로 만족시켜 주는 효과로 인해 일정 기간 지속될 것이다. 그러나 이들의 미봉적 자구책이 앞서 살펴본 사회 전반에 걸친 가족적 사회재생산 체제의 교란과 붕괴, 그리고 이에 수반될 거시적 경제·사회 체제의 위기를 예방하는 효과는 극히 제한적일 수밖에 없다.

6. 사회재생산의 사회화와 복지국가

어떤 정치·경제 체제가 사회 전체 혹은 특정 산업·지역·계급의 사회재생산 체제에 대한 보호·지원을 거부하거나 아예 관심조차 두지 않는다면, 이는 해당 사회나 집단을 '활용 후 폐기·방치가 무방한(disposable)' 것으로 간주하기 때문이다. 역사적으로는, 구미(歐美)의 제국주의적 자본주의가 중남미, 아프리카 등을 이런 식으로 지배했고 그 결과 오늘날까지도 이 지역의 많은 사회들은 경제발전은 커녕 기본적 사회질서의 교란과 보편·만성화된 빈곤에 허덕이고 있으며, 일제강점기 한국 농촌의 피폐상도 마찬가지 맥락에서 이해될 수 있다. 21세기 한국의 여러 농촌마을이나 도시 빈곤지역의 사회적 상황을 살펴보면, 세계인이 경탄할 수준의 급격한 산업자본주의적 발전의 이면에서 그동안 엄청난 경제·사회적 기여에도 불구하고 더 이상 수출재벌 중심의 경제세계화에 요긴하지 않다는 이유로 폐기·방치된 채 최소한의 사회재생산조차 힘겨워하는 한국인들이 집단적으로 신음하고 있다.[27] 개발자유주의 국가는 (모든 집권 정당하에서) 이러한 과정을 억제하거나 보완하기보다는 오히려 가속화시키는 역할을 해왔다.

굳이 곤경에 처한 기층 시민들의 처지를 헤아리지 않더라도 한국의 위정자 집단과 재벌이 식민자본가들처럼 '언젠가 떠나면 그만'이라는 입장을 견지할 수는 없기 때문에, 이러한 사회재생산 체제의 총체적 붕괴 조짐이 막연히 방치되지는 않을 것이다. 이와 관련해, 최근 '저출산·고령화' 대책에서부터 여성의 '보호노동' 및 '돌봄노동' 지원, '건전가정' 만들기 캠페인, 농민 국제결혼 주선에 이르기까지 다양한 형식으로 전개되고 있는 가족 관련 정책사업들은 가족중심적 사회재생산 체제의 위기에 대한 대증(對症) 요법으로서의 공통점이 있다. 그러나 대체로 '가족 살리기'에 초점이 맞춰져 있는 이들 사업은 여기에서 살펴본 위험가족 시대적 사회재생산의 물적·인적 붕괴 추세를 감안할 때 근본적 한계가 뚜렷하다.

요컨대, 서구 복지국가의 보수적 기원의 일부라고 할 수 있으며 자본주의 체제관리 차원에서 추진된 '사회재생산의 사회화(socialization of social reproduction)'가 근자의 한국 상황에서 불가피한 선택일 수밖에 없으며, 이러한 전환도 당장 '급진적'으로 이루어져야 할 것으로 보인다. 그리고 작금의 한국 현실을 감안할 때, (에스핑-안데르센 등이 제시한) 현존하는 다양한 복지국가 유형(Esping-Andersen, 1990) 중에서 이러한 전환에 가장 부합되는 것을 굳이 찾는다면, (북유럽식) 사회민주주의 체제가 될 것이다.[28] (영미식) 자유주의 체제는 개발자유주의의 폐해로서 사회재생산 위기를 겪고 있는 한국에서

27 이런 맥락에서 볼 때, 저출산이 이른바 '재생산파업(reproductive strike)'으로서 갖는 압박효과도 얼마나 될지 미지수이다. 적어도 주요 수출재벌들이 이를 심각하게 여긴다는 증거는 없다.

28 윤홍식(2006)은 OECD 21개국 비교연구를 통해 북유럽 사회민주주의 국가들의 복지체제가 가족의 사회재생산 부담을 가장 효과적으로 지원·보완해 주고 있다는 결론을 내린다.

적합성은 물론 정당성도 갖기 어려우며, (대륙유럽식) 보수주의 체제는 극도로 불안정해진 고용지위가 상당 기간 개선될 조짐이 보이지 않는 대다수 한국인들에게 그림의 떡처럼 여겨질 가능성이 크다. 반면 (북유럽식) 사회민주주의 체제는 (여기에서 자세히 설명할 수는 없지만) 사회재생산의 사회화를 가장 충실히 실현했다고 여겨지며, 그 사회·경제적 강점이 최근 이 지역이 세계 경제위기에서 보여 준 예외적인 안정성을 통해서도 드러났다(『한겨레』, 2011. 5. 19). 사회재생산의 사회화, 그리고 이와 관련한 복지국가적 전환은 정책적·사회적 당위성에도 불구하고 앞으로 시민들의 엄청난 정치적 실천력을 필요로 한다. 이와 관련해, 광우병 촛불시위, 무상급식 몰표 등에서 드러났듯이 사회재생산과 관련하여 정치주체로서의 자기의식을 확립한 시민들이 갈수록 증가하고 있다는 사실은 매우 중요한 정치적 함의를 가진다.

아울러, 보수적 정치·행정·언론 세력들이 여전히 억지스럽게 주장하는 사회재생산재의 인위적이고 과도한 전용에 기초한 산업생산 극대화 전략은 이제 후발 인구대국들과의 저차원적 산업경쟁에서나 미미한 효과가 있을지 모른다. 한국이 '선진국'으로의 진입을 국제사회에서 공식 인정받았음을 자랑스럽게 느끼고자 하는 태도와, 최빈국 서민들의 생존을 위한 몸부림 차원의 노력에 상응하는 장시간 노동, 수면부족, 산업·생활 위험 노출, 가정생활 포기 등을 노동자에게 강요하는 입장이 과연 병행 가능한 것일까. 이러한 강요의 범사회적 '외부효과(externalities)'로서 세계 최저 수준의 출산율, 거의 세계 최고 수준의 자살률, (비혼, 만혼, 이혼 등) 확산 일로의 혼인 교란 등이 초래하는 개인·가족적 불행과 경제·사회 체제의 집단적 침식, 그리고 이에 대처하기 위해 (효과에 대한 체계적 예측도 결여한 채) 투입되는 천문학적인 공적비용 등을 감안하면, 그 답이 어떤 것인지는 명약관화(明若觀火)하다.

제10장

복합위험사회: '선성장 후안전'

1. 서론

대한민국은 한때 '한강의 기적'이라고 일컬어진 경제발전을 이루었으나, 그만큼이나 극적인 금융위기와 이에 수반한 사회해체를 겪으며 지난 세기를 마감했었다. 사실 한국적 압축근대성의 비용과 함정은 김영삼 '문민정부'의 의욕적 신개발주의 경제정책의 비참한 결과와는 별개로 성수대교와 삼풍백화점 붕괴 등 일련의 충격적 대형 안전사고에 의해서도 적나라하게 드러났었다. 비록 직접적인 원인과 발생 경로가 같지는 않지만 성수대교, 삼풍백화점 등의 붕괴와 한국경제의 붕괴는 대한민국이 추구해 온 급속한 물질적 확대재생산 중심의 압축발전 전략의 치명적 허점을 드러냈다는 공통점을 갖고 있다(Chang, 1998). 이후 (자칭 민주정부들하에서의) 신자유주의적 산업 재구조화에 수반된 빈곤과 불평등의 확산 및 고용 불안정화는 이른바 '박정희 향수' 속에서 이명박과 박근혜로 대표되는 개발권위주의 보수세력의 정치적 부활을 가져왔고, 복지, 노동, 환경, 안전 등에 걸친 투자축소와 규제철폐가 경제(재)성장의 필수조건으로 주장·관철되었다. 이러한 접근의 거시경제적 성과는 논란거리에 그쳤지만 이명박 정부의 반생태적 토건개발 정책에 이어 박근혜 정부 때의 세월호 침몰 사건, 그리고 집권세력에 상관없이 만연한 산업·생활상의 안전사고는 21세기 한국의 '후기근대성(late modernity)'이 산업구조의 고도화와 세계화, 민주정치의 제도적 공고화 등의 이면에서 시민들 삶의 환경적·산업적·일상적 위험 상태가 심화되고 있음을 드러냈다.

19세기 후반 이후 한국인들은 역사 발전과 세계 질서에 대한 새로운 인식에 능동적으로 도달할 겨를도 없이 일제 식민통치, 미군정, 한국전쟁, 동서냉전으로 이어지는 일련의 국제 정치·경제적 격랑 속에서 개인적으로나 집단적으로나 생존 그 자체를 지향할 수밖에 없었다. 특히 1960년대 이후에는 집단적 생존의 절대 조건으로서 선진국 수준의 경제 건설을 수단과 방법을 가리지 않고 최단 시일에 달성하려는 노력을 전개해 왔다. 그러나 물질적 팽창에 수반되는 다양한 사회적 문제들에 대한 관심을 소홀히 했고 무리한 경제성장 전략 자체에 내재되어 있는 심각한 정치·경제·사회적 함정을 직시하지 못했다. 이 가운데 갖가지 충격적 대형 안전사고는 수많은 인명과 재산을 희생시켰을 뿐 아니라 한국인들의 경제 기적에 어떤 비극적 이면이 존재하는가를 여실히 드러냈다. 물론 시민들 사이에서도 무모한 경제적 양적 팽창을 위해 시민생활의 실질적 질을 좌우하는 문화, 복지, 안전, 환경 등 다양한 비경제적 요소들에 대한 주의를 게을리 한 결과로 소득수준의 향상에 비례하는 삶의 질 향상이 이루어지지 못하고 있다는 자성이 확산되어 왔다. 특히 일상생활에서 신체적·심리적 안전이 상시적으로 위협받고 있다는 인식으로 인해 시민들은 집단적인 불안감에 휩싸여 있다. '삶의 질'이 문제가 아니라 '죽음의 질'을 걱정해야 할 판이라는 심각한 해학이 큰 공감을 얻는 세상이 되어 버린 것이다.

최고급 상품을 판매하던 강남의 대형 백화점이 일순간 붕괴해 수백 명이 압사하고, 설계수명을 한참 남긴 대형 교량이 붕괴해 수십 명이 사망하고, 지하 가스시설 폭발로 수십여 명이 희생되는 참사가 반복되고, 초대형 유조선이 침몰해 수십 킬로미터에 달하는 해안이 기름에 오염되고, 끊이지 않는 열차와 비행기 사고에 더해 급기야 세월호 침몰 사고로 (국가적 구조활동의 총체적 부재 속에) 수학여행 중이던 학생과 교사 등 수백 명이 한꺼번에 목숨을 잃는 참혹한 사건들로 세계적 뉴스거리를 제공하는 '안전불감사회'로 전락한 것이 대한민국이다. 굳이 이러한 대형사고들을 들먹이지 않더라도 여전히 후진국 수준에 가까운 교통사고 발생률과 산업재해, 부실이 보편화된 생활건축물들, 광범위한 의료사고, 전국적 자연환경 파괴와 오염에 따른 시민건강의 위협, 생활 주변에서 끊이지 않는 가스폭발 및 화재 등은 시민들의 일상에서 신체적·심리적 안전을 만성적으로 위협하고 있다. 이러한 안전사고와 재난의 내용을 보면, 한국 사회는 선진국형, 후진국형, 한국특유형('폭증사회형'과 '날림사회형')의 다양한 요인이 작용해 세계에서 가장 복잡한 '사고공화국' 상태를 좀처럼 벗어나지 못하고 있다고 볼 수 있다. 이 장에서 필자는 한국 사회를 극도로 복잡다양한 위험요인이 혼재하는 '복합위험사회(complex risk society)'로 규정하고 그 구체적 구성과 성격을 평가할 것이다.[1]

2. 위험사회(risk society)로서의 산업사회

시민들이 안전한 삶을 구조적이고 만성적으로 위협받고 있는 상황은 비단 한국 사회에만 국한된 것은 아니다. 한국보다 앞서 이삼 백년간 지속적인 산업화와 경제성장을 경험한 서구사회들에서도 물질

1 한국 사회의 각 산업 및 생활 부문의 안전 실태에 관해서는 임현진·이세용·장경섭 편, 『한국인의 삶의 질: 신체적·심리적 안전』(서울대학교출판부, 1997) 참조.

적 풍요의 이면에 사고와 재난의 일상화라는 반갑지 않은 현상이 나타났고, 이에 대한 학문적 논의와 정책적 대처가 오랜 기간 이루어졌다. 서구학계에서는 특히 "위험사회(risk society)"라는 주제를 놓고 열띤 연구와 논쟁이 벌어졌다(Beck, 1992). 원자력 사고, 대기·수질 오염, 육지·해양 생태계 파괴, 생화학적 식품 오염 등의 각종 사고와 재난은 산업사회에서 인간의 물질적 풍요 추구 자체로 인해 발생한 것이어서 경제발전과 불가분의 관계에 있는 것으로 여겨지게 되었다. 따라서 이러한 사고와 재난은 더 이상 예외적으로 나타나는 이변이 아니라 일정 확률을 가지고 상시적으로 발생하는 "정상적"인 것이므로 이에 대한 국가와 시민들의 철저한 대비가 필요하다는 지적이 제기된다(Perrow, 1984).

선진산업사회들에서의 이러한 안전사고와 재난의 급증은 여러 가지 이유를 갖고 있다. 이 가운데 발생론적 차원의 문제를 한 가지 지적하면, 무한한 생산성과 효율 향상에 대한 추구가 거의 예외 없이 심각한 위험요인들을 수반한다는 것이다. 에너지 문제의 예를 들면, 가스, 원자력 등 집약적 사용을 가능케 하는 에너지들은 생산효율과 생활편의를 높여 주지만 사용·관리상의 약간의 실수가 엄청난 재앙을 불러일으킨다. 교통수단들도 대형 항공기, 고속철도, 지하철 등은 운송효율의 측면에서 뛰어나지만 관리자나 이용자의 순간적인 부주의가 수많은 인명을 앗아 가는 사고를 초래한다. 또한 오늘날의 대형 장치산업들은 생산성과 부가가치율이 높지만 일단 사고가 발생하면 수많은 노동자에게 치명적인 결과를 가져오는 것들이다. 고층건물을 포함한 대형 구조물들도 공간이용의 효율을 높여 주지만 관리자나 사용자의 부주의로 엄청난 재난의 현장이 되는 경우가 많다. 또한 그동안 치료가 어려웠던 질병에 특효를 보이는 의약품이나 퇴치가 어려웠던 병충해에 특효를 갖는 농약이 개발되어 광범위하게 사용된 이후, 그 의약품과 농약 자체에 의해 유발된 해악이 심각한 결과를 가져오는 경우도 부지기수이다. 이러한 위험요소들은 현대 산업사회의 고도 기술문명이 초래한 함정이라고 할 수 있다.

그런데 현대 산업기술문명의 주창자들 및 옹호자들은 이러한 고효율·고위험의 시설, 수단, 상품을 안전하게 관리하는 것이 과학적 혹은 기술적으로 가능하기 때문에 이것들의 수용을 통한 기업성장과 경제발전은 너무나 당연한 것이라고 주장한다. 그러나 실제 심각한 안전사고들이 발생했을 때, 이러한 과학기술적 판단과 기준은 갖가지 이유로 자체적인 한계를 노출하고 있다. '실험실 상황(lab situation)'을 전제로 한 과학기술적 계수들이 현실적 상황에서 타당성을 갖지 못하는 경우가 많은 것은 어쩌면 당연해 보인다. 여기에 덧붙여, 과학기술자들 사이에서도 학문적 입장, 개인적 편익, 소속 조직의 관료주의적 타성이나 배타적 이해관계 등에 따라 서로 상충하는 판정과 대책이 나오는 경우가 허다하다. 과학기술에 의존한 위험 관찰과 안전대책은 늘 잠정적일 수밖에 없는 과학기술적 판단의 내재적 한계와 이를 둘러싼 복잡한 사회적 관계와 관행의 영향을 받기 때문에 문제를 예방·해결하기보다는 은폐·오도하여 원래보다 훨씬 더 심각한 결과를 초래하기도 한다(Beck, 1992). 이러한 맥락에서 볼 때, 현대 산업사회에서 엄청난 물리적 파괴력을 지닌 시설, 재화, 기술 이상으로 시민의 안전을 위협하는 요인은 내재적 한계나 사회적 구속성을 애써 숨긴 채 무책임하게 강변되는 과학기술적(혹은 과학기술적이라고 자칭하는) 판정과 대책인지도 모른다. 이러한 불완전한 과학기술문명의 함정은 안전사고의 피해당사자이자 복구비용 부담자인 시민들이 직접 나서서 체계적 집단행동을 통해 극복할 수밖에 없다는 주장도 제기된다(Beck, 2016). 나아가 산업기술문명의 역사적 효용에 대해 비판적인 재검토가 요청되기도 한다. 서구 선진국들이 이삼 백 년에 걸쳐 이룩한 산업화와 경제성장을 불과 반세기 정도에 압축적으로 소화해 온 한국 사회는 이러한 위험사회 증후군도 앞당

겨 경험하고 있으므로, 서구사회들의 경험을 타산지석(他山之石)으로 삼을 필요가 있다.[2]

3. 후진국형 위험사회 증후군

한국이 이른바 후진국형 위험사회로서의 성격을 극복하지 못한 것은 성장지상주의의 정책 논리와 사회 분위기 속에서 기층 시민들의 일상적 복지와 안전을 보호하기 위한 노력이 무작정 미루어져 왔고, 특히 안전관리체계가 근본적으로 미진한 데 따른 후진국형 재해가 갖가지 형태로 빈발하고 있기 때문이다. 물질적 복지와 관련하여 이른바 '선성장 후분배' 정책 기조가 지속되었듯이, 시민의 안전과 관련하여 '선성장 후안전(growth first, safety later)' 기조가 지속되었다고 할 수 있다. 급속한 경제성장을 달성한다는 명목으로 정부는 시민의 복지와 안전을 간과하는 정책을 양산했고, 기업들은 이를 기회주의적으로 받아들였으며, 대다수 시민들 역시 개인적으로 직접적인 피해를 입기 전까지는 무관심으로 일관했다. 이에 따라 교통안전 문화 및 시설물 부족, 각종 생활에너지 사용에 대한 부주의와 관리 부재, 각종 건설공사 현장과 제조업체·농작업장에서의 작업환경 안전성에 대한 관심 부족, 오염물질 배출을 방지하기 위한 시설 부족 및 감독

2 이 장의 기본적 내용이 1998년 한국비교사회학회 하계학술대회에서 발표되었을 때, 이수훈 교수가 "위험사회론의 위험"에 대해 중요한 지적을 제기했다. 즉, 그동안 한국 사회의 대형 안전사고들은 대다수 관료, 정치인, 기업가 등의 부패와 비리가 주원인이었는데 위험사회론은 이를 고도 산업화의 불가피한 결과로 해석함으로써 책임 소재를 희석시킬 가능성이 있다는 것이다. 필자도 이러한 지적은 전적으로 타당한 것이며, 서구학자의 문제 제기로서 위험사회론을 한국 사회에 적용할 때 반드시 염두에 두어야 할 것이라고 생각한다. 이 글에서는 일부 엘리트의 부패와 비리에 따른 위험의 증가라는 측면은 날림사회형 및 폭증사회형 위험증후군으로 분류해 제시했음을 밝힌다.

불충분 등의 문제가 여전히 심각한 것이 한국의 현실이다. 따라서 대다수의 시민들이 교통, 에너지, 생산과정, 환경 등에 관련한 일상적인 신체적·심리적 위험에 노출되어 있다.

후진국형 재난의 또 다른 유형은 재난 발생 시 긴급 대피, 구난, 처치, 복구 체계의 미비나 부실로 재난의 피해가 훨씬 더 커진다는 것이다. 특히 불시에 생명이 위급해진 상황에서 시민들이 국가로부터 구난과 처치를 기대하거나 요구하는 것은 최소한의 기본권임에도 불구하고 그 권리가 제대로 보장되지 않아 생명을 잃거나 심각한 장해를 입는 경우가 허다하다(한국 현대사에서 이러한 차원의 가장 충격적인 사건은 세월호 침몰 상황에서의 국가적 구조활동 실종이었으며, 이태원 참사 때에도 비슷한 '국가의 실종' 사태가 벌어졌었다). 그렇다고 시민들이 자구 및 상조 노력으로서 지역적 구호체계를 자발적으로 설립·운용하는 경우도 거의 찾아보기 어렵다. 꼬리에 꼬리를 물고 발생하는 대형 안전사고들을 겪으면서 긴급 구난·처치 체계를 선진화하겠다는 정책의지가 반복 표명되었지만 아직 뚜렷한 현실적 변화를 감지하기 어렵다.

4. 폭증사회와 안전

한국 특유의 '폭증사회형' 및 '날림사회형' 안전사고는 서구에서 이삼백 년 동안에 경험한 산업화와 경제성장을 한국 사회가 불과 반세기 정도 만에 '의도적'이고 '압축적'으로 소화해 냈던 역사적 현실과 관련이 있다.[3] 세계사적으로 유례를 찾아볼 수 없는 급속한 산업화와 경

3 한국뿐 아니라 최근 마찬가지의 급속한 경제성장 및 사회변동을 경험하고 있는 동아시아, 동남아시아 각국에 있어서도 일부 폭증사회형, 날림사회형 안전사고들

제성장은 한국인들이 그만큼 짧은 시간에 많은 생산·건설·소비·교환 활동을 수행했음을 뜻하며, 따라서 이에 수반된 위험요소들도 마찬가지로 압축적으로 경험해야 했다. 이러한 측면에서 현세대 한국인들의 일생은 산업화와 경제성장에 따른 물질적 풍요를 누리는 만큼이나 생활상의 위험도 많이 느껴야 했다. 그러나 문제는 여기에서 끝나지 않고, 급속한 국가경제 및 개별 기업들의 성장이 시민들의 안전을 희생시킨 바탕 위에서 편법·탈법적으로 이루어졌다는 사실로 인해 더욱 심각해진다.

폭증사회형 위험에 대해 좀 더 자세히 설명하면, 한국의 근대화가 경제발전, 특히 '외연적 경제성장'을 바탕으로 짧은 기간에 엄청난 경제·사회·문화적 변화를 거친 것이라는 점이 밀접하게 관련된다. 외연적 성장이란 생산 과정의 효율성과 안전성의 개선보다는 노동력과 자연자원에 대한 동원(착취)을 강화하여 이루어지는데, 이 과정에서 재난과 오염이 동시에 증가하기 쉽다(사실 현대적 산업기술문명 자체가 외연적 경제성장만을 가능케 하는 근원적 속성을 가졌는지도 모른다). 한국에서 이러한 외연적 성장전략이 주효하여 생산·건설·소비·교환 활동이 세계에서 유례없는 빠른 속도로 늘어났음은 익히 알려진 일이다. 예를 들어, 1948년에 14,700대에 불과하던 등록 자동차 수

이 빈발할 개연성이 크다. 따라서 한국 특유형이라고 했을 때는 서구의 선진국형 및 후진국형과의 구분을 강조하려는 의도이며, 이것이 또 하나의 보편적 범주가 될 가능성을 배제하지는 않는다. 사실 한국 특유형이 '급속성장사회형' 혹은 '압축근대화형'으로 재개념화되어 이론적 적용 가능성이 확대된다면, 이는 한국 사회과학이 국제적으로 기여할 여지를 보여 주는 좋은 사례가 될 것이다. 필자가 수행 중인 한국 사회의 '압축적 근대성(compressed modernity)' 연구 내용을 해외에서 발표할 때, 발표회 참석자들로부터 자주 접하는 지적은 비슷한 사회적 상황이 자신들이 연구하거나 방문했던 일부 지역들에서도 나타난다는 것이다. 한국의 사회과학자들이 한국 사회의 다양한 특수성을 경험적·이론적으로 규명할 때 이 특수성을 절대 배타적인 것으로 인식하기보다는 앞으로 다른 후발 산업사회들에도 적용될 가능성을 열어 두는 것이 현명할 것이다.

가 1980년에 52.8만 대, 1995년에는 846.9만 대, 2020년에는 2,437만 대로 늘어나, 말 그대로 폭발적인 증가를 기록했다(e-나라지표, 2021). 또한 일인당 전력소비량을 기준으로 에너지 소비 추이를 보면, 1981년 915킬로와트에서 2001년 5,444킬로와트, 2018년 10,195킬로와트로 급속한 증가세를 보였다(e-나라지표, 2021). 그런데 일정량의 인간활동에 일정 확률의 안전사고가 발생한다면, 경제활동이 늘어난 만큼 안전사고도 늘어날 수밖에 없을 것이다. (안전 문제에 관한 별도의 노력 없이) 경제성장에 따른 이윤, 소득, 세수 증가만 누리고 안전사고의 증가는 회피할 수 있다고 생각하는 것은 논리적으로 타당하지 않은 태도이다. 그러나 이러한 모순적 태도가 안전 문제에 대처하는 한국의 정부, 기업, 시민 등의 모습에서 만성적으로 드러나고 있다.

폭증하는 생산·건설·소비·교환 활동에 비례한 위험의 증가를 피하려면 이러한 활동의 안전을 보장할 수 있는 물리적 시설과 장치의 확충에 덧붙여 조직·문화적 관리역량의 동반적 성장이 필수적이다. 이는 안전한 산업경제체제의 확립을 위한 유무형의 사회간접자본을 동시에 마련하는 일이다. 그런데 안전 보장을 위한 조직·문화적 관리역량의 성장이 일종의 '문화지체(cultural lag)' 현상처럼 답보상태에 있다. 안전관리를 위한 조직·문화적 역량의 보강은 생산라인 가동시간을 늘리거나 가동속도를 높이는 것과는 달라서 일시에 결정하고 달성할 수 있는 일이 아니다. 이러한 역량은 개인적으로나 집단적으로나 상당 기간의 학습, 훈련, 적응 등을 필요로 하는 것이다. 안전관리를 위한 조직·문화적 역량이 갖추어진 상황에서도 인간활동이 증가하면 안전사고도 그에 따라 늘 수밖에 없는데, 한국 사회에서는 그 조직·문화적 역량이 제대로 준비되지 못한 채 이루어진 인간활동의 폭증이 안전사고의 더욱 심각한 폭증을 유발했다고 볼 수 있다.

폭증의 문제는 여기서 끝나지 않고, 산업구조 및 생활양식의 급격한 변화 자체가 야기하는 위험과 재난의 폭증이 추가로 나타났다. 한국의 국가경제 및 기업 성장의 특징은 끊임없는 산업구조 다변화와 고도화였으며, 시민생활 변화의 특징으로는 새로운 서구 문물의 적극적인 수용과 소비였다(Chang, 2022a, 2025). 사회·경제 환경의 지속적이고 급격한 변화 속에서 한국인들은 부단한 적응과 변신의 노력을 기울였지만 새로운 것에 대한 초보자 혹은 미숙련자 노릇을 계속 반복해야 했으며, 이 과정에서 초보자로서의 높은 안전사고 확률을 늘 안고 다녔다. 더욱이 새로운 공정이나 재화는 기존의 것에 비해 성능과 효율이 높지만 잘못 다루는 경우에 위험부담도 많은 것이 일반적이다. 미숙련자의 경우 안전사고 발생 확률이 높다는 것은 산업재해 및 교통사고에서 가장 잘 드러나지만 이 문제가 해당되지 않는 부문은 거의 없다. 이러한 '반복적 미숙련(repeated inexperience)'의 문제는 노동자나 운전자 개인에게만 해당되는 것이 아니고 생산체계, 교통체계 등을 관리해야 할 전문가 집단에게도 마찬가지로 나타나기 때문에 문제가 더욱 심각해진다. 이러한 '사회 전체적 미숙련' 문제의 심각성에도 불구하고 정부나 기업은 산업구조 및 생활양식 변화의 속도를 더욱 높이는 방향으로 가고 있다. 이미 1990년대에 "산업화는 늦었지만 정보화는 앞서가자"라는 식의 전투적인 정보화 정책과 투자가 이론적 기초나 이념적 목표도 불분명한 채 정부, 기업, 언론 등에 의해 유행병처럼 추구되었다. 그 결과 이 부문의 급속한 산업성장의 이면에 온라인 뱅킹 사기 사건, 개인정보 유출 등 정보사회적 위험과 재난이 심각하게 대두되었지만 피해 당사자나 관리기관의 대처능력은 심각한 한계를 쉽게 극복하지 못하고 있다. 문재인 정부는 2017년에 당시로는 유럽발 유행어에 불과했던 '4차 산업혁명(The Fourth Industrial Revolution)'을 세계 최초로 국가적 산업정책노선으로 선언하는 등 전방위로 일종의 신기술 지상주의를 지향해 왔지만, 이에 수반된 사회적 위험들에 대한 체계적 검토와 정책적 대비는 상대적으로 미흡했다(Chang, 2022a, Ch. 4).

이처럼 한국 사회는 세계에서도 유례없는 급속한 경제성장 속에 각종 인간활동의 폭증이 있었고 이에 못지않은 위험과 재난의 폭증도 함께 경험해야 했다. 그런데 폭증하는 위험과 재난을 반복해서 겪으면서 이에 대한 예방 및 복구 대책을 세우려는 노력이 없었던 것은 아니지만, 너무나 잦은 위험과 재난에 익숙해져 이를 아예 일상화된 것으로 여기고 웬만큼 심각한 일에는 별다른 신경조차 쓰지 않는 태도가 팽배해 있기도 하다. 즉, '위험과 재난 경험의 인플레이션' 현상이 발생해 초대형 사고가 있기 전까지는 시민, 정부, 기업을 막론하고 그러한 위험이나 재난에 대한 일상적인 문제의식을 찾아보기 어려운 상황에 이르렀다. 이러한 안전불감증은 다음에 논의할 경제성장 과정의 편법·탈법적 실적주의와 맞물려 문제를 더욱 악화시키게 되었다.

5. 날림사회와 안전

한국의 경제발전 과정에서 형성된 독특한 정치·경제적 문화의 하나로 일종의 '속도효율(speed efficiency)'을 지적할 수 있는데, 이러한 속도효율의 이면에 안전 문제에 대한 국가와 기업의 무책임한 태도가 배양되어 왔다. 속도효율은 국가적 차원과 기업적 차원으로 나누어 볼 수 있다. 국가적 차원에서는 집권 정부가 자신의 경제적 업적을 내세울 때, 일정 수준의 국가경제 성장과 국민소득 향상, 나아가 특정한 국가시설의 건설을 최단 시일 내에 이룩하는 것을 그 증표로 삼은 데서 속도효율에 대한 병적인 집착이 나타났다.[4] 기업적 차원

4 물론 민주주의하에서 모든 정권은 일정한 임기를 갖고 있기 때문에, 임기 내에 가

에서는, 폭발적인 경제성장과 산업구조 변화에 대응해 가급적 개별 사업들을 최단 시일에 마무리 짓고 서둘러 다음 사업기회를 포착해야 한다는 기업 성장·확장 전략하에서 무모한 납기(納期) 단축과 공기(工期) 단축을 오히려 최선의 경영성과로 여기는 식의 속도효율에 대한 집착이 나타났다. 이러한 기업전략은 기존 생산 부문의 질적 향상을 통해 시장경쟁에서의 우위 및 이윤율 제고를 추진하는 것보다는 새로운 부문에서 독과점적 입지를 확보하거나 이권사업을 수주하는 것이 훨씬 더 수지맞는 것이라는 국내 기업들의 경험론에서 비롯된 것이다.

정부와 기업의 이러한 속도효율에 대한 집착은 안전 문제에 대한 '담합적 부실'을 야기했다. 국가적 수출실적을 달성하기 위해 생산업체들이 산업안전규정을 어기면서까지 풀가동하는 것을 정부가 규제하기는커녕 은근히 독려했던 것이 사실이다. 심지어 대형교량 등 기간시설을 앞당겨 완공하기 위해 기업들을 재촉하는 것이 정부의 관행이었고, 기업들은 이를 적당히 유리한 방향으로 받아들였다. 여기에 일부 부패 관료들은 무리한 속도의 생산과 건설에 따른 기업들의 법규위반을 산업정책적 관용이라는 논리하에서 오히려 뇌물수수 기회로 악용하기까지 했다(Chang, 2025, Ch. 2). 정부와 상관없이도, 대부분의 기업들에서는 주어진 시간에 최대한의 기업성장과 이윤창출을 기하기 위해 안전규정을 무시하는 것이 보편화된 경영관행으

시적 업적을 쌓아 재집권하거나 좋은 역사적 평가를 받겠다는 동기는 어디에서나 존재할 것이다. 그러나 그러한 가시적 업적이 반드시 경제성장과 같은 물질적 확대를 지향하는 것일 필요는 없으므로 한국식의 속도효율로 이어진다고 볼 수 없다. 속도효율의 부각에 관한 더욱 근본적인 요인으로는 19세기 이후 국제 정치·경제적 격랑 속에서 강압적으로 서구적 산업자본주의 질서에 편입된 민족으로서, 발전의 지향가치에 대한 자율적인 확립이 불가능한 상황에서 어쩔 수 없이 서구의 물질적 가치들을 받아들이지만 이를 최단 시일에 성취함으로써 생존 기반도 확보하고 민족적 열등감도 극복하겠다는 의지가 기저에 깔려 있는 것으로 보인다.

로 자리 잡았고, 이에 대한 정부의 통제 역할은 미미했으며 오히려 관료들의 독직이 확산되었다. 설사 심각한 안전사고가 발생하더라도 기업인들에 대한 사법처리는 언제나 '산업유공자적 예우'를 갖춘 형식적인 것이었다. 한국의 기업들이 세계 각지에서 최고 수준의 안전한 건축 구조물들을 건설하고 선진 각국에까지 생산기지를 설립하고 있다는 사실을 감안할 때, 국내에서 고층건물, 대형교량, 간선도로 등을 무더기로 부실시공하고 생산현장의 낙후된 안전시설 및 관리 부실을 방치하는 것을 기업의 기술 수준 문제로 돌릴 수는 없다. 편법과 탈법이 보편화되어 있지만 이에 대한 법적 제재는 미온적인 상황, 즉 '법이 적당히 타협될 수 있는 상황(negotiated legality)'을 최대한 악용해 짧은 시간에 최대한의 이윤을 축적하도록 부추겼고, 그 결과 안전에 관한 한 최악에 가까운 수준의 날림사회를 만들어 냈다.

물론 이런저런 이유로 안전사고가 각 부문에서 폭증해 온 현실에서 대형 안전사고가 터질 때마다 정부는 관련 법률과 제도를 확충하고 행정규제를 강화하려는 노력을 적어도 표면적으로는 해왔다. 사실 대륙법 체계를 따르고 있으며 입법이 아예 정부에 의해 주도되어 온 한국에서 정책부서 관료들의 최대 임무이자 업적은 새로운 법규를 만들고 기존의 법규를 보완하는 것이었으며, 이는 안전 문제에 관해서도 마찬가지이다. 그러나 안전 문제에 관한 정책입안 및 법령제정은 종합적이고 장기적인 국정이념에 근거하기보다는 충격적 사건이나 사고가 생길 때마다 그때그때 임기응변으로 땜질 처방을 하는 경우가 일반적이어서 엄청나게 많고 다양한 법령들이 누더기처럼 얽혀 있고 서로 중복되거나 상충되는 내용을 담고 있는 경우가 허다하다. 국회가 실질적인 법안 심의 기능을 하지 못하고 시민들의 비판적 검토 기회가 별로 없는 채로, 수많은 안전 관련 법령들이 짧은 시간에 무더기 입법화되면서 법령체계 자체가 부실화되는 결과가 나왔다. 역설적이지만, 안전 문제에 관한 법안의 준비, 심의, 표결 자체도 마치 속도효율이 중요한 것처럼 황급히 진행되었다. 이렇게 마련된 복잡하고 비체계적이며 검증받지 못한 관련 법령들 가운데 상당수는 실제로 사고·재난 예방책을 마련하거나 사후 복구·처벌책을 마련하는 데에 도움을 주기보다는 장애가 되며, 심지어 일부 공무원들이 기업, 업자, 시민으로부터 뇌물을 수취하는 수단으로 악용되기까지 한다.

시간효율을 둘러싼 국가-기업의 담합은 기업성장과 경제성장에 나름대로의 기여가 있었지만 노동자와 시민의 안전을 근본적으로 희생시키는 함정이 있다. 이에 따라 노동자와 시민은 자신들의 안전을 보호하기 위해 국가와 기업을 상대로 많은 비판과 요구를 하고 스스로의 자구책을 강구하려고도 했다. 이러한 노력을 하는 과정에서 늘 부딪치는 문제가 국가는 국가대로 기업은 기업대로 자세한 안전 법령과 방침을 갖고 있으면서도 여러 이유로 실제 지키지 않는다는 것이다. 따라서 노동자와 시민의 주장을 수용해 새로운 법령과 방침을 마련한다는 약속이 실질적으로 중요한 변화를 가져오지 못하는 경우가 많았다. 안전을 위한 국가의 법령과 이에 부응한 기업 방침이 현실적으로 지켜지지도 않으며 국가의 집행·처벌 의지도 미약한 상황에서 노동자들이 독특한 투쟁 방법으로 내세우고 있는 것이 이른바 '준법투쟁'이다.

편법과 탈법의 사회현실과는 상관없이 '법령만능주의'의 풍토 속에서 주로 정부에 의해 만들어진 법령과 규정들은 실제 제대로 지켜진다면 산업 및 생활 현장에서의 안전을 획기적으로 제고할 수 있는 것들도 많다. 그러나 안전 법령과 규정들이 현실적으로 무시되거나 느슨하게만 적용되는 것을 전제로 굴러가는 기업조직과 사회체계는 그 법령과 규정들이 엄격하게 준수되는 상황에서는 여러 가지 예기치 못한 문제들을 안게 될 것이다. 이러한 기업조직과 사회체계의 맹점을 파악한 버스 운전기사, 지하철 노동자, 통신회사 노동자,

심지어 간호사 등이 준법투쟁이라는 매우 상징적이면서도 효과적인 투쟁전략을 통해 자신들의 권익을 보호하려고 했다. 그런데 준법투쟁을 통한 노동자들의 목표가 작업 안전성의 제고 자체보다는 임금 인상 등 다른 권익의 확보에 더 치중한다는 데에 사회적 딜레마가 있다. 실제 버스나 지하철의 '준법 안전운행'에 대해 많은 시민들은 노동자 투쟁기간뿐 아니라 평상시에도 지켜졌으면 하는 바람을 표시했지만, 노사 타협 이후에는 '위법 위험운행'이 재개되었다. 안전운행에 중대한 이해관계를 갖고 있는 시민의 입장은 노동자, 사용자, 정부 그 누구에 의해서도 진정으로 배려받지 못한다.

6. 결론과 평가

후진국형, 선진국형, 한국특유형 등을 아우르는 다양한 위험과 재난 요인들을 고려해 볼 때, 한국 사회가 수십여 년간 끊임없이 겪었던 크고 작은 안전사고들은 우연이나 액운에 의해 일시적으로 발생한 것이 아니라 앞으로도 지속적으로 발생할 수 있는 구조적 현상이다. 따라서 안전 문제는 앞으로의 사회발전을 위해 최우선적으로 고려되어야 할 사안인 것이 분명하다. 그리고 문제의 예방·해결 주체는 행정부 같은 국가기관들이나 위험·안전에 특화된 산업과 전문직뿐 아니라 기업, 노동자, 생활시민 등 모든 경제·사회적 주체들을 포함한다. 특히 안전에 대한 책무가 국가, 기업, 전문가 집단 등에 의해 제대로 수행되지 못할 때, 최종적인 문제해결의 고리는 결국 시민들 자신의 개인적·집단적 노력에서 찾아져야 한다. 시민들은 각종 안전사고의 피해자일 뿐 아니라 때로는 가해자가 되고 있으며, 그 피해에 대한 사회적 복구비용을 (주로 납세자로서) 부담해야 하는 처지에 있기 때문이다. 그리고 안전 문제에 관한 관료적·기업적·전문가적 문제의식이 모두 한계와 오류를 가지고 있을 때, 이를 발견하고 개선을 촉구하는 노력도 결국 시민(사회)의 몫이다.

안전사회 정착을 위한 시민들의 주요한 역할로 다음을 들 수 있다. 첫째, 시민들은 타인의 안전을 우선적으로 존중하는 태도를 길러 시민사회의 도덕적 결집을 이루어 내야 한다. '사고공화국' 시민이 된 한국인들은 국가, 기업, 전문가 집단의 비리, 무능, 무책임에 의해서도 피해를 입고 있지만 이제 스스로가 서로의 안전을 위협하고 해치는 적대적 존재가 되고 있다.[5] 이러한 내부 갈등을 해소하지 않고서는 시민사회는 최소한의 도덕적 통합도 기하기 어려울 것이다. 안전문화의 확립은 시민들의 도덕적인 자기성찰(moral self-reflection)을 반드시 필요로 한다. 둘째, 주권자이자 납세자, 소비자로서의 시민들은 국가, 기업, 전문가 집단으로부터 안전한 삶에 대한 권리를 보장받을 수 있도록 합리적이고 체계적인 대응을 위한 조직적 역량을 배양해야 한다. 시민들은 안전한 삶을 기본권의 차원에서 국가로부터 보장받아야 하고, 자신들이 낸 세금이 응당 그 권리의 보장을 위해 제대로 쓰이는지 감시해야 하며, 비용을 치른 각종 재화와 서비스가 자신들의 안전을 위협하는 일이 없도록 하는 데에는 시민운동단체 등을 통한 시민들의 조직적 대응이 필수적이다. 시민들이 안전한 삶을 영위하기 위해서는 국가, 기업, 전문가 집단의 비리, 횡포, 무능에 조직적으로 맞서 합리적이고 체계적인 대응을 해야 한다는 정치의식, 즉 민주적 참여의식을 확립해야 한다. 셋째, 안전에 관한 국가, 기업, 전문가 집단 역할의 오류와 한계를 파악하여 개선을 요구하고 필요하면 자체적인 해결책을 강구할 수 있는 전문적인 역량을 갖추어야 한다. 국가기구의 권위적 관료주의, 사기업의 배타적 이윤 논

5 이러한 문제는 합리적 선택 이론가들이 제시하는 '죄수의 딜레마'로 설명될 수 있는 여지도 있다.

리, 전문가 집단의 자기합리화로 인해 오히려 시민들의 안전이 위협받는 상황이 전개되고 있다면, 시민들은 그러한 논리들의 모순과 함정을 파헤치고 대안을 제시할 수 있는 전문적 역량을 스스로 기르지 않으면 안 될 것이다. 안전에 관한 기술관료적·기업(관리)적·전문가적 역량과 태도가 모두 심각한 오류와 한계를 가지고 있을 때, 시민들은 이를 능동적으로 파악·비판하고 가능한 대안 적시를 해야 한다. 물론 이러한 전문적 역량은 시민사회의 일원으로서의 지식인 집단에 의해 주도될 수도 있겠지만 일반 시민들의 생활경험 속에서 나오는 다양한 지혜들이 반드시 함께 활용되어야 할 것이다.

제4부

전 망

제11장

한국 자유주의의 위기 극복: 재근대화, 급진다원화혁명 혹은 해방적 파국?

서구(혹은 일본)의 식민지배에서 해방된 사회와 민족들이 독자적 존립과 발전을 추구하는 과정에서, 서구 자유주의 체제의 골간인 대의민주주의와 산업자본주의는 역사·문명적 목표로서보다는 여전히 적대적인 세계질서 속에서 서구와 같은 힘을 갖기 위한 수단으로서 인식·접근되는 경향이 지배적이었다. 그러나 탈식민 사회나 민족이 학습·도입하려는 서구 진영의 현재적 자유주의 체제질서는 서구 각국에서 지난한 시행착오를 통해 이룩한 발전의 결과이지 그 원인이나 조건이 아니었다. 그럼에도 서구 진영은 세계질서에서 주도적이고 지배적인 위치를 정당화하기 위해 (과거 식민지 사회·민족들의 현실과 미래에 관련해) 자신들의 체제와 질서를 이상적으로 투사함으로써 세계를 자기중심적으로 관리하려는 전략적 의지를 드러냈고, 이러한 의지는 근대화 이론(modernization theory) 등을 매개로 (탈)식민지 정치·행정·지식 엘리트들에 의해 현지의 사회·민족적 지향으로 변환되기에 이르렀다.

이런 맥락의 식민지 해방 사회들에서 일종의 제도(선언)주의적 압축근대성으로서의 자유주의 체제는 그 역사·사회적 물질성의 결여와 (세계)정치적 이념성의 과잉이 뒤얽힌 상태에서 국가와 민중(시민) 사이의 몰자유(주의)적 지배와 통제 관계를 유발·심화시켰다. 매우 역설적으로, 한국에서 대의민주주의와 산업자본주의의 역사·사회적 물질성(historico-social materiality) 결여는 일종의 '비(몰)자유주의적 물질성(illiberal materiality)' 구축에 의해 보완·대체되었다. 이는 박정희 군부 정권의 국가주도 산업화와 경제성장에 의해 서구 자유주의의 기본 원리를 벗어난 형태와 성격의 경제질서 및 이에 대한 제도·정책상 관리의 정치적 책임·권위화를 거치며 이루어졌다. 일종의 개발(주의)시민(developmental citizen)으로서의 물질적 지위와 사회·정치적 정체성을 확립 혹은 확보하게 된 한국인들은 이러한 체제적 변질·변환에 대해 계층·계급·세대·지역에 따라 다양한 태도와 입장을 보여 왔다. 이에 더해 군부정권은 물리·행정적 강제력을 최대한 행사해 일종의 한국화된 (몰)자유주의 체제를 형성·강화시켜 나갔다.

군부정권의 역사적 퇴장으로서의 정치 민주화와 뒤이은 사회·경제적 민주화는 집권 세력(정당)의 기원이나 배경에 따른 차이는 있었지만, 한국의 자유주의 근대성을 체계적이고 심층적으로 확립·개혁하는 차원에서의 체계적 의지와 효과가 모호한 상태에서 진행되었고, 과거의 몰자유주의적 요소와 관행들이 정치·행정 권력, 시민·지역 사회, 산업현장, 생활세계 등에서 유지·재현되어 왔다. 이러한 역사적 딜레마의 정치적 측면에 대한 종합적·체계적 설명은 최장집의 『민주화 이후의 민주주의: 한국민주주의의 보수적 기원과 위기』(2002)에 제시되었으며, 필자는 *Developmental Liberalism in South Korea: Formation, Degeneration, and Transnationalization* (2019)에서 그 경제·사회적 측면을 분석했다. 종합적으로 평가해, 산업화 및 민주화 이후 한국의 자유주의는 일종의 '체제적 정상위기 상태'에 직면해 있다.

사실, 자유주의 체제의 정상위기 상태는 한국만의 역사적 특수성에 그치는 것이 아니라 자유주의의 본원적 속성에 따른 것임이 서구 각국의 과거·현재적 현실과 이에 대한 근현대 석학들의 비판적 분석을 통해 분명히 드러난다. 예컨대 영국을 자유주의 세계(경제)질서의 추동자로 만든 산업혁명은 극단적 노동자 착취, 농민 고립화, 식민지 (민중) 수탈에 연계되었으며, 이에 대한 민주정치의 개혁적 기여는 20세기 중반 이후에야 구체화되었다. 그조차 20세기 후반부터는 신자유주의 시대와 맞물린 '포스트민주주의(post-democracy)' 경향의 확대로 인해 무의미해지고 있다(Crouch, 2004). 미국의 경우, 민주주의의 태생적 '귀족성(화)'이 시대를 넘어 집권 정파에 무관하게 지속·심화되어 왔다. 최근에는 미국 경제의 금융화, 디지털화, (생산기반의 탈미국화를 위시한) 세계화에 따른 '시민노동자(citizen worker)' 지위의 희석·소멸에 대한 사회적 반발이 진보·극우 정치인의 동시적 부각으로 이어졌지만, 경제적 지배 세력 혹은 지배적 경제 질서에 대한 자유주의 공동체적 개혁은 그 단서조차 제시되지 못한 상태이다.

학문적으로 보자면 마르크스, 베버, 뒤르켐 등 (범)사회학적 선구자들의 문제의식은 사실 봉건질서로부터 자유주의 질서·체제로의 단순한 이행에 관한 것이 아니라, 자유주의가 심화·확대되어 가는 과정에서 드러나는 본원적 사회모순들에 대해 의문과 비판을 제기한 것이었다. 마르크스의 계급론적 자본주의 비판, 베버의 현대사회의 자기구속(포획)적 합리화와 관료제화 비판, 뒤르켐의 자유주의의 사회공동체적 결함·미비에 따른 대중적 소외·일탈의 확산 비판 등이 그러하다. 이러한 논의들은 결국 자유주의가 자체 모순을 확대재생산시키는 방식으로 발전(?)하는지, 나아가 종국에는 그로 인해 붕괴·대체되어야 하는지에 대한 문제의식의 반영이었다.

비록 이들이 시대·지역적으로 직접 목도하거나 분석하지는 못했지만, 이러한 자유주의의 정상모순(normal contradictions) 혹은 정상위기가 '성공적' 후발 자유주의 근대화 사회들에서도 (논리적으로는) 결국 재현되지 않을 수 없다. 더욱이 위에서의 지적대로, 서구의 직간접적 위력과 영향에 의거한 제도(선언)주의 압축근대성으로서의 비서구 탈식민 사회들의 명목상 (몰)자유주의 질서가 갖는 갖가지 복잡한 문제들이 더해질 때, (세계 자유주의 질서에의 잔류, 투항, 종속에 의거해 얻는 생존 지위의 이면에서) 정상위기 상태를 벗어난 비서구 자유주의는 실제로 상상하기도 어렵다. 세계인들이 주목하고 경탄하는 산업자본주의와 절차민주주의를 확립·발전시켜 온 한국의 사회체제적 정상위기는 바로 이러한 냉혹한 세계사적 현실을 비켜갈 수 없다. 한국 사회와 한국인들이 이러한 사회체제적 딜레마에 대처하기 위해 고려·기대할 수 있는 논리적 가능성으로서 재근대화(remodernization), 급진다원화혁명(radical pluralization revolution), 해방적 파국(emancipatory catastrophism) 등을 생각해 볼 수 있다.

재근대화는 그동안 세계사와 한국사에서 드러난 자유주의의 본원적 및 경험(실례)적 효용, 한계, 부작용 등을 구체적으로 적시·인정하는 한편, 그 한계에 능동적·창의적으로 대처하여 부작용을 최소화하고 효용은 극대화시키는 일종의 '자유주의의 재발명(reinvention of liberalism)'을 민주적·과학적 집단지성에 기초해 도모하는 것이다. 이러한 시도는 세계 각지 자유주의 사회들의 체제적 정상위기를 감안할 때 어느 사회에서나 요구될 수 있지만, 특히 한국의 경우에는 압축근대성으로서의 자유주의 질서, 즉 압축 실현된 산업자본주의와 제도민주주의의 복잡다기한 모순과 파행을 철저하게 극복하지 못하면 결국 그동안의 민중·사회·국가적 노력과 성취가 스스로에게 무의미해지고 세계사회, 특히 수많은 탈식민사회들의 관심과 희망을 저버리게 될 위험성이 깊이 고민되어야 한다.

사실, 민주화 이후 한국의 (대통령제) 정치에서 5년 단임제 정부가 출범할 때마다 일종의 '국가주의 재근대화' 프로젝트가 선포되었다. 예컨대 문민정부의 '세계화', 참여정부의 '지역균형발전', 이명박 정부의 개발생태주의('4대강 살리기'), (복지국가와 경제민주화 구호를 걸고 당선되었지만 즉각 폐기한) 박근혜 정부의 '비정상의 정상화' 등은 자유주의의 한국적 한계, 모순, 왜곡을 전제로 이에 대한 정권적 대처와 극복을 내세웠던 것이다. 하지만 그 결과로 새로운 사회문제들을 추가로 발생시키고 나아가 정치에 대한 시민적 혼돈, 소외, 환멸을 심화시켰으며, 더욱 중요하게는 사회·경제적 신자유주의 질서를 여러 정부들이 순차적으로 도입·확산시키는 결과가 나타났다. (물론 세계와 한국의 신자유주의자들의 입장에서는 신자유주의가 일종의 자유주의 재근대화로 인식될 수도 있다.) 이러한 경향은 윤석열 정부에 의해 더욱 강화되었는데, 특히 극단적 국가(권위)주의 통치가 '자유'라는 구호 아래 시민사회, 생산노동, 생활세계의 사회주체들을 억압적으로 감시·통제하는 상황이 심화되었다. 특히 자유주의 질서의 한국적 파행, 왜곡, 위기에 대한 자유 사회주체들의 유기적 재근대화 구상과 시도를 가로막은 부작용이 극에 달했다.

급진다원화혁명은 자유주의 질서의 세계·한국적 한계와 위험을 인식·비판하는 데서 더욱 적극적으로 나아가, 새로운 문명·체제적 가능성들에 대한 구상, 토론, 협의·합의, 시도, 실현의 여지를 극대화하기 위한 일종의 개혁·전환적 사회다원성을 급진적으로 강화·확립시키자는 것이다. 이러한 입장은 역사적으로 나타났던 반(反)자유주의적 극복·타도 시도, 특히 여러 나라들에서의 사회주의 혁명과 전환이 종국에는 참담한 사회·경제·정치적 부작용들로 인한 사회체제적 지속불능성 때문에 거의 보편적으로 탈사회주의 개혁·전환으로 이어졌고, 결국 세계 전체의 경제·사회적 자유주의화, 나아가 신자유주의화로 이어졌다는 사실에 대한 비판적 반성을 전제로 한다. 즉, 자유주의의 사회·민중적 해방성 모색과 확립이 그 어떤 어려움에 직면해서도 반자유주의적 이념이나 체제로 환원·대체될 수 없다는 것이다.

21세기 한국 사회는 이러한 변화의 양상을 뚜렷이 드러내고 있다고 평가될 수 있고, 이는 국내외 언론매체와 디지털 네트워크에 의해 반영 및 확대재생산되어 왔으며, 나아가 이른바 '한류' 문화 생산의 중요한 자원이자 효과로서도 대두된다. 그러나 (관행적) 자유주의를 넘어선 사회 질서나 체제에 대한 여러 요구와 투쟁은 유기적이고 체계적인 사회적 미래에 대한 즉자(卽自)적 구상에 미치지 못하고, 왜곡된 현실적 자유주의 (그리고 신자유주의) 질서에서의 다양한 소외·피해·희생 집단들이 (사회체제적 지배세력에 대한 도전과 극복 대신에) 상호 반목·갈등·비방하면서 (허구적) 대자(對自)성에 과잉 집착함으로써, 결과적으로 스스로 분할·지배 상태에 놓이게 되는 모순구조(self-subjection to divide-and-rule)를 만들어 오기도 했다.[1] 미래(재)구성적 즉자성 결핍 상태의 대자성 과잉 프로젝트는 변질된 마르크시즘으로서의 국가사회주의의 광범위한 실패 및 (신)자유주의로의 복속·투항에서 드러나듯이 구체제(ancient régime)적 질서로부터의 '탈착(disembedding)'조차도 여의치 않을 수 있다.(물론 자유주의의 다양한 재생을 희구하는 재근대화의 각도에서는 그러한 탈착 자체가 절실하지 않을 수도 있다.)

"해방적 파국(emancipatory catastrophism)"은 독일의 사회학 지성 벡(Beck, 2016)이 (갑작스럽게 작고하기 전에) 그의 위험사회론을 연계·확장하여 제시한 사회변혁 이론인 "세계의 대전변(metamorphosis of the world)"의 논리·경험적 기초가 되는 핵심적 사회변동 과정이다. 벡은 제2차 세계대전 이후 국제연합(UN)을 중심으로 한 세계공동체

1 예컨대, 이념갈등, 지역갈등, 세대갈등, (청년세대 내부의) 젠더갈등 등은 피지배 집단의 내부 분열과 갈등이 지배체제에 대한 봉사로 이어지는 현상이며, 이를 정치공학적으로 확대재생산시키는 언론매체, 주류정당 등과 유착된 일종의 생업 프락치들이 활보하고 있다.

적 정치·안보 질서의 등장에서부터 최근 범지구적 기후·생태 위기로 인한 세계사회의 "위험공동체(risk community)"적 변환과 그에 따른 인식 및 대응에 이르기까지 다양한 역사적 사례들을 거론하며, 인류사회에 갖가지 중차대한 파국적 상황과 상태가 위험공동체로서의 실존적 위기 극복을 위한 소통과 협력을 유도해 궁극적으로 인간 해방의 새로운 가능성들이 구상·모색·실현될 것이라고 주장했다. 만일 벡이 (2015년에 사망하지 않고) 2020-2022년의 코로나바이러스 팬데믹 발생과 이에 대한 국가별·세계적 대응을 목도·분석할 수 있었다면, 자신의 위험사회론과 해방적 파국론을 더욱 적극적으로 설파했을 것이다.

한국 사회, 한국 경제, 한국인들이 세계사회의 지속적 주목과 경탄, 그리고 우려의 대상이 되어 온 것은 다차원적 압축 성취(multi-dimensional compressed achievements) 때문이기도 하지만, 무엇보다 그에 비견될 극단적 사회·경제·정치적 혼돈, 갈등, 해체가 늘 뒤따랐고, 나아가 이러한 위기를 배경으로 사회·경제·정치 질서의 극적인 투쟁적·혁신적 재탄생이 이루어져 왔기 때문이다. 이처럼 복잡한 역사적 현실을 실제로 살아 내야 하는 한국인들 자신이 아니면, 즉 세계사회와 세계인들에게는 한국이 해방적 파국의 전형으로 비춰질 수 있고, 또 그러한 느낌이 영화, 드라마, 소설 등 다양한 'K-문화' 장르들을 통해 더욱 확연해질 수 있다.[2] 한국을 특별히 자주 방문한 울리히 벡도 마찬가지 느낌을, 나아가 과학적 이해를 거쳤을 것이다. 일제 식민지배와 한국전쟁의 참상을 뒤로한 '기적적' 산업화와 경제성장, 세계금융자본의 공략으로 초래된 총체적 국가 금융위

2 사실, 민중·사회적 해방성과는 별개로 파국적 상황·사건들 자체만으로 한류 장르들에 엄청난 문화적 소재가 제공되어 왔다. 이러한 관계는 미국 사회와 할리우드 대중문화 사이에서도 유사하게 발견된다.

기로부터 불과 수년 만에 이루어진 공세적 (역)세계화를 통한 세계 선도적 첨단산업경제로의 재탄생, 민간·군부 독재정권들에 대한 지속적 저항과 민주주의 (재)쟁취, 민주화 이후 선출된 국가권력들의 국정농단에 대한 범사회적 저항('촛불항쟁') 등에서 현대 한국사의 파국적 상황·사건들이 가졌던 잠재적·현실적 해방성이 (재)확인된다. 그러나 그 해방성이 궁극적으로 사회 질서·체제의 '문명적 대전변(civilizational metamorphosis)'으로 귀결되기 위해 필수적으로 요구되는 지적·정치적 기획력 및 조직력의 결여나 부족으로 인해, 일종의 '도돌이 파국'이 반복되고 있다.

보론: 21세기, 대학의 자유주의 문화혁명

20세기 중반 이후 한국의 급속한 국가·사회·경제적 변화는 일종의 '제도주의 근대화'로 그 기본적 성격이 규정됐다. 이는 사회체제적 전환, 나아가 전체 사회질서의 재구성을 다양한 과정과 절차를 통해 공식화된 서구식 국가·사회 제도들에 기초해 추동하려는 노력으로서, 그 제도들의 역사·사회·이념적 조건이나 기초가 갖춰지지 못한 채, 일종의 제도적 선언이나 포고를 통해 각 사회 주체로 하여금 그 제도들이 규정하는 행위·관계 원리와 권리·의무 체계를 일거에 수용하도록 권위주의적으로 강제했다. 이런 부작용에도 불구하고, 제도주의 근대화는 범세계적 맥락에서 다수의 식민지 해방 사회들이 과거 식민지배를 자행했던 서구의 제도들을 긴급히 차용함으로써 서구 지향(모방)의 압축 발전을 통해 내부적 결핍과 혼돈에서 벗어나고 서구와의 경제·군사적 격차를 해소하겠다는 집합적 의지의 표명이었다.

가장 경제적인 방법으로 선진화를 이루겠다는 탈식민 민족(국가)들의 집합적 의지는, 역설적으로 자신을 지배함으로써 물질·물리적 힘의 우월성을 보여 줬던 서구 자유주의(자본주의) 세력과의 '사회제도적 동형화(social institutional isomorphism)'를 당연시하도록 만들었다. 이 과정에서 차용된 제도들은 이른바 자유주의 체제 질서의 구성요소로서 법치, 대의민주제, 자유시장경제, 자유시민권 등을 핵심으로 했다. 그렇지만 현실적 국제관계 차원의 자유주의 질서는 궁극적으로 국가 대 국가 혹은 국가 대 토착 사회의 권력 지배 현상이었으며, 한국 등에서 자유주의 근대화는 대외적 국가(독립)체제 확립과 대내적 국가 지배(통치) 확립이라는 양면성이 있었다. 즉, '국가중심적 자유주의 질서'의 확립이라는 근본적으로 이론적 모순성을 가진 역사적 프로젝트였다.

제도주의 근대화를 통해 자유주의 체제를 확립하는 과정은 대학에 여러 가지 특수한 역할과 기능을 요구했으며, 이에 맞물려 대학의 교육과 연구는 지속적으로 논란이 되고 있는 중요한 특징들을 갖게 됐다. 해방 후 문명과 체제 구성에 대한 종합적·자율적 문제의식 확립이 생략 혹은 억압된 상태에서 서구의 문명과 체제를 기계적으로 분해해 부품별로 모방적 재생산하는 근대화 전략이 추진됐는데, 이에 연동해 대학의 각 학과(학문)가 그런 부품별 모방 재생산 제도로 확립·강화되어 왔으며 서울대학교의 경우 예외라기보다는 그런 질서의 선도자였다. 이는 학문별 교육체계가 서구적 제도·기술·이념을 표준(정답)으로 하는 주입식 방식을 채택하도록 만들었고, 그 정답들에 대한 최소 비용의 파악·획득·숙지를 위해 서구 유학의 장려와 서구 대학 학위자들의 교수진 채용이 보편화되었다. 이에 따라 서구 대학(지식)에 대한 의존성의 정도와 맞물려 한국의 대학은 그 자체적 차원에서 유기적 통합성이나 혁신성이 결여된 상태로 21세기를 맞고 있다. 좀 더 구체적으로 다음의 문제들이 지적될 수 있다.

첫째, 서구 제도에 연동된 각 학문(학과)의 교육 내용과 방식은 일종의 제도매뉴얼적이며, 이를 통해 양성되는 인재는 제도설계자나 제도철학자의 자격은 미흡하고 주로 제도기술자(테크니션)적 수준에 머물 수밖에 없다. 학생들의 교육 이수 및 사회진출이 기계적 정답을 전제로 하는 (필기)시험으로 관리될 수 있는 것도 그런 조건에서이다. 이 과정에서 교육 수요자로서의 학생들이 최소 비용(학업)으로 최대 이익(지위)을 얻겠다는 입장에서 차라리 제도기술자 수준에 만족하고, 서울대 학벌이 제공하는 상징적·사회적 배타성을 보너스로나 여긴다면 대학은 아래로부터의 어떤 변화도 기대할 수 없을 것이다.

둘째, 제도주의 근대화는 불가피하게 (전체를 분해해서 베끼는) 역공학적 제도, 학문, 교육 분절화를 극단적으로 심화시켰다. 서울대는 학부나 대학원을 막론하고 학과(전공) 수가 세계에서 가장 많은 축에 속하며, 학과(학문) 간 교육이나 연구 차원의 대화와 교류·협력이 거의 무의미한 수준에 머물러 있다. 서울대에 입학하기 위해 수험생으로서 세계 어느 나라 학생들보다도 다종다양한 교과목을 동시에 (시험)공부해야 했던 학생들이 입학과 동시에 극단적으로 반대되는 교육체제에 편입되는 것이다. 그런데 학생들의 이런 지적 분절은 대학에서 끝나지 않고 각 학과(학문)와 계통적으로 연계되어 있는 국가·사회·산업 부문에 진출해 배타적 제도 엘리트 집단의 일원이 되어 타 전공자들과 전혀 어울리지 않고도 평생을 '성공적'으로 살 수도 있다. 이는 사회 전체적으로는 배타적 제도 엘리트 집단들 사이의 갈등적 담합 질서에 기여하며 사는 것이다.

셋째, 제도매뉴얼적이고 역공학적인 교육체계에서는 각 제도(학문)가 갖는 서구나 한국에서의 역사·철학·사회 차원의 통합적 맥락, 가치, 효용, 부작용에 대한 본질적 고민이 만성적으로 부재하거나 생략되기 쉽다. 한국의 제도주의 근대화는 동도서기(東道西器)라기보다는 무도서기(無道西器) 근대화였으며, 이 과정에서 인문학이 박제화되고, 각 사회과학 분야를 위시해 해당 제도나 학문의 역사와 철학을 등한시했다.[3] 인문대와 사회대 사이의 분절은 각자의 사회적 유기체성에 치명적인 제약 요인이다.

넷째, 제도주의 근대화와 이에 연동된 제도매뉴얼적 교육체계는 20세기 중반 한국에서의 어떤 상황적 불가피성에도 불구하고, 사회와 국가가 당장 직면한 현실적 문제들을 체계적으로 해결해 줄 수 없었다. 사실 한국이 차용한 서구 제도들은 엄청나게 복잡한 과정이었던 서구 사회들의 장기적 발전의 결과물이자 그 결과물들의 안정적 관리와 유지를 위한 사회적 장치로서의 성격이 강하다. 민주주의, 복지국가, 심지어 시장경제마저도 그렇다. 한국에서 이를 제도적으로 선언한다고 이 장치들이 바로 안정적이고 효과적으로 작동하기를 기대할 수도 없었지만, 필수 재화의 생산, 일자리 창출, 사회서비스의 조달, 인프라 구축 등의 현안은 자체적으로 직접적인 해결책들을 찾아야 했다. 이 과정에서 매우 한국적인 경제·사회적 주체들이 생겨났다.

예컨대, 재벌은 경제학 교육·연구에도 거의 빠져 있고 이른바 재벌 총수는 상법상 유령에 불과하지만 한국 경제의 자산과 이윤 구성에서 압도적 비중을 차지한다. 교육, 의료, 복지, 돌봄 등의 필수 사회서비스는 (일부 자영업적 서비스 단위들을 제외하고는) 제도적으로 비영리 부문이지만, 실질적 혹은 비공식적 영리 실현이라는 사업(business)적 성격을 강력히 억제한다면 해당 사회서비스들이 제대로 공급될 것이라고 전혀 기대할 수 없다. 대학의 교육과 연구에서 배제 혹은 누락되어 있지만, 재벌이나 영리 사업적 사회서비스는 해당 영역들에서 예외적 존재들이 아니라 보편화된 실질적 사회제도들이다. 따

3 이는 최근 '의료개혁 사태'에서 드러나듯이, 특히 제도 개혁의 필요성이 있을 때 관련된 정책담론이나 저항담론의 몰지성성과 몰사회성을 야기한다.

라서 거의 대다수 분야에 일종의 공리주의적 제도이중성이 지배적이다. 주류 엘리트들 가운데 '털어서 먼지 나지 않을 사람'이 없는, 즉 누구나 잠재적인 사법적 소추 대상인 질서가 이렇게 생겨났다.

다섯째, 한국에서 제도주의 근대화의 핵심적 추진 주체는 국가(혹은 국가주의 세력)이다. 무엇보다 대한민국의 제도적 탄생 자체가 그런데, 이를 위해 (시민)사회에 대한 대대적 통제와 억압이 전개되기도 했다. 서구 역사에서 시민사회를 모태로 했던 자유주의 제도들이 한국에서 국가(주의) 권력의 자기 확립 프로젝트로서 도입·확립되는 과정은 서울대 등을 중심으로 한 고등교육에 대한 광범위한 동원과 관리로 이어졌다. 자유주의 제도들의 시민(사회)적 바탕 결여를 대학의 교육과정이 메우는 상황이었던 것인데, 막상 역공학적이고 제도매뉴얼적인 교육체제는 해당 제도들의 몰사회성을 심화시켰고 국가의 (초중고 교육뿐 아니라) 대학 교육에 대한 공격적인 통제와 간섭은 이를 고착화시켰다.

국가는 또한 앞서 지적한 현실 문제 해결 차원의 제도이중성을 정치·행정·사법적으로 관리해 왔는데, 이와 관련해서도 대학은 아무런 주도적 역할을 하지 못했고 오히려 수많은 사학이 사업성(수익성)을 확보하기 위해 그런 제도이중적 성격을 국가로부터 용인받으려 골몰해 왔다. 제도주의 근대화뿐 아니라 그 결함에 대한 보완까지 국가가 주도하는 자유주의 체제에서 서울대조차 국가의 '이중대'적 지위를 크게 벗어나지 못했으며, 이는 서울대를 졸업한 여러 국가 엘리트의 태도에서도 드러난다.

이처럼 한국의 제도주의 근대화는 다양한 구조적 모순, 변칙성, 부작용 등을 수반했으며, 이에 대해 서울대는 그 과정의 일부로서 또 방관자로서 엄청난 사회적 책임을 안고 있다. 더욱 근본적인 문제는 특히 사회과학 분야에서 이런 역사·사회적 현실에 대한 실증과학적 천착이 매우 부진하고, 그런 이유로 세계 지식공동체에 대한 기여도 아주 제한적이라는 점이다. 학문별로 차이는 있겠지만 서울대의 사회과학은 적어도 '한국에 대한 사회과학'으로서는 설명도(통계학적 결정계수 R^2)가 매우 낮은 이론틀과 분석 모형들에 머물러 있다. 이런 과학적 한계와 관련해 오히려 사회(현실)의 어떤 변칙성이나 저급성을 탓하는 경향조차 있는데, 이를 과학적 실천이라고 보기는 어렵다. 또한 분석 방법(론)상의 정교함만으로 이런 딜레마가 극복될 수는 없다.

2020년대 중반 현재의 대한민국은 분명 (절차)민주주의, 산업자본주의, 고등교육, 심지어 대중문화 등에서까지 여느 자유주의 선진국들과도 비견될 만한 확연한 발전과 성취의 외양을 보여 준다. 그러나 동시에 어떤 사회적 위기나 갈등도 확고한 자유주의 공동체로서의 원리에 의해 토론·극복되지 못하며, 모두의 모두에 대한 부정과 투쟁 상태가 만연해 있다. 이에 대해 그동안 제도주의적인 자유주의 근대화를 공격적으로 주도해 왔던 국가 혹은 국가주의 세력은 거의 대처 능력을 상실했고 오히려 반복적으로 문제의 악화 요인이 되고 있다. 이에 대해 서울대를 위시한 대학들에 직접적 책임이 돌아가지 않는 것은 한편으로 (그 책임에 대한 분석이 결여된 까닭에 나오는) 인식 오류이며, 다른 한편으로 대학의 기능과 역할상 근본적 한계의 방증이다.

분명 제도주의 근대화의 시대·상황적 불가피성은 거의 사라졌지만, 한국은 여전히 그 과정에서 형성·파생된 관행, 질서, 관계, 조직들에 배태된 이해 집단적 권력들이 스스로를 더욱 확대재생산시키기 위해 배타적이고 수구적으로 작동하고 있다. 사회적 효용은 사라지고 부작용만 심화되는 이런 질서는 분명 시급히 개혁 혹은 극복되어야 한다. 이와 관련해 서울대의 책무는 결코 가볍지 않다. 물론 여타 주요 대학들에도 해당하는 것이지만, 그동안 서울대가 제도주의 근대화의 과정에서 누려 온 권력, 권위, 이익의 독과점성을 감안할 때, 특별한 반성과 각오는 당연한 것이다. 서울대, 나아가 한국의 대학들에는 (마오쩌둥식이 아닌) 어떤 자유주의 문화혁명이 절실히 필요하다.

참고문헌

강철규. 1999.『재벌개혁의 경제학: 선단경영에서 독립경영으로』. 서울: 다산출판사.

강철규·최정표·장지상. 1991.『재벌: 성장의 주역인가 탐욕의 화신인가』. 서울: 비봉출판사.

경제개혁연대. 2007.「우리나라 법원의 화이트칼라 범죄 양형 분석: 법원의 집행유예 선고율을 중심으로」. 경제개혁리포트 2007-8: 1-18.

고세훈. 1999.『영국노동당사: 한 노동운동의 정치화 이야기』. 서울: 나남.

공미혜. 1992.「가족이기주의에 대한 여성학적 비판」.『한국사회학회 1992년 후기사회학대회 발표문 요약집』(pp.167-170).

권영숙. 2018.「촛불의 운동정치와 87년 체제의 '이중 전환'」.『경제와 사회』 117: 62-103.

권태환·장경섭. 1995.「한국 가족농 재생산체계의 위기: 가족주기별 분포와 생활실태를 중심으로」.『한국인구학』 18(1): 1-39.

김경동. 1992.『한국인의 가치관과 사회의식: 변화의 경험적 추적』. 서울: 박영사.

김동노. 2013.「시민운동의 정치 참여를 통해 본 시민운동의 성장과 한계」.『현상과 인식』 37(3): 59-85.

김동민. 2012.「경제민주화, 재벌 개혁: 재벌과 언론, 고리 끊기?」.『계간 민주』 4: 111-129.

김동춘. 1995.『한국사회 노동자 연구』. 서울: 역사비평사.

김동춘. 1997.『분단과 한국사회』. 서울: 역사비평사.

김동춘. 2000.『전쟁과 사회』. 서울: 돌베개.

김명수. 2015.「'한류' 제조하기: 역사제도주의적 해석」.『한국사회학』 49(2): 35-65.

김봉국. 2017.「이승만 정부 초기 자유민주주의론과 냉전담론의 확산」.『한국사학보』 66: 277-327.
김선업. 1993.「한국사회 연줄망의 구조적 특성」.『한국사회학』 26(2): 1-33.
김영수. 1999.『한국 노동자계급 정치운동: 연대의 정치, 통일의 정치, 분화의 정치』. 서울: 현장에서미래를.
김용철. 2010.『삼성을 생각한다』. 서울: 사회평론.
김우중. 2008.『세계는 넓고 할 일은 많다』. 서울: 김영사.
김종영. 2015.『지배받는 지배자: 미국 유학과 한국 엘리트의 탄생』. 서울: 돌베개.
김주숙. 1994.『한국농촌의 여성과 가족』. 서울: 한울아카데미.
김진균. 1991.『사회과학과 민족현실 2』. 서울: 한길사.
김철. 2000.『민족의 현실과 사회민주주의: 당산김철전집 1』, 서울: 해냄.
김철규. 2007.「87년 체제의 해체와 개발주의의 부활」.『한국사회』 8(2): 33-53.
김호기·박태균. 2019.『논쟁으로 읽는 한국 현대사』. 서울: 메디치미디어.
김홍주. 1994.「한국 농민가족의 변화에 관한 연구: 농민의 가족전략을 중심으로」. 고려대학교 사회학과 박사학위논문.
노중기. 1995.「국가의 노동통제전략에 관한 연구: 1987-1992」. 서울대학교 사회학과 박사학위논문.
노혜경 외. 2002.『유쾌한 정치 반란, 노사모』. 서울: 개마고원.
마경희. 2005.「사회권으로서 돌봄의 제도화를 위한 대안적 패러다임의 모색」.『여성과 사회』 16: 35-66.
문석남 외. 1990.『지역사회의 연고주의: 혈연·지연·학연의 관계망과 실태』. 서울: 일진사.
박경숙. 2001.「노년기 불평등의 미래」.『한국사회학』 35(6): 141-168.
박동진. 1995.「정치관계법의 변천과정과 정당정치」. 안희수 편저,『한국 정당 정치론』(pp. 349-394). 서울: 나남.
박명규. 2009.『국민·인민·시민: 개념사로 본 한국의 정치주체』. 서울: 소화.
박명림. 1996.『한국전쟁의 발발과 기원 1·2』. 서울: 나남.
박명림. 1998.「1950년대 한국의 민주주의와 권위주의」. 역사문제연구소 편,『1950년대 남북한의 선택과 굴절』(pp. 72-127). 서울: 역사비평사.
박소현. 2023.「문화정책의 '지연된 민주화': 문화부의 독립과 검열 폐지의 정치학을 중심으로」.『문화콘텐츠연구』 29: 107-168.
박승관·장경섭. 2001.『언론권력과 의제동학』. 서울: 커뮤니케이션북스.
변동명. 2007.「제1공화국 초기의 국가보안법 제정과 개정」.『민주주의와 인권』 7(1): 85-121.
삼성경제연구소. 2003.「국정과제와 국가 운영에 관한 어젠다」. 노무현 당선자 대통령직 인수위원회 제출 비공식 보고서.
서울경제신문 편. 1991.『재벌과 가벌: 혼맥을 통해 본 한국의 상류사회』. 서울: 지식산업사.
서울대학교 사회학과 형제복지원연구팀. 2021.『절멸과 갱생 사이』. 서울: 서울대학교출판문화원.
서중석. 2000.『조봉암과 1950년대 (상)·(하)』. 서울: 역사비평사.
서희경. 2004.「'한계상황의 정치(politics of extremity)'와 민주주의: 1948년 한국의 여순사건과 국가보안법 관련 논의를 중심으로」.『한국정치학회보』38(5): 7-31.
손병돈. 2009.「노인 소득의 불평등 추이와 불평등 요인분해」.『한국노년학』29(4): 1445-1461.
손호철. 2009.「"한국체제" 논쟁을 다시 생각한다: 87년 체제, 97년 체제, 08년 체제론을 중심으로」.『한국과 국제정치』25(2): 31-59.
송백석. 2007.「'삼성공화국' 현상과 자본주의 국가의 한계」.『한국정치학회보』41(1): 57-79.
송원근·신학림·이원재·이일영. 2016.「한국의 재벌, 재벌의 한국?」.『창작과 비평』44(4): 449-476.
송원근·이상호. 2005.『재벌의 사업구조와 경제력 집중』. 서울: 나남.
송호근. 2013.『시민의 탄생: 조선의 근대와 공론장의 지각 변동』. 서울: 민음사.
신광영. 1991.「시민사회와 사회운동」.『경제와 사회』12: 13-36.
신광영. 1994.『계급과 노동운동의 사회학』. 서울: 나남.
신용하. 1987.『한국근대사회사연구』. 서울: 일지사.
신용하. 2001.『한국 근대의 민족운동과 사회운동』. 서울: 문학과지성사.
신율. 2001.「한국 시민운동의 개념적 위상과 문제점: 경실련과 참여연대를 중심으로」.『한국정치학회보』35(2): 159-180.
심영희. 1992.『여성의 사회참여와 성폭력』. 서울: 나남.
안병영. 2000.「국민기초생활보장법의 제정과정에 관한 연구」.『행정논총』38(1): 1-50.
원도연. 2014.「이명박 정부 이후 문화정책의 변화와 문화민주주의에 대한 연구: 이명박 정부의 문화정책 평가를 중심으로」.『인문콘텐츠』32: 219-245.
유팔무·김정훈 편. 2001.『시민사회와 시민운동 1·2』. 서울: 한울.
윤상철. 1997.『1980년대 한국의 민주화이행과정』. 서울: 서울대학교출판부.
윤홍식. 2006.「OECD 21개국의 부모권과 노동권 보장수준을 통해 본 가족정책의 비교연구」.『한국사회복지학』58(3): 341-370.
윤홍식. 2008.「여성·아동·가족정책: 신사회위험의 확대와 이명박 정부의 정책 밑그림」. 『월간 복지동향』 113: 23-27.
이갑윤. 1998. 『한국의 선거와 지역주의』. 서울: 오름.
이경숙. 1993. 「한국 여성의 정치적 지위」. 『아시아여성연구』 32: 19-38.
이동원. 1991. 「지역사회의 윤리적 환경」. 『아산사회복지재단 제3회 사회윤리심포지엄 자료집: 도덕성 회복을 위한 교육의 과제』(pp. 12-20).
이수인. 1994. 「한국정치의 지배이데올로기와 이데올로기 갈등구조」. 장을병 외, 『남북한 정치의 구조와 전망』(pp. 192-226). 서울: 한울.
이순형. 1994. 『정치사회화: 사회인지와 현실참여』. 서울: 서울대학교출판부.
이승태. 2010. 「우리나라 대규모기업집단의 기업지배권 특성에 관한 연구」. 『기업경영연구』 17(2): 75-93.
이신철. 2006. 「국사 교과서 정치도구화의 역사: 이승만·박정희 독재정권을 중심으로」. 『역사교육』 97: 177-209.
이영환·이정운. 1996. 「사회복지를 시민운동으로: 참여연대의 국민생활최저선 확보운동을 중심으로」. 『상황과 복지』 1: 153-160.
이윤호. 1991. 『한국청소년비행론』. 서울: 법문사.
이은진·김석준 외. 1992. 『한국의 정치와 선거문화』. 서울: 사회문화연구소.
이종오. 1995. 「사회운동의 정치세력화 논의: 진보정당의 좌절과 전망」. 『경제와 사회』 27: 114-165.
이철재·구도완. 2022. 「4대강사업 대응 환경운동」. 『환경사회학연구 ECO』 26(1): 265-313.
이효재. 1990. 「한국 가부장제의 확립과 변형」. 여성한국사회연구회 편, 『한국가족론』(pp. 3-34). 서울: 까치.
임영일. 1997. 「노동운동의 제도화와 시민권」. 『경제와 사회』 34: 51-66.
임영일. 1998. 『한국의 노동운동과 계급정치(1987-1995): 변화를 위한 투쟁, 협상을 위한 투쟁』. 마산: 경남대학교출판부.
임종인·장화식. 2008. 『법률사무소 김앤장: 신자유주의를 성공 사업으로 만든 변호사 집단의 이야기』. 서울: 후마니타스.
임현진. 2020. 「비교자본주의 시각에서 본 아시아의 발전국가: 한국의 경험을 중심으로」. 『아시아리뷰』 9(2): 191-231.
임현진·이세용·장경섭 편. 1998. 『한국인의 삶의 질: 신체적·심리적 안전』. 서울: 서울대학교출판부.
장경섭. 1991. 「가족문제」. 고영복 편, 『현대사회문제』(pp. 189-225). 서울: 사회문화연구소.
장경섭. 1993a. 「한국사회의 지배질서와 도덕질서: 퇴행적 자본주의하의 시민공동체」. 『사회과학과 정책연구』 15(1): 161-201.

장경섭. 1993b.「가족, 국가, 계급정치」. 한국사회사연구회 편,『한국 근현대 가족의 재조명』(pp. 214-239). 서울: 문학과지성사.
장경섭. 1994.「한국 가족의 이념과 실제: 가족규범의 다중성과 내부 모순」.『철학과 현실』 22: 51-66.
장경섭. 2009.『가족·생애·정치경제: 압축적 근대성의 미시적 기초』. 파주: 창비.
장경섭. 2011.「'위험회피' 시대의 사회재생산: 가족출산에서 여성출산으로?」.『가족과 문화』 23(3): 1-23.
장경섭. 2018.『내일의 종언? 가족자유주의와 사회재생산 위기』. 서울: 집문당.
장경섭 외. 2002.「냉전, 압축적 근대성, 노동정치: 탈구(脫臼)된 정치사회와 민주노동당」.『국제문제연구』 24: 151-191.
장진범. 2023.「신자유주의 시대 노동조합의 조직화 전략과 전술적 시행목록 연구」. 서울대학교 사회학과 박사학위논문.
장진호. 2014.「한국 재벌과 '무책임의 경제'」.『역사비평』 108: 91-119.
장혜경·홍승아·이상원·김영란·강은화. 2006.『가족 내 돌봄노동 실태조사』. 서울: 한국여성정책연구원.
정근식·이호룡 편. 2010.『4월혁명과 한국민주주의』. 서울: 선인.
정영태. 1993.「계급별 투표행태를 통해본 14대 대선」.『경제와 사회』 17: 73-99.
정주영. 2009.『시련은 있어도 실패는 없다: 나의 삶 나의 이상』. 서울: 제삼기획.
정태석. 2006.「시민사회와 사회운동의 역사에서 유럽과 한국의 유사성과 차이: 유럽의 신사회운동과 한국의 시민운동을 중심으로」.『경제와 사회』 72: 125-147.
정태영. 1995.『한국 사회민주주의 정당사』. 서울: 세명서관.
조기숙. 2000.『지역주의 선거와 합리적 유권자』. 서울: 나남.
조대엽·정상호·윤태범. 2022.『촛불시민혁명과 문재인 정부』. 국정과제협의회 정책기획시리즈-02. 서울: 대통령직속정책기획위원회.
조동성. 1990.『한국재벌연구』. 서울: 매일경제신문사.
조희연. 1998.『한국의 국가·민주주의·정치변동: 보수·자유·진보의 개방적 경쟁을 위하여』. 서울: 당대.
조희연. 2000.「민주주의 이행과 제도정치·민중정치·시민정치」.『경제와 사회』 46: 170-198.
주치호. 1997.『삼성공화국』. 서울: 한가람.
지주형. 2009.「한국 국가형태와 권력행사방식의 전환: 권위주의 개발국가에서 신자유주의 국가권력으로」.『한국정치학회보』 43(4): 175-203.
지주형. 2011.『한국 신자유주의의 기원과 형성』. 서울: 책세상.
최선영·장경섭. 2012.「압축산업화 시대 노동계급가족 가부장제의 물질적 모순: '남성생계부양자' 노동생애 불안정성의 가족 전이」.『한국사회학』 46(2): 203-

230.
최성애. 1993.『혼수전쟁』. 서울: 청산.
최장집. 1992.「한국노동운동은 왜 정치조직화에 실패하고 있나」. 한국사회학회·한국정치학회 편,『한국의 국가와 시민사회』(pp. 230-254). 서울: 한울.
최장집. 1994.「민주주의로의 이행과 노동운동」. 장을병 외,『남북한 정치의 구조와 전망』(pp. 135-170). 서울: 한울.
최장집. 2002.『민주화 이후의 민주주의: 한국민주주의의 보수적 기원과 위기』. 서울: 후마니타스.
최정운. 1999.『오월의 사회과학』. 서울: 풀빛.
최재석. 1979.『한국인의 사회적 성격』. 서울: 개문사.
최현수·류현규. 2003.「우리나라의 노인빈곤 동향 및 빈곤구성에 대한 연구」.『한국노년학』 23(3): 143-160.
최홍기. 1993.「유교와 가족」. 한국가족학회 편,『현대가족과 사회』(pp. 67-91). 서울: 교육과학사.
추병완. 1993.「한국 사회 도덕성 위기 원인 분석과 그 대책」.『민주문화논총』 4(1): 32-60.
통계청. 1998.『통계로 본 대한민국 50년의 경제사회상 변화』.
통계청. 2000.『통계로 보는 한국의 모습』.
하승우. 2011.「삼성공화국, 우리는 시민인가?」.『실천문학』 103: 163-172.
한국가족학연구회 편. 1992.『도시저소득층의 가족문제』. 서울: 하우기획출판.
한미정. 2009.「시민단체 활성화 전략수립에 관한 연구: 시민단체의 영향력 인식, 사회연계망 활동, 뉴스매체 이용을 중심으로」.『언론정보연구』 46(2): 127-157.
한상진. 1989.『한국 사회와 관료적 권위주의』. 서울: 문학과지성사.
한상진. 1991.『중민 이론의 탐색』. 서울: 문학과지성사.
한완상. 1992.『한국현실, 한국사회학』. 서울 : 범우사.
한완상·권태환·홍두승. 1987.『전환기의 한국사회: 국민의식조사자료집』. 서울대학교 사회과학연구소.
한지원. 2022.『대통령의 숙제: 앞으로 나아갈 대한민국을 위한 경제학자의 제언』. 서울: 한빛비즈.

『내일신문』(https://www.naeil.com).
『조선일보』(www.chosun.com).
『프레시안』(www.pressian.com).
『한겨레』(www.hani.co.kr).
『한국일보』(www.hankooki.co.kr).

Abbott, Philip. 1981. *The Family on Trial: Special Relationships in Modern Political Thought*. University Park: Pennsylvania State University Press.

Abelmann, Nancy. 2003. *The Melodrama of Mobility: Women, Talk, and Class in Contemporary South Korea*. Honolulu: University of Hawaii Press.

Amsden, Alice. 1989. *Asia's Next Giant: South Korea and Late Industrialization*. Oxford: Oxford University Press.

Apter, David. 1965. *The Politics of Modernization*. Chicago: University of Chicago Press.

Ariès, Philippe. 1962. *Centuries of Childhood: A Social History of Family Life*. New York: Alfred A. Knopf.

Armingeon, Klaus and Giuliano Bonoli, eds. 2006. *The Politics of Post-Industrial Welfare States: Adapting Post-War Social Policies to New Social Risks*. London: Routledge.

Badie, Bertrand. 2000[1992]. *The Imported State: The Westernization of the Political Order*, translated from French by Claudia Royal. Stanford: Stanford University Press.

Baldwin, Peter. 1990. *The Politics of Social Solidarity: Class Bases of the European Welfare State 1875-1975*. Cambridge: Cambridge University Press.

Barrett, Michèle and Mary McIntosh. 1991. *The Anti-Social Family*, 2nd ed. London: Verso.

Beck, Ulrich. 1992. *Risk Society: Towards a New Modernity*. London: Sage.

Beck, Ulrich. 1999. *World Risk Society*. Cambridge: Polity Press.

Beck, Ulrich. 2016. *The Metamorphosis of the World: How Climate Change is Transforming Our Concept of the World*. Cambridge: Polity Press.

Beck, Ulrich and Edgar Grande. 2010. "Varieties of Second Modernity: The Cosmopolitan Turn in Social and Political Theory and Research." *British Journal of Sociology* 61(3): 409-443.

Beck, Ulrich, Anthony Giddens, and Scott Lash. 1994. *Reflexive Modernization: Politics, Tradition and Aesthetics in the Modern Social Order*. Stanford: Stanford University Press.

Burawoy, Michael. 1979. *Manufacturing Consent: Changes in the Labor Process Under Monopoly Capitalism*. Chicago: University of Chicago Press.

Burr, Wesley, Reuben Hill, Ivan Nye, and Ira Reiss, eds. 1979. *Contemporary Theories About The Family, Volume 2: Research-Based Theories*. New York: Free Press.

Caldwell, John C. 1982. *Theory of Fertility Decline*. London: Academic Press.

Chang, Kyung-Sup. 1998. "Risk Components of Compressed Modernity: South Korea as Complex Risk Society." *Korea Journal* 38(4): 207-228.

Chang, Kyung-Sup. 1999a. "Compressed Modernity and Its Discontents: South Korean Society in Transition." *Economy and Society* 28(1): 30-55.

Chang, Kyung-Sup. 1999b. "Social Ramifications of South Korea's Economic Fall: Neo-Liberal Antidote to Compressed Capitalist Industrialization?" *Development and Society* 28(1): 49-91.

Chang, Kyung-Sup. 2002. "South Korean Society in the IMF Era: Compressed Capitalist Development and Social Sustainability Crisis." Pietro Masina, ed., *Rethinking Development in East Asia: From Illusory Miracle to Economic Crisis* (pp. 189-222). London: Curzon.

Chang, Kyung-Sup. 2010. *South Korea under Compressed Modernity: Familial Political Economy in Transition*. London: Routledge.

Chang, Kyung-Sup. 2012a. "Predicaments of Neoliberalism in the Post-Developmental Liberal Context." Chang Kyung-Sup, Ben Fine, and Linda Weiss, eds., *Developmental Politics in Transition: The Neoliberal Era and Beyond* (pp. 71-90). New York: Palgrave Macmillan.

Chang, Kyung-Sup. 2012b. "Developmental Citizenship in Perspective: The South Korean Case and Beyond." Chang Kyung-Sup and Bryan S. Turner, eds., *Contested Citizenship in East Asia: Developmental Politics, National Unity, and Globalization* (pp. 182-202). London: Routledge.

Chang, Kyung-Sup. 2019. *Developmental Liberalism in South Korea: Formation, Degeneration, and Transnationalization*. New York: Palgrave Macmillan.

Chang, Kyung-Sup. 2022a. *The Logic of Compressed Modernity*. Cambridge: Polity Press.

Chang, Kyung-Sup. 2022b. *Transformative Citizenship in South Korea: Politics of Transformative Contributory Rights.* New York: Palgrave Macmillan.

Chang, Kyung-Sup. 2025. *The Risk of Compressed Modernity*. Cambridge: Polity Press.

Chang, Kyung-Sup and Min-Young Song. 2010. "The Stranded Individualizer under Compressed Modernity: South Korean Women in Individualization without Individualism." *British Journal of Sociology* 61(3): 539-564.

Chang, Kyung-Sup, Ben Fine, and Linda Weiss, eds. 2012. *Developmental Politics in Transition: The Neoliberal Era and Beyond.* New York: Palgrave Macmillan.

Chang, Kyung-Sup, Se-Kyun Kim, and Keun Lee, eds. 2025. *Neoliberalization of South Korea: Economic Restructuring, Social Precarity, and Post-Developmental Democracy*. New York: Palgrave Macmillan.

Chang, Sea-Jin. 2003. *Financial Crisis and Transformation of Korean Business Groups: The Rise and Fall of Chaebols*. Cambridge: Cambridge University Press.

Chang, Sea-Jin, ed. 2006. *Business Groups in East Asia: Financial Crisis, Restructuring, and New Growth*. Oxford: Oxford University Press.

Chayanov, Alexander V. 1986[1925]. *Theory of the Peasant Economy*. Madison: University of Wisconsin Press.

Colgan, Jeff D. and Jessica L. Weeks. 2015. "Revolution, Personalist Dictatorships, and International Conflict." *International Organization* 69(1): 163-194.

Crouch, Colin. 2004. *Post-Democracy*. Cambridge: Polity Press.

Cumings, Bruce. 1981. *The Origins of the Korean War, Vol. 1: Liberation and the Emergence of Separate Regimes, 1945-1947*. Princeton: Princeton University Press.

Cumings, Bruce. 1997. *Korea's Place in the Sun: A Modern History*. New York: W. W. Norton & Company.

Dizard, Jan E., and Howard Gadlin. 1992. *The Minimal Family*. Amherst: University of Massachusetts Press.

Donzelot, Jacques. 1979. *The Policing of Families*. New York: Pantheon.

Durkheim, Emile. 1933. *The Division of Labor in Society*. New York: Macmillan.

Durkheim, Emile. 1972. *Emile Durkheim: Selected Writings*. Cambridge: Cambridge University Press.

Durkheim, Emile. 1979. *Durkheim: Essays on Morals and Education*. London: Routledge & Kegan Paul.

Elshtain, Jean, ed. 1982. *The Family in Political Thought*. Amherst: University of Massachusetts Press.

Engels, Friedrich. 1973. *The Origin of the Family, Private Property and the State*. New York: International Publishers.

Esping-Andersen, Gøsta. 1990. *The Three Worlds of Welfare Capitalism*. Princeton: Princeton University Press.

Evans, Peter. 1995. *Embedded Autonomy: States and Industrial Transformation*. Princeton: Princeton University Press.

Fine, Ben. 2012. "Neoliberalism in Retrospect?: It's Financialisation, Stupid." Chang

Kyung-Sup, Ben Fine, and Linda Weiss, eds., *Developmental Politics in Transition: The Neoliberal Era and Beyond* (pp. 51-69). New York: Palgrave Macmillan.

Flax, Jane. 1982. "The Family in Contemporary Feminist Thought: A Critical Review." Jean Elshtain, ed., *The Family in Political Thought* (pp. 223-253). Amherst: University of Massachusetts Press.

Foucault, Michel. 1990a. *The History of Sexuality, Volume I: An Introduction*. New York: Vintage Books.

Foucault, Michel. 1990b. *The History of Sexuality, Volume II: The Use of Pleasure*. New York: Vintage Books.

Frenkel-Brunswik, Else. 1964. "Parents and Childhood as Seen through the Interviews." T. W. Adorno et al., eds., *The Authoritarian Personality* (pp. 337-389). New York: John Wiley & Sons.

Friedman, Milton. 1962. *Capitalism and Freedom*. Chicago: University of Chicago Press.

Geertz, Clifford. 1963. *Agricultural Involution: The Processes of Ecological Change in Indonesia*. Berkeley: University of California Press.

Geertz, Clifford. 1973. *The Interpretation of Cultures*. New York: Basic Books.

Gerschenkron, Alexander. 1962. *Economic Backwardness in Historical Perspective*. Cambridge: Belknap.

Giddens, Anthony. 1971. *Capitalism and Modern Social Theory: An Analysis of the Writings of Marx, Durkheim and Weber*. Cambridge: Cambridge University Press.

Giddens, Anthony. 1990. *The Consequences of Modernity*. Stanford: Stanford University Press.

Gramsci, Antonio. 1971. *Selections from the Prison Notebooks of Antonio Gramsci*. London: Lawrence & Wishart.

Habermas, Jürgen. 1975. *Legitimation Crisis*. Boston: Beacon Press.

Hareven, Tamara. 1982. *Family Time and Industrial Time: The Relationship Between the Family and Work in a New England Industrial Community*. New York: Cambridge University Press.

Helgesen, Geir. 2003. "Imported Democracy: The South Korean Experience." Catarina Kinnvall and Kristina Jönsson, eds., *Globalization and Democratization in Asia* (pp. 73-91). London: Routledge.

Henderson, Gregory. 1968. *Korea: The Politics of the Vortex*. Cambridge: Harvard

University Press.

Hirschman, Albert O. 1970. *Exit, Voice, and Loyalty: Responses to Decline in Firms, Organizations, and States*. Cambridge: Harvard University Press.

Hobsbawm, Eric. 1984. *Workers: Worlds of Labor.* New York: Pantheon Books.

Hochschild, Arlie R. 1983. *The Managed Heart: Commercialization of Human Feeling*. Berkeley: University of California Press.

Horkheimer, Max. 1972. *Critical Theory: Selected Essays*. New York: Herder & Herder.

Hyman, R. 1998. "An Emerging Agenda for Trade Unions?" ILO Discussion Paper Series No. 98. Geneva: International Institute for Labour Studies.

Im, Hyug Baeg. 1987. "The Rise of Bureaucratic Authoritarianism in South Korea." *World Politics* 39(2): 231-257.

Jang, Wonho, and Youngsun Kim. 2013. "Envisaging the Sociocultural Dynamics of K-pop: Time/Space Hybridity, Red Queen's Race, and Cosmopolitan Striving." *Korea Journal* 53(4): 83-106.

Kang, Myung Hun. 1996. *The Korean Business Conglomerate:* Chaebol *Then and Now*. Berkeley: Institute of Asian Studies, University of California.

Keblinska, Julia. 2017. "Mediated Nostalgia: Touching the Past in *Reply 1994*." *Journal of Japanese and Korean Cinema* 9(2): 124-140.

Kim, Eun Mee. 1997. *Big Business, Strong State: Collusion and Conflict in South Korean Development, 1960-1990*. Albany: SUNY Press.

Kim, Hyewon. 2018. "Domesticating Hedwig: Neoliberal Global Capitalism and Compression in South Korean Musical Theater." *Journal of Popular Culture* 51(2): 421-445.

Kim, Hyun Mee. 2012. "The Emergence of the 'Multicultural Family' and Genderized Citizenship in South Korea." Chang Kyung-Sup and Bryan S. Turner, eds., *Contested Citizenship in East Asia: Developmental Politics, National Unity, and Globalization* (pp. 203-217). London: Routledge.

Kim, Hyung-A. 2004. *Korea's Development Under Park Chung Hee*. London: Routledge.

Kong, Tat Yan. 2012. "Neoliberal Restructuring in South Korea Before and After the Crisis." Chang Kyung-Sup, Ben Fine, and Linda Weiss, eds., *Developmental Politics in Transition: The Neoliberal Era and Beyond* (pp. 235-253). New York: Palgrave Macmillan.

Koo, Hagen. 2001. *Korean Workers: The Culture and Politics of Class Formation*.

Ithaca: Cornell University Press.

Lasch, Christopher. 1977. *Haven in a Heartless World: The Family Besieged*. New York: Basic Books.

Laslett, Barbara and Johanna Brenner. 1989. "Gender and Social Reproduction: Historical Perspectives." *Annual Review of Sociology* 15: 381-404.

Lee, Keehyeung. 2004. "Speak Memory! *Morae Sigye* and the Politics of Social Melodrama in Contemporary South Korea." *Cultural Studies, Critical Methodologies* 4(4): 526-539.

Lewis, W. Arthur. 1954. "Economic Development with Unlimited Supplies of Labour." *Manchester School of Economic and Social Studies* 22(2): 139-191.

Lukács, G. 1971. *History and Class Consciousness*. Cambridge: MIT Press.

Lyotard, Jean-François. 1984. *The Postmodern Condition: A Report on Knowledge*. Minneapolis: University of Minnesota Press.

Mannheim, Karl. 1968. *Ideology and Utopia: An Introduction to the Sociology of Knowledge*. New York: Harcourt, Brace & World.

Marshall, T. H. 1964. *Class, Citizenship, and Social Development*. Garden City: Doubleday.

Martin, Greg. 2001. "Social Movements, Welfare and Social Policy: A Critical Analysis." *Critical Social Policy* 21(3): 361-383.

Martin-Jones, David. 2007. "Decompressing Modernity: South Korean Time Travel Narratives and the IMF Crisis." *Cinema Journal* 46(4): 45-67.

Marx, Karl and Friedrich Engels. 1978. *The Marx-Engels Reader*, 2nd ed. New York: W. W. Norton & Company.

Mead, Margaret. 1970. *Culture and Commitment: A Study of the Generation Gap*. Garden City: Natural History Press.

Midgley, James. 1995. *Social Development: The Developmental Perspective in Social Welfare*. London: Sage.

Mills, C. Wright. 1956. *The Power Elite*. New York: Oxford University Press.

Mobrand, Erik. 2019. *Top-Down Democracy in South Korea*. Seattle: University of Washington Press.

Moody, Kim. 1997. *Workers in a Lean World: Unions in the International Economy*. London: Verso.

Moore, Barrington, Jr. 1966. *Social Origins of Dictatorship and Democracy: Lord and Peasant in the Making of the Modern World*. Boston: Beacon Press.

Morgan, D. H. J. 1985. *The Family, Politics, and Social Theory*. London: Routledge.

Myrdal, Gunnar. 1957. *Economic Theory and Underdeveloped Regions*. London: Gerald Duckworth.

Nock, Steven. 1993. "Changing Family Structure and Surveillance in the United States." *International Journal of Family and Marriage* 1(1): 35-52.

O'Donnell, Guillermo. 1973. *Modernization and Bureaucratic-Authoritarianism: Studies in South American Politics*. Berkeley: University of California Press.

Ochiai, Emiko. 2011. "Unsustainable societies: The Failure of Familialism in East Asia's Compressed Modernity." *Historical Social Research* 36(2): 219-245.

Okin, Susan. 1982. "Philosopher Queens and Private Wives: Plato on Women and the Family." Jean Elshtain, ed., *The Family in Political Thought* (pp. 31-50). Amherst: University of Massachusetts Press.

Olson, Mancur. 1971. *The Logic of Collective Action: Public Goods and the Theory of Groups*. Cambridge: Harvard University Press.

Organisation for Economic Co-operation and Development (OECD). 2007. *Jobs for Youth: Korea*. Paris: OECD.

Paik, Peter Y. 2012. "South Korean Cinema and the Experience of Compressed Modernity." Presented at the Conference on "World Cinemas, Global Networks", Center for International Education, University of Wisconsin-Milwaukee, 29 April 2012.

Parsons, Talcott and Robert Bales. 1955. *Family, Socialization and Interaction Process.* London: Routledge.

Perrow, Charles. 1984. *Normal Accidents: Living with High-Risk Technologies*. New York: Basic Books.

Polanyi, Karl. 1944. *The Great Transformation*. New York: Farrar & Rinehart.

Popkin, Samuel L. 1988. "Public Choice and Peasant Organization." R. H. Bates, ed., *Toward a Political Economy of Development: A Rational Choice Perspective* (pp. 245-272). Berkeley: University of California Press.

Regatieri, Ricardo Pagliuso. 2017. "Development and Dream: On the Dynamics of K-Pop in Brazil." *Development and Society* 46(3): 505-522.

Robinson, W. S. 1951. "The Logical Structure of Analytic Induction." *American Sociological Review* 16(6): 812-818.

Rueschemeyer, Dietrich and Peter Evans. 1985. "The State and Economic Transformation." Peter Evans, Dietrich Rueschemeyer, and Theda Skocpol, eds., *Bringing the State Back In* (pp. 44-77). Cambridge: Cambridge University Press.

Scott, James C. 1976. *The Moral Economy of the Peasant*. New Haven: Yale University Press.

Sen, Amartya. 1988. "Economic Security: The Family and the State." International Society on Family Law, ed., *Family, State and Individual Economic Security, Volume I: Family* (pp. 69-83). Brussels: Meulders-Klein.

Shorter, Edward. 1975. *The Making of the Modern Family*. New York: Basic Books.

Somerville, Jennifer. 1992. "The New Right and Family Politics." *Economy and Society* 21(2): 93-128.

Stephens, John D. 1979. *The Transition from Capitalism to Socialism*. London: Macmillan.

Taylor, Andrew J. 1989. *Trade Unions and Politics: A Comparative Introduction*. New York: Macmillan.

Taylor-Gooby, Peter, ed. 2004. *New Risks, New Welfare: The Transformation of the European Welfare State*. Oxford: Oxford University Press.

Thompson, E. P. 1963. *The Making of the English Working Class*. New York: Vintage Books.

Tocqueville, Alexis de. 1965. *Democracy in America*. 2 vols. New Rochelle: Arlington House.

Touraine, Alain. 2001[1998]. *Beyond Neoliberalism*. Cambridge: Polity Press.

Turner, Bryan S. 1990. "Outline of a Theory of Citizenship." *Sociology* 24(2): 189-217.

Turner, Bryan S. 1993. "Contemporary Problems in the Theory of Citizenship." Bryan S. Turner, ed., *Citizenship and Social Theory* (pp. 1-18). London: Sage.

Turner, Bryan S. 2001. "The Erosion of Citizenship." *British Journal of Sociology* 52(2): 189-209.

Turner, Bryan S. 2012. "National and Social Citizenship: Some Structural and Cultural Problems with Modern Citizenship." Chang Kyung-Sup and Bryan S. Turner, eds., *Contested Citizenship in East Asia: Developmental Politics, National Unity, and Globalization* (pp. 15-41). London: Routledge.

Turner, Bryan S. 2016. "We Are All Denizens Now: On the Erosion of Citizenship." *Citizenship Studies* 20(6-7): 679-692.

Valenzuela, J. S. 1991. "Labor Movement and Political Systems." Helen Kellogg Institute, Working Paper Series 167 (http://www.nd.edu/~kellogg/).

Walder, Andrew. 1986. *Communist Neo-Traditionalism: Work and Authority in Chinese Industry*. Berkeley: University of California Press.

Weber, Max. 1930. *The Protestant Ethic and the Spirit of Capitalism*. New York: Charles Scribner's Sons.

Weber, Max. 1968. *Economy and Society: An Outline of Interpretive Sociology*. New York: Bedminster Press.

Weiss, Linda. 1995. "Governed Interdependence: Rethinking the Government–Business Relationship in East Asia." *The Pacific Review* 8(4): 589-616.

Williams, Raymond. 1989. *The Politics of Modernism: Against the New Conformists*. New York: Verso.

Wilson, Elizabeth. 1977. *Women and the Welfare State*. London: Routledge.

Wolf, Eric. 1969. *Peasant Wars of the Twentieth Century*. New York: Harper & Row.

Wolfe, Alan. 1989. *Whose Keeper?: Social Science and Moral Obligation*. Berkeley: University of California Press.

찾아보기

[ㄴ]

[ㄷ]

[ㄹ]

[ㅁ]

[ㅂ]

Abstract

Democracy, Capitalism, and Compressed Modernity

The Normal Crisis of South Korea

Chang Kyung-Sup

From the post-liberation period to the present, South Korean society has undergone changes of globally unparalleled intensity, scope, and pace, including explosive industrialization and economic growth, rapid importation, improvision, and modification of various state and social institutions, unconstrained exposure to diverse world cultures and ideologies, and so forth. Under the liberal international order that forcibly stipulated the social systemic parameters of South Korea's national order and life world, what I have analyzed as compressed modernity has been realized by unhesitantly adopting the democratic sociopolitical order and capitalist economic system as the basic institutional framework mainly through politico-bureaucratic proclamations with auxiliary academic assistance. In this instant civilizational conversion of South Korea (and many other postcolonial societies), democracy and capitalism – which have been perfected in their current forms through main Western societies' complex trials and errors, pervasive sociocultural exchanges, and violent conflicts and coercions in their arduous modern histories – have been institutionally isomorphized into South Korea in much shorter and simpler manners.

But these quintessential institutions of liberal modernity, upon their West-reflexive borrowing alone, could not be expected to readily function in full effect and satisfactorily generate their (theoretically) anticipated social utilities. While democracy and capitalism still remained reflexive historical goals to achieve through South Koreans' own efforts for their social and ideational foundations, the country's immediate realities required the state and society to use them as immediate means for managing the public and private spheres of national life. Under such institutional predicament, South Korea's compressive modernity, as manifested in the politics, economy, society, culture, and knowledge, has prevalently been entangled with the structural risks and detriments of an inherently problematic social system. In particular, various extra-institutional efforts that deviate from and distort both democracy and capitalism have had to be improvised, routinized, and even normalized in dealing with diverse practical necessities in the national, communal, organizational, and individual spheres. South Korea has thereby progressed and deteriorated as a system of normalized crisis.

A systematic understanding of these complicated realities and various practical efforts to overcome them requires a comprehensive and methodical social scientific analysis of the historical conditions and structural properties of compressed modern democracy and capitalism as normalized crisis entities. This book's purpose consists in such analysis of compressed modern democracy and capitalism, in the specific historical and social context of South Korea. More specifically, I attempt to comprehensively capture and analyze the social systemic particularities, instabilities, and impairments accumulated behind South Korea's unprecedentedly explosive sociopolitical modernization and economic development with scrupulous and innovative attention paid to the real-world parameters of its democracy and capitalism. In sum, the current book is an attempt to systematically analyze and critique the actually operating social systems of modern South Korea from a compressed modernity perspective.

발간사

'한국학'은 이제 학문의 한 분야로 자리 잡았다. 한국학을 전공으로 하는 학과도 생겨나고 한국학 연구자들의 국제학술대회도 자주 접할 수 있다. 한국사회가 짧은 시기에 보여 준 역동적인 변화에 대한 학문적 관심이 나라 안팎으로 증대된 결과일 것이다. 한국의 역사와 문화, 사회적 경험에 점점 더 많은 연구자들이 관심을 기울이는 것은 매우 반가운 일이다.

한국학이란 고정된 분과학문 체계 내의 한 부분 영역이 아니라 다양한 분과학문들이 함께 참여하는 학제적 연구의 성격을 지닌다. 한국학은 과거의 전통에 깊은 관심을 갖지만 현재의 문제들에도 주목하며 미래의 전망을 모색하는 작업도 포함한다. 인문학적 논의와 사회과학적 관심은 물론이고 자연과학적 문제의식과 예술적 시각이 함께 어우러지는 곳이다. 당연히 한국학은 국내의 연구자들이 자신의 특수성만을 부각시키는 폐쇄적인 장이 아니라 전 세계의 학자들이 자유롭게 참여하는 지적 토론의 공간이 되어야 한다. 한국을 대상으로 한 다양한 연구를 지원하며 진지한 논의와 지적 실험을 뒷받침하는 것이야말로 한국학의 가장 중요한 역할이라 할 것이다.

이런 의미에서 한국학은 한국의 문화와 역사적 경험을 전 인류의 문화유산과 역사적 경험의 한 부분으로 바라보는, 전 지구적 시각을 요구받고 있다. 한국학은 한국사회의 경험을 연구하되, 그것을 21세기 세계사적 과제들과 더불어 사고함으로써 새로운 문명적 대안을 모색하는 세계 학계의 논의에 적극적으로 동참하는 작업이 되어야 한다. 이런 종합적이고 개방적인 연구의 집적이 이루어질 때 한국의 특수성만을 절대화하는 오류에서 벗어나면서 동시에 서구의 눈으로 한국을 대상화, 타자화하는 오리엔탈리즘적 지역학의 한계도 극복할 수 있는 길이 열릴 것이다.

한국의 학문 발전에 큰 책임을 지고 있는 서울대학교 규장각한국학연구원은 한국학의 바람직한 발전을 위해 적극적인 역할을 하고자 한다. 이를 위해 별도의 연구재원을 마련하여 '21세기 신규장각 자료구축사업'을 추진하고, 이 사업의 결과물들을 모아 연구총서, 자료총서, 모노그래프를 출간하고 있다. 한국학 연구자들의 연구역량과 진지한 문제의식들이 결집됨으로써 한국학의 연구 수준이 더욱 높아지고 내용이 보다 풍부해지리라 믿는다. 이 연구 사업이 해를 거듭할수록 한국사회에 대한 이해가 깊어짐은 물론이고 한국의 경험을 통해 세계 학계의 시각과 논의도 더욱 풍성해질 것을 기대해 마지않는다.

2015년 2월
서울대학교 규장각한국학연구원 한국학연구사업위원회

장경섭

서울대학교 사회학과를 졸업하고, 미국 브라운대학교에서 사회학 박사학위를 받았다. 현재 서울대학교 사회학과 석좌교수로 재직 중이다. 한국사회학회 학술상(저서상), 한국사회사학회 최재석학술상, 서울대학교 학술연구상 등을 수상했다. 저서로 『가족·생애·정치경제』(2009), 『내일의 종언?』(2018), *Developmental Liberalism in South Korea* (2019), *Transformative Citizenship in South Korea* (2022), *The Logic of Compressed Modernity* (2022), *The Risk of Compressed Modernity* (2025) 등이 있으며, 세계 최대 사회이론 백과사전인 *The Wiley Blackwell Encyclopedia of Social Theory*, I-V (2017)를 브라이언 터너 교수 등과 공동 편집했다.

서울대학교 규장각한국학연구원 한국학연구총서

지방문학사: 연구의 방향과 과제 | 조동일
한국 근대과학 형성과정 자료 | 문만용·김영식
목석의 울음: 손창섭 문학의 정신분석 | 조두영
통일한국의 농업 | 김완배 외
현대 한국사회의 철학적 문제: 사회운영원리 | 백종현
한국유교의 과제 | 금장태
韓國 古代·中世初期 土地制度史: 古朝鮮~新羅·渤海 | 이경식
『무과총요』 연구 | 나영일
북한 주요 산업지역의 토지이용 변화와 개방지역에 관한 연구 | 황만익·이기석
재벌체제와 다국적기업: 경제개발의 두 가지 유형 | 이승훈
붉은악마와 월드컵 | 이순형
『조선왕조실록』 보존을 위한 기초 조사연구(1) | 송기중·신병주·박지선·이인성
한국 근대의 사회복지 | 안상훈·조성은·길현종
한국어 체언의 음변화 연구 | 이상억
조선 중기 무예서 연구 | 나영일·노영구·양정호·최복규
1950년대 사회주의 건설기의 북한 보건의료 | 황상익
후발 산업화와 국가의 동학: 탈관료화와 강성국가의 공동화 | 하용출
조선 후기의 기술도: 서양 과학의 도입과 미술의 변화 | 정형민·김영식
韓國 中世 土地制度史: 朝鮮前期 | 이경식
남북 언어의 문법 표준화 | 권재일
50권본 『화엄경』 연구 | 이승재
한·중 소화의 비교 | 서대석
고려전기의 전시과 | 이경식
개항기 전후 경상도의 육상교통 | 허우긍·도도로키 히로시

한국어의 주제와 통사 분석: 주제 개념의 새로운 전개 | 임홍빈
한국적 패션 디자인의 제다움 찾기: 전통미와 현대적 활용을 중심으로 | 김민자
한국 근대문학교육사 연구 | 우한용
『조선왕조실록』의 여진족 족명과 인명 | 김주원
중앙아시아 고려말의 문법 | 권재일
삼국통일전쟁사 | 노태돈
한국의 사회운동과 진보정당 | 임현진
한국 행락문화의 변천과정 | 황기원
노래의 상상계: '수사'와 존재생태 기호학 | 신범순
한국의 언어 민속지: 전라남북도편 | 왕한석
주시경의 언어이론과 표기법 | 송철의
일제강점기의 철도 수송 | 허우긍
인권으로 읽는 동아시아: 한국과 일본의 인권 개선조건 | 정진성·공석기·구정우
정조와 정조시대 | 김인걸 외
문화의 정치와 지역사회의 권력구조: 안동과 안동김씨 | 김광억
한국어 명사구의 의미론: 한정성/특정성, 총칭성, 복수성 | 전영철
한국의 건강 불평등 | 김창엽·김명희·이태진·손정인
한국어의 재구조화 1·2 | 임홍빈
조선에 전해진 중국 문헌 | 이종묵 외 6인
평양 자료의 기초 연구: 읍지와 시문(詩文)을 중심으로 | 이은주
한국어 종성 체계의 언어 유형론 | 이진호
사회·문화적 텍스트로 읽는 한국 창작 오페라 | 오희숙·지형주·강지영
민주주의·자본주의·압축근대성: 한국의 사회체제적 정상위기 | 장경섭

서울대학교 규장각한국학연구원 한국학자료총서

古代國語 語彙表記 漢字의 字別 用例 研究 | 송기중
한국철학자료집: 불교편1-삼국과 통일신라의 불교사상 | 허남진 외 편역
한국철학자료집: 불교편2-고려시대의 불교사상 | 심재룡 외 편역
한국철학자료집: 불교편3-조선시대의 불교사상 | 심재룡 외 편역
서울대학교 중앙도서관 고문헌자료실 소장 『경제문고』 해제집 | 권태억 외
한글본 이언 연구 | 민현식
원문 교주 구운몽 | 김만중 원작, 김병국 교주
현대역 구운몽 | 김만중 원작, 김병국 옮김
해방 이후 한국기업의 진화I: 1976-2005년간의 통계의 구축과 기초분석 | 이근 외
해방 이후 한국기업의 진화II: 1956-1977년간의 통계의 구축과 기초분석 | 이근 외
서울대학교박물관 소장 식민지시기 유리건판 | 이문웅·강정원·선일 편
풍자 우화 그리고 계몽담론 | 권영민
한국근현대문학의 프랑스문학수용 | 이건우·이규현·김용기·박성창·김종웅·문혜원
한국 근대도면의 원점: 서울대학교 규장각한국학연구원 소장 근대 측량도와 건축도 1861-1910 | 전봉희·이규철·서영희
유원총보역주 1·2 | 허성도·김창환·강성위 역주
유원총보역주 3 | 송용준·김창환·강성위 역주
유원총보역주 4 | 이영주·허성도·김창환 역주
유원총보역주 5·6 | 이영주·김창환·이남종 역주
유원총보역주 7~12 | 이영주·김창환·이남종·주기평·임도현 역주
식민권력과 근대지식: 경성제국대학 연구 | 정근식·정진성·박명규·정준영·조정우·김미정
근대한국 국제정치관 자료집: 제1권 개항·대한제국기 | 장인성·김현철·김종학 엮음

근대한국 국제정치관 자료집: 제2권 제국-식민지기 | 장인성·김태진·이경미 엮음
1880년대 조선-청 국경회담 관련 자료 선역 | 김형종 편역
한국 근대문학의 러시아 문학 수용 | 권영민·박종소·오원교·이지연
18세기 통신사 필담 1: 1711·1719년 | 박희병·이효원 외
韓國 書誌學의 先鞭: 마에마 교사쿠의 작업을 중심으로 | 한재영·이현희·가와사키 케이고
사도세자의 죽음과 그 후의 기억: 『현고기(玄皐記)』 번역과 주해 | 김용흠·원재린·김정신·정두영·최성환 역주
손와만록(巽窩謾錄): 조선후기 향리 출신 선비 김경천의 인생이야기 | 김경천 지음, 이대형·이미라·박상석 역주
충역의 시비를 정하다: 『정변록(定辨錄)』 역주 | 김용흠·원재린·김정신·정두영 역주
금오헌록(金吾憲錄) 역주 | 박명양·이의현 편, 김영석 역주
교점역해(校點譯解) 정원고사(政院故事) | 김태웅·이강욱 감수·해설, 진현·하명준 교열·해제, 조은미 외 표점·번역
혜빈궁일기: 현전 유일의 궁궐 여성처소 일지 | 정병설 역주
육주약선(陸奏約選)·육고수권(陸稿手圈): 조선 정조가 편정한 당 재상 육지의 국가 경영책 | 당윤희·오수형·장유승 역주

서울대학교 규장각한국학연구원 한국학모노그래프

예빈도에 보인 고구려: 당 이현묘 예빈도의 조우관을 쓴 사절에 대하여 | 노태돈
현대 한국유교와 전통 | 금장태
살인의 진화심리학 | 최재천·한영우·김호·황희선·홍승효·장대익
무협소설의 문화적 의미 | 전형준
정조시대의 무예 | 나영일
벼락도끼와 돌도끼: 고고자료에 대한 전통적 인식 연구 | 이선복
한국 옛 경관 속의 생태지혜 | 이도원
식민권력과 통계: 조선총독부의 통계체계와 센서스 | 박명규·서호철
한국의 천연염료: 전통염료와 천연염색기술 | 김재필·이정진
북한의 의학교육 | 박재형·김옥주·황상익
국문 글쓰기의 재탄생 | 권영민
사할린 귀환자 | 이순형
조선시대의 간척지 개발: 국토 확장과정과 이용의 문제 | 박영한·오상학
3칸×3칸: 한국 건축의 유형학적 접근 | 전봉희·이강민
위성영상을 이용한 북한지역의 해안습지연구: 평안남도를 사례로 | 유근배
한국 구비문학에 수용된 재담 연구 | 서대석
한국 자본자유화와 금융자유화의 근년변화 | 이천표
구어 한국어의 의향법 실현방법 | 권재일
조선시대 복식에 나타난 적색계 색명의 의미 | 남윤자·김순영·박성실
우리나라 인체기생충 및 의용절지동물의 동물상과 개요 | 채종일
경제개방이 우리나라 노동시장에 미친 효과 | 김대일
한국 고소설에 나타난 오이디푸스 콤플렉스: 〈심청전〉·〈콩쥐팥쥐전〉 | 류인균
남북한 경제의 이질성: 경제통합에 관한 함의 | 이지순
한국에서 마르크스주의 경제학의 도입과 전개과정 | 김수행

한국 장수인의 개체적 특성과 사회환경적 요인 | 박상철·이미숙·이정재·한경혜
전통마을 경관요소들의 생태적 의미 | 이도원
한국의 중산층 | 홍두승
한국 여성의 건강증진행위 | 윤순녕·김숙영·이지윤
心과 性: 茶山의『孟子』해석 | 금장태
20세기 초기 국어의 문법 | 권재일
한국의 고령노동: 경제활동과 고용구조의 장기적 변화 | 이철희
웃음으로 눈물 닦기: 한국 언어문화의 한 특질 | 김대행
한국의 좌파 경제학자들 | 김수행·김공회
온돌과 한국인의 수면 생활: 침상 기후를 중심으로 | 최정화·김문숙
한국 고대의 온돌: 북옥저, 고구려, 발해 | 송기호
한국 시민단체의 내부의사결정과정에 관한 연구 | 김준기
한국문화를 쓴다: 강용흘의『초당』과 이미륵의『압록강은 흐른다』비교연구 | 최윤영
정약용 사상 속의 과학기술: 유가 전통, 실용성, 과학기술 | 김영식
仁과 禮: 다산의『논어』해석 | 금장태
서양인의 한국 종교 연구 | 김종서
韓國詩話에 보이는 杜詩 | 이영주
한국의 소득불평등과 빈곤: 소득분배 악화와 사회보장정책의 과제 | 구인회
한국인 치매환자의 행동 및 심리 증상의 횡문화적 특성 | 조맹제·김진영
한국사회복지 네트워크의 구성과 효과성: 지역종합사회복지관의 네트워크 구성과 조직 효과성을 중심으로 | 김준기
근대한국의 국제관념에 나타난 도덕과 권력 | 장인성
한국의 의료체제: 제도와 지배구조 | 송호근

몽골제국과 고려: 쿠빌라이 정권의 탄생과 고려의 정치적 위상 | 김호동
한국무협소설의 작가와 작품 | 전형준
한국 근대소설에 나타난 오이디푸스 콤플렉스의 이해: 이광수, 김동인, 염상섭, 이상을 중심으로 | 류인균
한국의 하구역: 하구둑 건설 이후의 지형변화 | 유근배·김성환·신영호
한국의 신용평가제도 | 이인호
전통 마을숲의 생태계 서비스 | 이도원·고인수·박찬열
두 개의 예외적인 복제체제 비교 연구: 한국 복지국가 모형의 탐색 | 김태성
박정희 체제의 성립과 전개 및 몰락: 국제적·국내적 계급관계의 관점 | 김수행·박승호
한국 서해안의 해안사구: 지형학적 관점을 중심으로 | 유근배·류호상
『기우제등록』과 기후의례: 기우제, 기청제, 기설제 | 최종성
한국어 술어의 사건 구조와 논항 구조 | 남승호
舊韓末의 韓獨 外交文書 '德案' 硏究 | 권오현
현대 한국어의 공시 형태론: 경주지역어를 실례로 | 최명옥
서양문화를 쓴다: 강용흘의 〈동양 서양에 가다〉와 이미륵의 〈압록강에서 이자르강까지〉 | 최윤영
시장발전과 경제개발 | 이승훈
고려국가와 집단의식 | 노명호
근현대 한국미술과 '동양' 개념 | 정형민
현대 한국복지국가의 제도적 전환 | 안상훈
순응과 저항을 넘어서: 이승만과 박정희의 대미정책 | 신욱희
생태서식처로서 한국 서해안 해안사구 | 유근배·신영호·김대현·김성환
한국 정신보건서비스의 전개 과정: 사회서비스의 관점에서 | 강상경
일제의 한국 식민지화와 문명화(1904-1919) | 권태억
이즈미 세이이치와 군속인류학: 뉴기니 조사를 중심으로 | 전경수
조선후기 공론정치의 새로운 전개: 18, 19세기 향회, 민회를 중심으로 | 김인걸